中国孔子基金会·文库

中国儒学论丛·第六辑

U0667943

儒学传承与创新的当代世界意义

第六届全国儒学社团联席会议论文集

吴光　牛廷涛　主编

北京时代华文书局

图书在版编目（CIP）数据

儒学传承与创新的当代世界意义：第六届全国儒学
社团联席会议论文集 / 吴光，牛廷涛主编. — 北京：
北京时代华文书局，2019.12
　ISBN 978-7-5699-3424-3

　Ⅰ. ①儒… Ⅱ. ①吴… ②牛… Ⅲ. ①儒学-文集
Ⅳ. ①B222.05-53

　中国版本图书馆 CIP 数据核字（2020）第 005039 号

儒学传承与创新的当代世界意义：第六届全国儒学社团联席会议论文集
RUXUE CHUANCHENG YU CHUANGXIN DE DANGDAI SHIJIE YIYI　DI-LIU JIE QUANGUO RUXUE SHETUAN
LIANXI HUIYI LUNWENJI

主　　编｜吴　光　牛廷涛

出 版 人｜陈　涛
选题策划｜韩大勇　孙立凯
责任编辑｜徐敏峰　刘显芳
特约编辑｜崔雯雯
责任校对｜钱晓欣　丁苏艳
装帧设计｜熙宇文化
责任印制｜刘　银

出版发行｜北京时代华文书局 http://www.bjsdsj.com.cn
　　　　　北京市东城区安定门外大街 138 号皇城国际大厦 A 座 8 楼
　　　　　邮编:100011　电话:010-64267955　64267677

印　　刷｜合肥美之乐包装印务有限公司　0551-65652966
　　　　　（如发现印装质量问题，请与印刷厂联系调换）

开　　本｜787mm×1092mm　1/16　印　张｜21.25　字　数｜410 千字
版　　次｜2020 年 7 月第 1 版　　印　次｜2020 年 7 月第 1 次印刷
书　　号｜ISBN 978-7-5699-3424-3
定　　价｜68.00 元

编辑委员会

前　言

安徽的徽州地区素来享有东南邹鲁、程朱阙里的美誉。二程(程颢、程颐)之祖居地古属歙县篁墩,这里是程朱理学的发源地,是徽文化的源头和泉眼,在历史上曾获赐建"程朱阙里坊",成为继山东曲阜、邹城"孔孟阙里"之后的在南方的唯一一个儒学阙里。至于朱熹,则更是与安徽渊源颇深,其祖籍是古徽州的重镇婺源,其在古徽州府歙县的紫阳书院曾名显一时。朱子与二程合称"程朱学派",对后世产生很大影响。受其浸润所形成的徽学,是中国三大显学之一,历史上对中国和世界的发展都曾产生过深远而巨大的影响。这次中国孔子基金会、全国儒学社团联席会选择在此共同举办第六届全国儒学社团联席会议,或许就是出于对这块土地及这块土地上所诞生的这一学术社团的看重和嘉许。

参加本次联席会议的有来自全国各地包括港澳台地区的100多家儒学社团的负责人和大专院校、社科研究机构的专家学者,共计200余人。大家汇聚一堂,共同探讨儒学传承与创新的当代世界意义,一起回应在当今社会如何传承与发展中华优秀传统文化这一时代命题。会议取得了丰硕成果。

会议收到论文100余篇,所形成的这个集子是第五届全国孟子思想研讨会暨第六届全国儒学社团联席会议论文集之一,与另一本论文集《孟学的历史与未来:第五届全国孟子思想研讨会论文集》互为映照。本论文集收录的40多篇文章中既有对儒家政治哲学、传统人道主义、传统价值观、儒学与人类命运共同体、儒家与墨家的关系、孟子生命哲学、孟学的发展历程等问题的论述,对关于荀子、韩愈、朱熹、杨晋庵、戴震等孟学大家孟学思想的研究,又有对孝文化、德文化、法文化、君子文化、家训文化、企业文化等的阐述,亦有对社会实践活动"凡人善举"、儒家实践智慧、新时代新儒商的关注,内容较为丰富,具有一定的理论和实践意义。

　　本次联席会议的成功召开得到了中共安徽省委宣传部、安徽省社科联、安徽省社科院的关心支持,同时论文集的编辑出版得到了安徽出版集团的鼎力帮助,对此,我们一并表示衷心的感谢!

第五届全国孟子思想研讨会暨第六届全国儒学社团联席会议组委会

2019 年 9 月 15 日

目　录

台湾高级中学《中华文化基本教材》教科书
编辑方式的演变与反思

董金裕

摘　要:全文旨在介绍台湾高级中学《中华文化基本教材》教科书编辑方式的演变历程,并探讨其得失。本文将演变历程分为四个阶段:白文本,李曰刚编注本,陈立夫、林品石编注本,董金裕编注本。继而分别说明其选材及编辑方式的差异,最后对各阶段的编辑方式以及整个课程提出反思,借回顾过去以策励未来。

关键词:《中华文化基本教材》;编辑方式;演变;反思

一、绪　言

由台湾的孔孟学会与国际儒学联合会共同举办的"2012 年海峡两岸儒学交流研讨会",于当年5月在四川大学召开,我有幸应邀参加。在考虑论文的题材时,我想到台湾高级中学的《中华文化基本教材》,本书选录"四书"的材料,将传统文化的基本内涵传授给学生。该课程自实施以来已将近六十年,有其一定的成果。又思及近年来,大陆掀起了一股国学热,对台湾高级中学这门课程很感兴趣,因而以《台湾高级中学"中华文化教材"课程及教材编辑方式的演变与检讨》为题发表论文,该论文获得与会学者的关注。我虽然感到很高兴,但事后回想,一方面觉得题目所牵涉的范围太广,另一方面觉得材料的搜集不够充分,所以对该论文并不是很满意。因此将原题一分为二,分为课程、教材编辑方式两方面,补充这几年来陆续搜集到的材料,重加详述,期使内容更加充实完整。其课程的演变情形,笔者前已撰有专文,在 2017 年 5 月山西太原举行的"第五届全国儒学社团联席会议"上发表。但是该课程究竟是如何选录教学材料的? 选定了教学材料以后又是如何编辑的? 本文将选材及编辑方式的演变历程分为四个阶段,详加介绍并探讨其得失以供参考。

二、编辑方式的演变历程

该教材编辑方式的演变历程可分为四个阶段,皆发生在统编本时期。由统编本改为审定本以后,基本上是沿袭第四阶段的做法。现分述如下:

（一）白文本阶段

此阶段又分为两个时期：前一个时期从 1956 年至 1962 年，选录《论语》《孟子》《大学》《中庸》的重要篇章；后一个时期从 1963 年至 1970 年，只选录《论语》《孟子》的重要篇章。两个时期的选篇皆依照原书的篇章次序排序：先按篇排，如《论语》之《学而》《为政》《八佾》《里仁》等，《孟子》之《梁惠王上下》《公孙丑上下》《滕文公上下》；每篇之后再依章次，如《论语·学而》之《子曰学而时习之》章、《有子曰其为人也孝弟》章、《曾子曰吾日三省吾身》章等，《论语·为政》之《为政以德》章、《子曰诗三百》章、《子曰道之以政》章等，《孟子·梁惠王上》之《孟子见梁惠王王曰叟不远千里而来》章、《梁惠王曰寡人之于国》章等，《孟子·公孙丑上》之《孟子曰以力假仁者霸》章、《孟子曰仁则荣不仁则辱》章等。两个时期的差异仅在选录材料时，前者包括《大学》《中庸》《论语》《孟子》，后者则只选录《论语》《孟子》而已。

此阶段两个时期都是只选录《论语》《孟子》或《大学》《中庸》中的白文，没有注释或其他说明的文字。授课时由教师讲解，学生做笔记，但这种教学方式所占时间较多。基于实际的需要，就有多家出版社分别出版了不同的注译本，学生可以自由选购，甚至有不少学校直接将注译本作为教科书，以方便师生的教与学。

（二）李曰刚编注本阶段

由于上一阶段后期出现了各出版社编印的注译本，所注译的内容良莠不齐，所以自 1971 年开始，就由编译馆成立编审委员会，请李曰刚教授负责编注。选材方式与上一阶段后期相同，仍然是选录《论语》《孟子》中的重要篇章，依原书篇章的顺序编排。

此阶段与上一阶段后期不同的是对所选录各章的生难词语做了注释，有助于教师的讲授及学生的理解。但是由于注释引用了许多古代儒者的注疏，如何晏《论语集解》、朱熹《论语集注》、刘宝楠《论语正义》等，以及赵岐《孟子注》、朱熹《孟子集注》、焦循《孟子正义》等的说解，一则这些古代儒者的注疏皆属文言文，学生未必都看得懂，因而形成有些注释仍有赖于解释的情形；再则由于引用多家之说，而所引各家的义理系统并不完全相同，以致造成注释偶有相互抵牾的情形。上述两种状况，皆会对学生理解原文造成困扰，有赖于教师授课时设法解决。

（三）陈立夫、林品石编注本阶段

此阶段系依据陈立夫先生所著《四书道贯》的架构，选录《大学》《中庸》《论语》《孟子》的重要篇章，将之打散，分别纳入《大学》的格物、致知、诚意、正心、修身、齐家、治国、平天下八条目之中，已经融入了分类编辑的概念。架构虽然来自陈立夫先生的《四书道贯》，但实际负责编著者为林品石。

此阶段对选录的"四书"各章并不注释，但皆附有整章的白话翻译。在选录的"四书"各章之间，则以编者的阐述加以贯穿。不过由于编者的阐述有时过多或过度，而且也未必能将所选各章形成一个比较严整的体系，因而给教与学带来了不少困扰。

此教科书自 1983 年开始使用,由于不便于教学,反对的声音持续出现,甚至愈演愈烈。原因乃在于"四书"各有其义理系统,此教科书却将其冶为一炉,但高中生难以融会贯通,学习起来势必事倍功半。

(四)董金裕编注本阶段

由于前一阶段的编注本教学效果不佳,于是有了改编之议,最后由笔者于 1988 年起,负责此一吃力但并未必能讨好的工作。

此阶段的最大特色为打破第一、二阶段的框架,不以"四书"原篇章的次序排列,而是将所选录的"四书"重要篇章依内容分类,如《论语》部分即分为《孔子之为人》《论学》《论仁》《论孝》《论道德修养》《论士》《论君子》《论诗礼乐》《论教育》《论政治》《论古今人物》《孔门弟子》共十二个单元,分别编成第一、二、三册。《孟子》部分则分为《孟子之抱负》《道性善》《辨义利》《论涵养》《论教学》《论治道》《尚论古人》共七个单元,分别编成第四、五册。因考虑学生不易理解体会《大学》《中庸》,故选录的篇章并不多,且不分类,合编为第六册。

此教科书除按照新的架构分类分册,还对所选录的"四书"各章皆附有章旨,并对生难词语用浅白的文字加以注释,而且统一以朱熹《四书章句集注》之说为准,以免造成义理的分歧、解说的困扰。至于其他重要注家的不同解说则列入教师手册,作为教师教学的参考。

此教科书自 1990 年印行之后,即受到普遍欢迎,甚至从 1999 年起,统编本改为审定本以后,其架构也大抵被各出版社接受而一直沿用至今。

三、反 思

就教材编辑方式的演变而言,第一阶段、第二阶段皆采取依《大学》《中庸》《论语》《孟子》原篇章次序的方式编排,因根据原篇章次序排序,并未遭到强烈反对。到了第三阶段,则将"四书"内容打散而安置于《大学》八条目的一定架构之下。然而"四书"有其各自的义理系统,这种编排方式勉强地将其纳入统一的架构内,未免会有扞格不通之处。其实施的结果,从采用年数只有五年看来,显然是不佳的。至于第四阶段,主要依"四书"的内容分类编排。由于"四书"原篇章的编排缺乏严整的次序,这一阶段的编排方式则按各自的内容分类编排,因较有体系而且又能保持各书的义理系统,比较容易让学生理解掌握,所以被接受的程度很高。虽然仍有人认为应该按照原典排列次序编纂,但实际上编注者已顾及这种意见,将所选录的篇章按照原典排列次序分别编为索引,安置于各册正文之后作为附录。因此总体而言,第四阶段的编排方式显然更受欢迎,对比可从统编本改为审定本以后,各出版社所采架构皆与第四阶段相同可知。

除此之外,《大学》《中庸》《论语》《孟子》中,哪些章该选用,哪些章不该选用,仍有不同看法,最明显的例子是《孟子》的《知言养气》章,由于考虑到高中生可能无法充分理解掌握,所以有人主张不选,不过因为这一章是《孟子》中颇为重要的篇章,因而有人认为还是要选。如果要选,是全选还是节选? 也有不同的意见。

　　课程开设了,教材也编纂了,当然希望在教学时能收到良好的效果。不过在实际教学过程中却遇到了两方面的困难:一为师资问题。该课程的教学基本上由语文教师负责,而目前高级中学的语文教师,虽然都出身于各师范大学的中文系或各综合大学的中文系,其中不乏具有硕士学位甚至博士学位者,虽然绝大多数大学开设了与"四书"相关的课程,不过几乎都是选修,所以并非所有的高级中学语文教师都能明确掌握"四书"的内容,以致教学的成效难免会因教师素质的不同而造成差异。二为教法问题。"四书"教学的重点,本在深切体会其义理,并在日常生活中实践,以培养修己助人的美好德行。可是就实际情形而言,由于受到升学竞争的影响,不论教师施教抑或学生学习,都有偏重于了解字词义,该课程已成为一种知性教育。学生是否能在学习之后,将其中的道理贯彻于行为举止上,确实还有需要努力的空间。

　　尽管有上述困难,不过总的来说,学生接受"四书"教学以后,对于原典中的字词义,大抵能够了解,对原典中的一些名句,如《论语》中的"学而时习之,不亦说乎""有朋自远方来,不亦乐乎""慎终追远""有事弟子服其劳,有酒食先生馔""温故而知新""君子不器"……《孟子》中的"仁者无敌""挟太山以超北海""老吾老以及人之老,幼吾幼以及人之幼""与民同乐""乐民之乐者民亦乐其乐,忧民之忧者民亦忧其忧""箪食壶浆以迎王师"……《大学》之"大学之道在明明德,在亲民,在止于至善""心不在焉,视而不见,听而不闻,食而不知其味"……《中庸》之"忠恕违道不远,施诸己而不愿,亦勿施于人""知、仁、勇,三者天下之达德也""凡事预则立,不预则废"……皆能朗朗上口,并于言谈时或写作中运用出来。站在语文教育的立场,已收到较好的效果。

　　如果就选录"四书"教材以涵养学生德行的教学目标而言,虽然还不够理想,但至少通过教学,学生大都已能知道中华文化中重要的伦理道德。所欠缺者,乃学生仍处于血气方刚的青少年时期,未必都能深切体悟并实践。这是大家所引以为憾而亟思突破改善的。不过根据长期实施此课程的结果来看,随着学生年龄的日渐增长,身心发展趋于成熟,人生阅历逐步增加,他们不仅对教材所传授的义理体会日深,而且还将义理运用于日常生活中。

　　整体而言,目前在台湾高级中学所实施的"中华文化基本教材"教学,虽然尚不能尽如人意,但是大家基本上还是持肯定的态度。争议固然难免,也存在一些困难,不过在长期的经营之下,已显现了相当程度的功效。今后应如何在教材、教法上求改进,以期收到更好的教学效果,则是大家必须集思广益、黾勉以赴的。

参考文献:

[1]陈立夫.四书道贯[M].北京.中国友谊出版公司,2008.

[2]董金裕,陈训章.中华文化基础教材[M].北京:中华书局,2013.

（台湾政治大学中文系）

"天下一家,中国一人"与人类命运共同体构建

韩　星

摘　要:"天下一家,中国一人"是由"天下为家"经过礼治,以血缘亲情为基础又超越了"家天下"而达到"天下为公"的"官天下"的理想社会。孔子、孟子、荀子对此多有阐述。秦汉以后"家天下"与"公天下"二者的博弈与和合贯穿于中国古代历史。后儒在不断阐释和发展"天下一家,中国一人"。隋唐皇帝的"天下一家"主要表现为"华夷一家"。宋代士大夫有强烈的"士人与皇帝共治天下"的意识,把这一思想发展到一个新的高度。康有为、孙中山在中西古今文化冲突的时代背景下对儒家大同思想进行了近代转换。"天下一家,中国一人"以血缘亲情为基础,体现了有机整体性、道德精神和人文精神。"人类命运共同体"是"天下一家,中国一人"的现代表达,是中华民族文化自信的体现,赢得了国际社会的广泛认同。

关键词:"天下一家,中国一人";儒家;人类命运共同体;现代表达

一、"天下一家,中国一人"的思想内涵

"天下一家,中国一人"见于《礼记·礼运》:"故圣人耐以天下为一家,以中国为一人者,非意之也,必知其情,辟于其义,明于其利,达于其患,然后能为之。何谓人情? 喜、怒、哀、惧、爱、恶、欲,七者弗学而能。何谓人义? 父慈、子孝、兄良、弟弟、夫义、妇听、长惠、幼顺、君仁、臣忠,十者谓之人义。讲信修睦,谓之人利,争夺相杀,谓之人患。故圣人之所以治人七情,修十义,讲信修睦,尚辞让,去争夺,舍礼何以治之?"孔颖达疏:"此孔子说,圣人所能,以天下和合,共为一家,能以中国,共为一人者,向其所能致之意。'非意之也'者,释其能致之理,所以能致者,非是以意测度谋虑而已,须知其诸事,谓以下之事。'必知其情'者,谓必知民之情也,则下文七情是也。'辟于其义'者,谓开辟其义以教之,则下文'父慈、子孝'十者之类是也。'明于其利'者,谓显明利事以安之,则下文'讲信修睦'是也。'达于其患'者,谓晓达其祸患而防护之,则下文'争夺相杀'是也。'然后能为之'者,圣人必知此情义利患,然后能使天下为一家,中国为一人,皆感义怀德而归之。"圣人能以天下和合共为一家,能以中国共为一人,这不是一种臆想,而是可以通过实实在在的治人七情(喜、怒、哀、惧、爱、恶、欲),修十义(父慈、子孝、兄良、弟弟、夫义、妇听、长惠、幼顺、君仁、臣忠),讲信修

睦、崇尚辞让、避免争夺,使天下人感义怀德,众望所归来实现。而这一切都要落实在礼治上,舍礼怎么能够治理呢? 而礼治则是小康社会的治理之道,《礼记·礼运》提出了大同、小康之分:

> 大道之行也,天下为公。选贤与能,讲信修睦。故人不独亲其亲,不独子其子。使老有所终,壮有所用,幼有所长。鳏、寡、孤、独、废疾者,皆有所养。男有分,女有归。货恶其弃于地也,不必藏于己。力恶其不出于身也,不必为己。是故谋闭而不兴,盗窃乱贼而不作,故外户而不闭,是谓大同。

> 今大道既隐,天下为家。各亲其亲,各子其子,货力为己。大人世及以为礼,城郭沟池以为固,礼义以为纪,以正君臣,以笃父子,以睦兄弟,以和夫妇,以设制度,以立田里,以贤勇知,以功为己。故谋用是作,而兵由此起。禹、汤、文、武、成王、周公,由此其选也。此六君子者,未有不谨于礼者也。以著其义,以考其信,著有过,刑仁讲让,示民有常。如有不由此者,在埶者去,众以为殃。是谓小康。

对于"天下为公",郑玄解释说:"公犹共也。禅位授圣,不家之。"元人陈澔说:"天下为公,言不以天下之大,私其子孙,而与天下之贤圣公共之。如尧授舜,舜授禹,但有贤能可选,即授之矣。""天下为公"主要是针对禅让而言。另在《大戴礼记·五帝德》篇中,宰我向孔子请教五帝的问题,孔子提到了黄帝、颛顼、帝喾、尧、舜和禹,其中前面五位以"帝"号称,而把禹放在五帝以下的禹、汤、文、武、成王、周公之中。这样看来,大同是上古大道之行、天下为公的社会,是儒家最高的政治理想,对应的时代是五帝之世,对应的人物是传说中的黄帝、颛顼、帝喾、尧、舜;而小康是由大同社会演化而成的大道既隐、天下为家的社会,是儒家次高的政治理想,其治理方式是礼治,其对应的时代是三代之世,对应人物是禹、汤、文、武、成王、周公。"天下为公"主要是就禅让而言,指不把天下作为私产私相授受,同时它还蕴含着"天下一家"的社会理想。另外,五帝实行禅让制度,也被称为"官天下";到禹时君位传给儿子,称为"家天下"。关于"官天下"和"家天下",《汉书·盖宽饶传》中说:"五帝官天下,三王家天下,家以传子,官以传贤。"《说苑·至公》:"博士鲍白令之对秦始皇曰:'天下官则让贤,天下家则世断,故五帝以天下为官,三王以天下为家。'"因此,可以认为由"天下为公"到"天下为家",即由"官天下"到"家天下"是中国上古政治的一个重大变革。"天下为公"的"官天下"精神后来为儒家传承发展,成为秦汉以后儒家道统的基本内涵之一,与封建帝王"家天下"的关系就显得比较微妙:既有相容,乃至合作的一面;也有相悖,甚至抗衡的一面。"天下为公"始终是儒家的理想,儒家从来没有放弃,但是,儒家是怀抱理想的现实主义者,他不放弃理想,却也具有现实精神。一般情况下,当帝王能够超越"家天下"而具有"官天下"精神的时候,儒家会支持"家天下";当"家天下"局限于一人一家而与"官天下"相背离时,儒家会反对"家天下"。但是,儒家通常所采取的方式是非暴力的、渐进式的。在一般情况下,出于关注民生、体恤百姓,以及安定天下的考虑,儒家总是试图通过对上说服、抗议、直谏、教育等方式尽量将"家天下"纳入"官天下"的轨道;而在特殊情况下,当家天下无可救药,积重难返,"家天下"与"官天下"背道而驰时,儒家并不反对改朝换代,甚至赞同"汤武革命"。"天下一家,中国一人"就是由"天下为家"经过礼治,以血缘亲情为基础又"不独亲其亲,不独子其子",超越了"家天下"而达到"天下为公"的"官天下"的理想社会。

二、"天下一家,中国一人"思想的发展

《论语·颜渊》载"司马牛忧曰:'人皆有兄弟,我独亡!'子夏曰:'……四海之内,皆兄弟也。君子何患乎无兄弟也?'""四海之内皆兄弟也"就是《礼记·礼运》"不独亲其亲,不独子其子"的意思。这句话是有来历的,远古时中国人认为自己居住在"四海"的中央,称四周天下为"四海"。作为《论语》里的经典语录,它是儒家一个很高境界的政治理想。这一句话以血脉为经,以文化为脉把中国人织成一张富有人情味的网,以一种特殊的方式传达一个声音:世界无论多大,其实就是一个大家庭,而我们每一个生命的个体彼此为兄弟姐妹。这也可以说是"天下一家,中国一人"的通俗表达。

《孟子·梁惠王上》云:"老吾老,以及人之老,幼吾幼,以及人之幼,天下可运于掌。《诗》云:'刑于寡妻,至于兄弟,以御于家邦。'言举斯心加诸彼而已。故推恩足以保四海,不推恩无以保妻子。"儒家的仁爱是从亲情出发的,以亲情为基础,推而广之,扩而大之,把这种对自己的亲人的爱心施加于普遍的社会对象身上。对于普通老百姓来说这是必要的,对于君王来说这更为更要。君王要治国平天下,就要能够"亲亲而仁民,仁民而爱物",由近及远,由小而大,由私而公地推广儒家的仁爱。孟子把这种"仁爱"的推衍称为"推恩",赵岐注云:"善推其心所好恶,以安四海也。"孙奭疏云:"孟子言为君者但能推其恩惠,故足以安四海,苟不推恩惠,虽妻子亦不能安之。"孟子希望君王通过这种"推恩"而安四海之民,现"天下一家"的大同之境。

荀子也多次提出"四海一家":"四海之内若一家,故近者不隐其能,远者不疾其劳,无幽闲隐僻之国,莫不趋使而安乐之。"(《荀子·王制》)"故近者歌讴而乐之,远者竭蹶而趋之,四海之内若一家,通达之属莫不从服,夫是之谓人师。"(《荀子·儒效》)"四海之内若一家"是荀子对儒家"天下一家"理想的独特表达。荀子处于战国末期,天下出现了统一的趋势,但是现实中人们的生存状况实际上更为险恶。荀子就是适应这种统一的历史趋势,提出了许多重建社会秩序的设想,"四海之内若一家"就是其中富有理想色彩的一个重要观点,与《论语》中子夏提出的"四海之内皆兄弟也"也是一脉相通的。

先秦儒家的这些政治理想由于战乱没有实现的机会,秦汉以后的皇权政治又由于"家天下"观念为主导,难以实现。秦王政二十六年(前221)灭六国,完成统一中国的大业,建立起一个以汉族为主体的统一的中央集权的强大帝国,结束了贵族王侯专政的王国时代,进入了君主制的帝国时代。他以王号不足以显其业,乃称皇帝。秦始皇在纪功石上刻着:"六

合之内,皇帝之土。"(《琅邪台刻石》)"乃今皇帝,一家天下。"(《绎山刻石》)这种将天下占为己有的"家天下"思想为秦汉以后历代皇帝的基本观念。但秦"二世而亡"的教训,又使他们有所忌惮,不得不同时接受"天下非一人之天下也,乃天下人之天下也"(《吕氏春秋·孟春纪·贵公》)的"公天下"观念,"家天下"与"公天下"两种观念的博弈与和合贯穿于中国古代历史。有作为的帝王大都有"天下一家"的理想,如汉高祖统一全国后说:"今吾以天之灵,贤士大夫,定有天下,以为一家。"乾隆皇帝在《命正经界杜争端》的上谕中说道:"朕以天下为一家,而州县官各膺子民之责,亦当体朕之心以为心。"雍正皇帝还写出了"惟以一人治天下,岂为天下奉一人"的名联挂在故宫养心殿。但大多数帝王都"内多欲而外施仁义",施行的是汉宣帝说的"霸王道杂之",以"天下一家"来包装"天下为家",因而朱熹愤激而言道:"千五百年之间,正坐如此,所以只是架漏牵补过了时日。其间虽或不无小康,而尧、舜、三王、周公、孔子所传之道,未尝一日得行于天地之间也。"朱熹认为汉唐以后周公、孔子所传承王道政治没有得到落实,更别说天下为公的大同理想了。

春秋公羊学以"三世说"来诠释"天下一家,中国一人"的大同理想。孔子作《春秋》所记二百多年历史中,有"所见世、所闻世、所传闻世",因而用词有亲疏抑扬之异。孔子将这种历史演进观念寄存在鲁国历史演进之中,是因为太平大同之世是"大道之行、天下为公"的社会,尽管三代以降进入了天下为家,大道即隐,但大道只是"隐",并非不存在。鲁国是保存礼乐文明最好的诸侯国,大道就隐藏在鲁国。大道虽隐而存,就会向大道之行、天下为公的方向发展。西汉大儒董仲舒将这一说法加以发展,在《春秋繁露·楚庄王》中说:"《春秋》分十二世以为三等:有见、有闻、有传闻。有见三世,有闻四世,有传闻五世。故哀、定、昭,君子之所见也;襄、成、文、宣,君子之所闻也;僖、闵、庄、桓、隐,君子之所传闻也。所见六十一年,所闻八十五年,所传闻九十六年。于所见微其辞,于所闻痛其祸,于传闻杀其恩,于情俱也。"所见世,当事人或其近亲都在世,容易招祸,记事忌讳多,故用词隐晦;所闻世,对于事件造成的祸害感受真切,故记载明确详细;所传闻世,恩惠和感情都已减弱,故记载简略。到了东汉,何休注《春秋公羊传》时,将"三世说"进一步发挥成:"所见者,谓昭、定、哀,己与父时事也;所闻者,谓文、宣、成、襄,王父时事也;所传闻者,谓隐、桓、庄、闵、僖,高祖曾祖时事也。……于所传闻之世,见治起于衰乱之中,用心尚粗粗,故内其国而外诸夏;……于所闻之世,见治升平,内诸夏而外夷狄;……至所见之世,著治太平,夷狄进至王爵,天下远近大小若一,用心尤深而祥,故崇仁义。"照何休的解释,孔子在删定《春秋》时,在记述"所传闻世"即鲁隐公至僖公五代国君之事时采用了"据乱世"的写法,在记述"所闻世"即文公至襄公四代国君之事时采用了"升平世"的写法,在记述"所见世"即昭、定、哀三代国君之事时采用了"太平世"的写法。何休认为,孔子通过对鲁国历史的三种不同记述方法,表明了历史发展过程中有衰乱、升平、太平三大阶段,而历史发展的最终结果是进入太平世。到了太平世,整个中国境内天下一家,仁义之道大行。不过何休也承认就事实而言,鲁国历史与衰乱、升平、太平的发展情况并不相符，并未按照王化一世比一世普及，德治一世比一世施行好，一世比一世治的历史逻辑发展。特别是定、哀之间，远未达到太平世，只是"文致太平"："《春秋》定、哀之间，文致太平，欲见王者治定，无所复为讥，唯有二名，故讥之，此《春秋》之制也。"贾公彦疏云："《春秋》定、哀之间，文致太平者，实不太平，但作太平文而已，故曰文致太平也。"因此，何休的确不是在准确忠实地记载历史事实本身，而不过是假托鲁史表达自己的历史演进观念。对于怎样实现太平，何休提出实行以公平为基础的均田制，人们做到互通有无，互相周济，并形成共同的风俗习惯。在他设想的太平社会，虽然还有天子、司空、里正等官员存在，但这些官员并不享受特权，显然太平世是何休对于国家和社会的理想化表述。皮锡瑞进一步结合公羊三世说，对夷夏和远近问题做了一个整合性的解释。他认为以前之所以有夷夏观念，原因在于时代发展的局限，在升平世的时候，世界还未进入大同世界。因此，种族之间的不平等还未消除，而进入大同世界之后，天下为一家，中国为一人，那么种族问题自然解决了。他说："圣人心同天地，以天下为一家，中国为一人，必无因其种族不同而有歧视之意。而升平世不能不外狄夷者，其时世界程度尚未进于太平，……王化自近及远，由其国而诸夏而狄夷，以渐进于大同，正如由修身而齐家而治国，以渐至平天下。"

经过南北朝以来的民族融合，隋唐皇帝的"天下一家"主要表现为"华夷一家"。隋朝建立后，隋文帝杨坚便以天下一家为己任，《隋书·突厥传》载隋炀帝语曰："今四海既清，与一家无异，朕皆欲存养。"唐贞观七年（633），唐太宗李世民曾陪同已经禅位的父亲唐高祖李渊欢宴三品以上官吏。突厥颉利可汗在宴会上即兴起舞，南蛮酋长冯智戴临场咏诗，呈现出各民族亲如一家的欢乐气氛。唐高宗李渊高兴地说："胡、越一家，自古未有也。"唐太宗提出德泽加四海，使华夏夷狄如一家："夷狄亦人耳，其情与中夏不殊。人主患德泽不加，不必猜忌异类。盖德泽洽，则四夷可使如一家。""自古皆贵中华，贱夷狄，朕独爱之如一。"唐文宗也提出了"海内四极，惟唐旧封；天下一家，与我同轨"的思想。这是很博大的胸怀和气度，甚至影响了少数民族，吐蕃赞普尺带珠丹上书给唐中宗认为藏汉"和同为一家"（《旧唐书·吐蕃传》）。

宋朝文弱，常被强大的少数民族侵扰，但仍以中华正统自居。司马光对宋的积贫积弱多有忧虑，他说："窃以为苟不能使九州合为一统，皆有天子之名而无其实者也。"表明了他对所处时代的危机感。正因为如此，宋代士大夫有强烈的"士人与皇帝共治天下"的意识，程颢程颐供职于朝廷时，致力于"引君当道"，使"天下享尧舜之治"。程颢曾上《论王霸之辨》云："惟陛下稽先圣之言，察人事之理，知尧、舜之道备于己，反身而诚之，推之以及四海，择同心一德之臣，与之共成天下之务。"程颐说："人君当与天下大同，而独私一人，非君道也。"君主应当与天下人共有大同世界，而如果独自把天下当作一家一姓的私产，那不是为君之道。程颐任崇政殿说书时，就希望太皇太后与陛下"心存至公，躬行大道，开纳忠言，委用耆德,直欲举太平","惟欲主上德如尧、舜,异日天下享尧、舜之治"。理学宗师从道的高度对君主提出了与天下人共有大同世界的要求。

张载《西铭》反映了张载试图通过重建儒家以仁为核心的核心价值体系,来整顿社会道德、稳定社会秩序的愿望。《西铭》说:"乾称父,坤称母;予兹藐焉,乃混然中处。故天地之塞,吾其体;天地之帅,吾其性。民,吾同胞,物,吾与也。大君者,吾父母宗子;其大臣,宗子之家相也。尊高年,所以长其长;慈孤弱,所以幼其幼。圣,其合德,贤,其秀也。凡天下疲癃残疾茕独鳏寡,皆吾兄弟之颠连而无告者也。"天地是人的父母,人是天地所生,很渺小,和万物一样生存于天地之间。充塞天地之间的阴阳之气构成人的形色之体,而引领统帅天地万物流行化运的天地之常理是人的本性。张载把天地比作父母,认为人生于天地之间,自应把万民看作同胞兄弟,把万物视为同伴和朋友。在他所设想的社会里,君主是与自己同家族的嫡长子,大臣是嫡长子的管家。尊重老人,是为了在社会上形成尊重年长者的风气;慈爱孤儿幼弱,是为了在社会上形成爱抚年幼之人的风气。圣人与天地德性相合为一,贤人是汇聚了天地的灵秀而产生的。凡是天下残疾孤苦、无处申告的人,都是自己受苦受难的兄弟姐妹。人与天地万物痛痒相关、休戚与共,人与人相亲相爱、和睦相处,构成一种和谐共生的关系。《西铭》将家庭秩序扩展为社会秩序,乃至宇宙秩序,最终实现宇宙秩序、社会秩序与家庭秩序的浑然一体。朱熹对《西铭》评价极高,《西铭解义》云:"一统而万殊,则虽天下一家,中国一人,而不流于兼爱之弊;万殊而一贯,则虽亲疏异情,贵贱异等,而不牿于为我之私。此《西铭》之大指也……观其推亲亲之厚以大无我之公,用事亲之诚以明事天之道,盖无适而非所谓分殊而推理一也,夫岂专以民吾同胞,长长幼幼为理一,而必默识于言意之表,然后知其分之殊哉!"朱熹在此将"理一分殊"与《西铭》表现的"民胞物与"的思想联系起来,使"理一分殊"伦理化。在"亲疏异情,贵贱异等"的社会条件下,他努力寻求既不"流于兼爱",而又"不牿于为我之私"的"大公"的人际关系和理想社会。这样就既能克服墨家"兼爱"之弊,又能突破儒家"亲亲为本"的家庭伦理的局限,这是符合孔子中庸之道的。朱熹进一步主张"推亲亲之厚以大无我之公",要求人们推"亲亲之厚"浓郁的亲情于大众,进而迈入"大无我之公"的开阔、高超的思想境界,这是实现"天下一家,中国一人"的大同理想所必需的。《宋元学案》薛文清曰:"读《西铭》,有天下为一家,中国为一人之气象。"这不但是对张载《西铭》主旨的很好揭示,也是宋儒对大同理想的普遍表达。

王阳明《传习录·答顾东桥书》指出:"唐、虞、三代之世……天下之人熙熙皞皞,皆相视如一家之亲。其才质之下者,则安其农、工、商、贾之分,各勤其业,以相生相养,而无有乎希高慕外之心。"在王阳明看来,尧舜三代盛世的根本原因是社会风气相当淳朴,人们凭自己所有的本心生活。圣人以道德教化治理社会,人们孝敬父母,尊敬兄长,诚实交友,官吏根据自己的德行和才能任职用事,他们能够同心同德,一心为老百姓和天下的长治久安考虑,兢兢业业,任劳任怨,整个天下就像一家人一样。王阳明在《大学问》中从心的仁本体上说明"大人者以天地万物为一体者也。其视天下犹一家，中国犹一人焉。若夫间形骸而分尔我者，小人矣。大人之能以天地万物为一体也，非意之也，其心之仁本若是，其与天地万物而为一也"。大人能够突破自己的私心局限，以天地万物为一体，视天下犹如一家，中国犹如一人；而小人之心有私欲之蔽，不能冲破自己的私心制约。显然，作为最高的人格理想和生命成就，大人不局限在形骸及家庭之私，而且也不限于国家民族之公。这是以"天下一体之仁"来诠释"天下一家，中国一人"，是以仁心为本实现人与人、人与社会、人与天地万物和谐一体的理想境界，不仅超越了自我主义、裙带关系、狭隘思想，而且超越了世俗人文主义和人类中心主义，把"天下一家，中国一人"发展到一个新的高度。

康有为在《礼运注》中把《春秋》三世说融会进来，"大道者何？人理至公，太平世大同之道也。三代之英，升平世小康之道也。孔子生据乱世，而志则常在太平世。必进化至大同，乃孚素志，至不得已，亦为小康。而皆不逮，此所由顾生民而兴衰也。"说明历史进化是从据乱世经升平世（即"小康"社会）到达太平世（即"大同"社会）。孔子虽然生于"据乱世"，而理想则在"太平世"，"天下大同"是孔子理想社会的终极目标，但始终没有条件实现。他注《礼记·礼运》"圣人耐以天下为一家，以中国为一人"，云："太古分国万数，而禹、汤、文、武、周公数圣人，能统一天下如之一家子弟臣妾，混合中国如一人之心腹手足，盖非徒有意志而已，盖有道焉。"圣人能使天下像一家人一样和睦相处，使中国像一个人的心腹手足浑然一体。康有为继承发挥了中国传统儒家的大同理想，吸收近代资产阶级的思想和制度，在《大同书》中揭发了人世间由于不平等而产生的种种苦难和悲惨，提出去"九界"：国界、级界、种界、形界、家界、产界、乱界、类界、苦界，这样人类才能从"据乱世"进入"升平世"，最后实现"太平世"即"大同世"，过上自由、平等、和平、民主的幸福生活。

孙中山继承了儒家天下为公的大同思想，他说："从前是一人做皇帝，现在是四万万人做主，就是四万万人做皇帝。……这些事实，中国几千年来虽然没有见过，但是老早便有了这种理想。譬如孔子说'天下为公。'又有人说'天下者，是天下人之天下也。'就是这种理想。我们革命党要实行三民主义，也就是这个思想。"1921 年 11 月他在梧州对国民党员的演说中讲："吾党之三民主义，即民族、民权、民生三种。此三种主义之内容，亦可谓之民有、民治、民享，与自由、平等、博爱无异，故所向有功……质而言之，民有即民族也。天下者，天下人之天下，非一、二族所可独占。民权即民治也。从前之天下，在专制时代则以官僚武人治之，本总理则谓人人皆应有治之之责，亦应负治之之责，故余极主张以民治天下。民生即民享也。天下既为人人所共有，则天下之利权，自当为天下人民所共享。"这里，孙中山吸收了西方民有、民治、民享与自由、平等、博爱的思想来阐发"天下为公"的理想。他在《三民主义·民族主义》中说："我们要将来能够治国平天下，便先要恢复民族主义和民族地位。用固有的道德和平做基础，去统一世界，成一个大同之治。这便是我们四万万人的大责任。"这显然是在寻求民族独立、平等前提下以中国传统道德为基础推动世界大同的思路，这就突破了中国古代"天下一家,中国一人"的模式,揭示了人类实现大同的历史趋势。

三、"天下一家,中国一人"的思想特质

(一)"天下一家,中国一人"以血缘亲情为基础

"天下一家,中国一人"是一种以血缘亲情为基础,以同心圆层层推衍的方式形成的多元复合认同模式。

以血缘宗法为基础来构建超越血缘而又具有血缘亲情的命运共同体,周人"封建亲戚,以藩屏周",就是按照家庭-家族结构来构建天下体系的。周初建国时大量分封同姓(姬姓)为诸侯国,《左传·昭公二十八年》载:"昔武王克商,光有天下,其兄弟之国者十有五人,姬姓之国者四十人,皆举亲也。夫举无他,唯善所在,亲疏一也。"而其余非姬姓的也以亲亲的原则,即按照血缘关系的亲疏远近推扩,以礼制来处理天下各诸侯国之间的关系,形成了"天下一家"的命运共同体。钱穆先生据此认为:"故推极西周封建制度之极致,必当达于天下一家,中国一人。太平大同之理想,皆由此启端。故论周公制礼作乐之最大深义,其实即是个人道德之确立,而同时又是天下观念之确立也。"

《公羊传·成公十五年》:"王者欲一乎天下,曷为以外内之辞言之?言自近者始也",而"自近者始"何休注云:"明当先正京师,乃正诸夏。诸夏正,乃正夷狄,以渐治之"。意思是,圣王要做到天下大同,要从近处着手,"怀近柔远",善待国人,优遇百姓,是"勤远略"的基础。"天下一家"意味着从"家"的血缘亲情出发来建立温情脉脉的天下秩序。

(二)"天下一家,中国一人"的有机整体性

"天下一家,中国一人"的有机整体性体现在"人"是生命体,而"家"是由具有血缘亲情的人构成的更大的"生命体";整体性体现在"一"上。儒家讲"一"着重于天下统一。孟子认为只有仁道、王道可以使天下"定于一":"卒然问曰:'天下恶乎定?'吾对曰:'定于一。''孰能一之?'对曰:'不嗜杀人者能一之。'"(《孟子·梁惠王上》)荀子认为谁能够实施以仁义礼法为内容的"王者之政"谁就能够"一天下"(《荀子·王霸》),乃至"四海之内若一家"(《荀子·议兵》)。《礼记·缁衣》还有这样的表述:"民以君为心,君以民为体。心庄则体舒,心肃则容敬。心好之,身必安之;君好之,民必欲之。心以体全,亦以体伤;君以民存,亦以民亡。"君民被理解为心与身的关系,身心即是人的生命的整体,只要在上者为明君贤相,在下者为良善的百姓,整个社会就会像一个由许多器官构成的、功能良好的生命有机体。在董仲舒的有机宇宙论系统中,人与天地共同构成了一个生命体,"天地人,万物之本也,……三者相为手足,合以成体,不可一无也。"(《春秋繁露·立元神》)"《传》曰:天生之,地载之,圣人教之。君者,民之心也;民者,君之体也。心之所好,体必安之,君之所好,民必从之。"(《春秋繁露·为人者天》)后来荀悦《申鉴·政体》就说得更完备了:"自天子达于庶人,好恶哀乐,其修一也。丰约劳佚,各有其制,上足以备礼,下足以备乐,夫是谓大道。天

下国家一体也,君为元首,臣为股肱,民为手足。下有忧民,则上不尽乐;下有饥民,则上不备膳;下有寒民,则上不具服,徒跣而垂旒,非礼也。故足寒伤心,民寒伤国。"天下国家是一个生命体,君为元首,臣为股肱,民为手足,老百姓日子不好过,在上者也难以安乐。人的脚底受寒,容易惹病上身;百姓贫困,容易导致国力衰退。

(三)"天下一家,中国一人"的道德精神

"天下一家,中国一人"以礼制维持,靠礼治推行,而道德是其内在精神。王国维指出:"殷、周之兴亡,乃有德与无德之兴亡;故克殷之后,尤兢兢以德治为务。"周公制礼作乐,"其旨则在纳上下于道德,而合天子、诸侯、卿、大夫、士、庶民以成一道德之团体。周公制作之本意,实在于此"。"周之制度、典礼,实皆为道德而设……制度典礼,乃道德之器械,而尊尊、亲亲、贤贤、男女有别四者之结体也。此之谓民彝。"对此,侯外庐说周代的道德观念"从其制度中反映出来",这是很精辟的论断。就是说,周人是将制度与道德融为一体的。在周人看来,制度体现道德,道德规范制度,两者合二而一。"德"在西周初年实际上并不完全是道德之"德",而从一个方面看,也可谓是"制度之德"。当时,人们所理解的"德"在很大的程度上源自制度,源自礼的规范。

孔子提出的"仁"起源于西周,是对周人"德"的继承和发展,后来成为儒家的核心价值观。孔子立志复兴周代的礼乐文明:"周鉴于二代,郁郁乎文哉,吾从周。"(《论语·八佾》)但在孔子时代,礼崩乐坏,礼乐流于具文,失去了内在的精神。孔子说:"人而不仁,如礼何?人而不仁,如乐何!"(《论语·八佾》)礼乐之中,如果抽去了"仁"的精义,便没有什么有价值的东西了。这样,"仁"便是礼乐文化的实质内容,是人之为人的必然要求。离开了"仁",礼乐就成了没有任何意义的并异化于人的具文。也就是说,孔子一方面复兴西周礼制,另一方面也传承西周道德,只不过他把"德"创造性地转化为"仁"。

孔子的"仁"受西周德治思想的启发,他把"仁"作为实现德治的一个必要条件,把德治思想从天命的敬德落实到人本的仁治,更新了德治的含义。如有学人说:"孔子的德治思想来源于周公。周公在《康诰》里教导康叔治理殷民原则就是'明德慎罚'四个大字。"而"德治的实质就是仁治。"然而,仁治毕竟与西周的德治有区别,区别就是:德治是把民当作臣民来恩惠,仁治则是把民当作人来爱戴。因此,孔子认为春秋时人们尽管对德多有议论,但"知德者鲜矣"。(《论语·卫灵公》)只有他,才从西周德治传统中升华出了"仁"作为新的德(道德之德)的基础。因此,只有把"仁"与"德"联系起来看,也才能真正认识德。王国维曾论"仁"与"德"关系说:"孔子之仁,为包容其他一切诸德之普遍之德,即对己之德,与对家族及社会国家等之德,皆存于此中。但先以家族间之德为根本,然后渐推及社会国家。故以孝弟为本,而综合忠信义礼智等诸德,即普遍之仁。故仁为德之全称,其他不过其一部分而已。"

孔子的"仁"的基本内涵是"爱人"。孔子的学生樊迟向孔子请教什么是"仁"时,孔子回答说:"爱人。"(《论语·颜渊》)儒家的仁爱是在承认亲疏远近、尊卑贵贱等级基础上的"等差之爱",所以具有同心圆式的由近及远、推己及人、层层扩展的特点,孔子说:"弟子入则孝,出则弟,谨而信,泛爱众,而亲仁。"(《论语·学而》)孔子主张人们不仅要爱自己的父兄,而且要博爱大众,亲爱天下的仁人。这也就是要求人们要像爱自己的亲人一样爱天下所有的人,蕴含着天下一家、四海之内皆兄弟之意。

孟子发展了孔子的"仁爱"思想,认为对待别人,要将心比心,推己及人,推人及于万物,提出"君子之于物也,爱之而弗仁;于民也,仁之而弗亲。亲亲而仁民,仁民而爱物"。(《孟子·尽心上》)一个人只有爱自己的亲人时,才有可能推及他人,去仁爱百姓;只有当仁爱百姓时,才有可能珍爱万物。

因此,儒家的"仁"是由自我为起点扩展到宇宙万物的,所以朱熹说:"一事之仁,也是仁;全体之仁,也是仁;仁及一家,也是仁;仁及一国,也是仁;仁及天下,也是仁。"仁爱可以从一事推广到万事,从一家推广到万家,从一国推广到天下,以实现天下归仁的理想境界。

列文森指出:在古代中国,"早期的'国'是一个权力体,与此相比较,天下则是一个价值体"。这一价值体就是以"仁"为核心的价值体系,以同心圆的方式推广至普天之下,体现为人与人、人与社会、人与自然和谐共处、共生共荣、保合太和理想状态。

(四)"天下一家,中国一人"的人文精神

孔子思想的重点是在对"人"的研究上,他把人从天命神学中解放出来,提出了"仁"作为他思想的中心,在中国思想史上首次系统地形成了一套人学思想体系,为中华文化的人文精神奠定了基础。郭沫若把孔子的"仁学"称为"人的发现",张岂之先生也认为,"《论语》中多处为'仁'规定界说,其特点是:'仁'不是以祖先神的崇拜为出发点,而是以人的理性为基点;不是以氏族群体为出发点,而是以个人修身为基点;不是以维护一方而牺牲另一方为出发点,而是力求照顾到人际双方的利益为基点。孔子将'仁'解释为'爱人'就显示了这样一些特点"。《论语·颜渊》中颜渊问仁,子曰:"克己复礼为仁。一日克己复礼,天下归仁焉。"孔子讲通过自我修养,使一切言行举止都合乎"礼",这样内外兼修,天下的人就会赞许你为仁人了。可以看出,孔子标举的仁的境界很高,涵摄很广,但并不是虚悬在天上,而是要通过自我的不断修养,践行礼制,仁礼并建,相辅相成,互为支撑,在仁与礼的圆满统一中实现天下归仁的理想境界。正如程颐所说:"克己复礼,则事事皆仁,故曰天下归仁。""天下归仁"就是孔子以仁为核心价值观的社会理想。

以仁为核心价值观构建的天下秩序当然是人文的、文明的秩序,"几千年来,所谓'天下',并不是中国自以为'世界只有如此大',而是以为,光天化日之下,只有同一人文的伦理秩序。中国自以为是这一文明的首善之区,文明之所寄托,于是'天下'是一个无远弗届的同心圆,一层一层地开化,推向未开化"。

四、人类命运共同体——"天下一家，中国一人"的现代表达

（一）"人类命运共同体"的形成与发展

人类已经进入全球化时代，不同国家、不同民族、不同文化在政治、经济、文化上相互联系，相互依存，不可分割。人类只有一个地球，各国共处一个世界，要倡导"人类命运共同体"意识。

中国政府越来越重视人类的共同利益。

2008 年北京奥运会中英文主题口号就是"同一个世界　同一个梦想"（One World One Dream），奥运会主题曲的歌词"我和你，心连心，同住地球村，为梦想，千里行，相会在北京，来吧！朋友，伸出你的手，我和你，心连心，永远一家人"就表达了"同住地球村，永远一家人"的美好愿望。如果说这些还只是对"人类命运共同体"感性的表达，那么 2011 年《中国的和平发展》白皮书就指出："人类只有地球一个家园。建设一个持久和平、共同繁荣的和谐世界，是世界各国人民的共同心愿，是中国走和平发展道路的崇高目标。"白皮书虽然没有提到"人类命运共同体"的概念，但已经有了"地球家园"的提法，与中国古代"天下一家"的思想非常接近。

2012 年 11 月中国共产党第十八次全国代表大会上的报告旗帜鲜明地提出"在国际关系中弘扬平等互信、包容互鉴、合作共赢的精神，共同维护国际公平正义。平等互信，就是要遵循联合国宪章宗旨和原则，坚持国家不分大小、强弱、贫富一律平等，推动国际关系民主化，尊重主权，共享安全，维护世界和平稳定。包容互鉴，就是要尊重世界文明多样性、发展道路多样化，尊重和维护各国人民自主选择社会制度和发展道路的权利，相互借鉴，取长补短，推动人类文明进步。合作共赢，就是要倡导人类命运共同体意识，在追求本国利益时兼顾他国合理关切，在谋求本国发展中促进各国共同发展，建立更加平等均衡的新型全球发展伙伴关系，同舟共济，权责共担，增进人类共同利益。"这实际上提出了"人类命运共同体"的基本精神：平等互信、包容互鉴、合作共赢。

十八大以后，习近平总书记在不同场合多次谈到"人类命运共同体"的概念，从国家到地区再到世界，从经济到文化、政治、社会再到生态，全方位、宽领域、多层次地不断充实、不断丰富、不断完善"人类命运共同体"的内涵。

2014 年 3 月 27 日，习近平总书记在联合国教科文组织总部演讲时指出："当今世界，人类生活在不同文化、种族、肤色、宗教和不同社会制度所组成的世界里，各国人民形成了你中有我、我中有你的命运共同体。"这段话表达了两层含义：其一，当今世界文化、种族、肤色、宗教和社会制度的多元性；其二，多元之间的相互相关性。因此，所谓命运共同体，是指当今由多元文化、种族、肤色、宗教和不同社会制度构成的人类世界又是一个命运攸关、利益相连、相互依存的集合体。

2014 年 3 月 28 日,习近平总书记在德国科尔伯基金会的演讲中指出:"有着 5000 多年历史的中华文明,始终崇尚和平,和平、和睦、和谐的追求深深植根于中华民族的精神世界之中,深深溶化在中国人民的血脉之中。中国自古就提出了'国虽大,好战必亡'的箴言。'以和为贵''和而不同''化干戈为玉帛''国泰民安''睦邻友邦''天下太平''天下大同'等理念世代相传。中国历史上曾经长期是世界上最强大的国家之一,但没有留下殖民和侵略他国的记录。我们坚持走和平发展道路,是对几千年来中华民族热爱和平的文化传统的继承和发扬。"演讲揭示了中华文化以"以和为贵"的精神实现"天下大同"的优秀传统。

2015 年 9 月 28 日,习近平总书记在第七十届联合国大会一般性辩论上做了题为《携手构建合作共赢新伙伴　同心打造人类命运共同体》的报告,系统阐述了"人类命运共同体"的内涵:"'大道之行也,天下为公。'和平、发展、公平、正义、民主、自由,是全人类的共同价值,也是联合国的崇高目标。目标远未完成,我们仍须努力。当今世界,各国相互依存、休戚与共。我们要继承和弘扬联合国宪章的宗旨和原则,构建以合作共赢为核心的新型国际关系,打造人类命运共同体。"习近平总书记首先引用了《礼记·礼运》大同社会的核心理念,并以此作为"人类命运共同体"共同的价值观,强调各国之间是一种相互依存、休戚与共的关系,因此必须构建以合作共赢为核心的新型国际关系,才能打造人类命运共同体。

2016 年 12 月 31 日,习近平总书记在《二〇一七年新年贺词》中指出:"中国人历来主张'世界大同,天下一家'。中国人民不仅希望自己过得好,也希望各国人民过得好。当前,战乱和贫困依然困扰着部分国家和地区,疾病和灾害也时时侵袭着众多的人们。我真诚希望,国际社会携起手来,秉持人类命运共同体的理念,把我们这个星球建设得更加和平、更加繁荣。"

2017 年 1 月 18 日,习近平总书记在日内瓦万国宫发表《共同构建人类命运共同体》的演讲,向世界宣告"中国方案是:构建人类命运共同体,实现共赢共享",并全面系统地阐述了人类命运共同体理念,指出国际社会要从伙伴关系、安全格局、经济发展、文明交流、生态建设等方面作出努力来一起构建人类命运共同体,承诺"中国愿同广大成员国、国际组织和机构一道,共同推进构建人类命运共同体的伟大进程"。

(二)人类命运共同体是"天下一家,中国一人"的现代表达

如前所述,"天下一家,中国一人"思想有悠久的历史,丰富的内涵,反映了中华民族开放的心胸、宏阔的气度、高超的智慧、高远的理想,是人类文明的宝贵遗产。曾经中华文化面临深重的危机,中国人一度对传统文化丧失了自信心,觉得百事不如人,形成了崇洋媚外、唯西方马首是瞻的心态。经过三十多年改革开放,现在中国综合国力强大,中华民族正在走向伟大复兴。民族复兴的核心是文化的复兴。实现中华民族的伟大复兴,亟待重建传承优秀传统文化,在不同层面重建中国文化主体性,增强文化自信,以文化复兴推进民族的全面崛起。习近平总书记对中华优秀传统文化情有独钟,他指出"不忘本来才能开辟未来,善于继承才能更好创新","要处理好继承和创造性发展的关系,重点做好创造性转化和创

新性发展。"2017年1月，中共中央办公厅、国务院办公厅印发了《关于实施中华优秀传统文化传承发展工程的意见》，一开始就指出"文化是民族的血脉，是人民的精神家园。文化自信是更基本、更深层、更持久的力量。中华文化独一无二的理念、智慧、气度、神韵，增添了中国人民和中华民族内心深处的自信和自豪。"也就是说，当代中国的文化自信主要是源于中华优秀传统文化。而在中华优秀传统文化当中，儒学是主体和主流。2014年9月24日，习近平总书记在纪念孔子诞辰2565周年国际学术研讨会暨国际儒学联合会第五届会员大会开幕会上做了重要讲话，指出："孔子创立的儒家学说以及在此基础上发展起来的儒家思想，对中华文明产生了深刻影响，是中国传统文化的重要组成部分。儒家思想同中华民族形成和发展过程中所产生的其他思想文化一道，记载了中华民族自古以来在建设家园的奋斗中开展的精神活动、进行的理性思维、创造的文化成果，反映了中华民族的精神追求，是中华民族生生不息、发展壮大的重要滋养。"

习近平总书记对"人类命运共同体"的阐述，就是在中华优秀传统文化，特别是儒家思想的基础上吸收当今人类其他文化的思想基础上形成的。命运共同体是利益共同体、责任共同体和生命共同体，本质上是构建相互依存、休戚与共、和谐相处的国际大家庭。"人类命运共同体"的逻辑是一种递进关系：从国与国的命运共同体，区域内命运共同体，到人类命运共同体，这与中国传统家—国—天下的推衍次序一致，可以说是"天下一家，中国一人"的现代表达。构建命运共同体是习近平总书记站在人类进步高度，把握世界发展格局变化趋势，高屋建瓴地提出来的超越民族、国家和意识形态的中国方案，继承和弘扬了《联合国宪章》的宗旨和原则，是全球治理的共商、共建、共享原则的核心理念，超越西方消极意义上的同一个地球、地球村等，形成积极意义上的休戚与共，就是不仅要在物质层面，还要在制度、精神层面上求同存异、聚同化异，达到天下为公、世界大同的境界，赢得了国际社会广泛认同。

参考文献：

[1]孙沛.国学经典大讲堂[M].北京：中国华侨出版社，2009.

[2]朱义禄.中国古代人文名篇鉴赏辞典[M].上海：上海辞书出版社，2016.

[3]陈乔见.先秦诸子公私之辨的本义及其政治哲学内涵[J].中原文化研究，2003 (04)：17－25.

[4]孙希旦.礼记集解[M].北京：中华书局，1989.

[5]陈亦.四库全书精解[M].北京：中国华侨出版社，2018.

[6]荀况，墨翟，韩非.荀子·墨子·韩非子[M].青岛：青岛出版社，2017.

[7]董仲舒.春秋繁露[M].郑州：中州古籍出版社，2010.

[8]左丘明.左传[M].上海：上海古籍出版社，2016.

[9]刘尚慈.春秋公羊传[M].北京：中华书局，2010.

（中国人民大学国学院）

德性与共同体

——麦金太尔德性论与儒学德性论

陈 鹏

阿拉斯戴尔·麦金太尔（Alasdair MacIntyre,1929—　）是美国20世纪80年代最重要的哲学家之一,他的德性伦理学及社群主义思想是对现代义务论和功利主义伦理学的一次清算,也是对自由主义和个人主义及其引导的现代生活的强烈质疑。本文着重从德性与共同体的角度来分析麦金太尔德性论与儒学德性论的某种同构关系,并依此考察儒家德性生活与家国共同体的内在关联。

一、德性·内在善·实践

麦金太尔试图建立一个具有完整、清晰的社会历史背景的共同体德性概念,这个德性概念源于亚里士多德,然后经过一些精心的调整和重建。麦金太尔德性论的关键词包括内在善、实践、共同善、共同体、生活整体、历史传统等,其中,具有内在善（内在目的、内在利益）的实践概念是其理论基础,而具有共同善或至善的共同体概念是理解其德性生活的核心。

麦金太尔对德性有一个简明的界定:"德性是一种获得性人类品质,这种德性的拥有和践行,使我们能够获得实践的内在利益,缺乏这种德性,就无从获得这些利益。"这个"内在利益"或"内在善"是一个目的论的概念,即任何一种实践都有它的内在目的,这个目的就是它的内在善,而事物的德性即在于实现这个内在善。

麦金太尔特别指出"内在利益"和"外在利益"的区分。以下棋为例,人们通过下棋就可能获得两种利益,"一是那些依系于这类下棋和其他靠社会环境的机遇的外在的偶然的利益。总有一些可选择的方式来获得这些利益,而且这些利益的获得决不是因仅从事某种实践。二是又有那些内在于下棋的实践的利益,除了下棋或其他某些特定类型的游戏,这种利益是任何途径都不可获得的。我们称这种利益是内在的。"内在利益是内在于实践活动本身的利益,它从属于这个实践,或者说实践即利益。外在利益是通过实践获得的外部的各种利益,比如财富、名声、社会身份、地位、权力等。外在利益的特征是某人获得越多,他人得到的就越少,外在利益的获得是占有性的。而内在利益的获得不会挤占他人的利益,而且是"充实了整个相关的整体"。

麦金太尔强调实践的内在利益或内在目的是与实践活动的过程和成果(客体)尤其是成果联系在一起的,拥有德性可以使我们做得更好,这个"更好"指向实践的过程和成果,它们包括在实践本身之中,而不是在实践之外。以画家画画为例,麦金太尔认为每一幅绘画作品至少有两种内在利益:一是作品的卓越,一是艺术家的绘画生活,它一方面指向实践的过程(绘画生活),另一方面指向实践的成果本身(绘画作品)。

这种蕴含"内在利益"或"内在目的"的实践概念的重要意义在于弥合了"事实"与"价值"的隔阂。比如我们从"刀是钝的"这一事实会得出"这是坏刀"的价值判断,而从"刀是锋利的"得出"这是好刀"的价值判断,因为刀的内在目的就是"切割物体",这个目的就是刀的本质。把上述逻辑应用到对人性的规定上,即如果完善德性是人的内在目的,那么"他是好人"就不再仅仅是一个外在的评价性的判断,而是一个事实判断。

我们可以进一步尝试从"品质-功能"的关系来理解"德性-目的"的关系,麦金太尔也在暗示这种思路的可行性。在此,他认为需要在某种程度上恢复古典传统:

在亚里士多德传统中,说 X 是好的,也就是说想要把具有 X 所具特性的事物作为自己的目的的人都会选择 X 类事物。——'好'的这种用法的前提条件:每一种可以恰当称作好或坏的事物——其中包括人和行为——事实上都具有某种既定的特有目的或功能。因此称某物好也就是在作事实陈述。

当引入人的目的或功能的概念之后,我们说某人是好人,它既是道德陈述,也是事实陈述。

与罗尔斯"无知之幕"的预设相反,麦金太尔的逻辑起点是社会性的实践,诸如球赛、耕种、游戏、绘画、科学研究,以及家庭、城市、民族等人类共同体的创造和维持等社会活动。我们无时无刻不处在实践之中,或者说人无时不在扮演某个社会角色,无不处在某种"德性-目的"关系之网中。麦金太尔在此尽可能避免备受质疑的独断形而上学,而是试图给定一个具体的社会历史传统,从一种社会性的实践出发来引入目的概念。

拥有德性就必然获得内在利益,在这个实践过程中,德性与目的的关系是内在的,具备德性就必然获得内在善,而德性与名声、财富、权势之类的关系是外在的。这种对实践的内在利益和外在利益的区分在某种程度上使我们联想到儒家所说的"义利之别"。"义"是出于德性的行为,是按照德性义务的内在要求而实施的行为;"利"是考虑外部利益和外部效果的行为。义利之别的根本不在于公私之别,而是内在外在、自律他律之别。至于德行的"外部效果"在多大程度上应属于德性的内在要求,成为一个颇有争议的问题。

二、天德·人性

儒学的德性论有一个宏大深远的本体宇宙论基础,这是一个天地人通贯的目的论系统。人性的本质是善,人性之善来源于天地之德,以朱熹《仁说》为例:

天地以生物为心者也,而人物之生,又各得夫天地之心以为心者也。……盖天地之心,其德有四,曰元亨利贞,而元无不统。其运行焉,则为春夏秋冬之序,而春生之气无所不通。故人之为心,其德亦有四,曰仁义礼智,而仁无不包。其发用焉,则为爱恭宜别之情,而恻隐之心无所不贯。故论天地之心者,则曰乾元、坤元,则四德之体用不待悉数而足。论人心之妙者,则曰仁人心也,则四德之体用亦不待遍举而该。

在麦金太尔那里,虽然没有宇宙本体论的形上学,却有某种目的论的形上学。麦金太尔对人性的讨论不少地方近似于儒家人性论。比如:

每一种活动、每一种探究和每一次实践都旨在某种善,因为'善'或'某种善',我们的意思是那种在人类本性上的目的。

人类的成员有一种特殊本质,这种本质决定了他们都有一定的目的和目标,并使他们在本性上朝着一个特殊目的(telos)迈进。善是根据目的的特殊来界定的。

在这种目的论体系中,存在着一种'偶然成为的人'与'一旦认识到自身基本本性后可能成为的人'之间的重要对照。伦理学是一门使人们懂得如何从前一种状态转化到后一种状态的科学。因此,根据这种观点,伦理学必须以对人的潜能和行动的说明为前提条件,以对作为一个有理性动物的本质的解释为前提条件,更重要的是以对人的目的的一定阐述为前提条件。

在此,对人性的规定,或是对人的内在目的的阐明成为伦理学的前提。

面对现代社会道德的无根基状态,麦金太尔要求回到传统的目的论,他认为启蒙思想家论证道德合理性的挫败即在于取消了任何关于"认识到自己真实目的后可能成为的人"的概念,启蒙哲学越来越多地得出这样的结论:没有任何有效论证能从纯粹事实性的前提中得出任何道德的或评价的结论;或者是,任何道德结论都不可能有根据地从作为"逻辑上真实"的一组事实前提中得出。麦金太尔认为这是一种极度缺乏历史意识的迹象,它是与古典传统最后决裂的信号,这一结论终结了道德。因此,麦金太尔拒绝尼采而要求回到亚里士多德。

要注意的是,麦金太尔强调,这种事实陈述与道德陈述的融合需要一个历史条件,即亚里士多德所构想的具有共同善的城邦。不同于根源于绝对超越的形上学的人性论,麦金太尔主张实践和人性的目的存在于社会之中。如果儒家人之德性本源于天地之德,那么,麦金太尔的人之德性根源于共同体的内在要求。

三、共同体·至善·德性

麦金太尔的一个基本议题是要为人的完整的德性生活寻求一个社会共同体的支撑,他不断强调德性与社会生活的内在关联。他说:

任何一种道德哲学都以某种社会学为前提,情感主义也不例外。这是因为,每一种道德哲学都要或明或暗地对行为善与其理由、动机、意图与行为的关系做出至少是部分的概念性分析，而这种做法通常预设着这样的要求：这些概念体现在或至少能体现在现实的社会世界中。

道德概念不仅体现于社会生活方式之中，而且部分构成社会生活方式。我们将一种社会生活方式与另一种社会生活方式区别开来的一个重要途径，就是识别道德概念上的差异。

这样，我从我的家庭，我的城邦，我的部落，我的民族承继了它们的过去，各种各样的债务、遗产、合法的前程和义务。这些构成了我的生活的既定部分，我的道德的起点，在一定程度上，正是这一切使人的生活有它自己的道德特殊性。

麦金太尔认为，在家庭、家族、部落、城市这样的古代和中世纪的共同体内，个体的德性生活与共同体之间形成内在的关联。当然，在他的心目中，这个共同体的典范还是城邦。他说：

在城邦只有一个善，没有个人的善，可以称之为人类善、共同善或善本身。或者说，在城邦中，没有每个成员的私人利益。个人通过他的角色来识别，这些角色把个人束缚在各种社会共同体中，并且只有通过这种共同体，个人的特有的善才可以实现。离开这个共同体就没有自我。

在城邦共同体中，只存在共同体的善，个体的善完全从属于共同体的善。在这样的共同体内，"作为个人的我们的利益和那些在人类共同体中和我们有密切联系的人的利益是同一的，我追求我的利益决不会和你追求你的利益必然相冲突，因为这个利益既非为我特有也非为你特有。——利益不是私有财产。"在古代和中世纪，追逐个人私利的人就等于把自己逐出这个共同体。

在这样的共同体中，每个人都是通过社会角色来实现存在，并且只在这种共同体中和通过这种共同体，那种人所特有的善才可以实现；我是作为这个家庭、这个家族、这个氏族、这个部落、这个城邦、这个民族、这个王国的一个成员而面对这个世界的。把我与这一切分离开来，就没有"我"。每个成员都在社会共同体的范围内学会践行德性。

麦金太尔对于德性问题的思考有一个强烈的时代背景，就是对现代共同体的批判，他说："根据亚里士多德的观点，现代自由派政治团体只是一群没有国籍概念的公民的集合体而已，他们只是因他们的共同保护才捆在一起。他们最多不过拥有一种低劣的友谊，这种友谊在相互有利的基础上建立的。他们缺少友谊的纽带，是与他们自诩为这种自由社会的道德多元论分不开的。他们丧失了亚里士多德的道德一致性。"如果城邦这一共同体消失了，"那么德性与法律的任何清楚明白的关系都将消失，不再有真正共同享有的善，唯一所有的善就是众多个人的各种善，因为在这样一种环境里，对任何个人善的追求，是经常地和必然地易于和他人的善发生冲突，所以个人对善的追求必将与道德律法的要求不一致。因此,如果我遵从这类律法,就要抑制个人的自我,这种律法不可能旨在使人达到该律法之外的某种善,因为这时似乎已根本不存在这种善了。"

这是对无节制的个人功利主义的批判,也是对他律化的律法系统的批判,却是对于个人内在的德性状态的呼唤,这就是"城邦共同体"对于"现代共同体"的优越。这个"城邦共同体"近似于传统儒家的大同理想。

四、儒学:仁义礼智与家国共同体

参考麦金太尔的思想框架,传统儒学就是一个超强版本的德性-共同体系统,这个系统的内容清晰而严密。

儒家德性共同体的核心在于血缘宗法秩序。这里我们可参考梁漱溟的描述。梁漱溟称中国传统社会组织为"伦理本位"的社会,他认为西方的社会组织是集团生活,中国的传统社会组织是家庭生活。在家庭生活中,个人始终处在各种各样的人伦关系之中。"既在相关系中而生活,彼此就发生情谊。亲切相关之情发乎天伦骨肉,乃至一切相关之人,莫不自然有其情。因情而有义。父义当慈,子义当孝,兄之义友,弟之义恭,夫妇、朋友乃至一切相关之人,随其亲疏、厚薄,莫不自然互有应尽之义。"整个社会关系都是家庭关系的某种延伸,慈孝友恭等德性正是在家庭人伦关系中产生。"由是而家庭与宗族在中国人身上占极重要位置,乃至亲戚、乡党亦为所重。习俗又以家庭骨肉之谊准推于其他,如师徒、东伙、邻右,社会上一切朋友、同侪,或比于父子之关系,或比于兄弟之关系,情义益以重。"中国传统社会秩序的维系不在于法律而在于礼俗,礼俗的根本在于情义。"每一中国人,统为其四面八方由近及远的伦理关系所包围,大有'无所逃于天地之间'之概。其日常实际生活,处处都是对人的问题。这问题比什么都迫切;如果人的关系弄不好,则马上不了。父子、婆媳、兄弟、夫妇等关系弄不好,便没法过日子。乃至如何处祖孙、伯叔、侄子以及族众,……如何处君臣、师弟、东家伙伴、一切朋友,种种都是问题。"

这种伦理关系的要点是彼此互以对方为重,"一个人似不为自己而存,仿佛互为他人而存在者"。这种家族共同体有两大特征:一方面是天然的血缘情谊,另一方面是共通的利益。而且伦理关系与利益关系形成一种对应:"我们可以看出中国社会,其经济结构隐然有似一种共产。但此共产,其相与为共的视其伦理关系之亲疏、厚薄为准:愈亲厚愈要共,以次递减。——此其分际关系自有伸缩,全在情理二字上取决,但不决定于法律。"在这样的共同体中,人伦决定利益,或者说德性就是利益。值得注意的,这个利益不仅是内在的而且是外在的。

当然,在儒学的思想系统里,这个共同体的善更是本源于天地之"至高善","乾道变化,各正性命"既是天地宇宙的,也是人间社会的,这是一个万物各得其所、众人各安其分的"整体和谐"。天地之德而元亨利贞而仁义礼智而忠孝礼义,可以说是一体通贯,也可以说是明体达用。这里我们再引朱熹的两段话：

人本来皆具此明德，德内便有此仁义礼智四者。只被外物汩没了不明，便都坏了。所以《大学》之道，必先明此明德。若能学，则能知觉此明德，常自存得，便去刮剔，不为物欲所蔽。推而事父孝，事君忠，推而齐家、治国、平天下，皆只是此理。(《朱子语类》卷十四)

仁义礼智，自天之生人，便有此四件，如火炉便有四角，天便有四时，地便有四方，日便有昼夜昏旦。天下道理千枝万叶，千条万绪，都是这四者做出来。四者之用，便自各有许多般样。且如仁主于爱，便有爱亲，爱故旧，爱朋友的许多般道理。义主于敬，如贵贵，则自敬君而下，以至与上大夫、下大夫言许多般；如尊贤，便有师之者、友之者许多般。(《朱子语类》卷二十)

正是以家庭共同体为基础，儒家建立起一个天人合一、体用通贯的以德性为中心的意义系统，这是一个独特的文化创造。在儒家的意义世界里，才实现了德性与共同体的真正的内在关联：每个人越具有德性，这个共同体就越完善；反之，这个共同体越完善，每个人就越容易、越愿意成为有德性的人。

参考文献：

[1]阿拉斯代尔·麦金太尔.德性之后[M].龚群,戴扬毅,等译.北京:中国社会科学出版社,1995.

[2]张文治.国学治要[M].北京:北京理工大学出版社,2014.

[3]阿拉斯戴尔·麦金太尔.追寻美德:道德理论研究[M].宋继杰,译.南京:译林出版社,2011.

[4]黄士毅.朱子语类汇校[M].上海:上海古籍出版社,2016.

(首都师范大学哲学系)

心学与国人的信仰哲学

彭彦华

摘　要：中国传统哲学的根本精神是要确立人的价值和解决人生意义问题。中国传统哲学思维是一种内向性的自反思维，是一种以精神境界为目标的价值思维，中国文化主张通过内在精神超越的方式克服主体自身的局限，在天人合一的理想境界中寻找人生的意义和归宿。无论是从目的、内容还是方法上看，中国文化都可以说是一种心学或"心文化"，心学蕴含着深厚的宗教精神和圆融的超越智慧。"心"蕴含所有的生命潜能和宇宙奥秘，"内求于心""反求诸己"式的修行，乃是实现人生价值的根本途径。人内在的生命价值必须通过个体的修行才能得以实现，即强调实践，强调知行合一或本体、工夫与境界的融合。

关键词：心学；精神境界；天道与人道；人心与道心；信仰哲学

一、"为天地立心"：心学的旨归

中国人一向讲究要活出一种精神境界来。何为精神境界？从哲学上讲，人作为有自我意识的理性存在，不仅要在人伦道德关系及实践活动中反思自我实现的方式，而且还要把自我本身当作一个精神性的存在而加以反思，以寻求精神出路或灵魂的安顿之所。这个问题即通常所说的精神超越或精神境界问题。精神超越或精神境界，说到底，不过是主体对宇宙人生真谛的体悟以及觉解后所获得的一种精神状态。但这一过程不是逻辑的知识的，而主要是情感上的体验和经验上的印证；这一过程的结果也不是侧重于获得关于对象的具体知识，而是觉解宇宙人生真谛后的一种心理性的精神感受。主体对天道的体验过程，同时也就是体验人道的过程；主体对宇宙本质的认识过程，同时也就是证悟人的自我本质的过程。这一过程，是主体不断地超越自我而接近、趋向及至宇宙本体合一的过程。从结果上说，主体对宇宙人生真谛有了完全的觉解，在思想上就会发生飞跃，产生一种超越有限而达到无限的解放感，获得一种至高无上的幸福和快乐。这是一种精神境界。在此境界中，天道与人道、感性与理性、此岸与彼岸、思想与现实获得了统一，主体的自我价值得以实现。

中国传统哲学的根本精神是要确立人的价值和解决人生意义问题。这就产生一个问题，其根据何在？任何一种主张，如果缺乏足够的形而上的理论作为根据，它就必然失去令人信服的精神力量。中国先哲寻索的结果，把这一根据归之为天道。这一以人观天、以天证人的思维模式，用中国传统哲学自己的术语表述，可以称为"为天地立心"和"人为天地之心"。"为天地立心"，就是以人心作为天地之心，以人道的意义规范并作为天道的意义。"人为天地之心"，说明人为宇宙的心、天地的灵魂，也同时说明天道的意义就是人道的意义。

张岱年先生在谈到中国传统哲学的特点时，认为中国哲学是"重了悟而不重论证"。这一"了悟"的对象当然是形而上的"道"，只有经验的"了悟"才能达到对道的把握。只有对形上之道的觉悟才可以说是形而上之学，也才可以达到形而上的境界，这正是中国传统形而上学的特点。《易·系辞上》言："形而上者谓之道，形而下者谓之器。"这里的"形而上"不仅是某种观念或原理，而且是一种本体存在；不仅是一种外在的对象世界本体，而且是内在于人性的本体；不仅是一种理性存在，而且也是一种不离感性或现象的存在。中国古代哲学家习惯从人的存在的角度或立场，理解和规范天的存在，或者说以人道理解和规范天道，反过来又以天道来解释、证明人道，以天的存在作为人的存在的根据。这里，天与人、天道与人道不是二元的；天道始终统一于人道，服务于人道，目的是确证人道；其思维倾向不是指向天道，而是指向人道本身。在中国传统哲学中，人或人道始终是逻辑和问题的出发点，又始终是逻辑和问题的终点和归宿。从严格的意义上说，天道并没有独立的地位与意义。这种理论思维的特点，不仅决定了中国传统哲学思维是一种内向性的自反思维，而且决定了它是一种以精神境界为目标的价值思维，必然是立足于现实追求精神超越，以及主张内在的自我超越，而不是脱离现实到彼岸天国去追求外在的精神超越。

进一步讲，中国传统哲学不是从认识论的角度理解天道，而是从价值论、主体论的角度理解天道。中国古代哲学家往往采取以人观天的思维方式，把天道看作内在于人的存在。中国传统哲学并不否认天道的实在性，但强调天道与人道本质上是一个东西。它站在人道的立场上观察天道，又立足于人的自身需要和人的自身属性来规定天道，赋予天道以人道的意义。按照中国传统哲学这一观点，不是在人道之外另有一个天道，天道只不过是人道的体现，离开人道，即无天道；或者更为确切地说，离开了人道，天道也就失去了它应有的意义。在中国传统哲学中，天道完全被人化了，自然变成了人化的自然。可见，中国传统哲学虽然提出了天道问题，但其真正的、根本的目的不是为了把握自然界的本质和规律性，而是以天道的必然性来证明人道的必然性，以天道的合理性来确定人道的合理性。

中国传统哲学视天道为人道，形而上与形而下是一个东西，因此，就对"精神境界"的追求而言，中国传统哲学根本无须求助上帝对灵魂的救助，也无须到彼岸的茫茫天国去寻找幸福乐土。"上帝"就是主体自我，天国就在主体自我的心中。中国先哲所常说的"人皆可以为尧舜""满街都是圣人"和"佛在心中"，就涵盖了这层意思。

在中国传统哲学中，不论是儒家、道家还是佛家，都属于这一思维类型。

先说儒家。早期儒家的天人合一论,以精神境界作为主体的价值目标,具有内在超越的思维特点。《论语·学而》中记载,曾子曾提出"吾日三省吾身"。这里的"省"可理解为省察,当然省察可以是理性的,也可以是悟性的,就是要在"三省"中觉悟到自己的为人处世。曾子这一思考问题的方式在孟子那里得到了发展,即发展成为"尽心、知性、知天",以及"思诚"。孟子所讲的不是认识论的问题,而是价值论的问题,在内容上是精神境界的问题。性如朗月,心若澄水。性是天赋予人心者,它与天是一个东西,本质上是纯善的。所谓"尽心"就是一种悟性的直觉思维,无需概念,不涉言路,觉悟本心。由"尽心"而"知性","知性"就是对自我的反省和认识,了解自我存在的价值和意义。"知天"乃是一种境界,是境界的形而上学。南宋陆九渊不仅"发明"出"本心",更重要的是他对此体作了大致的描述:"心之体甚大。若能尽我之心,便与天同""此理塞宇宙""此道之明,如太阳当空,群阴毕伏"。进而言之,对天道的觉解也就是对人之本性的觉解,属于超越感性自我而达到理性自我或道德自我的精神升华过程。后期儒家基本上持同样的看法:人不仅是血肉之躯,更是形而上的理性存在和本体存在。

再说道家。老子提出"复归于无极"的哲学命题。"无极"之道不仅是宇宙的本体,同时也是人的本性或人的形而上的存在。因此,万物"复归于无极"的过程,即是主体向宇宙本体的靠拢过程,即主体复归于自我本性的过程。这一过程的结果,是主体与客体的合一,自我进入一种本体境界,获得了一种理想的精神状态。庄子把"道"解释为"无为无形"的存在。"无为无形"指事物未经开化的混沌未分的状态,它是事物的"真性",即事物的本性、本质。庄子与老子一样,以自然为尚,因此,他也主张把事物的自然之性同时视为人的"真性"。他说:"古之真人,以天待之,不以人入天。"(《庄子·外篇·徐无鬼》)这是说,应该从"天",即自然方面看待人性,而不能相反。在这一观念支配下,庄子反对"以心捐道,以人助天"(《庄子·内篇·大宗师》),即把天与人对立起来,而主张超越物我、天人的对立。其间界限的消失,便是"真人""至人""神人"独有的精神境界。这种境界乃是心理上或主观精神上的混沌,无差别状态。这是自我与自我价值的真正实现,但不是向外追求,而必须复归天人的"真性"轨道上来。

佛家也不例外。佛学很重视"心",认为宇宙万物都是"心"的外现,所谓"一切唯心所现"。佛学又很重视"实相""真如",把"实相""真如"看作宇宙形而上的本体。按照佛学的看法,"实相""真如"并不是外于"心"的存在,"心"即是"实相""真如",心体就是形而上的宇宙之心。佛学主张解除"法缚""我缚",使自我获得超越和解脱。但这种超越和解脱,仍然是内在的超越和解脱,而不是来生来世,也不是超越现实的彼岸世界,因为心体即是佛性,即是宇宙本体,它就在众生心里,不在众生之外。中国化的佛教哲学——禅宗的这一思维倾向就特别典型。禅宗很重视"本心",认为本心既是自我之心、众生之心,同时也是宇宙本体。他们直接把佛性本体称为"自性""自心"。正因为如此,禅宗主张:"菩提只向心觅,何劳向外求玄！"(《坛经·疑问品》)把自识本心和自识自性看成是证成佛境的根本方法。这种观念,内在超越的倾向特别鲜明。

可见,儒、道、释三家无不主张通过内在精神超越的方式克服主体自身的局限,在天人合一的理想境界中寻找人生的意义和归宿。这是中国传统哲学有异于西方哲学而特有的一种价值观念模式。

二、"圆而神"的人生智慧:心学的宗教精神

从根本上讲,中国文化是一种追求人生"内在超越"的生命文化。在中国文化看来,"心"蕴含了所有的生命潜能和宇宙奥秘,"内求于心""反求诸己"式的修行,乃是实现人生价值的根本途径,即通过个体的内在修行,实现精神与人格的彻底转换,这在古人那里被称为变化气质、超凡入圣或明心见性。无论是从目的、内容还是方法上看,中国文化都可以说是一种心学或"心文化"。下面以儒家心性学为例加以说明。

心学的源头就是古代治国的十六字诀:"人心惟危,道心惟微,惟精惟一,允执厥中。"相传是由尧、舜、禹历代相授。正如王阳明在《象山文集序》中写道:"圣人之学,心学也。学以求尽其心而已。尧、舜、禹之相受受曰:'人心惟危,道心惟微,惟精惟一,允执厥中。'此心学之源也。"儒家心性论的最初建构者是思孟学派,传承谱系:由孔子到曾子,由曾子到子思,由子思到孟子。其学术传承,孔子有《论语》,曾子有《大学》,子思有《中庸》,孟子有《孟子》。

孔子率先发现了人的自我,创立了以"仁学""礼学"为核心的原始儒学,提出了"心安"与"不安"的心性问题。曾子每日坚持反省,毫无疑问,亦是在与他人的日常交往中考察、评价、检讨自己的观念、行为,希望在道德上求得完善。《论语·里仁》中有这样一段记载,子曰:"参乎！吾道一以贯之。"曾子曰:"唯。"子出。门人问曰:"何谓也？"曾子曰:"夫子之道,忠恕而已矣。"《论语·卫灵公》中亦有类似的子贡与孔子的对话,子贡问曰:"有一言而可以终身行之者乎？"子曰:"其'恕'乎！己所不欲,勿施于人。"一个"恕"字可以贯穿整个儒学之教义,可见其意义之非凡。汉字"恕"的构成,乃包含了"如心"之寓意:如同一心,如同本心。由此可从这个"恕"字领略孔子儒学之心的传统。正所谓"惟精惟一""天人合一"。孔子所表达的"恕",实乃十六字心传的精义。如此我们便能理解孔子为什么强调"吾道一以贯之",为什么"恕"之一言可以终身而行之。

《大学》之精义,"格""致""诚""修",要在一心;《中庸》之关键在于戒慎恐惧,在于"率性""尽性",皆需用心。孟子继承发展了孔子学说,比孔子更为突出地把心性之体表露出来,最先注意到心的作用。孟子认为孔子所谓"仁",归根结底是人之心:"仁,人心也。"(《孟子·告子上》)"性"根源于"心":"君子所性,仁义礼智根于心。"(《孟子·尽心上》)性根源于人心,只要尽心便能知性:"尽其心者,知其性也;知其性,则知天矣。"(《孟子·告子

上》）由此确立了儒家心性之学的基本理念。

心性之学到了宋代，由北宋程颐开其端，南宋陆九渊大启其门径，陆九渊不仅"发明"出"本心"，更重要的是他对此体作了大致的描述："心之体甚大，若能尽我之心，便与天同""此理塞宇宙""此道之明，如太阳当空，群阴毕伏"。于是，一个"心"，传递着儒家的精神，维系着儒学的根基。心学集大成者王阳明，精通儒家、道家、佛家，首度提出"心学"二字，"至先生始拈'致良知'三字，以泄千载不传之秘。一言之下，令人洞彻本面，愚夫愚妇，咸可循之以入道，此万世功也"。阳明心学的经典表述，即是著名的四句教："无善无恶心之体，有善有恶意之动，知善知恶是良知，为善去恶是格物。"至此心学开始有了清晰而独立的学术脉络。

心学或心文化不是一种典型的宗教，却处处闪耀着神圣的光辉和终极关怀的宗教精神，流露出一种极高明而道中庸，即入世而出世的超越气质。这种寓神性于人性的内向品格和还彼岸于此岸的自觉意识，正是中国文化绵延千古而不绝的重要原因。

在中国文化的视野中，人就是一个具体而微的宇宙，人的内在心性是一个无尽的宝藏。通过反求诸己、内求于心的修养，人可以觉悟到这一点并臻于"天地与我为一，万物与我并生"的境界，这就是传统文化的一个基本理念：天人合一。所以孟子说："万物皆备于我矣。反身而诚，乐莫大焉。"（《孟子·尽心上》）孟子将"心"作为人性之根源："君子所性，仁义礼智根于心。"因为仁义礼智都可以在"心"中找到其萌芽形式即"四端"。所以，在孟子看来，仁义礼智作为人性的主要内涵是"心"所固有的，人的使命就在于保持、扩充和竭尽本心、通达本性，进而上合天道："尽其心者，知其性也。知其性，则知天矣。存其心，养其性，所以事天也。"（《孟子·尽心上》）这就实现了心、性、天的贯通合一。但在现实生活中，一般人却往往受外界引诱而迷失了本心，这就需要把它重新找回来，孟子称之为"求其放心"："学问之道无他，求其放心而已矣。"（《孟子·告子上》）这个"求其放心"的过程事实上也就是一个"内求于心"的修养过程。阳明心学对此的经典表述即著名的四句教："无善无恶心之体，有善有恶意之动，知善知恶是良知，为善去恶是格物。"良知是心之本体，无善无恶就是没有私心物欲的心，是天理，也是我们追求的。当人们产生意念活动的时候，把意念加在事物上，这种意念就有了好恶，符合天理者善，不符合天理者恶；良知虽然无善无恶，但却自在地知善知恶，这是知的本体；一切学问、修养归结到一点，就是要为善去恶，即以良知为标准，按照自己的良知去行动。发动良知是为了发现良心，确立本体；发现良心，是为了发挥良能；发挥良能，是为了重建世界。所以，中国文化讲"人最为贵"，但其真正看重的并不是人之"身"或"形"，也不是那些"生不带来，死不带去"的身外之物，而是作为人内在本性和生命真宰的"心"及其内在超越的潜能。事实上，这也是儒道佛和整个中国文化所共同具有的心学特质。中国文化主张修己安人、内圣外王、自觉化他，但不管是什么样的外在事功，其前提都是首先通过"内求于心"式的修身养性工夫来成就自己。

我们知道,宗教的意义在于终极关怀,给人提供精神家园与心灵慰藉,以满足人的归属与超越需要,进而解决人生当中的有限与无限、当下与永恒以及此岸与彼岸的矛盾问题。人是一种矛盾性的存在,在其有限的此生当中总会去追问和追求永生与不朽。与哲学、艺术、道德、科学相比,宗教在实现生命安顿方面可以说是别具一格。宗教一般是以信仰的方式,也就是通过对至高无上的神或救世主的崇拜皈依,祈求其护佑与恩典,以获得现世幸福或死后的拯救。人是无助或注定有罪的,只能向神顶礼膜拜,等待他的救赎。在人与神之间永远有着一道不可跨越的鸿沟,神处于彼岸,无所不知、无所不能、宰制一切,也主导着我们的命运。

然而在中国文化中,无论是儒家、道家还是佛教,都不存在一个全知全能的救世主,人与神、此岸与彼岸之间也没有一条不可逾越的界线。所以,中国文化之中并不存在一种典型或传统意义上的宗教。但这并不意味着中国文化没有对于神圣与终极关怀的追求。恰恰相反,中国文化蕴含着深厚的宗教精神和圆融的超越智慧。因为在中国文化的视野中,神性就寓于人性之中,彼岸就存在于此岸世界。人若迷失了自己的真心本性,就是一个凡夫俗子,而一旦返归此真心本性,他就是神圣。在中国文化的语境中,无论是圣人、真人、神人,还是菩萨,就其本义而言,乃是人性所能达到的一种至高圆满境界,而不是什么神秘莫测、高不可攀的救世主。正如孟子所描述的:"可欲之谓善,有诸己之谓信,充实之谓美,充实而有光辉之谓大,大而化之之谓圣,圣而不可知之之谓神。"(《孟子·尽心下》)所谓的善、信(真)、美、大、圣、神,不过是修行的不同阶段或境界而已,而且每个人都可以经由自己的修行而达到。每一个凡人,都怀有圣胎道种,都怀揣无尽宝藏。这正是人之可贵的根源。人在本性上不必崇拜任何偶像,那些古圣先贤只是给我们树立了一个榜样,指明了一个方向,而最终的成就还是要靠自己的努力。

这样,中国文化就打破了凡圣之间、人神之间的绝对界限,也抹平了世俗与宗教、此岸与彼岸、出世与入世之间的裂隙。人可以也应该去追求神圣和不朽,却不一定要去出家或隐居,因为对于真正的修行人来讲,处处是道场,时时在修行,饮食起居、接人待物,都可以成为修道成道的契机。这就是《中庸》所说的"道不可须臾离",老子讲的"和光同尘"(《老子·五十六章》)、"被褐怀玉"(《老子·七十章》),也是禅宗所谓的"不离世间觉""平常心是禅"。这就赋予了日常生活神圣的意义与诗意的光辉。每一个人,无论他多么卑微和贫贱,都可以过一种有尊严有意义的生活,都可以生活在庄严、安详与平和之中。处于什么样的位置、做什么样的事并不重要,重要的是以什么样的"心"去做人做事。这就是中国哲学所讲的本体、工夫与境界的圆融或"惟精惟一"。王阳明回答其学生关于"惟精惟一"的提问时,曾回答"博学、审问、慎思、明辨、笃行者,皆所以为惟精而求惟一也"这就是王阳明说的领悟道心要精益求精、专一其心。中国文化非常看重"一"的境界,"一"就是一体、完整性,就是《周易》所说的"一致而百虑,殊途而同归"。无论是天人合一、体用不二,还是此岸与彼岸的圆融,其实都折射出中国文化的一个基本理念:这个世界在其最深刻的根源处是完整一体的。这既是可以亲证的宇宙人生真相,也是所有价值、道德和人生幸福的源头,真、善、美、圣在这里相遇。这是智慧的领域,是一条内在超越的道路,而且注定要自己走完,没有任何神明、权威可以依赖。这样,中国文化因其对偶像崇拜和"一神教"意识的淡化,就避免了封闭与僵化,也完全可以超越宗教与文化之间的对立。体现在现实中,就是人要过一种完整、自在、逍遥的生活,做到无入而不自得,而不应把修行与日常生活割裂。

所以,中国文化推崇神圣却不盲目崇拜鬼神,包含宗教精神却不执着于信仰的形式。《易经》云:"夫大人者,与天地合其德,与日月合其明,与四时合其序,与鬼神合其吉凶。先天而天弗违,后天而奉天时。天且弗违,而况于人乎? 况于鬼神乎?"(《易经·文言》)《中庸》也期许人可以达到"赞天地之化育,与天地参"的境界。这既超越了各种宗教与意识形态之间的冲突,也超越了人与神之间的隔膜,化解了宗教教条可能给信众带来的恐惧与压抑。

三、"人心"返"道心":心学修行的本质

在中国文化中,"心"指的是人独有的灵明觉性和生命主体,具有哲学、心理学、伦理学、宗教学等多方面的含义,其内涵比现代心理学所讲的"心理"要深广得多。而且,"心"在中国文化中还有浅深、表里之分,所以就有深心、真心、道心、妄心、虚心、机心等非常多的表述。现代心理学的研究也证明,"心"包括了意识、潜意识、集体潜意识、心灵等不同的层面。《尚书·大禹谟》中有这样的一段论述:"人心惟危,道心惟微,惟精惟一,允执厥中。"这就是后来儒家所说的"十六字心传"。《易经·复卦》亦有惟精惟一之意象,李光地对此有按语:"'天地之心',在人则为道心也,道心甚微,故曰:'《复》,小而辨于物。'惟精以察之,惟一以守之,则道心流行,而微者著矣。"他断言:"尧舜相传之心学,皆于《复》卦见之。"(《周易折中·卷九·象上传》)王阳明在《重修山阴县学记》中阐述道:"夫圣人之学,心学也。学以求尽其心而已。尧、舜、禹之相授受曰:'人心惟危,道心惟微,惟精惟一,允执厥中'。道心者,率性之谓,而未杂于人。无声无臭,至微而显,诚之源也。人心,则杂于人而危矣,伪之端矣。见孺子之入井而恻隐,率性之道也;从而内交于其父母焉,要誉于乡党焉,则人心矣。饥而食,渴而饮,率性之道也;从而极滋味之美焉,恣口腹之饕焉,则人心矣。惟一者,一于道心也。惟精者,虑道心之不一,而或二之以人心也。道无不中,一于道心而不息,是谓'允执厥中'矣。"一般人看王阳明《心学》,只知道"人心"而忽略了"道心"。因此,光从"人心"去看待事物,肯定无法圆满。而王阳明真正关心的是"道心"。以"道心"反观"人心",以教化"人心"入手,但始终以"道心"一以贯之。

简单地讲,"道心"是指得道、体道、合道之心,系与天地万物相通相合之心,也就是"道"在人"心"中的落实与贯通。"人心"是指人受后天环境熏习而形成的浅层意识之心,它在现

实中表现为人的感知、思虑、情欲、拣择等心理活动。儒家讲"性相近，习相远""性"相当于人与生俱来的本性或"道心"，人人相同且本善；而"习"却是后天形成的习性或"人心"，其善恶智愚交杂且人各有别。其实，关于"道心"与"人心"，传统文化还有许多类似的说法，比如道教以及中医所讲的"元神"与"识神"，佛教所讲的"真心"与"妄心"、自性与禀性等。

道为万物之源，相应的，"道心"就意味着人所能达到的最高境界，证得"道心"，就意味着领悟宇宙人生的真相，获得人生的自由与解放。相较于内隐、完整和纯洁的"道心"，"人心"是肤浅、割裂和有染的，是要减损和超越的对象。一般人之所以是凡夫俗子，就是因为其"道心"被"人心"所覆，本性被习性所染，因此修行的主要目的就是要减损这种覆染，最终使得道心成为生命的真宰并回到生命的自由、自然和自发，这就是老子所谓的"为学日益，为道日损，损之又损，以至于无为。无为而无不为"，也是孔子所谓的"从心所欲而不逾矩"，佛家的"理事无碍""解脱自在"。总之，人的所作所为皆从"道心"或真心本性中自然流露，没有丝毫的勉强与造作，无不体现出人道与天道的圆融。所以成圣成道绝不是外求的结果，而是"内在超越"，回归人性本来面目。这就是儒家所讲的"复性""明明德"或"穷理尽性以至于命"；道家所讲的"归根复命""返璞归真"，佛教所谓的"明心见性""妄尽还源"，也是十六字心传所谓的"惟精惟一，允执厥中"，因为天与人、道与心、体与用本来就是一体的。

由此，中国文化则立足于"心"或"道心"，体现出内圣外王的心学特质。《易经》云："易无思也，无为也，寂然不动，感而遂通天下之故。"（《易·系辞上》），老子讲"心善渊"，庄子主张"心斋""坐忘"，孟子强调"尽心知性"，慧能在传统佛教"戒定慧"三学基础上进一步提出"但用此心，直了成佛"，中国的圣贤们正是借由某种心灵修炼方法，潜入精神世界的深处，突破心与道、人与天、此岸与彼岸的界限，实现个体生命与宇宙终极本源的融通冥合。从这个意义上讲，中国文化乃是一种注重"心"的功能与意义的心学或"心文化"，也是一种将"心"的本体论、工夫论和境界论融为一体的体验式形而上学思想体系。

人内在的生命价值必须通过个体的修行才能实现，这就是中国文化的一个重要特点，即强调实践，强调知行合一或本体、工夫与境界的融合。它是一种带有东方神秘色彩的修证实践，试图通过某种身心体验活动实现生命的转化和对宇宙真理的领悟。中国文化注重的不是逻辑推演或理论体系的建构，而是对天地大道的直觉与亲证。作为东方独特的实践方式，修行的本质是通过一系列内心证验的方式达到以心契道、天人合一和超凡入圣的境界。大道玄微，隐于形上，无相无迹、无声无臭，超越感官经验和言语名相，非"人心"所能及，唯有冥心内求、回光返照，才能对其进行直接地心证。儒、道、佛等各家的修证方法尽管多样，但有一个共同的要领，那就是由"人心"返归"道心"，用古人的话讲就是"人心死道心活"或"心死神活"。以下略举几例加以说明。

《大学》中提出的"三纲八目"，被看成是儒家思想体系和个人进德修业的指导纲领。其中的三纲"明明德""亲（新）民""止于至善"将本体、功夫和境界融为一体。"明德"是指人本具有的光明德性即"道心",但此道心受到后天习气的蒙蔽,所以要经过修养功夫恢复人本有的光明,这就是"明"明德。在此基础上,还要推己及人,引导更多的人日新其德,革新其心,彰显其固有的明德,是为"新民"。这其实也就是儒家推崇的修己安人、内圣外王,"明明德"是由"修己"的功夫而达到"内圣"的境界,"新民"则是由"安人"的德行而达到"外王"的功业,如果这两者都做到了圆满并实现统一,就是最高的"止于至善"境界。在"三纲"之后,《大学》接着说:"知止而后有定,定而后能静,静而后能安,安而后能虑,虑而后能得。物有本末,事有终始,知所先后,则近道矣。"这个知止、定、静、安、虑的修养过程,其实就是一个返观内照、由"人心"返"道心"的过程。然后《大学》又阐述了"格物、致知、诚意、正心、修身、齐家、治国、平天下"的"八条目",明确提出了儒家的修行次第与目的。最后总结说:"自天子以至于庶人,一是皆以修身为本。"这里的"修身",从上下文的阐述来看,其实质是"修心",是一种精神涵泳与人格养成的过程。"修身为本"理念的提出,既强调了儒家修学的重点和基础,也显示出对于实践精神的重视。所有的理论知识、学问,最后都必须落实在行动中加以运用,都要沉淀为学者的人格。与此相应,《中庸》也将为学的阶段与层次概括为:"博学之,审问之,慎思之,明辨之,笃行之。"《中庸》同样把"笃行"作为修学的最后阶段,就是在学有所得之后还要努力践履之。其实,后来孟子的"养浩然正气"和王阳明的"知行合一",都可以看作是对这一理念的继承与发展。王阳明说:"君子之学,惟求得其心。"王阳明深受道家、佛家的影响,但其终究不离儒学本质,他继承陆九渊"心即是理"之思想,提倡"致良知",从自己内心去寻找"理","理"全在人"心","理"化生宇宙天地万物,人秉其秀气,故人心自秉其精要。在知与行的关系上,王阳明强调要知,更要行,知中有行,行中有知,所谓"知行合一",二者互为表里,不可分离。知必然要表现为行,不行则不能算真知。对四句教的解释也是一样。"无善无恶心之体"中的"心"指的是"道心"而非"人心"。而所谓"道心"就是天理,所以王阳明先生说"心即理"。"有善有恶意之动"中的"意"指的是"人心"而非"道心",是指人心对于天理的感知和判断,"心之所发便是意"(《传习录》)。"知善知恶是良知"中的良知,实质是通过"人心"的修为而达到对于"道心"的感知,即为"致良知"的本意。"为善去恶是格物"讲的是"知行合一",既有认知,必然有与认知相一致的行为。

　　道家把"道"看作是天地万物的本源与归宿,人生的最终目的与意义就是证道返道。这就需要体认大道并勤而行之。为此,老子为我们指出了两种途径:一种是以致虚守静、营魄抱一、专气致柔、涤除玄鉴等为心要的修证工夫,另一种则是将修行融入日常生活之中,以无知无欲、释智忘言、柔弱不争、无私无执、俭啬含藏、为道日损等为主要内容。而这两种途径从根本上讲都要效法道的自然无为精神,做到无私无为,"人心死道心活",最终达到无为而无不为的境界。在老子的基础上,庄子进一步丰富了"心"的内涵与修"心"的实践方法,其中的"心斋""坐忘""吾丧我"等最为后人津津乐道。

　　佛教向来以善于言心、治心著称,作为"心宗"的禅宗继承了这一传统并体现出明显的中国特色。以六祖慧能为代表的禅宗所开创的"担水砍柴无非妙道"的生活化修行实践为佛法在中国的传播开辟了广阔空间。在慧能所著述的被称为禅宗之宗经的《坛经》中，"心"是一个使用最多的范畴，有本心、自性、直心、心悟、心迷、净心、染心等多种说法。在慧能看来，本心或自性是人固有的佛性，它"本自清净""本不生灭""本自具足""本不动摇""能生万法"。因此，禅宗提出"即心即佛"的理念。禅宗认为，学佛成佛的目的就在于开悟或见性明心："前念迷即凡夫，后念悟即佛。"这样，禅宗就为中国佛教徒开辟了一条"不离世间觉"的方便法门，慧能将其概括为"三无"修行工夫："无念为宗，无相为体，无住为本。"根据《坛经》的解释，此"三无"就是行住坐卧都可以安住的禅定，由此则可恢复本心固有的清净而不被任何外境所扰。由此方法，人人可以自修自证、自成佛道。这就将佛法实践融入日常生活之中，将原本深奥难懂的佛教转化成人间佛教、人生佛教，提出"人成即佛成"，其不但直接启发了宋明理学，对现代社会也产生了深远影响。

现代新儒家唐君毅、牟宗三、徐复观、张君劢四人于1958年联名发表《为中国文化敬告世界人士宣言》（以下简称《宣言》）。《宣言》突出的内容，便是关于心性之学在中国文化中的价值，《宣言》认为心性之学是中国学术思想之核心，指出心性之学是道德形上学，这种道德形上学，向内追究人的道德行为在心性上的根据，而不是向外追究客观宇宙的终极本体。在这种形上学看来，人的道德实践不仅是在行为上遵从应有的伦理规范，而且是人的内在本性的要求。"天人合一"思想的精义是"内在超越"；而心性之学是"天人合一""天人合德"思想的根据，是道德实践的基础。《宣言》以全人类文化发展进步为出发点，指出西方文化要解决在其发展过程中所面临的种种问题，需向东方文化学习，学习东方"当下即是，一切放下"的精神，学习东方圆而神的智慧，即不执于抽象，注重对特殊性的关注与理解；要学习在热情与爱之上融入东方的温润、悲悯之情，还要学习东方强调文化悠久的智慧，即注重积蓄从容、保存延续；此外，西方人还要学习东方人天下一家之情怀。现代新儒家肯定了中国文化，尤其是心性之学的积极意义，体现出他们弘扬传统、关注现实的古道热肠和深远识见。

2015年两会期间，习近平总书记指出，王阳明的心学正是中国传统文化中的精华，也是增强中国人文化自信的切入点之一。其实，心学或心文化一向是中国传统文化的核心理念，内含着关于世道人心的深邃洞见，体现着崇高生命境界的实践智慧，是祖先留给我们的最重要的精神遗产之一。它促使中国人对客观世界和人类自身表现出全面的关注和旺盛的热情，使人们的视域从人类社会虑及天道自然，又从天道自然回顾人类社会，最后把思维的重心落实在人身上。它相信人和天道自然本来存在着一致性，主张人遵循天道自然努力发展自己，创造自己，自强不息，与时俱进，求变求新，革故鼎新。可以说，这种文化已升华为一种优良传统，如黄河长江一般流淌在中华民族的血液里，成为一种中国人的基因，一种促进民族生存图强的内在力量。

参考文献：

[1]王夫之.周易外传[M].北京:九州出版社,2004.

[2]庄子.庄子[M].方勇,译注.北京:中华书局,2015.

[3]李耳.老子[M].汤漳平,王朝华,译注.北京:中华书局,2014.

[4]孟子.孟子[M].方勇,译注.北京:中华书局,2017.

[5]曾子,子思.大学·中庸[M].王国轩,译注.北京:中华书局,2016.

[6]尚容.坛经[M].北京:中华书局,2018.

[7]杨伯峻.论语译注[M].北京:中华书局,2017.

（中国孔子基金会学术部）

儒家政治哲学的人格指向：以君子人格为例

朱　承

摘　要:"理想的社会应该由什么样的人组成"是政治哲学的核心问题之一。在思想史上,儒家政治哲学对于这一问题有着丰富的回答。以"君子"人格为例,"君子"不仅是个体的修养指向,更是公共生活中对人的要求,具有公共性、导向性、规范性和评价性等政治哲学意义。研究儒家政治哲学,有必要关注理想人格观念对于儒家式公共生活的意义。

关键词:儒家;政治哲学;理想人格;君子

近年来,学术界有一种观点,认为儒家哲学主要是从心性方面展开的,缺乏政治的维度。实际上,传统儒家哲学具有充分的政治哲学意蕴,如从自然天道角度论证儒家等级秩序的合理性,以通经致用的方式落实儒家经典参与政治现实,从王道霸道的争论中讨论哪一种政治治理方式更加具有合理性,从人性善恶的设定上寻找社会治理手段的有效性,从礼乐制度的制订为社会生活提供规范和划定边界,从大同小康的社会设计中描绘理想社会的可能性,等等。儒家哲学的政治哲学色彩除了体现在自然天道、王道霸道、人性善恶、礼乐制度、大同小康等方面外,还体现在对理想人格的追求上。只有具备儒家理想人格的人越来越多,好的政治、好的社会才是可能的,"善人多,则朝廷正而天下治矣"。从这个意义上说,儒家的理想人格追求具有了政治哲学意义。

儒家政治哲学强调"内圣外王",认为道德人格的成就是政治社会理想实现的前提,故而,在儒家哲学里,圣人、贤人、君子等人格话语都具有政治哲学的意味,而儒家政治哲学也在理想人格的设定、养成中得以展开。儒家认为,一个"理想"的社会,应该由"理想"的人组成,只有"人"做到个体的善,公共之善才能实现,"故人不独亲其亲,不独子其子,使老有所终,壮有所用,幼有所长,鳏、寡、孤、独、废疾者,皆有所养,男有分,女有归。货恶其弃于地也,不必藏于己。力恶其不出于身也,不必为己。是故谋闭而不兴,盗窃乱贼而不作,故外户而不闭,是谓大同"(《礼记·礼运》)。我们看到,在《礼记·礼运》中,大同理想社会的出现,其前提在于个体的"人"能落实"不独亲其亲"等要求。孔子提出,"修己以安人""修己以安百姓"(《论语·宪问》),个体的"修养"成为社会安定的前提。类似地,诸如"行有不得者皆反求诸己"(《孟子·离娄上》),"自天下以至于庶人,一是皆以修身为本"(《礼记·大学》），"成己，仁也；成物，知也"（《礼记·中庸》）等，都将个体人格的修养作为良好公共生活的前提，将个体的道德修养作为社会政治治理的预设。由此足见，在儒家政治哲学思想里，人格追求是其重要内容，体现着儒家对于"理想的社会应该由什么样的人组成"这一政治哲学问题的回答。

关于儒家的理想人格，在思想史上，一般有圣人、贤人、君子等诸多概念来指称。由于儒家高度的历史主义特质，其中圣贤往往特别用来指称历史上的伟大人物，如尧舜禹汤、文武周公、孔孟朱王等，甚至孟子还曾经对历史上的圣贤之特点做了逐一的分析，"伯夷，圣之清者也；伊尹，圣之任者也；柳下惠，圣之和者也；孔子，圣之时者也"。（《孟子·万章下》）可见，在儒家思想史上，圣贤往往都是有所具体特指的人格形象，圣贤具有的更多的是历史意义，人们对圣贤的赞颂体现了对历史上伟大人物的追溯。为了更好地呈现儒家理想人格的现实性意义，本文将以"君子"这一更具有现实意义的概念为例，从公共性、导向性、规范性、评价性四个维度来理解儒家人格理论的政治哲学意义，并在此基础上讨论儒家政治哲学在理想人格维度上的体现。

一、人格观念的公共性维度

在儒家哲学话语体系里，人格观念不仅仅属于私人修养领域，更属于公共生活的论域。以"君子"人格为例，"君子"人格不是个人的偏好，而是公共生活对人的诉求。在中国传统儒家文化的语境中，"君子"往往指的是品德高尚、能力出众的个体。"君子"既是人们对理想人格的一种指称，也是人们对日常生活中德性和能力出众之人带有赞美性意义的评价。宽泛地看，在中国思想史上，"君子"已经成为具有符号性意味的概念，可以看作是理想人格的符号，同时也是公共生活中带有评价性意味的符号，也是日常人际交往中对某些具体人的指称符号。儒家经典文献给予了"君子"概念丰富的内容和意义，后世人们又以经典文献中"君子"概念的抽象规定性来评价、约束现实生活中具体的、活生生的人，以此来验证和发展经典文献中对于"君子"的各种规定。在这样的过程中，"君子"逐渐成为既有抽象指导性又具有现实规范性的价值符号，具有了参与到公共生活的政治哲学意味。

作为价值符号的"君子"观念，其发挥效用的场域，既在个体的私人伦理生活中，又特别体现在政治活动、人际交往的公共生活中。儒家道德规范和伦理原则比较多地体现在人际交往中，如"孝弟（悌）"体现在家庭成员的交往中，"忠信"体现在政治生活与社会生活的人际关系中，礼乐制度更是主要针对人际交往的等级、秩序而言。从现代公私关系的视域来看，儒家经典中提到的人际交往，既有私人性的领域，如父子、夫妻、兄弟等，也有公共性的领域，如君臣、乡党、同僚等。《中庸》里曾列举了国君修身、待人、治理国家天下的九个主要领域："凡为天下国家有九经，曰：修身也，尊贤也，亲亲也，敬大臣也，体群臣也，子庶民也，来百工也，柔远人也，怀诸侯也。"（《礼记·中庸》）如上所引，除了修身、亲亲具有个体性、私人性、家庭性以外，其他七个方面都涉及公共生活、政治生活。上述这段话，从文字上看，主要是对国君说的，但其在长期的思想史发展历程中，也逐渐具有了一般性的泛指意义，对社会生活中从事社会活动的普通个体也有一定的针对性。个体在社会上生存，除了私人生活之外，还有更为广泛的公共生活，要在公共生活的各种场合中履行各种身份职责，与不同的人发生不同的伦理关系，承担不同的道德义务。儒家对个体生活规范的要求，很大一部分体现在公共交往、公共生活中。可以说，公共生活是儒家伦理原则和礼仪规范产生作用的主要场域。具体到"君子"观念上，"君子"不仅要"慎其独也"（《礼记·中庸》），更要在公共生活中以儒家的伦理原则和礼仪规范要求自己，"成为君子"既意味着以一种"慎独式"的方式对自己严格要求，也意味着要在公共生活中约束自己，将自己修养的成果展示出来，最终"成己成物"，实现理想人格在公共生活中的示范和引导作用。换言之，"君子"人格既具有"个体性"意义，也具有"公共性"意义，"君子"应该具有公共关怀并且积极地参与公共生活。就"个体性"而言，"君子"观念主要涉及个体的道德修养，如何"克己复礼"、如何"格物致知、正心诚意"而拥有"君子"的品行；就"公共性"而言，"君子"观念主要涉及人们在公共生活中如何恰当地待人接物、如何影响他人、如何参与构建更好的公共生活。在《论语》中，子路曾经问孔子何为"君子"："子路问君子。子曰：'修己以敬'。曰：'如斯而已乎？'曰：'修己以安人。'曰：'如斯而已乎？'曰：'修己以安百姓。修己以安百姓，尧、舜其犹病诸。'"（《论语·宪问》）在孔子与子路这段步步递进的对答中，可以看出，在孔子看来，"君子"不仅要修己，更为重要的是应该拥有强烈的公共关怀，要将"君子"之德在人际交往、公共政治生活中体现出来，实现社会和政治意义上的效果，只有这样，才是真正的"君子"品格之完成。可见，"君子"不仅仅是个人德性的问题，还涉及"如何落实自己的公共关怀以及如何在公共生活中发挥效用"的政治哲学问题。

正是因为"君子"人格不仅具有"个体性"意义，更具有"公共性"意味，而且其需要经"比较"（如"君子"之可贵，正是因为"小人"的广泛存在才衬托而出的）才可被指称出来，因此更需要放在"公共"的政治视域中来看待。故而，我们在讨论儒家"君子"人格时，特别要注意"君子"人格对于公共政治生活的意义。换言之，理想人格的"公共性"维度，使得儒家理想人格学说具有政治哲学意义。在现代社会生活中，政府利用国家宣传舆论平台宣传"模范""楷模""标兵"等，将"模范"们的品德打造为公共模仿的对象，希望社会上更多的人学习"模范"们所代表的具体品德，从而推动社会的进步与和谐。

二、人格观念的导向性意义

公共生活所要求的"人格"，意味着人们应该具有某种"人格"。具体到"君子"人格，其"导向性"意义就意味着"应该成为君子"。儒家的"君子"观念，其首要意义在于给人们的自我修养提供一种理想信念意义上的导向。这种"导向"作用，体现在公共生活中，就是让人们知道朝什么方向努力,知道何种人格是值得追求的,社会共同体对个体的人格期望是什么。在儒家话语体系中,"君子"等理想人格体现了这一公共生活的导向,也体现了儒家政治哲学所倡导的"理想共同体成员"的具体样式。我们常常说"学以成人""君子"人格就最突出地体现了"理想人"的内涵。

在儒家经典文献里,早期的"君子"观念是具有身份性质的。《诗经》里的"君子",很多时候都是指贵族男子,如"窈窕淑女,君子好逑"(《诗经·国风·关雎》),这里的"君子"就是贵族男子的代称,更多地具有社会地位的意义而较少地具有道德品质的意味。到了孔子那里,"君子"逐渐具有了道德品质的蕴含,而且成为儒家道德品质的人格代名词。"子贡问君子。子曰:'先行其言而后从之。'"(《论语·为政》)在这里,"先行其言而后从之"是一种品行,意味着言行一致、行胜于言等优良品质,孔子认为,拥有这样的品行的人才能称为"君子"。显然,"君子"不再是一种身份,而是指拥有某种品行的人,具有了强烈的道德指称意味。儒家赋予"君子"以道德意味并进行阐扬,通过反复阐扬来强调"君子"品德的重要性,其最大的意图在于要求人们"成为君子",也就是把"君子"作为值得追求的理想人格。孔子说:"圣人,吾不得而见之矣;得见君子者,斯可也。"(《论语·述而》)进一步把"君子"作为现实的人格、能够实现的理想来对待,这就更加增强了"君子"观念的现实典范意义。孔子认为,圣人可能只存在于历史叙事中,如早期儒家心目中的尧舜禹汤、文武周公,而"君子"则存在于现实的生活世界,是那些我们能接触到的修养自我、服务公众的品行高洁之人。

为了引导人们在社会中建立一种好的秩序,需要在共同体内部树立一种人格典范,使得大家有所效法,而"君子"就因为其品行高尚、能力出众,而成为公共生活中的典范,引导着其他人向其学习。在公共生活中,"君子"为什么值得共同体成员去效仿? 在儒家看来,最主要的原因是"君子"品德高尚,孟子说:"君子所以异于人者,以其存心也。君子以仁存心,以礼存心。仁者爱人,有礼者敬人。爱人者,人恒爱之;敬人者,人恒敬之。"(《孟子·离娄下》)在孟子看来,"君子"之所以异于常人,是因为其能够将"仁""礼"的观念长存于心。"君子"因心存"敬爱"因此也被人们"敬爱",故而值得人们效仿。另外,"君子"不同于众人,还因为他有出众的能力,如《中庸》里说:"故君子尊德性而道问学,致广大而尽精微,极高明而道中庸。"(《礼记·中庸》)君子在德性修养、生活智慧上都显示了超出众人的能力,具有典范的意义,故而值得效仿。"是故君子动而世为天下道,行而世为天下法,言而世为天下则"。(《礼记·中庸》)"君子"的言行举止为人们所效仿,就此而言,"君子"是具有典型导向性意义的人格指称。成为"君子",就不再仅仅是个人的事情,而是关系到共同体集体生活的问题。因为君子品德高尚、能力出众,值得人们学习,故而在公共生活中要引导大众都成为"君子",这样,良好的公共生活秩序、大同的社会理想才可能得以实现。因此,儒家文献里不厌其烦地将"成为君子"作为人们德性修养的指向。"君子"观念与"成为君子"的追求始终是联系在一起的,当儒家提到对"君子"的各种要求或者"君子"的各种德性的时候，其潜台词是，"君子"是值得追求的人格，人们都要努力成为"君子"。正是在这个意义上，我们说，"君子"人格具有"导向性意义"。在公共生活特别是政治活动、社会交往活动中，树立和弘扬"君子"观念，有益于人们明确哪些德性、能力是值得人们追求和效仿的，从而以此引导自己的德性修养与言行举止。任何社会都需要并且制造"导向性"意义的人格品质，这种人格可能体现在"领袖""英雄"身上，也可能体现在"模范"身上，甚至可能体现在"文艺、体育界明星"身上，主流的舆论会推动"导向性"人格的宣传，放大"导向"效应，从而通过改造社会成员的品格来引导政治社会的走向。

从一般意义上来讲，政治哲学具有定向和导向的作用，为社会和人的发展提供方向。政治哲学往往通过思想实验，为未来筹划一定的方向。正是在这个意义上，我们认为，儒家经典和儒家学者不断强调"君子"人格的重要性，实际上是在落实儒家政治哲学的"成己""修己"指向，并希望以个人的完善来实现公共之善。理想人格的设定，为共同体成员描绘可以模仿的对象，为成员们的价值同质性、行为一律性提供保证，有利于共同体的治理和秩序的稳定，因而具有了政治意蕴。

三、人格观念的规范性意义

儒家的人格观念不仅是一种"导向"，在公共生活中，它还代表着一种"规范"。当我们在描述和赞美"君子"人格时，还同时将"君子"的人格要求当作一种"规范"。"君子"人格的相关观念还包含了"如何成为君子"的问题，而"如何成为君子"直接关涉"成为君子要遵守哪些要求和规范""成为君子需要满足哪些必要条件"等具体问题。这也就是说，儒家的"君子"观念，不仅是描述性和导向性的，而且还可以成为共同体对个人具体言行的要求，可以成为一种无形的社会生活规范。当我们在描述"什么样的品质才是君子的品质"的时候，实际上已经暗示了如何利用规范来约束人们"成为君子"。在这个意义上，"君子"人格的描述已经起到了"以言行事"的现实效果。

儒家对"君子"的言论、行动做了多重方面的规定，有的是从正面来讲君子应该如何，如"天行健，君子以自强不息""地势坤，君子以厚德载物"（《周易》），"君子务本，本立而道生"（《论语·学而》），"君子食无求饱，居无求安，敏于事而慎于言，就有道而正焉，可谓好学也已"（《论语·学而》），"君子道者三，我无能焉：仁者不忧，知者不惑，勇者不惧"（《论语·宪问》），"君子有三畏：畏天命，畏大人，畏圣人之言"（《论语·季氏》）这样从正面引导的话语，都告诉我们"君子"应该具有何种德性与品质。也有从否定角度来讲君子不应该如何的，如"君子不器"（《论语·为政》），"君子不忧不惧"（《论语·颜渊》），"君子不以言举人，不以人废言"（《论语·卫灵公》），"君子有三戒：少之时，血气未定，戒之在色；及其壮也，血气方刚，戒之在斗；及其老也，血气既衰，戒之在得"（《论语·季氏》）等。这些禁止性话语，告诉人们"君子"不应该做什么事。儒家经典从多个维度规定了"君子"的德性应该包括哪些方面、"君子"应该遵守何种原则。除此之外,儒家还对"君子"在日常生活中的言行有所要求,如"君子不以绀緅饰,红紫不以为亵服"(《论语·乡党》),"君子远庖厨"(《孟子·梁惠王上》),这些话语甚至规定了人们最细微的日常行止。类似这样从正面或者反面以及日常生活规范中来要求"君子"的话语,在儒家经典文献里十分多见。这就说明了,儒家的"君子"观念,特别是对公共性人际交往中的"君子"言行的描述,已经内在地承担了对于行为的规范功能。提到"君子",就意味着人们有必要遵守关于"君子"的规范,因此,在儒家的经典里,"君子"观念所呈现的不仅是描述"君子是什么",还通过对"君子"形象的刻画来告诉人们应该如何去做,"君子"观念因而具有了规范性意义。个体在自己的私人生活中,可能不能明确地、公开地向外界展示自己是如何落实"应该做什么"的,但在公共生活中,人们在公共交往中,将会清楚地展示自己如何落实"应该做什么"的情况。因而,在公共生活中,"君子"的规范性意义将体现得更为明显,人们往往以"君子"的标准规范约束自己在公共活动中的行为,以此实现有秩序的公共生活。

规范的存在是社会之所以延续的重要保障。在一个社会中,有的规范是以制度、法律的成文形式出现,有的规范是以道德自律和他律的隐形形式出现。"君子"人格观念以道德自律和他律的形式存在,以对"君子"人格的理性认知和认同作为保障。当人们对"君子"人格有了理性认知,并且对其认同之后,就有可能依照"君子"的标准来要求自己,从而实现自我的"规范"。王阳明努力提醒人们发现自己的良知,正是希望人们以良知的要求来实现自己的道德自律。这是儒家"理想人格"理论所希望实现的效果,也是儒家政治哲学对于个体自我约束的期待。如果说政治哲学要承担一定的"规范性"功能的话,那么儒家的理想人格理论在描述"理想人"的时候,也同时承担了提醒"人应该做什么"的"规范"功能。这对现代社会生活也具有启发意义,现代社会生活中,也特别强调因为身份带来的人际分层、职业差异,在对某种身份进行"描述"的时候,其实同时也是一种"规范"。

四、人格观念的评价性意义

人格观念在公共生活中,除了有引导、规范的作用之外,还能成为对公共生活中的人进行评价的工具。因此,当我们运用"君子"人格的时候,也包含了"如何在日常生活中运用君子观念来调节人们的品行"的问题。在传统儒家文化里,"君子"人格还具有评价性意义,可以作为衡量人的德性、德行的评价性话语,可以用来引导人的行为。在公共生活中,"慎独"是一种崇高的理想,但在社会生活中真正发挥作用的还是人际交往中的道德评价。道德评价,特别是从上对人进行的评价,在很大程度上参与了社会秩序的建构与维护。

在公共生活中,当人们称某种行为是"君子之行",或者称某个人是"君子"的时候,实际上是在嘉许这种行为、称赞这个人,并通过肯定这种行为、肯定这个人来引导公众学习这种行为和这个人。《论语》说:"人不知而不愠,不亦君子乎?"(《论语·学而》)如果能做到"人不知而不愠"，在公共交往中展现个体的宽容与自信，就是"君子"，显然，"君子"在这里是对人具有宽容自信这种美德的褒扬。再如，"曾子曰：'可以托六尺之孤，可以寄百里之命，临大节而不可夺也，君子人与？君子人也。'"（《论语·泰伯》）社会对人的道义担当与否，也会做出是否是"君子"的评价，也就是说，在人际交往中，那些敢于担当、忠于所托、在生死存亡面前不屈服的人，就可以被称为"君子"，这种表彰和语词，显然也是一种道德的赞美，可以鼓励人们去勇敢担当。另外，在儒家经典文献里，还有很多地方以"君子""小人"对举，以对比性描述来彰显具有"评价性"意义的"君子"观念，如"君子怀德，小人怀土；君子怀刑，小人怀惠"（《论语·里仁》），"君子喻于义，小人喻于利"（《论语·里仁》），"女为君子儒，无为小人儒"（《论语·雍也》），"君子坦荡荡，小人长戚戚"（《论语·述而》），"君子之德风，小人之德草"（《论语·颜渊》），诸如此类的描述，都明显是在进行一种道德评判。在儒家的这些描述里，"君子"意味着具有高尚品行的人，小人则反之。不过，儒家将"君子""小人"对举的时候，其实也是一种对相关言行的道德评价，符合儒家道德标准的就是"君子"，不符合的就是"小人"。在后世的传习中，关于"君子""小人"的这些描述就变成了具有"评价性"意义的话语，具有了评价的功能。当某人有某种言行时，人们往往会搬出经典话语，进行"君子"或者"小人"的判别和评价。这种评价是具有现实效力的，"君子"会获得道德荣誉，而"小人"则会遭到舆论谴责。在公共生活中，这些关乎"君子""小人"的道德评价，深刻地影响着人们的言行，不管人们是否在心里具备某种"君子"式美德，由于公共道德评价的存在，大多数心智健全的人都会按照"君子"之道去行事，即使某些人仅仅是在"表演"君子之道，也会由于"君子""小人"的道德评价存在而注意自己的行为。毋庸赘言，在儒家话语体系里，"君子""小人"是一种道德判断，是对人格属性的道德评定。当然，这种评定也具有前文所说的"导向性"和"规范性"意义，即用道德荣誉、道德积极评价来教育人们"应该成为君子"，并具体指导"应该如何成为君子"。因此，就"君子"观念的"评价性"而言，还包含了"导向"和"规范"的意义。由此可知，在儒家式的公共生活里，人格评判是秩序建构和维护的重要环节，通过人格评判，可以引导和规约人们遵守共同体所倡导的价值。正是在这个意义上，我们认为，人格评判具有了政治哲学的意蕴。

社会评价是维持公共生活秩序的重要途径之一，人们之所以能够在公共生活中遵守秩序，按照公序良俗安排自己的行动，社会评价在其中起到了非常重要的作用。在实际生活中，儒家伦理道德的有效性，都集中体现在它们能够经得起公共生活领域内的评价。儒家心目中理想的公共生活，是共同体内部成员互相进行道德约束，而人格评价就是其中约束的机制之一。在当前的政治文明建设中，对社会成员特别是对政府公务人员进行人格评价，也在各类文件中出现，这种方式，在一定意义上，也是对儒家政治哲学中的人格理论的某种回应。

五、结　语

　　贝淡宁教授曾指出,"贤能政治"是中国政治文化的核心,他对中国政治中的"尚贤"传统多有发挥。实际上,中国政治上的"尚贤"就有儒家理想人格理论的因素在其中,是儒家人格理论在政治实践中的运用。当然,传统儒家理想人格理论不仅仅是对少数"圣贤"的期待,更多的是对共同体成员普遍性人格的期望,现实中的人不一定都能达到"圣贤"的政治地位,但可以成为具有"圣贤"品质的"君子",如此,整个社会的道德风气、道德品质就会得到根本性改善和提高,于是,类似于"三代之治"的大同理想政治社会就会实现,这是儒家政治哲学在人格理论上的突出特点。儒家政治哲学对于人的"理想"就在于希望人们具备某种人格品格,在社会上造就一大批具备理想人格的"贤能",如此,我们就能理解儒家心学里所讨论的"满大街是圣人"的社会期望。在心学视域里,"满大街都是圣人"意味着人们都能按照自己的良知塑造自己,成为理想中的人,由这样一些发觉良知、践行良知的人组成的社会,自然就是理想的社会。个体通过"立德、立功、立言"的现实努力,以成圣、成贤、成为君子,超越自己的有限性,为良善的公共生活贡献自己,这正是儒家政治哲学在人格上的指向所在。

　　正是从这个意义上,我们认为,理想人格理论是儒家政治哲学的重要组成部分。政治社会、公共生活由一个个具体的人组成,正是个体之善才汇聚成公共之善。在儒家政治哲学思想里,"君子"人格正是这种个体之善的象征和符号。"君子"人格的"公共性"意义,使得"君子"人格不单是个人的心性修养追求,更是公共生活中的重要内容。在公共生活中,"君子"人格的"导向性"意义具体体现为人们要在公共生活中规约自己的言行,努力成为公共生活所需要的"君子";其"规范性"意义体现为人们在公共生活中知道如何去做是符合"君子"标准的,明确了"哪些事该做""哪些事不该做",也就是明确了公共生活的规范;而其"评价性"意义则在于,在公共生活中,"君子"这一评价工具影响社会的伦理道德建设,明确了人们行为是否合乎"君子"标准,通过道德褒奖和道德批判等评价行为来约束和引导人们的行为,从而促进共同体成员的大同团结和互相协作。

　　在传统儒家社会生活中,儒家的人格诉求集中指向于人的道德水平,这是儒家思想的根本特色。传统儒家所讨论的理想人格,主要是以是否合乎儒家道德伦理原则作为最终标准,其诉求是在公共生活中塑造符合儒家要求的"合乎道德的人"。随着社会的发展,以道德为轴心的传统公共生活方式不断变化,而以制度、法律为公共生活基本准绳的现代公共生活逐渐形成。如果说儒家的人格符号还将继续发挥作用,还可以作为共同体优秀成员的指称,那么儒家理想人格里所包含的内容就应该随着时代的变革而变化,除了包含道德因素以外,还要增加现代性的精神与价值因素,如民主、科学、自由、平等、公正、法治等现代性观念,这些现代性观念应该作为现代理想人格或者现代合格公民所应该拥有的基本价值。这样,作为公共生活中的人格符号,儒家的人格追求,将会依然有效地发挥公共性、导向性、规范性、评价性等多重功能。

参考文献:

[1]杨天宇.礼记译注[M].上海:上海古籍出版社,2016.

[2]金良年.论语译注[M].上海:上海古籍出版社,2016.

[3]金良年.孟子译注[M].上海:上海古籍出版社,2016.

[4]孔子,曾子,孟子,等.论语·大学·中庸[M].陈晓芬,徐儒宗,译注.北京:中华书局,2015.

（上海大学哲学系）

孝：中华民族的重要道德价值标准

高士涛

摘　要：孝悌仁之本，百善孝为先。孝是中华优秀传统文化中非常重要的一个价值概念，是一个人之所以为人的最基本的且是放之四海而皆准的道德准则。因为至圣先师孔子的倡导宣扬，历代王朝均以孝治天下，也因此成就了文明、和谐的东方泱泱大国。孝在古代适用，在今天照样适用；在中国适用，在外国照样也适用。因为只要是"人"，就应当有孝心，行孝行，尽孝道。不孝，则无异于"犬马"。

本文以《孝经》为例，并合参《论语》《孟子》《礼记》《大戴礼记》等经典中关于孝的论述，以浅析孝在中华传统文化中作为重要道德价值标准的体现。

关键词：孝道；《孝经》

一、孝为先王所立至德要道，可和平天下

孝是中华民族共同的道德准则，至圣先师孔子更是将孝着重提出来以"崇人伦之行"（《孝经纬》），"知其法者修其行，知其行者谨其法"（《孝经注疏》）。《孝经》开篇第一章，至圣先师孔子就给曾子讲述说："先王有至德要道，以顺天下，民用和睦，上下无怨。……夫孝，德之本也，教之所由生也。"（《孝经·开宗明义》）孝是先王所立的至德要道，是一切道德的根本源头，一切教化都要从孝开始。先王以孝来治理天下，使天下和顺无争，使百姓和睦无怨，世界一派和谐和平。

孝为"百行之宗，五教之要"（《孝经注疏》），是各种道德品行的源头，是父义、母慈、兄友、弟恭、子孝五常之教的中心。"天地之性，人为贵。人之行，莫大于孝。"（《孝经·圣治》）天地万物之中，人最为尊贵，人的品行之中，孝最为第一。"夫孝，天之经也，地之义也，民之行也。天地之经，而民是则之。则天之明，因地之利，以顺天下。"（《孝经·三才》）。孝是天经地义的，孝就像天体运行一样恒常不易，就像地生万物一样义利有则，人生天地之间，禀承天地气节，效法天经地义的孝道，按照天地的规律和法则去生活，才是天下和平的大道。

二、孝为人伦血脉传承之根，可感应天地

孝为人之大伦。孝是以血缘关系为中心展开的，血缘关系首先体现在父母给予了身体和生命，所以，行孝就要尊敬这个身体和生命，然后尊敬亲爱父母，以尽人子之责。

1. 敬身为始。

"身体发肤，受之父母，不敢毁伤，孝之始也。"（《孝经·开宗明义》）"身也者，父母之遗体也，行父母之遗体，敢不敬乎？"（《礼记·祭义》）孝首先要从敬身开始。

如何尊敬父母给予的身体和生命？《礼记·祭义》和《大戴礼记·曾子立孝》都记载了这样一个故事：乐正子春有一天从堂上下台阶时不小心扭伤了脚，治愈后还是数月不肯出门，而且一直非常忧虑。他的弟子们疑惑不解。乐正子春说："我的老师曾子曾给我讲过他的老师孔子说过的一句话：'在天生地养的一切生物中，人是最大的。'父母把我们完整地生了下来，我们也应该完整地把自己回报给父母，这才算是孝。不损伤自己的身体、不辱没自己的人格，才算是完整的自己。所以君子哪怕走半步路也不敢忘记孝。而我却一时忘了孝道，以致扭伤了脚，所以我深感愧疚和自责。"

虽然乐正子春这个做法现在看来好像有些迂腐，但这却说明了乐正子春对父母的尊敬、爱戴。而孝也正是以尊敬、爱护身体和生命为起点的。《礼记》中诸如"不登高，不临深，不苟訾""孝子不服暗，不登危，惧辱亲也。父母存，不许友以死"等都是要求为人子者要时时看护好自己身体和生命，不去冒险，不使身体和生命受到任何伤害以伤及孝道。

"一举足而不敢忘父母，是故道而不径，舟而不游，不敢以先父母之遗体行殆。一出言而不敢忘父母，是故恶言不出于口，忿言不反于身。不辱其身，不羞其亲，可谓孝矣。"（《礼记·祭义》）每一次抬腿走路时不敢忘记父母，所以走大路而不抄近路，过河乘船而不游水，不敢用父母给予的身体、生命去冒险；每一次说话时不敢忘记父母，所以从不恶语伤人，也就不会因此招人辱骂。自身不受到侮辱，也不使父母受到羞辱，可以算作孝了。

"道而不径"还有为人做事要光明正大走正路，不要使用阴谋诡计走歪门邪道的含义。所以，敬身的另外一个解释就是要尊敬自己的道德品行，也就是孟子所说的"守身"（《孟子·离娄上》）。如何尊敬自己的道德品行？《礼记·曲礼上》说："毋不敬，俨若思，安定辞，……敖不可长，欲不可从，志不可满，乐不可极。"不要不敬，待人接物要尊敬，态度要端庄，言语要谨慎。不滋长傲慢、不放纵欲望、得志不自满、欢乐不过分等都是最基本的敬身守身的品行。

另外，不是说父母给了身体和生命，身体和生命就是自己的了，想怎么着就怎么着。"隋其四支""博弈好欲酒""好货财，私妻子""从耳目之欲""好勇斗狠"（《孟子·离娄下》），好吃懒做不干活儿、好赌博饮酒、好私财偏妻儿、放纵欲望、逞勇好斗等都会危及身体和生命而使父母担忧或蒙羞，这些都是不孝的行为。同时，"居上而骄，则亡。为下，而乱则

刑。在丑而争,则兵"(《孝经·纪孝行》),居高位而骄横傲慢导致灭亡,在下位而好犯上作乱受到制裁,普通老百姓喜欢争斗而相互伤害等,即便天天用牛羊猪三牲等美食来侍奉父母,也是不孝。在现代社会来讲,无论是沉迷网络、嗜烟酗酒,还是不顾身体过度工作等,天长日久,耗精劳神,身体垮下来,使父母担忧,甚或因劳累过度以致英年早逝,都是不孝的行为。

2. 事亲为大。

孟子曰:"事,孰为大? 事亲为大。"(《孟子·离娄上》)父母生我养我,从怀胎十月,到三年不能免于父母之怀,再到养育我们长大成人,"父兮生我,母兮鞠我。拊我畜我,长我育我。顾我复我,出入腹我。欲报之德,昊天罔极"(《诗经·小雅·蓼莪》)。报答父母养育之恩,就要以孝事亲。

如何事亲?《孝经·纪孝行》讲述了为孝一生的大致节点:"孝子之事亲也,居则致其敬,养则致其乐,病则致其忧,丧则致其哀,祭则致其严。五者备矣,然后能事亲。"

居则致其敬。平日侍奉父母要恭敬承事。孝顺父母,首先要敬。"爱敬是孝行之始"(《孝经注疏·丧亲章第十八》),"平居必尽其敬"(《孝经注疏·纪孝行章第十》),"生则敬养"(《礼记·祭义》),"不敬,何以别乎"(《论语·为政》)。如何敬?"孝,礼之始也。"(《左传·文公二年》)孝是礼的开始,侍奉父母要"生事之以礼"(《论语·为政》),要"无违"(《论语·为政》),要"贤贤易色,事父母,能竭其力"(《论语·学而》)。在父母面前,要恭敬承事,欢喜承事,不违礼数,竭尽全力地侍奉父母。"孝子之有深爱者,必有和气。有和气者,必有愉色。有愉色者,必有婉容。"(《礼记·祭义》)侍奉父母,一定要和颜悦色,有温顺的容止。

养则致其乐。供养父母饮食要怡颜悦色使父母高兴。"养能致其欢。"(《孝经注疏·纪孝行章第十》)冬温夏清,昏定晨省,及进饮食以养父母,皆须尽其敬安之心。《礼记·内则》:"孝子之养老也,乐其心,不违其志,乐其耳目,安其寝处,以其饮食忠养之。"侍奉父母,首先要不违背他们的旨意,使父母内心快乐;其次才是言行循礼,使他们对听到的、看到的都感到高兴、快乐,使他们起居安适,在饮食方面要尽心侍候周到。

病则致其忧。父母有病时要忧虑对待并给予及时治疗。"色不满容,行不正履"(《孝经注疏·纪孝行章第十》),神情忧虑无意于外在仪表。《二十四孝》里有汉文帝刘恒亲尝汤药的故事:汉文帝的母亲因病卧床三年,他常常目不交睫,衣不解带,侍奉母亲毫不懈怠。母亲所服的汤药,他亲口尝过后才放心让母亲服用。汉文帝因此以仁孝之名闻于天下。

丧则致其哀。亲人故去要哀痛悲伤葬之以礼。"哀戚是孝行之终"(《孝经注疏·丧亲章第十八》),"擗踊哭泣,尽其哀情"(《孝经注疏·纪孝行章第十》),"死则敬享"(《礼记·祭义》),"孝子之丧亲也,哭不偯,礼无容,言不文,服美不安,闻乐不乐,食旨不甘,此哀戚之情也。……为之棺、椁、衣、衾而举之,陈其簠、簋而哀戚之;擗踊哭泣,哀以送之;卜其宅兆,而安措之"(《孝经·丧亲章第十八》)。哀痛至极,没有了平日的礼仪和文采,无意于美服美音美味。依照丧礼入殓,选择风水宝地安葬亲人等。至此,"生事爱敬,死事哀戚,生民之本尽矣,死生之义备矣,孝子之事亲终矣"。

祭则致其严。祭祀亲人时要恭谨严肃祭之以礼。为了缅怀亲人,"春秋祭祀,以时思之"(《孝经·丧亲章第十八》),"祭者,所以追养继孝也"(《礼记·祭统》),"顺以备者也,其教之本欤?……崇事宗庙社稷,则子孙顺孝,尽其道,论其义,而教生焉"(《礼记·祭统》)。祭祀的意义非常大,是孝的教化的具体体现。

3. 谏诤不怨。

人无完人,父母难免也有过失。为人子者,要婉言劝告,《孝经·谏诤》专门叙述谏诤问题。如果简单地愚孝"从父之令",使父母陷于不义,这便又是不孝了。

《大戴礼记·曾子事父母》里也有相关谏诤的论说:"父母之行若中道,则从;若不中道,则谏。"如果话说清楚了而没有被接纳,仍然要尊敬父母,不要违逆对抗,应该继续为父母操劳而没有任何怨恨。"事父母几谏。见志不从,又敬不违,劳而不怨。"(《论语·里仁》)

4. 孝感天地。

我们的身体和生命来自父母,是父母血脉的延续,是先祖血脉的延续。我们又产生了新的身体和生命,如此血脉延续相传以至绵长久远。"父母生之,续莫大焉。"(《孝经·圣治》)千古血脉无形流动,"乾,天也,故称乎父。坤,地也,故称乎母"(《周易·说卦》)的无形关联,果能至诚为孝,可感天动地。

《孝经·感应》子曰:"昔者,明王事父孝,故事天明;事母孝,故事地察;长幼顺,故上下治。天地明察,神明彰矣。故虽天子,必有尊也,言有父也;必有先也,言有兄也。宗庙致敬,不忘亲也。修身慎行,恐辱先也。宗庙致敬,鬼神着矣。孝悌之至,通于神明,光于四海,无所不通。"

历史上有很多孝感天地的故事,如《二十四孝》中的舜帝孝感动天、曾子啮指痛心、董永卖身葬父、姜诗涌泉跃鲤、孟宗哭竹生笋等。

三、孝为世人立身行道之则,可显德名

对一个社会人或普通百姓来说,孝是一个人的立身之本,行道之则。"立身行道,扬名于后世,以显父母,孝之终也。夫孝,始于事亲,中于事君,终于立身。"(《孝经·开宗明义》)《诗经》云:"夙兴夜寐,无忝尔所生",起早贪黑地去躬行孝道,不要辱没了生养的父母。

1. 修身立德,制节谨度。

《大雅》云:"无念尔祖,聿修厥德。"不要忘记先祖,要努力继承和发扬先祖的盛德大业。继承发扬先祖盛德,就要修正身心。"一是皆以修身为本""欲修其身者先正其心"。(《礼

记·大学》)修身首先要正心,《诗经》云:"战战兢兢,如临深渊,如履薄冰。"诚惶诚恐,小心谨慎,就像面临深渊一样,就像走在薄冰上一样,时时端正身心,不能走偏。"谨身节用"(《孝经·庶人章第六》),行为谨慎,用度节俭。"制节谨度,满而不溢"(《孝经·诸侯章第三》),费用节俭,慎行礼法,持有而不奢僭。"居处不庄,非孝也;事君不忠,非孝也;莅官不敬,非孝也;朋友不信,非孝也;战陈无勇,非孝也。五者不遂,灾及于亲,敢不敬乎?"(《礼记·祭义》)。立身行道、完善自我,是孝的落脚点。

2. 尊法先王,希圣希贤。

先王圣人为人们确立了道德准则,并身体力行,尧帝"克明俊德"、舜帝"克谐以孝",为人们树立了模范和榜样。敬畏先王,尊法先王,文明才能延续。"非先王之法服不敢服,非先王之法言不敢道,非先王之德行不敢行。是故非法不言,非道不行。口无择言,身无择行"(《孝经·卿大夫章第四》),遵守先王的礼乐制度,牢记先王的法言训诫,践行先王的道德准则,不说不合乎规矩的话,不做不合乎道德的事,希圣希贤,做一个有道德的人。

3. 事君忠顺,报效家国。

"忠者,其孝之本欤?"(《大戴礼记·曾子本孝》)"君子之事亲孝,故忠可移于君。事兄悌,故顺可移于长。居家理,故治可移于官。是以行成于内,而名立于后世矣。"(《孝经·广扬名章第十四》)"君子之事上也,进思尽忠,退思补过,将顺其美,匡救其恶,故上下能相亲也。"(《孝经·事君章第十七》)将孝道移作对领导的尊敬和对工作的认真;将悌道移作对长上的敬顺;将家齐移作国治,于国尽忠,于事尽责,经常思考过失以便弥补,随顺执行领导的善政,补救匡正上级的错误做法,使上下级能够相亲相敬。

事君忠顺也不是愚忠,亦需谏诤。"当不义则争之"(《孝经·谏诤章第十五》),"以正致谏"(《大戴礼记·曾子本孝》),"微谏不倦"(《大戴礼记·曾子立孝》),以"匡救其恶"。谏诤是事君忠顺的另一种重要体现。

四、孝为人君仁政德教之本,可刑于四海

"尧舜之道,孝弟(悌)而已矣。"(《孟子·告子下》)尧天舜日,社会昌明,就是孝治天下的结果。人类文明的标志是孝。从一个为政者或管理者来说,孝是施行仁政德教、治平天下的根本。

古代以孝治天下,成就了东方上国。孝,放之四海而皆准。今天,一个国家、一个省市的为政者,乃至一个单位、一个机构的管理者,如果能以孝为仁政德教之本,并推而广之,则善莫大焉!

1. 爱亲敬人,教民亲爱。

"子曰:爱亲者,不敢恶于人;敬亲者,不敢慢于人。"(《孝经·天子章第二》)"教民亲爱,莫善于孝。教民礼顺,莫善于悌。移风易俗,莫善于乐。安上治民,莫善于礼。"(《孝

经·广要道章第十二》)

一个为政者或管理者,首先自己要恪行孝道,然后将孝道推而广之,去敬爱他人的父母兄弟,敬爱单位的同事同僚,乃至对下级单位的僚属职员,社会上的鳏寡孤独,都要待之以礼。"昔者明王之孝治天下也,不敢遗小国之臣,而况于公、侯、伯、子、男乎? ……治国者,不敢侮于鳏寡,而况于士民乎? ……治家者,不敢失于臣妾,而况于妻子乎?"(《孝经·孝治章第八》)。"敬其父,则子悦;敬其兄,则弟悦;敬其君,则臣悦;敬一人,而千万人悦。所敬者寡,而悦者众。"(《孝经·广要道章第十二》)能如是,则一众和悦,"四国顺之"(《孝经·孝治章第八》),"赫赫师尹,民具尔瞻"(《诗经·小雅·节南山》)。

同时,为政者或管理者要学习尧帝"克明俊德"、舜帝"克谐以孝""先之以博爱,而民莫遗其亲;陈之以德义,而民兴行。先之以敬让,而民不争;导之以礼乐,而民和睦;示之以好恶,而民知禁。"(《孝经·三才章第七》)身体力行,躬行孝道,率先垂范,再推行博爱之道,把爱推广到民众,使人们都孝顺和睦,敬让不争,知礼守礼,好善禁恶,才能达到"其教不肃而成,其政不严而治"。(《孝经·三才章第七》)

2. 德教加于百姓,刑于四海。

居下位者可"忠"移于君,居上位者亦可"孝"移于民。

中华民族是文明开化较早的民族,上古时期就有较为完善的养老制度,国家养老制度类别有四种:"一是养三老五更;二是子孙为国难而死,王养死者父祖;三是养致仕之老;四是引户校年,养庶人之老。"(《礼记·王制》孔颖达疏)

《礼记·王制》记载:养老之礼,有虞氏用燕礼,夏后氏用飨礼,殷人用食礼,周人遵循古制而三礼兼用。五十岁的老人参加在乡学举行的敬老宴,六十岁的老人参加在国中小学举行的敬老宴,七十岁的老人参加在大学举行的敬老宴。从天子到诸侯都按照这个制度去做。九十岁以后,天子要是有事询问,就派人到老人家里去请教,还要带上时鲜食品为礼物。七十岁以后,可以随时退朝;八十岁以后,天子要每月派人前去问安;九十岁以后,天子要每天派人送去膳食并敬致问候。

《礼记·文王世子》还记载了上古时期天子孝养国中老人的情景:天子视察太学释奠完毕后,开始为三老、五更和诸多老年人铺设座席,亲自查看为老人们准备的各种菜肴酒食,然后乐队歌唱迎接三老五更及群老。老人们坐定后,天子献上甜酒,行孝养老人之礼后乐队登堂奏唱《清庙》之歌。歌毕,请与会老人们相互评说,谈论诗歌的含义。老人们所谈论的都是父子、君臣、长幼关系的道理,都符合乐曲的意旨,这是孝养之礼中最重要的环节。最后,天子还嘱咐在场的公侯伯子男及文武百官,回去也要照着这个样子在各自的国学举办养老之礼。"是故乡里有齿而老穷不遗,强不犯弱,众不暴寡,此由大学来者也。"(《礼记·祭义》)

这些都是上古时期为政者将个人之孝推广到孝爱百姓的事例。

"人不独亲其亲,不独子其子,使老有所终,……鳏寡孤独废疾者,皆有所养"(《礼记·礼运》),"养吾老以及人之老,幼吾幼以及人之幼"(《孟子·梁惠王上》)),"亲亲而仁民,仁民而爱物"(《孟子·尽心上》)),"爱敬尽于事亲,而德教加于百姓,刑于四海。盖天子之孝也。《甫刑》云:'一人有庆,兆民赖之。'"(《孝经·天子章第二》)为政者德教加于百姓,并推广到四海,普天下的人都会拥护。

参考文献:

[1]李隆基.孝经注疏[M].上海:上海古籍出版社,2009.

[2]孔丘.孝经[M].徐艳华,译注.北京:北京联合出版公司,2015.

[3]戴圣,孔丘.礼记·孝经[M].胡平生,陈美兰,译注.北京:中华书局,2016.

[4]方向东.大戴礼记汇校集解[M].北京:中华书局,2008.

[5]孟子.孟子全集[M].北京:海潮出版社,2008.

[6]杨伯峻.论语译注[M].北京:中华书局,2017.

[7]佚名.诗经[M].王秀梅,译注.北京:中华书局,2015.

（河北省儒学会）

论当代儒家的历史使命、时代定位与行动

柳河东

摘　要：本文基于当前中国文化安全问题空前突出的情况,提出了当代儒家的历史使命:振兴儒林,推动中华文化复兴,重建中华文化信仰。根据使命,阐述了当代儒家的时代定位即现代君子群体,并提出了现代君子群体的八个特质:担当精神,务实作风,忧患意识,反思能力,克己工夫,尚学品格,高尚情操,君子风范。最后,依据使命、定位,立足现实,论述了当代儒家的现实行动:铸就现代君子人格,实现个体的挺立;建设儒家社会组织,实现群体的壮大;与现代社会良好互动、有机相融,在政治、经济、文化、教育、社会五个方面实现系统的有为。

关键词：当代儒家；历史使命；时代定位；现代君子；现实行动

一、当代儒家的历史使命：中华文化复兴

当代儒家的历史使命有三方面:一是大使命:天下关怀,世界和谐、人类永续,即传统儒家讲的"天下平";二是中使命:家国情怀,民族长兴,国家久安,即传统儒家讲的"国治家齐";三是小使命:自我关照,立己达人,价值体现,即传统儒家讲的"修己成人"。三者相辅相成,缺一不可。

文化是国家的血脉,民族的灵魂,是现代国家软实力与核心竞争力的根本支撑。一个国家、一个民族,经济上不强,军事上不强的话,一打就跨;一个国家、一个民族,文化上不强,精神上不强的话,则不打自垮。文化强,则国强,民族强;文化不败,则国家不败,民族永兴。

当代儒家的历史使命:振兴儒林、光大儒门、复兴儒学,推动中华文化复兴,重建中华文化信仰,提升国家文化软实力,提高国家文化安全保障,为中国和平崛起与持续繁荣,为中华民族伟大复兴和兴旺永续,进行最坚实的精神文化奠基和提供最牢靠的精神信仰支撑。

二、当代儒家的历史定位：现代君子群体

儒家,或称儒者,是指信仰儒家文化,能够遵守儒家道德伦理规范,依照儒家文化义理

生活和立身处事的人,包括精英和平民两大层面,儒家的精英群体是指以圣人、贤达、君子为代表的群体;儒家的平民群体则指日常坚守儒家伦理规范的一般民众。历史上,儒家的精英群体治国平天下,儒家的平民群体修身齐小家,二者共同探索、实践、弘扬儒家文化,为中华文明的形成发展、中华民族的成长壮大、国家的富强繁荣做出了不可磨灭的卓越贡献。

君子是儒家倡导的理想人格典范。君子,是儒家文化典籍中出现频率极高的一个词汇,在《论语》中就出现了 100 多次。虽说成为圣贤的人微乎其微,现实生活中极少有人可以达到,但人们可以通过严格要求自己,不断提高道德修养成为君子。

当代儒家,或称当代儒者,不同于单纯以学术为生、以儒学研究为目的的儒学理论工作者、儒学专家,而是一群有坚定的中华文化信仰、儒家情怀,为振兴当代儒林、复兴中华文化、造福家国天下,勇于担当、积极有为的时代君子。志存高远,具有担当精神;脚踏实地,具有务实作风;远虑明觉,具有忧患意识;自知自明,具有反思能力;慎独守礼,具有克己工夫;择善日新,具有尚学品格;尊道行义,具有高尚情操;自强厚宽,具有君子风范,这才是当代儒家必备的精神、素养和特质。

(一)担当精神

"君子谋道不谋食"(《论语·卫灵公》),"朝闻道,夕死可以","士志于道,而耻恶衣恶食者,未足与议也"(《论语·里仁》),"士不可以不弘毅,任重而道远。仁以为己仁,不亦重乎?死而后已,不亦远乎?"(《论语·泰伯》)志存高远,以弘道为矢志,以圣贤为期许,是君子的首要特质。一个国家、一个民族,如果全民皆只知求利,只盯着脚下,是没有发展前途的;必须有一些坚持仰望星空的人,民族和国家才有希望。当代儒家应是这样一群有崇高的人生理想追求,有强烈的家国天下情怀,能够为振兴儒学与中华文化而奉献的时代君子。

(二)务实作风

"君子欲讷于言敏于行"(《论语·里仁》),"力行近乎仁"(《中庸》),"刚毅木讷,近仁"(《论语·子路》),"富而可求也,虽执鞭之士,吾亦为之"(《论语·述而》),"君子耻其言而过其行"(《论语·宪问》)。儒学的精髓和重要特质在于学贵践履、经世致用、知行合一,孔子、董仲舒、朱熹、王阳明等圣贤大儒对道的坚守,不只是着眼于空洞的理论研究和宣导说教,而是坚毅、果敢、智慧地躬身入局、积极践弘、努力推行。空谈误国,实干兴邦,任何事业和成功都是用汗水和实干铸就而成的,当代儒家应是一群脚踏实地,崇尚实干精神,务实力行的时代君子。

(三)忧患意识

"人无远虑,必有近忧"(《论语·卫灵公》),"生于忧患,死于安乐"(《孟子·告子下》),"不患无位,患所以立"(《论语·里仁》),"先天下之忧而忧""居庙堂之高则忧其民,处江湖之远则忧其君"(《岳阳楼记》)。儒家的忧患意识是对人生、社会、国家、民族前途命运的关心而产生强烈的责任感和使命感,体现了民本情怀和道德自觉,成为中华民族的优良价值观和文化特性。继承并使之在现代社会发扬光大，是当代儒家的时代使命，亦是当代儒家作为时代君子必备的优秀特质。

（四）反思能力

"君子求诸己，小人求诸人"（《论语·卫灵公》），"吾日三省吾身，为人谋而不忠乎？与朋友交而不信乎？传不习乎？"（《论语·学而》），"德之不修，学之不讲，闻义不能徙，不善不能改，是吾忧也"（《论语·述而》），"不患人知不己知，患不知人也"（《论语·学而》），君子"内省不疚"（《论语·颜渊》）。时常反躬自省，审视检点自己的思想、品德、言论、行为是否符合道义；遇到问题首先从自身寻找原因，行动未达预期先寻找自身的差距，凡事反身内求，"不怨天不尤人"，既是君子道德、才能日进的基础和动力，也是君子内心富足与强大的表现。当代儒家应是一个具有反省能力，自知自明，内心富强的时代群体。

（五）克己功夫

"非礼勿视，非礼勿听，非礼勿言，非礼勿动"，"克己复礼为仁。一日克己复礼，天下归仁焉"（《论语·颜渊》）。使自己的视、听、言、行符合礼法规定，克制不良欲望和不当言行，便可以达到仁的境界，社会便会变得充满仁爱、和谐美好。"君子慎其独也"，"处世当无愧于心"，克己的至高境界和最高工夫在慎独，即使一个人独处时也能严格约束自己，时刻自律，保持正念，不滋生私欲与邪念。当代儒家应是现代社会中遵纪守法，道德自律，思想言行保持中正的时代典范。

（六）尚学品格

"学而时习之，不亦乐乎"（《论语·学而》），"三人行，必有我师焉，择其善者而从之，其不善者而改之"（《论语·述而》），"苟日新，日日新，又日新"（《大学》）。《论语》开篇以"学而"命名，开章便讲"学习"，可见儒家对学习的重视。儒家所重视和强调的学习，是圣贤之道、君子之德。生命的成长，是人生最大的快乐，也是最能持久的欢乐。"敏而好学""不耻下问"，从善如流，逐步完善修养，开明德性，以达至善，成就自我，应是当代儒家作为时代君子的必备品格与特质。

（七）高尚情操

"君子不器"（《论语·为政》），"君子忧道不忧贫"（《论语·卫灵公》），"邦无道谷，耻也""见利思利"（《论语·宪问》），"君子义以为上"（《论语·阳货》），"不义而富且贵，于我如浮云""子钓而不纲，弋不射宿"（《论语·述而》）。儒家圣贤、君子所重的道义，是集体利益和长远利益，当现实之利不合道义，违背社会、国家、民族乃至天下（人类、宇宙）的利益之时，宁可放下，自甘贫穷、牺牲也再所不惜。只有情操高尚的人，才能不为功利所动，才能够承担起捍卫真理的责任和使命。在功利主义至上、唯利是图不良风气抬头的当下，能够击浊扬清，坚守道义，引领风尚，取利以义，取财有道，确保个人、团队的现实利益与家、国、天下的长远利益不相冲突，兼顾周全，应是当代儒家的责任和使命所系。

（八）自强厚德

"天行健，君子以自强不息；地势坤，君子以厚德载物"（《易经·大象传》），君子像天一样刚健运行，坚毅执着，自强不息，奋发进取，积极向上，永不言退；君子像大地一样有着深厚的道德修养和宽广无私的胸襟，能够承载万物，包容宇内，海纳百川，乐于奉献，甘于牺牲。"自强不息，厚德载物"，不仅成为清华大学的校训，而且被著名哲学家张岱年先生概括为中华民族的民族精神。当代儒家应是一个乾行永健，精进不息，有着坚强的意志；坤厚恒载，襟怀开阔，有着宽容态度的时代君子群体。

三、当代儒家的现实行动：挺立、壮大、有为

文化的复兴，实质是价值与精神的复兴。中华文化的复兴，根本上讲，是中华民族优良价值与精神在现代生活中的活化、光大。而这又依赖着人，依赖着能够用生命去践行、弘光之的社会优秀群体。当代儒家、时代君子将通过群体的成长、挺立、壮大、积极有为地去推动中华文化的复兴。

（一）个体的挺立：铸就现代君子人格

个体成长、挺立的过程，就是一个人追随圣贤足迹，不断超越自我，涵养君子情怀，培养君子精神，养成君子心性，铸就君子人格，从小我走向大我的过程。

当代儒家当从"学、思、践、弘"四个字做起，树标杆、立楷模、做表率，成为现代社会的道德模范和精神脊梁。

持之以恒的学习可以帮助人们成就现代君子人格。由于历史原因，经典蒙尘、古圣先贤智慧精神不传已久，今天一切有志成为时代君子的人，均当摒弃功利、浮燥之心，心存敬畏，认真学习中华经典，从中华文化母乳中汲取有价值的营养和正能量，开启生命大智慧；学习古圣先贤的优秀品格、高尚德操、优良精神，内化于心，外化于行，提升生命的境界。

"学而不思则罔"，儒学一直在强调思考的重要性。每个时代都有每个时代的特点和社情，当代儒家应当立足当下，针对现代社会的实际情景，针对思考，勇于探索，大胆创新，对传统儒家思想、理论、礼仪、规制等进行现代性、创造性的转化发展，使之适合当今社会生产、生活方式，行得通，接地气，大众喜闻乐见，能够推广得开。

实践是检验真理的唯一标准。只有行动起来，才能真正行君子之道。因为要开风气，做到知行合一是一件很不容易的事，现实生活中要面对强大的不良世俗风气的影响，当代儒家须得有坚强的精神信念，不受外界的影响和内心的困闷而动摇自己的行动。世风的转化，不是一朝一夕之事，当代儒家还要有坚韧的战斗精神和持续行动的能力。要立身行道，立志弘道，有为有位亦很重要，当代儒家还应修炼成为充满智慧、拥有才干、积极有为的现代君子，才能在现代市场经济和政治文化生活中展现才能，实现价值。

言传莫过身教，宣说不如力行。对现实社会的积极影响与改造，榜样的力量是无穷的。

当代儒家不是高高在上的道德说教者,而是礼仪践行之表率、国民道德之楷模,是正仁心、明信义、致良知的时代先锋和时代君子。通过鲜活生命的张显,使儒家传统中骨子里的、血脉中的不朽,能够成为穿越历史时空的恒常价值和精神,如忧患意识、担当精神、力行作风、反省能力、克己工夫、尚学品格、高尚情操、坚强毅志、厚宽胸怀、乐天知命、好礼乐群、奉献精神等,在新时代活化、弘扬、光大。

(二)群体的壮大:建设儒家社会组织

弘扬文化是高尚的事业,没有庞大的组织体系做保障,难以形成足够强大的合力,只会是"小打小闹",有如小孩子玩"过家家";没有庞大的组织体系做保障,也难以形成足够的持久生命力。

随着市场经济体制的完善和政府职能转变,现代社团在国家社会活动中的地位会越来越重要;伴随着法制建设的步伐加快,现代社团正逐步走向正轨。当代儒家一定要抓住难得的历史机遇,建设起组织体系,依靠现代法人机制的有效保护,实现有效壮大。

外取西方现代社团法人运作机制之优长,内承中华儒学之智慧和精神,建设富有生机活力的现代儒家社会组织,聚合全社会、全国各方面的力量,形成振兴儒林、复兴中华文化的坚实合力。

儒学社团的建设要从宏观到微观逐层深入,扎实推进:建设国际儒学联合会、世界儒家社团联合会等;建设全国性中华孔子学会、中华儒学会、中国孔子基金会、中华儒林事业发展联合会等;建设省、市、县级当代儒家社会组织;建设城市社区与农村当代儒家基层组织,如:儒学讲习堂、孔学堂、国学馆、儒学传播中心等,推动"接地气"、生活化、大众性的工作开展。

在儒学复兴的初级阶段,儒家资源有限,全国性、国际性的儒家社会组织担负着团结凝聚有限力量的重要作用。待未来儒学真正复兴、儒家力量强盛后,各地方、各基层组织不相隶属、独立自主运营,内部自由有序竞争,避免全国性、国际性大一统型组织所造成的僵化、官僚、内腐、低效等弊病,有利于儒家事业的长久兴发。

儒家社团的建设还需要加强对文庙、书院、先贤祠、宗祠等的道场性组织的管理建设,加强对当代儒家科研、教育、培训、传媒等实体性机构的建设,同时加强对当代儒家养老、抚幼、济困福利产业的培育与建设。

(三)系统的有为:与现代社会系统的良好互动、有机相融

现代国家、社会已发展成严密、复杂、庞大、高速运转的有机系统,当代儒家要想在现代社会有巨大建树和作为,在保持独立自主的基础上和前提下,必须与之进行良好相融、有机互动。传统儒家在中国历史上已有与国家社会互动相融二千多年的成功经验,这是我们的优良传统,也是我们的最大优势,当代儒家在现代与国家社会的互动相融必不会逊色。当代儒家将在现代政治、经济、文化、教育、宗教、社会等各领域、各行业积极有为,呈"儒门气

象万千"之状。

在政治层面,当代儒家、现代君子要积极入政、从政、参政、议政、为政、服政、拥政,将传统儒家的"王道仁政""礼乐刑政""内圣外王""修齐治平""大一统"等优秀理念和经验在现代政治生活中创化发展,发扬光大,为现代民主法制建设做出有价值的贡献。

在经济层面,当代儒家、现代君子要积极投身现代工商业,开创现代市场经济中"修身、齐家、治企、富天下"内圣外王之新辉煌,以儒家伦理引导、改良、助力现代市场经济和现代工商业,用儒学义理教育和熏陶企业家、职业经理人、从业人员,抑制功利主义的过渡泛滥,将义利统一起来,达至良财与美德相映成辉,保障国民经济健康、持续发展。

在文化层面,要加强儒学基础性理论研究和儒学现代化、当代化的应用性理论研究,举办儒学学术会议、讲座、论坛、读书会、培训等,开展形式灵活多样的群众性儒学普及活动,加强电影、电视剧、戏曲、音乐、舞蹈、美术、书法、摄影、小说、诗歌、散文、报告文学等大众喜闻乐见的儒家文化艺术创造,利用广播、电视、报纸、期刊、网络等大众媒体,进行儒学普及,引导和带动大众学习传承儒家文化,使中华文化从自发变为自觉。

在教育层面,当代儒家、现代君子要积极投身现代学校教育、现代书院、现代私塾、国学早教等教育建设事业,做优秀的教育工作者、管理者、开创者,推动以儒学为主的中华优秀传统文化在校园内、课堂上、书本中的有效传播与弘扬,让大、中、小学生及少儿适时接受儒学经典教育,加强中华文化熏陶,接受圣贤智慧和精神的哺育、滋养,促进励志、修身、养性、增才、启慧,提升人文素养,增强人生发展后劲,为国家和民族培养优秀人才和时代君子。

在社会层面,当代儒家、现代君子依托各级儒家社会组织,积极走进广大农村、城市社区,通过所管理的文庙、书院、讲堂,所经营的慈善、福利、教育、培训、宣传等机构,和所举办的祭孔、纪念先贤先儒、人生大礼(成童礼、成人礼、婚丧寿礼等)、单位重大活动典礼、传统节日、地方传统活动等礼乐教化活动,以春风化雨的方式,潜移默化地推广儒家伦理和优秀价值理念,传播正能量,引导世俗人伦,为提升国民人文素养和道德情操,建设人文大国,构建和谐社会作出积极贡献。

参考文献:

[1]贾磊磊,杨朝明.第三届世界儒学大会论文集[C].北京:文化艺术出版社,2011.

[2]陈克明.群经要义[M].北京:中国人民大学出版社,2009.

[3]李史峰.十三经[M].上海:上海辞书出版社,2006.

(北京儒学书院)

儒家传统的核心理念简析

傅永吉

摘　要:儒家传统的核心理念的内涵极为丰富。本文尝试以"仁义礼"三维一体的简约方式解读并阐释之。孔子最为重视的仁爱精神是儒学核心理念的总枢。"仁者爱人"包含"他爱"或"爱他"(爱别人即除自己之外的其他人及至天地万物)之情以及"自爱"或"爱我"(珍爱自我)之情,两大维度一体两翼、互为表里、相辅相成。孟子强调"亦有仁义而已",高扬"义"即勇猛精进的道义担当精神。"礼"是仁、义的具体化、规范化,是以道德为代表的内在柔性规矩和以法律为代表的外在刚性规矩的统一体。

关键词:儒家传统;核心价值;仁义礼

儒家传统的核心理念的内涵极为丰富,可以做多维度、多层面的阐发。本文主张采取大而化之的粗线条描述,聚焦于仁(讲仁爱)、义(讲担当)、礼(讲规矩)这三大维度、三大支柱(基石)。仁爱精神是儒学核心理念的总枢,强调、突出人之所以成为人即人类不同于(严格区别于)其他动物的特质(特殊本质),强调、突出以仁爱美德为标识的人伦感情这一人类精神生命之核在人类群体生活及个体精神健康发育中的关键价值。"仁者爱人"包含"他爱"或"爱他"(爱别人即除自己之外的其他人及至天地万物)之情以及"自爱"或"爱我"(珍爱自我)之情。"爱他"与"自爱"是"仁者爱人"精神一体两翼、互为表里、相辅相成的基本内涵。"义"即勇猛精进的道义担当精神,是仁爱精神最初展开的另一侧面。《易经》曰:"立人之道,曰仁曰义。"仁义一体,阴阳和合,互为表里、互释互证,如是,人性才处于均衡、圆融、和谐的正态。"礼"是仁、义的具体化、规范化、规矩化,是内在柔性规矩和以法律为代表的外在刚性规矩的统一体,"德法并法"以规范、约束、引领人们现实生活中的言行举止,以达到普遍的秩序与和谐。可以说,仁、义是儒家传统的核心人文诉求,用现代的话表述则是"讲仁爱""讲担当""讲规矩"。

一、仁——讲仁爱

儒学的核心理念之总枢是仁爱精神,其是人类特有的以生命智慧形态显现的温暖情愫,是孔子特别重视并系统阐述的人文精神(人伦义理)。由是,儒学可恰当地称为仁学。仁爱精神或仁爱温情,强调、突出的是人之所以成为人,乃因为人有人性即人类不同于(严格区别于)其他动物的特质(特殊本质);以仁爱美德标识人性,所强调的实乃人伦感情这一人类精神生命之核在人类群体生活及个体精神健康发育中的关键价值。"仁"的基本内涵就是"爱人。"《论语》记载:"樊迟问仁,子曰:'爱人。'"这是最经典的解释。孟子后来直接归结为"仁者爱人""仁也者,人也"。只有具备了仁爱温情的个体,才称上是真正的人,并必然(必须)具备自觉地爱人的品德。"爱人"(即仁爱美德)这种最真挚的人伦情怀,既包括"他爱"或"爱他"(爱别人即除自己之外的其他人)之情,又包括"自爱"或"爱我"(珍爱自我)之情,这二重内涵一体两翼、互为表里、相辅相成。

"他爱"就是"己所不欲,勿施于人""己欲立而立人,己欲达而达人",即儒家所谓"忠恕"之道,孟子曾发挥为"亲亲而仁民,仁民而爱物",将"爱他"或"他爱"推展为亲亲、仁民、爱物这样三个由近及远的层次或步骤。韩愈则简洁论定:"博爱之谓仁。"北宋张载进一步发挥为"民胞物与"的大爱理念。关于"仁爱"温情(美德)的另一侧面或内涵,荀子曾有经典表述:"知者自知,仁者自爱。"他认为自爱是仁爱精神发育的最高阶段,也是最精妙层面的表达和实现。《论语》中记载,孔子对"己"高度重视,反复讲论"古之学者为己""为仁由己""君子求诸己",又强调"修己以敬"。因而,在此视域下,儒学即可恰当地定义为"成己"之学,或者说,儒学(仁学)的首要内涵是"为己之学"即"仁者自爱"这门大学问、大智慧。必须特别指出的是,"为己""自爱"绝非任何意义上的自私自利,与市侩哲学毫无干系。仁者自爱的"为己之学",强调每一个个体要先努力发现自我的独特潜质、价值并全力开掘之、培育之,也就是要先努力成就自己,把自己的潜能和价值开发出来,这也就是现代人所谓健康人格养成这一哲学、心理学、社会学的重大命题了。子思将此理念概括为"格物、致知、诚意、正心、修身",这和现代人所重视的"自觉、自信、自强、自立、自律,直至自我实现"这一生存理念显然是契合的,具备完整的精神文化同构性。换言之,儒家认为,一个人要走向人格的成熟与健康,就要走君子"下学而上达"的阳光大道,要"尚志",要"志于道""志于仁""志于学",要立定超越平庸的宏图大志,不做庸庸碌碌的小人、庸人,通过"博学以文、约之以礼"即修习"文、行、忠、信"以及大小"六艺",努力把自己最好的东西全面开发出来,使自己成长为士,再进一步成长为君子——顶天立地的大人(大丈夫)。如果说,仁爱美德的爱他(他爱)一维表达的是主体际性这一洞见的话,那么"仁者自爱"这一维所表达的则是个体主体性幡然觉醒的人生哲学奥义,是轴心时代中华文明所开启的"人的发现""人的解放"并取得(臻至)丰厚人文成果的重要表征。《周易》曰:"天行健,君子以自强不息。地势坤,君子以厚待载物。"这段话,实可谓对中华人文精神主体性与主体际性的绝妙总结和概括。

二、义——讲担当

仁爱温情的另一侧面就是勇猛精进的道义担当精神。《易经》曰:"立人之道,曰仁曰义。"仁与义是儒家所推崇的美德的最核心、最基本的两大侧面、两大维度。仁义一体,阴阳和合、互为表里、互释互证,如是,人性才处于均衡、圆融、和谐的正态。众所周知,孔子强调仁爱温情,将仁视为美德之总枢、主干,并视"仁、智、勇"为"三达德"。单纯看这种表述,孔子似乎对"义"德重视不足。其实,真实情况并非如此。事实上,孔子高度重视"义"德,并另有系统表述:"君子义以为上""君子义为以质""君子喻于义"也就是说,孔子认为具备仁德的君子,其特点或特质必然是"义"德的自然涌流。亚圣孟子"私淑孔子",以孔子的继承人自承。孟子全面继承了孔子的仁爱精神,并将仁德修养转化为执政的核心理念,以"仁民"精神即"民为贵,社稷次之,君为轻"为"仁政"的根本。孟子不满足于仁爱温情的唤醒与滋育,更强调道义精神的激发、张扬,他将"义"德定义为"仁"德实现的基本路径、人性升华的阳光大道,将"义"德系统地诠释为与仁德相匹配的根本的核心的德目,他说:"仁,人心也;义,人路也""仁,人之安宅也;义,人之正路也""亦有仁义而已"。孟子主张君子要努力做到"由仁义行",即全然的美德自觉的状态或境界,主张将仁义做一体化处置,即将义之美德看作是仁爱美德的另一种表述。孟子认为,"义"德其核心是勇猛精进的道义担当精神,必要时,人们要勇于"舍生取义"。就政治管理或国家层面而言,义就是公平正义这一为政之基本、根本。就人生哲学而言,义就是本文所重点论述的勇猛精进的道义担当精神,凸显、张扬的是君子、大人、大丈夫为代表的政治精英群体"穷不失义,达不离道。……穷则独善其身,达则兼善天下"的精神,也就是不讲条件、不计代价地坚守道义这一崇高神圣的人伦义务。现在习近平总书记要求大家"讲担当",所强调的其实是人性发育的高级阶段所必须履行的绝对的即无条件的道德义务(即康德所谓绝对命令或善良意志)。彰显义德的这一内涵、特质,自然不是不讲功利或不要功利,不是在任何意义上否认人们正当的物质利益及其他利益,而是在功利原则(相对的有限的道德)之上发现并坚定、恪守更高的人伦(道义即绝对的无限的道德)价值,也就是恰当地处理好义与利的关系,升华到超越性层面来看待和处置人际利益关系,即以道义原则来引领、驾驭功利原则,从而巧妙、自如地摆脱粗陋的物质主义及现代丛林主义所造作的纵欲主义人文陷阱。所以,义的最基本含义是"义者,宜也",合适、适宜、恰到好处、不偏不倚,"合于中道"就是义,于是"义"德与"中"之为德亦豁然相通。在儒家信仰体系当中,恰当处置好"义利关系"这一观点首先表达的就是对基本的生存权利的肯定与保障。也就是说,儒家主张首先要系统地、制度化地解决好人们的肉体性存在(生理意义上的生存)这个现实的物质基础问题。本文认为,儒家"义利观"并不是有些人所理解的"重义轻利"。恰恰相反,儒家认为,一个健全的社会,首先必有在道义引领下的对民众物质生活的恰当安顿,特别是当政掌权者要把解决人民群众、老百姓的物质生活作为一个重中之重。孔子明确主张要"因民之所利而利之",又具体地提出"富之""足食""所重:民、食、丧、祭"等与百姓的日常生活息息相关的观点。亚圣孟子则说:"易其田畴,薄其税敛,民可使富也。"他强调"有恒产则恒心",主张"制民之产,必使仰足以事父母,俯足以畜妻子,乐岁终身饱,凶年免于死亡;然后驱而之善,故民之从之也轻",所以要让百姓有"五亩之宅""百亩之田",制度化地解决百姓正常生计这一维系"仁政"的基本问题。后圣荀子也说:"足国之道:节用裕民,而善臧其余;节用以礼,裕民以政。……下贫则上贫,下富则上富。……故明主必谨养其和,节其流,开其源,而时斟酌焉。潢然使天下必有余,而上不忧不足。如是,则上下俱富,交无所藏之。"荀子将百姓物质生活的保障提升到"足国之道"的高度来认识和对待,其内涵耐人寻味。荀子又说:"王者富民,霸者富士,仅存之国富大夫,亡国富筐箧,实府库。"这里荀子区分出治国理政的四种情形、四种思路,将"富民"与王道政治以及兴衰存亡紧密地勾连在一起,做一体化考虑。可以看出,原始儒家高度重视民众的物质生活基础的保障,将其视为"为政"治国的基础,并明确主张将这一问题上升到制度设计(制度理性)和"足国之道"(国策)的层面来系统地考虑、解决。当然,以此为前提和基础,儒家进一步强调居上位群体要带头正确处理物质生命和精神生命的关系,追求二者和谐、圆融、均衡的安顿之道,这当然也是并且更是儒家的核心理念。必须强调的是,在物质生活得到基本的、恰当的安顿的前提下,精神生命质量的提升是儒家所要讨论的主要课题或核心论题。在物质生命和精神生命的关系上,儒家更重视和强调精神生活一维,特别是人的道德、文化特质的培植和滋育。换言之,儒家是在物质利益关系之上设置(发现并彰显)一个更高的原则,即仁义、道义、礼法原则(仁、义、礼原则即"讲仁爱""讲担当""讲规矩"原则),主张必须"见利思义""见得思义",以是否符合道义(仁义礼)为功利取舍的根本原则,不合道义的功利、实用等,就要敬而远之,坚决放弃。所以,儒家的人文信仰必有道义担当精神的高扬、张扬,简单归纳可表述为:义利并重、道义优先而以义驭利。

三、礼——讲规矩

孔子讲"不学礼,无以立",又讲"兴于诗,立于礼,成于乐",重视健康人格的日常生活养成。他的理想社会是"克己复礼,天下归仁",如果每个人都能自觉克制私欲本能而遵从礼制所代表的规矩体系以约束自己的言行,则仁爱精神就会成为普遍的生活法则和生命诉求,"四海之内皆兄弟"的大同世界就会变成现实。当然,要特别强调的是,儒家一贯主张遵守礼制、属守规矩必须由政治精英为代表的精英群体率先垂范。孔子教导弟子们"非礼忽视、非礼勿听、非礼勿言、非礼勿动",反复强调规矩要自觉落实到日常生活中的"视、听、言、动"这些具体而微的细节,以唤醒、激活人们的"耻"(羞耻、廉耻)感,进而唤醒、激活人们的"恻隐""羞恶""恭敬""是非"这"四心",也就是孟子所谓"仁义礼智"这些良知良能的"四端""四德"了,即道德文化特质(潜质)由萌芽状态而自我发现并被成功地系统性地激活,并开始精心呵护、滋育之的教化与自我教化的人文化育工程了。这是孔子所重的"君子怀德"的一面,即人之最高本质即道德文化性的自觉,仁爱之心的幡然苏醒,内在的柔性约束力即自律能力的系统培育、养成。孔子还强调儒家规矩体系的另一方面的重要性,即"君子怀刑",具体而言就是"道之以政,齐之以刑"这一外在而刚性的硬约束,即他律体系的系统建设,以期收到"民免"这样的行为约束与速效之功。孔子还说过:"政宽则民慢,慢则纠之以猛;猛则民残,残则施之以宽。宽以济猛,猛以济宽,政是以和。"孟子也认为:"徒善不足以为政,徒法不能以自行。"这实际上表达了德治与法治互补互济的政治哲学理念,我们也可以由此而明了儒家的政治管理核心理念,可以将其概括为"德法并治"。当然,如果做更深入的分析,就会发现孔子与儒家认为"德治"较"法治"更为根本。这可追溯到周公的"明德慎罚"理念,又可以从孔子的论断"礼乐不兴,则刑罚不中;刑罚不中,则民无所措手足"中得出。礼乐为代表的德治是本体和根本,而刑罚则是其一"用"(功用、功能、手段或表现、实现方式)。孔子认为,光靠刑罚这一刚硬的他律规矩的制裁只能收到"免而无耻"的表面速效,不足以激起人们的道德良心的自觉,所以还要从根本上加强"礼乐兴"所代表的人伦道德教化,如孔子所谓"弟子入则孝,出则悌,谨而信,泛爱众而亲仁""博学以文,约之以礼",如孟子所谓"谨庠序之教,申之以孝悌之义",或荀子所谓"立大学,设庠序,修六礼,明七教,所以道之也",即通过系统的教育、长期的养成,引领大家慢慢成长、进化为"温良恭俭让""文质彬彬"的真君子(士君子)、仁人、大人、大丈夫,为社会人文生态优化提供骨干队伍,引领全社会走"从善如登""君子上达"这条修德成人的阳光大道。这些论断都是孔、孟、荀三圣对德治的根本性的强调。当然,后圣荀子一方面坚持孔孟强调德治根本性这一基本立场,另一方面又顺应时代发展与现实政治生活的需要而重点阐述了作为"礼"之"一用"或"一体"的刑罚即法律制度建设的重要性,进一步把仁、义这一基本的人文信仰转化成内规矩和外规矩统一的、更为系统的规矩(规范)体系。荀子主张依靠德(德治)与法(刑罚)一起来共同制约、约束人们的行为,获得普遍的秩序与和谐。德与法统一起来就是礼(礼法),荀子对儒学发展的主要贡献之一即在此,因此,荀子是儒家"治统"(也有人称为政统)的系统阐释者,是儒学由纯学术向汉初政治儒学转化、转型的重要中介和关键环节。到汉初,大儒董仲舒则承继孔、孟、荀的思想成果,发扬光大"仁、义、礼"为内核的儒家道统,并系统地发挥为"大德小刑""前德后刑""德主刑辅"的政治哲学,促成了儒学由齐鲁地方性学术向全国性学术、由纯粹学术思想向官方政治法律思想和国家意识形态的根本转型。

儒家伦理或中华美德的内涵极为丰富,可以做多维度、多层面的阐发,这是不言而喻的。然而,如果采取如上大而化之的粗线条描述,则聚焦于仁(讲仁爱)、义(讲担当)、礼(讲规矩)这三大维度、三大支柱,笔者以为,则既能切入儒家优秀传统的精神实质,又便于在现实生活中传播、践行。对于当代新文化建设暨优秀传统文化传承体系建设工程而言,亦不妨由此三个基本维度切入,或更易操作,从而有益于工作思路的总体突破和现实推进。

参考文献:

[1]来知德.周易[M].胡真,校点.上海:上海古籍出版社,2014.

[2]孔子.论语[M].陈晓芬,译注.北京:中华书局,2016.

[3]杨伯峻.孟子译注[M].北京:中华书局,2012.

[4]荀子.荀子[M].杨倞,注.耿芸,标校.上海:上海古籍出版社.2014.

(北京东方道德研究所)

孔子思想与中国哲学的致思方向论纲

余秉颐

孔子思想对中国哲学的影响是巨大的。中国哲学著作一般都从天命观、历史观、人生观、认识论等方面论述孔子思想对中国哲学的影响。不过笔者认为,这些论述所注重的只是中国哲学的理论内容方面,而没有重视它的致思方向。实际上,孔子思想对中国哲学致思方向所产生的影响同样值得我们重视。

中国哲学自产生以来,在不同的时代对人们的社会生活都发挥了巨大的启迪、指导作用。这是由中国哲学高度关注社会政治和人生修养问题的致思方向决定的。而这种致思方向则深受孔子思想的影响。

一个民族的哲学往往在其开创时期就形成了自己的致思方向。古希腊哲学虽然派别众多,却在总体上形成了注重求"真"、注重探索物质世界的起源和宇宙本体的致思方向,古希腊哲学的主流因此被人们视为"自然哲学"。而中国哲学之所以被人们视为"社会哲学""政治哲学""人生哲学",则是由它在与古希腊大致相同的时期——先秦时期,所形成的致思方向决定的。孔子思想对这种致思方向产生了重要的影响。

孔子思想的核心理念是"仁",基本宗旨是"天下归仁"。孔子要求人们以"爱人"之心正确地处理自己与他人之间的利益关系,提倡不同社会阶层的人们都能"克己复礼",奉行"忠恕之道",遵守合理的行为准则,"修己以安人""修己以安百姓",在社会生活的各个方面形成和谐的人际关系(在孔子看来主要是"君君、臣臣、父父、子子"的伦理关系),从而维护社会生活的正常秩序。简而言之,孔子思想关注的焦点是人们的社会生活,着重探讨的是正确的人生态度和合理的行为准则,立言宗旨是引导人们追求道德理想的实现和精神境界的提升。孔子哲学的重心在于"人",在于社会生活中的人际关系,而不像古希腊哲学那样注重对自然事物的研究。这种状况对当时正处于形成阶段的中国哲学的致思方向产生了决定性的影响。

先秦是中国哲学的发端和开创时期。当其时,"世之显学,儒、墨也。儒之所至,孔丘也。墨之所至,墨翟也"。后来由于墨家纪律严苛、"其道太苦",而且当时的统治者崇儒抑墨,导致墨学逐渐归于沉寂,而儒学的声势则更加显赫。孔子作为儒学创始人,其思想必然对中国哲学致思方向的形成产生了重要影响。概括地说,这种影响主要表现在以下两点:

其一,导致了中国哲学对社会政治和人生修养问题的高度关注,同时也导致了中国哲学不重视对自然哲学问题的研究。借用"人伦物理"这个词来说,就是导致了中国哲学重

"人伦"而轻"物理"。这是孔子思想对中国哲学致思方向的最主要的影响。

其二,对中国哲学没有走上宗教化的道路产生了重要作用。孔子虽然也具有"天命"思想,但他基于对社会人生问题的高度关注而"不语怪、力、乱、神",所谓"敬鬼神而远之""六合之外,圣人存而不论"。当子路向他请教关于鬼神和生死的问题时,孔子便反问他:"未能事人,焉能事鬼?……未知生,焉知死?"中国哲学始终没有走上宗教化的道路,更没有像中世纪的西方哲学那样成为"神学的婢女",可以说孔子对待鬼神迷信问题的立场产生了关键性的作用。

中国哲学的致思方向的确立,既有社会政治、经济方面的根源,也有思想方面的原因。这后一方面的原因,主要就是孔子思想的巨大影响。尤其是自汉代开始,孔子思想被尊奉为中国封建社会的正统思想。就哲学而论,以孔子思想为核心的儒家哲学始终是中国传统哲学的主流。这使得先秦时期在孔子思想影响下形成的中国哲学致思方向变得更加确定。一代又一代的儒家学者对孔子思想的阐释和弘扬对这种致思方向的形成和确定不断起着推动作用。有着悠久历史的中国哲学,其致思方向早在孔子那里就基本确定了。中国哲学没有成为"自然哲学"而成了"社会哲学""政治哲学""人生哲学",同时表现出强烈的伦理色彩,这种理论品格也是早在孔子思想中就基本形成了。这看来似乎有点不可思议,其实这正是杰出思想家在思想史上的突出作用的一种典型表现。孔子思想对中国哲学的巨大影响是学术界所公认的,但人们一般都是从中国哲学的理论内容方面来认识这种影响,如研究孔子所提出的一些哲学范畴和命题如何成为中国哲学史上的基本范畴和命题等,而不大从中国哲学的致思方向方面来认识这种影响。实际上,孔子思想对中国哲学的影响既体现在理论内容方面,也体现在致思方向方面,而在笔者看来,后一方面的影响更为根本、更加重大。

至于如何评价孔子思想对中国哲学致思方向的影响,这个问题实质上就是如何评价中国哲学致思方向的问题,这是一个需要另外专门讨论的问题。简单地说,笔者认为这种影响总体来说是积极的。毋庸讳言,中国哲学重"人伦"、轻"物理"的致思方向导致了"德性"在中国哲学中的过度发展而"知性"发展不足,这对中国科学技术的发展,尤其是近代以后科学技术的发展产生了不小的负面作用。但是另一方面,这种一以贯之的致思方向使得中国哲学在任何时代都能够对人们的现实生活发挥启示、指导作用,都能够为人们的生存和发展提供智能。以《论语》为例,人们在不同的时代都可以从中找到它与社会生活的结合点,其主要原因即是《论语》对社会人生问题的高度关注。可以说,《论语》是人们在任何时代都能够找到传统的中国哲学与现实的社会生活的结合点的绝佳例证,这正是由中国哲学高度关注社会政治和人生修养问题的基本致思方向决定的。而这种基本致思方向的形成,则是深受儒学创始人孔子思想学说之影响的。

参考文献:

[1]梁启超.孔子与儒家哲学[M].北京:中华书局,2016.

[2]杨树达.论语疏证[M].上海:上海古籍出版社,2013.

（安徽省社会科学院哲学所）

浅析政治哲学的中国本土资源

——以《淮南子》为例

陶　清

摘　要:政治哲学虽为西来之物,作为本土学者,我们要结合当代中国的语境,观照中国古代政治哲学的独特品格和性质,以《淮南子》为研究对象,做到"古为今用",使之能为当代中国乃至世界政治哲学的发展提供弥足珍贵的思想理论资源。

关键词:政治哲学;本土资源;无为而治;藏富于民

政治哲学的复兴是当代哲学界的一大事件,罗尔斯《正义论》的出版,拉开了这一事件的帷幕。哈贝马斯认为,《正义论》的问世使得哲学研究的范式、对象、内容和方法都发生了根本性的转折,因为它将长期受到压制的道德问题重新提升到严肃的哲学研究对象的地位。"道德问题"在西方哲学的悠久传统中曾经有过极其辉煌的历史,古希腊哲学和启蒙时代哲学是这段辉煌历史中的两座巅峰。然而经过德国古典哲学的"认识论转向"和现代实证主义哲学的"语言学转向",政治哲学尤其是以道德问题为研究对象的政治哲学渐渐沉寂下来,关注语言的分析哲学渐渐成为英美哲学的主流。

与英美哲学不同,欧陆哲学有着悠久的以人本主义为内核的政治哲学传统,而且"二战"以后关于人的存在和命运的深度拷问更推动了欧陆哲学不断地向着政治哲学深入拓展,其中,存在主义哲学和西方马克思主义哲学是欧陆哲学中蓬勃兴起的政治哲学的主导思潮。我国近年来悄然兴起的政治哲学研究基本上是由长期从事西方哲学和马克思主义哲学研究的哲学工作者开启的,"洋为中用"是当代政治哲学复兴在我国实践的"源头活水"。当然,真正的源头活水是中国社会历史发展中的当下问题,是"以人为本"的核心价值观念和致力于人的全面发展的社会治理理念作为一个整体的社会发展理念所激活的、"人的问题"所启动的"问题中的哲学"(陈先达语)的实现方式。当代中国的政治哲学研究不应当忽略古代中国政治哲学传统,"古为今用"才能够为当代中国以至当代世界政治哲学的复兴提供弥足珍贵的思想理论资源。

中国传统哲学源远流长、博大精深,其中的政治哲学更是蕴藏着当时的时代精神精华。长期以来,古代中国政治哲学传统只是被视作社会历史观念而停留于思想史的理论研究中,甚至被认为是"南面之术"和"驭民之术"而抛荒于故纸堆中。如果我们解放思想实事求是,从我国当前全面深化改革的历史实际出发去认真总结我国的思想历史,不难发现和发掘出古代中国政治哲学传统中关于社会治理理念和社会发展理念的丰富宝藏,从而为建设中国特色社会主义提供一定的思想文化助力。我们可以《淮南子》为样本,对古代中国政治哲学传统中的社会治理理念和社会发展理念从道家哲学的视角加以剖析,以期从一个侧面考察中国古代政治哲学传统的独特品格和性质。

梁启超认为,刘向和班固把《淮南子》归入"杂家"是欠妥当的,《淮南子》从其内容分类和思想旨归看,实可谓集道家学说之大成,其书博大而有条贯,汉人著述中第一流也。从《淮南子》的哲学立场、观点尤其是从其名词术语上看,它与道家确实存在着思想理论的继承关系;但是,从政治哲学特别是社会治理理念和社会发展理念的角度看,《淮南子》更多地表现出一种取精用宏、博采广纳的理论创新精神。我们可以通过对"无为而治"的社会治理理念和"民本"的社会发展理念的具体分析来说明这一点。

一般来说,"无为而治"的思想源于老庄,是以老庄为代表的原始道家关于社会治理的主导观念。如《老子》说:"是以圣人处无为之事,行不言之教。……是以圣人无为,故无败,故无失。……我无为而民自化。"《庄子·知北游》也说:"圣人者,原天地之美而达万物之理,是故至人无为,大圣不作,观于天地之谓也。"老庄的说法,容易使人得出"圣人无所作为,庶民自然归化"的结论。《淮南子》认为,"无为"不是"无所作为",因为,"无所作为"不能称为"圣人"。如历史典籍所记载的"五圣""神农教民播种五谷",尧处置"四凶""舜作室,筑墙茨屋""禹决江疏河",汤"整兵鸣条,困夏南巢",五圣都是兴利除害、大有作为的君主。因此,"无为"并不是"无所作为",而是"无违",也就是不要违背自然界和人类社会发展的客观规律。"若吾所谓'无为'者,私志不得入公道,嗜欲不得在正术,循理而举事,因资而立功,推自然之势,而曲故不得容者;事成而身弗伐,功立而名弗有,非谓其感而不应,迫而不动者。"(《淮南子·修务训》)顺应客观规律的有所作为,既不是无所事事的无所作为,也不是违背客观法则而任意妄行的有所作为。只有具有这样的"无为""无不为"的社会治理理念,才可能达到"无治""无不治"的社会治理效果。因此,"所谓无为者,不先物为也;所谓无不为者,因物之所为。所谓无治者,不易自然也;所谓无不治者,因物之相然也"。(《淮南子·原道训》)从"道"的视界观照世界并处理人与人之间社会关系的社会治理理念与处理人与自然关系的因任自然观念一样,都是在遵循客观法则前提下的有所作为。"感而不应、迫而不动"的无所作为和"以火煄井、以淮灌山"的胡作非为都不可能取得治理的实际效果。

遵循或者不违背客观规律的有所作为,就一定能够实现"无为而治"的社会治理目标吗?《淮南子》认为两者间并没有必然的联系。因为社会治理总是通过从事社会治理的人的行为和活动去实现的,为从事社会治理的人的行为和活动设定规则和准则,才能够保证不违背客观规律的有所作为真正实现"无为而治"。在《淮南子》看来,为从事社会治理的人的行为和活动所设定的规则和准则,主要是指"为公"的执政理念和"民本"的社会发展理念。

对于从事社会治理活动的人来说,"有为才能有位"和"有位才能有为"是一个悖论:无位很难有所作为,有为却未必有位。因此,寄望于在位者的慧识洞察和在位者的以位相诱,从根本上就偏离了社会治理的原始价值目标设定,甚至可以走到"致治"的反面,出现如"末世之政,田渔重税,关市急征,泽梁毕禁,网罟无所布,耒耜无以设,民力竭于徭役,财用殚于会赋,居者无食,行者无粮,老者不养,死者不葬,赘妻鬻子,以给上求,犹弗能赡"(《淮南子·本经训》)的局面。与"致治"的原始价值目标正相反的以"位"相诱,正是"有为"于

"位"的价值导向的必然结果;因此,以"致治"为原始价值目标设定的政治活动的基本原则,就是"无为"于"位"。"何谓无为?智者不以位为事,勇者不以位为暴,仁者不以位为惠,可谓无为矣。"(《淮南子·诠言训》)儒家崇尚的"三达德""仁""智""勇"都必须以"无为"于"位"来界定,以激活"忠诚"作为政治道德要目和政治活动核心价值的自然呈现。

"无为"于"位"也不能保证"无为而治",因为社会治理价值目标的实现和确证,还必须以终极价值目的设定(如"安民致治")规范社会发展理念并通过社会治理活动实现之。在《淮南子》看来,由终极价值目的设定所规范的社会发展理念就是"民本","民者,国之本也;国者,君之本也"。(《淮南子·主术训》)"民为国本"并非只是一种理论悬设,而是只能通过现实的政治实践活动去实现的社会发展目标,因此,"为治之本,务在于安民"(《淮南子·诠言训》),安民则国治。社会治理活动如何能"安民"?一方面,规章制度的设置和安排应以"利民"为本;政治教化活动的规范和准则应以"令行"为止:"治国有常,而利民为本;政教有经,而令行为上。苟利于民,不必法古;苟周于事,不必循旧。"(《淮南子·氾论训》)令不行、禁不止,则再好的理念、方针、政策不啻纸上谈兵,严肃的规范、准则、条例也不过是虚置摆设,"利民"也就成为自我标榜的口号而已;另一方面,"安民"必先"富民"或曰"藏富于民"。《淮南子·人间训》引用西门豹治政的话说:"臣闻王主富民,霸主富武,亡国富库。今君欲为霸王者也,臣故蓄积于民。"藏富于民,而民为国本,国焉能不富强?这与儒家所认定的"因民之所利而利之"(《论语·尧曰》)极为相似。

从《淮南子》所总结的中国古代政治哲学传统来看,尊重客观规律、注重道德治理和关注百姓利益是中国古代政治哲学关于社会治理理念和社会发展理念的三大理念。相较于西方古典政治哲学以及新保守主义和自由主义传统长期争论的"公平""正义"问题,中国古代政治哲学传统更多地显现出麦金太尔所揭示的"谁之公平"的问题意识。"公平""正义"问题,首先被置于人与自然和人与人之间的关系思维框架中去思考,更多地向着社会群体尤其是平民百姓的切身利益的方向倾斜,更多的是被作为一种"在位者"所应具备的职业道德规范、执政价值理念和政治责任来评判,是中国古代政治哲学思想的一大特色,也是当代中国政治哲学重建不应忽略的思想理论资源。将这一特色置于西方政治哲学传统的语境中考察,依照康德的理论,如此"出于责任的行为"且出于"尊重法律"的"善行",不仅只是符合道德性的,而且也是政治合法性的真实基础。

参考文献:

[1]约翰·罗尔斯.正义论[M].北京:中国社会科学出版社,2001.

[2]刘安.淮南子[M].许慎,注.陈广忠,校点.上海:上海古籍出版社,2016.

[3]杨国荣.庄子的思想世界[M].北京:北京大学出版社,2006.

(安徽省社会科学院哲学所)

中国古代人道主义的历史生成及其出场路径

裴德海

摘　要：人道主义作为一种思想体系,肇始于资本主义之前,而成熟于资本主义时期,故被称为前资产阶级人道主义,即人道主义的初级形态,其突出表现为中国古代的人道主义的存在。这种人道主义价值取向是以人性的向善以及对于社会风气的净化作为自己的出场路径。当然,根植于封建统治阶级思想基础的人道思想,其虚伪性以及作为统治者愚民的工具性又清晰可辨。

关键词：人道主义;初级形态;人性趋善;思想源头

人道主义作为一个完整的学说体系,是在资本主义取代封建社会的过程中逐步形成的。在此之前,各国的思想家们对当时社会上存在的关于人的本性的思想作了一些概括,从而形成了初级形态的人道主义。这一形态的人道主义便成了资产阶级人道主义的起源,也是马克思主义人道主义的思想源头。

近现代的人道主义可以从古代中国和古希腊找到其历史的渊源。对于西方资产阶级的人道主义来说,其直接的来源是古希腊及欧洲中世纪的人道、神道思想。有资料显示,中国古代的人道思想是通过中世纪及以后的中西方文化交流,特别是通过文艺复兴和启蒙运动中西方学者对中国古代文化的研讨而间接影响西方近代人道主义的。

那么,中国古代的人道思想究竟是以怎样的面貌呈现的呢? 其主要集中体现于先秦时期诸子百家的著述中,后来,在两千余年的中央集权统治下得以延续和阐发。其主体是儒家的思想体系,且以对人与社会的关系作为论证的基本内容,主要涉及人性及其道德评价等问题。而这个思路又是"一以贯之"的,直到清末,依然未有实质性变化,与西方的由人道思想到精神思想,再到人道主义的否定之否定式演变有着重大区别,而这也正是中国未能形成自己所谓标识的人道主义的重要原因。

关于人及人性、人与外界的关系等问题,可以说是一个永恒的话题。自从人自觉为人,意识到自己与动植物的区别,以及感觉到自己的社会存在及社会的制约,就开始对人的本质等问题进行思考。从中国最早的一些典籍,如《诗经》《尚书》《周易》《春秋》等,就已显露最初级的人道思想端倪。而较系统的人道思想,则出现于春秋战国时期的诸子学说中。

儒家为人道主义规定了其基本进路

诸子百家中对后世影响最大,并成为中华学术主体的,是以孔子、孟子为代表的儒家,其人道思想也就成为中国传统人道思想的"主流"。儒家学说的特点就是注重对人的社会关系和伦理道德的研究,并把建立以官僚制度为主体的封建社会作为目标。

儒家的创始人孔子以天命观作为自己思想体系的基础,并由此而提出以"复礼"为宗旨,以"中庸之道"为方法论,以"仁"为核心,以"名、义、忠、恕、信、知、勇、利、禄、德"等为主干的范畴体系。在这种体系中,他的人道思想得到充分体现。孔子并不注重探讨人的本质和人性等抽象问题,对人与自然的关系也注意不多。在他的观念中,人及其社会的存在,是一个既成事实,也是一个相当现实和具体的问题。其关键在于如何对人的社会关系加以规定,并建立一套有效的机制来制约和协调社会关系。但这并不等于说他的体系是"非理性的",相反,他是以高度的理性认真地思考了当时的社会矛盾后才提出自己的社会理想的,而且在人类思想史上首次对人从总体上进行规定和考察。这比古希腊学者偏重个体及人与自然关系的认识,以及后来基督教借助上帝来说明社会问题,不仅更早而且也更加成熟。

孔子以天命观为基础形成了自己的思想体系。他很少谈神,而是大谈"天命",并把"天命"视为人世命运的主宰。这是自西周以来"天人合一"观念的演化。"天"的含义很多,既包括自然界的意思,也有自然和社会的创造者、支配者之意,还可以被视为一种超常的"神力"。孔子认为,人类社会的秩序,是受天意主宰的,"大哉尧之为君也,巍巍乎!唯天为大,唯尧则之。"尧时代是孔子的理想社会,而尧的成功,就在于遵循了天意。而天意分别体现于君和民这两极,并进而通过孔子这样的圣人传达于社会。在孔子眼中,天的意志是以"人事"表现的,天是无形的主宰人事的有目的的人格化的神。君王应以天命为原则,治理民众;民众也要以天命为依托,服从合乎天命的治理。民众行为违背了天命,君王有权予以制裁;君王的行为违背了天命,必然引起百姓们的怨恨,并由此而上达天知,天也有办法惩治这些君王。君和民是一体的,"民以君为心,君以民为体"。人类社会就是一个有机整体,它遵循着一条"中庸之道"而运行,理想的社会,就是君主执行天命,并达到"中庸"。"尧曰:'咨!尔舜!天之历数在而躬,允执其中。'"

由天命观和中庸之道出发,孔子认为,人类社会应当按"礼"的标准来建立相应的秩序,而这个秩序恰恰是天意之表现。"夫礼,先王以承天之道,以治人之情。""是故先王之制礼乐也,非以极口腹耳目之欲也,将以教民平好恶而反人道之正也。"这里,孔子提出了"天道"与"人道"的统一,而这种统一的集合,就是"礼"。礼即周礼,它从氏族的礼仪巫术演化而来,是一套烦琐的表示血缘关系和等级差别的规范和典章制度。周公将其总结为《周礼》(又名《周官》),其核心和骨架,就在于设立一套官僚体制来统治社会。孔丘以"复礼"为宗旨,对人类社会的总体性做出规定。

复礼的主要内容就是"仁"。"克己复礼为仁。一日克己复礼，天下归仁焉。为仁由己，而由人乎哉?""仁"又要遵循"礼"，"非礼勿视，非礼勿听，非礼勿言，非礼勿动"。而"仁"的含义，就在于从社会总体性来要求个体的人处理好相互的关系。"仁"这个汉字，也相当形象地表明了这一点。《说文解字》:"仁，亲也，从人二。"二人为仁，意为"独则无偶，偶则相亲"。(段玉裁)孔子把二人所构成的"相偶"关系，视为社会关系的基本形式，它表现于各种社会关系之中。而只有遵循"礼"的要求，才能处理好这种关系。由"仁"出发，孔子进一步发展开，提出名、义、忠、恕、信、知、勇、利、禄、德等一系列范畴，具体规定了人际关系的各个准则，并再展开于道、名、廉、耻、公、敬、孝、悌等几十个辅助范畴之中。这样，孔子就形成了他的"仁学"体系。而"仁学"在一定意义上，也就是"人际关系学"。这是"天道"的"人道"化。孔子的人道思想，也就体现于其中。"天命之谓性，率性之谓道，修道之谓教。道也者，不可须臾离也;可离，非道也。"他要求社会成员们，不论是君、臣、民，还是父与子及其他亲属，以至乡党、邻里，都要各安其位，按照礼的要求来为人处世。可见，孔子的人道思想，是相当具体可行的。也正因此，它在中国两千余年的历史上发挥着巨大的作用。

儒家的人道思想，演化到孟子的"性善"论，才是中国古代人道思想的嬗变。孟子注重讨论人性，他认为人的根本在于"性"，人性既是伦理道德的根据，又是统治者施政的基础。他强调人性是善的，由于人性善，所以人才讲道德，行仁政。善是人与动物的根本区别。"人性之善也，犹水之就下也。人无有不善，水无有不下。"而且善性是先天的，恶则是后天养成的。人的先天性包含着仁、义、礼、智这"四端"，其如人之"四体"。为了防止社会给人造成的坏影响，必须注重修养，"尽其心者，知其性也。知其性，则知天矣。存其心，养其性，所以事天也"。由此出发，孟子论证了修身、养性、存心、寡欲，进而治国、施仁政、平天下的道理。孟子的这种思想，后来就成为连贯两千多年的儒家人道观的主体，对中国的文化产生了重大的影响。

当然，孟子的这种性善论，也不是绝对的权威，这种观点不仅受到其他各家的非难，更受到儒家中另一派的代表荀子的反对。荀子明确提出性恶论，他说:"人之性恶，其善者也伪也。今之人性，生而好利焉，顺是，故争夺生而辞让亡焉;生而有疾恶焉，顺是，故残贼生而忠信亡焉;生而有耳目之欲，有好声色焉，顺是，故淫乱生而礼义文理亡焉。从人之性，顺人之情，必出于争夺，合于犯分乱理而归于暴。故必将有师法之化，礼义之道，然后出于辞让，合于文理，而归于治。用此观之，人之性恶明矣，其善伪也。"荀子的这种人性论，虽然仍将人的本性视为先天的，但他更注重社会关系中害的一面，以社会环境来改造人性，使之适合于社会生活之利。从认识论的角度说，荀子的性恶论比孟子的性善论更为深刻，且二者互相对立统一，使儒家的人道思想更为全面。后世儒家的人道思想基本上沿着孟子、荀子的思想，或是融合，或是各执一端。虽说荀子的性恶论带有某种"异端"倾向，但依然可归入儒家人道思想中。

秦汉统一中国以后，中国人的意识形态逐渐归于以儒家为主体，在人道思想上，也是如此。但在不同的时代，也有一些人从先秦诸子中非儒家的思想，以及外来文化（如佛教）中汲取营养，结合当时实际情况，提出一些见解。汉董仲舒（前179—前104）倡导"罢黜百家，独尊儒术"，并在孔孟基础上提出人性三品说，将人分为三等，人性也就有三品：一是情欲很少，不教自善的"圣人之性"；二是情欲很多，教也不能为善的"斗筲之性"；三是有情欲，可为善亦可为恶的"中民之性"。他认为，社会上通常可见的，是"中民之性"。教民为善，就应以中民之性为主体。由此，他进一步构筑了"三纲五常"的伦理规范，以论证封建统治的合理性以及治理社会的原则。董仲舒"性三品"说在当时影响很大，许多儒学者都据此而论人性。唐代儒学复兴的主将韩愈写了《原性》一文，系统阐发了这一观点，提出"上者可教，而下者可制"的说法。韩愈承接先秦儒家人道思想，进而开启了宋儒的天命、气质论说人性，以及天理与人欲之辩的大门。

儒家的人道思想在宋代上升到一个新阶段。儒家在中国文化中的统治地位，不仅在于孔孟的创造和历代统治者利用政治权利对其的维护和坚持，还在于其自身的不断发展。汉董仲舒、唐韩愈之后，宋代张载、二程和朱熹，又依据新的历史条件，对儒家学说进行了新的阐发，人道思想也是其中的重要内容。宋代理学，由张载发端，至朱熹而成一系统。张载以"心""气"为自己学说的基础，提出人具有"天地之性"和"气质之性"的二元说。"天地之性"是"天道"的表现，"天所性者通极于道，……天所命者通极于性"。因而，"天地之性"是至善的，是"天理"在人性中的存在。而具体到每个人，由于阴阳二气的混杂配合，"气质之性"是善恶相混，恶由此生，只有像孟子所说的"养浩然之气"才能消除恶的成分，"克己""无私"，回归于"天地之性"。程颢、程颐则继承了张载的人性说，并进一步发挥，提出"天命之谓性"和"生之谓性"的二元说："天命之谓性"强调人性为天理天道所决定，"道即性也。若道外寻性，性外寻道，便不是"；"生之谓性"是从人生与气的关系论证，"人生气禀，理有善恶，然不是性中元有此两物相对而生也。有自幼而善，有自幼而恶，是气禀有然也"。气即性，性即气，养气及养心，"学者先务，固在心志"。而养心的关键，又在去"人欲"。而朱熹集合了张载和二程的人道思想，进一步将人性二元论加以发挥。他说："性即理也，在心唤作性，在事唤作理。""理"是绝对的，演化到不同的人和物上，"性"就有所变化。从"理"至"性"，是以"气"为中介的。由于气禀不同，人性与物有别，各人之性亦有别。朱熹融合儒家先辈的人道思想，并吸纳了佛家和道家的有关思想（所谓"三教合一"），从理、气、天、命、性相统一的角度，对人性及人道做了比较系统的规定，从而将儒家的人道思想提到了一个新阶段。

道家、法家为人道主义提供了一种平衡的存在

除儒家外，谈论人道问题的，先秦时还有道家和法家。

道家以老子、庄子为代表，其人道思想的特点为自然人性论。老子认为，"道"是构成宇

宙万物的始基和本体,它是"自然无为"的。人是万物中的一种,因而,人性也是自然的,是道的表现。"见表抱朴,少私寡欲",这是人性的根本。如果人们抛弃了淳朴的自然本性,就容易产生自私心、占有欲,使社会争斗不息,动乱不已。因而,他主张,"圣人之治,虚其心,实其腹,弱其志,强其骨,常使民无知无欲",进而消除刺激、导致人们自私、自利的社会条件,回到原始社会状态,小国寡民,互不往来。这是一种相当深刻却又极消沉的人道思想。庄子继承老子"道"的观念,认为道是宇宙万物的本体,人得道而生者为德,生而德之表现于形体者就是性。人性即"性命之情"。他否定仁义是人的本性,同时认为情欲非性。他所说的"情",是指天地、自然之情,是道之情,人之情,即天然趋向。因此,人性是自然的,无善无恶的。只有顺其自然,无知无虑地生活,才能保全真性,求得全生,不损其性,不害生命。

法家的人道思想以韩非为代表。韩非继承了荀子的性恶论,并进一步加以发展。他将社会中存在的各种具体的恶的现象,如追逐名利,以及由此而来的各种冲突、矛盾,都归结为人性。"人无毛羽,不衣则不犯寒;上无属于,而下不着地,以肠胃为根本,不食则不能活。是以不免于利欲之心。"他认为人人都唯利是图,而且人与人之间的关系也是以利害为准则。父母与子女、夫妻、君臣、君民等之间都是利害关系。韩非对于孟子的性善论及"父慈子孝,君渝臣忠,兄友弟恭,夫义妇顺,朋友有信"等伦理进行了批判,揭示了社会间的利害冲突。韩非主张以法治国,以法来规范人际关系。

道家和法家的人道思想比较注重人的个体性,这与儒家注重总体性是相对立的。也正因为这个原因,它们在封建官僚社会中逐步被排斥至思想界的非主流地位。但他们的人道观却也在一定意义上弥补了儒家的不足。

佛教为人道主义拓展了新的面向

在中国古代人道思想的演化中,还值得一提的是与佛教有关的认识。佛教自汉代传入中国,很快就与中国的道家玄学以及儒家思想相结合。中国也出现了诸多高僧,他们通过自己的系统研究,将佛教逐步中国化,而其人道思想也就成为中国文化的重要内容。佛教自身就比较注重人的本质、人性等问题,中国的佛学弟子又受到儒、道学者的影响,逐步形成了有自己特点的佛性人道说。佛教徒们则反果为因,从虚无的佛性来论实在的人性。几乎所有论佛的经典都在论人性,佛性实则是人性的反映。这个过程中,晋竺道生(约355—434)起了发端性的作用。他不满足于佛教徒拘守背诵佛经的做法,提出"顿悟成佛""一阐提人皆得成佛"的新观点,指出佛性是人生来俱有的,人人都有佛性,只要善于领悟,就可见性成佛。唐惠能(638—713)是个不识字的禅宗师祖(第六祖),他讲佛的言论都由其弟子记载于《坛经》中。他发扬竺道生的观点,认为人人都有佛性,人人都可以成佛,只要去掉妄念,就可显现固有的佛性。"自性若悟,众生是佛;自性若迷,佛是众生。""若识自性,一悟即至佛地。"这样,人性与佛性就统一起来了,所相关联的,只在于悟与不悟。悟即佛性,不悟则妄,也不见人性。自修身心,就是功德,即可成佛。这种佛性人道说,后来曾对程朱理学起到一定影响。所谓儒、释、道三教合一,也是中国人道思想的一大特色。而中国的佛教人性论与西方基督教的神道论也是大不相同的,它只是人性论的一方面的表达,不像西方神道论对人道思想的否定。

总之,中国的人道思想作为中国早期的人道主义资源,其价值是显而易见的,另外还有资料表明,中国古代人道思想还通过各种渠道传入西方国家,对西方人道主义的形成,特别是近代资产阶级的人道主义的形成,产生了重要影响。

参考文献:

[1]李水海.帛书老子校笺译评[M].西安:陕西人民出版社,2014.

[2]陈晓芬,徐儒宗.全本全注全译丛书:论语·大学·中庸[M].北京:中华书局,2015.

[3]杨天宇,周礼译注[M].上海:上海古籍出版社,2004.

[4]许慎,徐铉.说文解字[M].上海:上海古籍出版社,2010.

[5]张城.直道而行:孟子和荀子[M].郑州:中州古籍出版社,2015.

[6]周桂钿.中华传统文化与为政智慧[M].北京:中国方正出版社,2015.

[7]冯友兰.中国哲学史[M].北京:商务印书馆,2011.

[8]彭耀光.二程道学异同研究[M].济南:山东人民出版社,2016.

[9]楼宇烈.老子道德经注校释[M].北京:中华书局,2012.

[10]王先慎.韩非子集解[M].北京:中华书局,2013.

[11]慧能.六祖坛经[M].扬州:江苏广陵书社有限公司,2003.

(安徽大学哲学系)

人生在世的责任与使命

王国良

摘　要: 儒家对人生价值、意义、使命的论述内容极其宏富,在世界哲学史上都罕有其匹。其基本内容可概括为人与万物一体,人最为天下贵,人要立己立人以至关心国家天下,以天下兴亡为己任、为使命。儒学的基本观点经过创新转化对当代人性的修养与发展仍然有巨大人文价值,有助于我们确立道路自信、制度自信、理论自信、文化自信。保护环境、维护自然界生态平衡、保持自然资源的可持续发展已经成为全球共识。人类要与自然和谐相处,但人还要认识、掌握自然本身的规律,从而改造自然、利用自然,使自然为人服务,为人利用,即正德、利用、厚生。儒家关于"人最为天下贵"的观念,人高于自然的观念,不同于西方的征服自然观,对正确认识处理人与自然的关系也有积极意义。立己立人、达己达人的观念,在现代转化为互惠互利、合作共赢的中国经济伦理。立德、立功、立言,尽己之性,然后尽人之性,尽物之性,使人人得到共同全面发展,使万物得到符合本性的利用,使人类走向和谐和平美好的大同世界。

关键词: 万物一体;人最为天下贵;立己立人

儒家对人生价值意义使命的论述内容极其宏富,在世界哲学史上都罕有其匹。其基本内容可概括为人与万物一体,人最为天下贵,人要立己立人以至关心国家天下,以天下兴亡为己任、为使命。儒学的基本观点经过创新转化对当代人性的修养与发展仍然有巨大人文价值,并成为全人类共同价值。

一、人与万物为一体

任何文化、哲学思想的发生发展,都要认识和处理两种关系,一是人与自然的关系,二是人与他人、社会(历史)的关系问题。这两种关系在现实世界相互联系、相互作用,其中人与自然的关系问题又是首要问题。中国儒家哲学对人与自然的关系的基本观点首先是认为人与自然万物为一体,认为人与自然打成一片,融为一体,不可分离。如果借用思维模式的术语,可以说儒家哲学认为人与自然应是"万物一体""天人合一"的关系。

儒家万物一体的观念与中国文明的起源及农业自然经济模式有密切关系。人与万物虽各有特殊性,但在本性与所遵循的规律性方面都与天地自然一致,这种一致是人与天地万物的最高原则。儒家早就认识到人是自然的一部分,人是自然界长期发展的产物,如《易·系辞》说:"日月运行,一寒一暑。乾道成男,坤道成女。"孔子曾说:"天何言哉?四时行焉,百物生焉,天何言哉?"(《论语·阳货》)天不说话,只是运行不已,产生万物,这个"生"字,表明儒家认为自然的本质就是"生",《易》说"生生之谓易""天地之大德曰生",肯定自然界生生不息,天地的根本德性就是"生"。后来北宋理学家据此正式确立了儒家的生命本体论。

程颢说:"'生生之谓易',是天之所以为道也。天只是以生为道,继此生理者,即是善也。"他认为"生"是天地宇宙之道,"仁者浑然与物同体",人与万物根据"生"的原理自然发展,就是善的实现。

朱熹认为天地"别无所为,只是生物而已,亘古亘今,生生不穷"。人是天地所生之物,故人心便是天地生物之心,人的生是宇宙自然的最高表现,是自然生生不息的担当者。"当来天地生我底意,我而今须要自体认得。"理学家把仁提升为本体范畴,生生之谓仁,仁既概括了自然界与人的无穷发展过程的统一,又是二者实质的提炼,即把自然界的生理与人的性理结合起来,以生生不息之仁实现天人合一。

人与自然同根同类,人就能够与自然互相关照,互相为用。儒家学者认为,人能够从自然万物中引申出审美的价值,人伦的品格,化自然的品格为人的品格。孔子非常欣赏松柏的气质,他曾说:"岁寒,然后知松柏之后凋也。"(《论语·子罕》)人应该具有松柏气节。美玉具有多种君子的品德,值得效仿,荀子认为"夫玉者,君子比德也"(《荀子·法行》),认为玉色柔温润、有秩序、有条理等自然属性,可以象征君子仁、智、义、行、勇等多种品德。

人与万事万物在大自然整体中平衡互补,人在利用自然的同时,也有责任维护自然,也就是维护自己的生存条件与家园。儒家人与自然和谐共存的思想,还包含以农为本的生产生活顺应自然节奏、保护自然环境、维护生态系统平衡的思想。据《论语·述而》记载,孔子"钓而不纲,弋不射宿";孟子继承孔子思想,告诫人们要有节制地利用自然:"数罟不入洿池,鱼鳖不可胜食也;斧斤以时入山林,材木不可胜用也。"(《孟子·梁惠王上》)不用细密的网去捕鱼,鱼鳖就会吃不完,按时砍伐山林,林木就会用不完。荀子把维持生态平衡看作政治稳定、国富民安的基础:"上不失天时,下不失地利,中得人和,而百事不废。……则万物皆得其宜,六畜皆得其长,群生皆得其命。……春耕、夏耘、秋收、冬藏,四者不失时,故五谷不绝,而百姓有余食也。污池渊沼川泽,谨其时禁,故鱼鳖犹多,而百姓有余用也。斩伐养长不失其时,故山林不童,而百姓有余材也。"(《荀子·王霸》)荀子还认为,人只要爱护自然,就能够与自然相生相养,长期和谐共存。

中国儒家人与自然万物为一体的思想,为我们提供了丰富、朴素而又精辟的关于保护生态环境的见解,这是不容否认的。积极继承和有效开发这些思想资源,无疑将对现代社会条件下保护环境、维护生态平衡有所启发和帮助。

二、天地之性人为贵

儒家在肯定人与自然万物为一体的同时，又看到人与自然万物的差别，认为人高于自然万物，人是自然界长期发展的最高产物，人最为天下贵。儒家把自然与人看成是有机连续的统一体，把人看成是自然界生生不已的最高产物，人与自然处于发展序列的不同阶段，只有人能自觉地体认天命，体认生生不息之仁，穷理尽性，弘扬天命，使人的主体精神昂然挺立。人独立于苍茫天地之间，高于自然，又不遗弃自然，而是与天地万物成一体，儒家正是从人高于自然万物的立场确立天地之性人为贵的观念。

在被儒家奉为"五经"之一的《尚书》中，就提出了人高于自然的观点："惟天地，万物父母；惟人，万物之灵"（《尚书·泰誓》）天地生万物，人是万物之精华与灵长。荀子与《礼记》都表述了"人最为天下贵"的思想。荀子说："水火有气而无生，草木有生而无知，禽兽有知而无义，人有气、有生、有知亦且有义，固最为天下贵也。"（《荀子·王制》）荀子认为人高于自然之处就在于人具有德性伦理和合群的团队精神。北宋理学家周敦颐和明代王阳明也认为人在宇宙自然的长期发展中因具有"中正仁义"之德性而高于动物，"惟人焉，得其秀而最灵"。实际上，人的"知"与动物的"知"也有根本区别，动物的智慧只能服务于自己的本能需要，而人的智慧比如孟子的良知与王阳明的良知，则能够认识自然万物，利用自然万物为人类的需要服务，人类正是通过认识与利用自然而生存。孟子曾指出，人正是通过种桑养蚕而使五十岁以上者可以衣帛，通过饲养鸡豚狗彘之畜而使七十岁以上者得以食肉，通过耕田种植而使数口之家得以温饱。值得注意的是《易传》对人类认识自然、利用自然来为人类服务做出许多精到的论述："观乎天文，以察时变；观乎人文，以化成天下。"（《易传·彖传上·贲》）"天地之道恒久而不已也。……日月得天而能久照，四时变化而能久成，圣人久于其道而天下化成。"（《易传·彖传下·恒》）天地自然之道永远变化，因此人类社会也要不断发展变革，这里的自然之道已经完全是自然规律的含义。《易·系辞下》对人类根据自然现象原理来制造器物、推进人类文明发展做了许多描述："刳木为舟，剡木为楫，舟楫之利，以济不通，致远以利天下，盖取诸《涣》。……弦木为弧，剡木为矢，弧矢之利，以威天下，盖取诸《睽》。上古穴居而野处，后世圣人易之以宫室，上栋下宇，以待风雨，盖取诸《大壮》。"上面的描述不一定正确，但人利用自然、高于自然的生存观已得到鲜明表达。最明确地表达人利用自然而生存的观点的大儒应是王阳明。王阳明第一次把人的良知提升为宇宙万物的本体，提升到"与物无对"的绝对高度，高扬了人的主体精神。王阳明顺延儒家万物一体的思路，认为人是宇宙自然界长期发展的产物，而人的良知又是人的"灵明"，因此良知是天地的最高产物，用王阳明的话说就是"良知是造化的精灵。这些精灵生天生地，成鬼成帝，皆从此出，真是与物无对"。良知赋予天地万物以规定性，能够决定万事万物的生灭变化,与良知相比,万事万物皆处于从属地位。故良知与物无对。王阳明说人的良知是宇宙万物的主宰,实际上也就是说人是宇宙万物的最高主宰,人最为天下贵。王阳明继续说:"人的良知就是草本瓦石的良知,若草木瓦石无人的良知,不可以为草木瓦石矣。岂惟草木瓦石为然?天地无人的良知,亦不可为天地矣。盖天地万物与人原是一体,其发窍之最精处,是人心一点灵明。……故五谷禽兽之类皆可以养人,药石之类皆可以疗疾。只为同此一气,故能相通耳。"人与天地万物是一个有机系统,人是这个系统的最高目的,其他事物都是为了人而存在,如果没有人的良知,其他事物的存在都失去了意义。自然万物,都在为人利用服务的向度上才物尽其用,各遂其性。可见,王阳明是从人规定天地万物的性质、赋予天地万物以存在意义的角度确立良知为宇宙万物之本体。王阳明良知说的重要意义在于,天地万物不能认识、支配自然,只有人能够认识自然、规定自然。王阳明认识到,自然万物是互相依赖、互相为用的序列,低一级的生物服务于高一级的生物,人处于这一序列的最高处,人虽然要关爱万物,但不得不取万物以为用,这是具有合理性的有价值的推理。他说:"禽兽与草木同是爱的,把草木去养禽兽,心又忍得。人与禽兽同是爱的,宰禽兽以养亲与供祭祀,燕宾客,心又忍得。……这是道理合该如此。"

应该强调的是,儒家认为人高于自然,必须利用自然而生存生活,但正如前述,儒家强调在利用自然的同时更要保护自然,关爱万物,把自然看作人类的生存家园,要维护自然的生态平衡,注意自然资源的可持续发展,决不允许破坏自然,破坏自然会危及国家的安全。儒家认为要把核心价值仁爱的精神施于自然,孟子提出为后世儒家一致尊奉的基本原理:"亲亲而仁民,仁民而爱物。"(《孟子·尽心上》)《礼记·中庸》提出通过尽人之性达到尽物之性,"能尽人之性,则能尽物之性"。尽物之性就是使物成之为物,即使物各得其所,按照其自身固有的秉性和规律存在与运行。《礼记·中庸》还提出"成己成物":"诚者非自成己而已也,所以成物也。成己,仁也,成物,知也。性之德也,合内外之道也。"成己成物是指由己及物,自身有所成就,也要使自身之外的一切有所成就。从张载到王阳明,也都主张人与万物为一体,万物并育而不相害,人类要利用自然而厚生,但人又要像关爱人类自身一样关爱自然,保护生态,而不是破坏自然,毁坏自己的生存家园。

三、立己立人关怀天下

先秦儒家认为,人首先要立己,立己然后才能立人。《礼记·中庸》说"自天子至于庶人,一是皆以修身为本"。个体只有首先修身养性,提升自己,尽己之性,方能尽人之性,尽物之性,才能实现齐家治国平天下。修身立己要依靠自己积极努力,自强不息,儒家将依靠自己的有为进取精神视为成就个体品德的重要途径,这是理解儒家个体特征的关键所在。个体只有积极努力奋发,才有可能获得较高的道德修养,达到完美的理想境界。孔子提出"君子求诸己,小人求诸人"(《论语·卫灵公》)的论断,第一次把是否依靠自己作为一个界标来区分君子与其他类型的人。孔子在这里提出的"求诸己",看起来是对君子的要求,实际上适用于任何一个人。这一论断包含着对个体自觉自主的意识和信念,包含着对个体力量的自我理解和体认。从这里可以看出儒家的基本立场,作为君子,必须自己承担起完善自己、提高自己的责任,不能依靠别人,别人代替不了自己,即"为仁由己,而由人乎哉!"(《论语·颜渊》)"我欲仁,斯仁至矣。"(《论语·述而》)孟子认为"祸福无不自己求之者"(《孟子·公孙丑上》),"求则得之,舍则失之,是求有益于得也,求在我者也"(《孟子·尽心上》),同样是突出个体自决的意义。这就需要开发自己的潜在力量,培养提高自己的能力,"君子病无能焉,不病人之不己知也"(《论语·卫灵公》),只要使自己的能力得到自觉充分的发挥,就能够达到理想目标,因为"人能弘道,非道弘人"(《论语·卫灵公》)。在这方面不需要仰仗外在的权威,"文王既没,文不在兹乎"(《论语·子罕》),"待文王而后兴者,凡民也。若夫豪杰之士,虽无文王犹兴"(《孟子·尽心上》)。同样也不能依赖自然环境的作用,"君子敬其在己者,而不慕其在天者,是以日进也;小人错其在己者,而慕其在天者,是以日退也"(《荀子·天论》)。所以儒家认为权威与环境并不能决定一个人是否具有高尚品德,根本的决定因素还在于自己的奋发努力争取。"譬如为山,未成一篑,止,吾止也;譬如平地,虽覆一篑,进,吾往也。"(《论语·子罕》)人不但要依靠自己,而且要不断进取。人与人的差异同样通过是进还是止的选择而体现。"君子与小人之所以相县者,在此耳。"(《荀子·天论》)由此可见,积极进取是人人都应该具备的品格,孔子就主张积极进取,"与其进也,不与其退也"(《论语·述而》)。

学习、进取可以使人不断突破眼界的限制,不断提高自己,超越自己,一旦停止,不进则退,因此要"锲而不舍"。"真积力久",只有不断"修身自强",才能够"名配尧、禹"(《荀子·修身》)。《易经·象传》中提出的"天行健,君子以自强不息",就是以凝练的语言揭示了君子依靠自己不断发奋有为的品格。君子只有通过自强不息的进取途径,才能达到志意修、德行厚、知虑明、功业美的光辉境界。

在个体与他人、社会的关系方面,孔子提出"克己复礼""仁者爱人",对他人要以礼相待,要关爱他人,关心社会。礼和仁的共通性是"敬","敬"就是相互尊重,平等相待。礼的精神实质就是"敬"。"居上不宽,为礼不敬,临丧不哀,吾何以观之哉!"(《论语·八佾》)可见"敬"是礼的属性。我们对一个大人物可以唯命是从,可以诚惶诚恐,但却不一定对他怀有敬意,所以孔子主张的"敬、礼"是双向度的互有平等反馈的交流表达,人与人之间相互尊重,就是"礼之用""为国以礼"就是"居敬而行简"。"非礼勿动"就是"君子敬而无失""立于礼"就是"修己以敬""执事敬"。孔子对"孝"的内涵有不同表达,但综而核之,"孝"的实质也是敬:"子游问孝,子曰:'今之孝者,是谓能养。至于犬马,皆能有养。不敬,何以别乎?'"(《论语·为政》)

在公共社会交往关系中,儒家能从人性相通的原则出发,将别人看作是和自己一样平等的人,因而具有理解和尊重他人的人道精神。孔子提出了君子"可以终身行之"的基本社会交往准则:"己所不欲,勿施于人。"(《论语·颜渊》)这是推己及人的行为方式。自己不愿意的,也勿强求他人。这就是仁的品格体现在社会交往方面的含义。"夫仁者,己欲立而立人;己欲达而达人。"(《论语·雍也》)这是从正面出发对他人的类推,自己有所树立、有所成就,也要允许别人有所树立、有所成就;或者说,自己有所树立、有所成就,应该有助于、有利于别人有所树立、有所成就,而不是损害别人的成就和利益。这一观点体现出君子"厚德载物"的襟怀风度。"君子成人之美,不成人之恶,小人反是。"(《论语·颜渊》)在具体的行为方式上君子应该"温良恭俭让以得之"(《论语·学而》),行"恭宽信敏惠"(《论语·阳货》)于天下,甚至要具备"不念旧恶"(《论语·公冶长》)的宽容精神。孟子也认为:"故君子莫大乎与人为善。"(《孟子·公孙丑上》)这都可以说是"仁者爱人"的原则在社会交往中的运用。

儒家在平等宽厚待人的同时,又坚持"义以为上",在社会交往中坚持个体的独立自主性和正义性。这表现在君子的行为就是光明磊落,不依附他人:"君子周而不比。"(《论语·为政》)"君子和而不同。"(《论语·子路》)。君子不与某部分人结成小集团、小宗派,而是保持个体交往自主性,"君子矜而不争,群而不党"(《论语·卫灵公》),"人之过也,各于其党"(《论语·里仁》)。孔子所指的"党"就是某些人结成的小集团,这种小集团把集团外的人排斥在外,形成了一种狭隘限制关系。这种做法阻碍了人的社会性全面联系的畅通,造成了人际关系的紧张,这就是人为之过错,孔子认为君子应该能"群",即与一切人保持正常和谐的关系,无偏无党,只以公正为原则。"君子之于天下也,无适也,无莫也,义之与比。"(《论语·里仁》)

儒家的政治价值取向是以民为本。儒家力求通过政治来完成"博施于民而能济众"的既仁且圣的伟大功业。孔子认为从政要"节用而爱人,使民以时"(《论语·学而》),"足食,足兵"(《论语·颜渊》),"庶矣""富之""教之"(《论语·子路》)。孟子将仁政表述为"与民同乐"(《孟子·梁惠王下》),"乐民之所乐""视民如伤"。而且仁政是"兼济天下"的,不仅仅为一国之利。仁政的实质是以百姓人民为轴心,而不是为了执政者利益,"百姓足,君孰与不足? 百姓不足。君孰与足?"(《论语·颜渊》)这也就是"民为贵,社稷次之,君为轻"(《孟子·尽心下》)。这都充分表现出仁政的人民性与人道精神。孔孟都反对为君主私利而争城略地的不义战争,反对横政暴敛,反对刑残百姓。这种仁政理想在今天仍然闪耀着光辉,具有积极的借鉴意义。

《大学》提出"是故君子先慎乎德。有德此有人,有人此有土,有土此有财,有财此有用"。《中庸》提出"唯天下至诚,为能尽其性;能尽其性,则能尽人之性;能尽人之性,则能尽物之性;能尽物之性,则可以赞天地之化育;可以赞天地之化育,则可以与天地参矣"。张载提出"为天地立心,为生民立命,为往圣继绝学,为万世开太平",确立了儒家人生的使命观;

范仲淹提出"先天下之忧而忧,后天下之乐而乐",顾炎武提出"天下兴亡,匹夫有责",集中表达了儒家的人生价值观。

四、儒家人学的现代价值

儒家关于人的价值和使命的论述在当代仍有极大的现实意义。保护环境、维护自然界生态平衡、保持自然资源的可持续发展已经成为全球共识。儒家万物一体的自然观在这方面可以提供丰富的理论资源,对为满足人类需求而牺牲自然环境的人类中心主义可以起到矫正与遏制的作用,有助于人们从新的视角看待自然。人类要与自然和谐相处,但人还要认识、掌握自然本身的规律,从而改造自然、利用自然,使自然为人服务、为人利用,即正德、利用、厚生。儒家关于"人最为天下贵"的观念,人高于自然的观念,不同于西方的征服自然观,对正确认识并处理人与自然的关系也有积极意义,比如王阳明特别强调"宰禽兽以养亲"是"良知上自然的条理,不可逾越",表明人类要依靠利用自然而养生。这就与当代西方的一些非人类中心主义区别开来。在当代西方,一些人完全抹杀人与自然物的区别,认为动物与人具有同样的权利,具有同等价值,以致主张在夜间宁可让蚊子咬也不要打死它。佛教"众生平等"的思想在保护生物方面有一定积极意义,但也在一定程度上抹杀了人与动物的区别,佛教主张割肉贸鸽、以身饲虎,忽视了人与动物的级差区别,不惜牺牲人类来维护动物,过度地伸张了人类的慈悲之心。总之,我们在建设生态文明、探索现代环境伦理时,要用儒家仁者以天地万物为一体的思想、境界为指导,在利用自然的同时,也使自然得到按其自身规律要求的发展,使自然与人类和谐共存,使自然环境成为人类的美好家园,使天地本身所具有的无言之大美,既按其本性、又符合人类最高审美境界追求的面貌展现出来,让万物一体同时也成为真善美的统一。

儒家经过系统论证得出的人的价值和使命的观点,对确立现代人生观,培育和弘扬当代社会主义核心价值观具有重要意义。自强不息是中国文明史上首次出现的个体新道德、新精神,具有伟大的哲学革命的意义,在中国历史发展中始终起着积极作用,激励了历代志士仁人为国家的富强努力奋斗。其历经近百年艰辛曲折革命历程的考验仍有极强的生命力,证明其具有先进意义,有助于我们确立道路自信、制度自信、理论自信、文化自信。立己立人、达己达人的观念,在现代转化为互惠互利、合作共赢的中国经济伦理。立德、立功、立言;正德、利用、厚生;尽己之性,然后尽人之性,尽物之性,使人人得到共同全面发展,使万物得到符合本性的利用,使人类走向和谐和平美好的大同世界。

参考文献:

[1]程颢,程颐.遗书[M].北京:中华书局,1981.

[2]黎靖德.朱子语类[M].北京:中华书局,1986.

[3]周敦颐.周敦颐集[M].北京:中华书局,1990.

[4]王阳明.王阳明全集[M].上海:上海古籍出版社,1992.

[5]杨天宇.礼记译注[M].上海:上海古籍出版社,2016.

[6]高志忠.国学经典学生读本今注今译:论语·大学·中庸[M].北京:商务印书馆,2015.

[7]张汉.周易会意[M].成都:巴蜀书社,2002.

[8]杨伯峻.孟子译注[M].北京:中华书局,2010.

[9]王先谦.荀子集解[M].北京:中华书局,2013.

[10]佚名.尚书[M].顾迁,译注.北京:中华书局,2016.

（安徽大学哲学系）

凡人善举与中华优秀传统文化

——以《感动吉林》为视角

张利明

摘　要：举办了十五年的《感动吉林》在民众中具有极强的号召力，"感动吉林"人物的助人为乐、见义勇为、诚实守信、敬业奉献、孝老敬亲、自强不息的凡人善举，在吉林省乃至全国都产生了广泛的影响。中华优秀传统文化是培育中国人的魂之底色、育之方式和精神支撑，优秀传统文化的理想信念、价值取向、基本精神和育人方式中都蕴含着滋养凡人善举的宝贵智慧。作为转化对象的优秀传统文化不是被动的构成凡人善举素材，而应通过重塑与创新，吸纳、融合时代精神，主动支撑与有效滋养这一目标。

关键词：感动吉林；凡人善举；传统文化；理想信念；价值观；中国精神

2003 年，由《新文化报》社、《吉林年鉴》等多家单位共同推出的《感动吉林》节目，一经推出就受到吉林各界的广泛关注与赞许。十五年来，《感动吉林》已经不仅仅是一档受广大吉林人民高度关注的选评节目，更是吉林人民的年度精神盛宴，甚至成为地区范围内中华传统美德的新时代风向标。十五年来，《感动吉林》坚持守望精神家园，携手构筑道德高地，将"感动吉林"人物推向全国，把"感动吉林"人物评选活动办成百姓的精神盛宴，累计推出 150 多位"感动吉林"人物，耕耘出一畦道德花圃。这里花团锦簇、美不胜收，是吉林省精神文明建设的一道最亮丽的风景线。这些"感动吉林"人物在自己日常工作和生活当中，崇德向善、守信尚义、持道笃行，以日积月累、年复一年的凡人善举，铸就了庄严巍峨的道德丰碑，彰显并诠释了中华民族自强不息、敬业乐群、扶危济困、见义勇为、孝老爱亲的传统美德。他们是 2700 多万吉林人民的优秀代表，为吉林大地的乡村、城市吹送了绵绵的人间暖流和强劲的浩然正气。本文以《感动吉林》为视角，论述新时代下其对中华优秀传统文化的创造性转化和创新性发展。

一、善举之"善"需要从中华优秀传统文化中汲取精神滋养

每个民族都有其民族精神，优秀传统文化是民族精神的重要承载。中华优秀传统文化是民族认同、安身立命、精神归根与心灵安放的精神家园，是民族凝聚力、创造力与生命力的活水源头。《感动吉林》以榜样的力量，彰显人格魅力，以"感动吉林"人物的良善引领大

众的良善,以"感动人物"的奉献汇聚更多奉献。

在培育什么样的人这个问题上,不能与传统文化割裂。传统是指在一定时空中存续和发展的族群,为实现共同发展目标通过协商、合作构成命运统一体,在共有的生活方式、思维方式和行为方式的基础上逐渐产生的共同文化形态、社会心理、价值追求和思想行为方式的总和。传统既体现为代际相传的生活习惯和行为方式,也体现为一脉相承的思想观念和价值体系,其作为族群个体隐性的、强有力的精神标识,根植于个体内心并规约其行为。"每一种持久性的社会关系都以行为的统一性为先决条件,从最基本的层次上来说,行为的统一性包含了所说的'习惯'和'习俗'。……它虽然不为其他人明确赞成或反对,但总是被某个人或许多人习惯地遵守。遵守习惯并不需要任何约束力来保障,而是行动者自觉的事情。"只有将传统融入日常生活并从中获得滋养,才能最终实现凡人善举。这一点无论从中国古代社会凡人善举与传统文化的内在嵌入,还是从当代资本主义社会承继传统并对传统加以强化都可以得到印证。当代中国凡人善举必然蕴含中国独特的多元文化、民族精神体现中华民族的道德观、价值观等,这些元素已经融汇入中华民族共同的精神特质、价值取向、理想信念中,成为"德"的重要思想底蕴。割裂与这些传统因素的内在关联,就意味着"德"去了底色,会使"德"处安放、无所附着。

"怎么育人"离不开文化的承载。文化具有育人的功能,其总是潜移默化地对人认识世界、社会、他人和自我的基本观点产生影响,从而使个体精神世界特别是其中的核心部分在文化熏染中不断确立。正是基于这一意义,马克思说:"通过传统和教育承受了这些情感和观点的个人,会以为这些情感和观点就是他的行为的真实动机和出发点。"文化是涵养人才成长的重要力量,文化育人是培育优秀人才的重要途径。传统文化中许多熠熠生辉的思想与追求是人才培育不可或缺的元素与养分,传统文化在长期发展过程中形成的价值观念、理想信念、思维方式、伦理道德乃至审美情趣等,都是文化育人的重要承载。

在"彰显善"上,需要挖掘阐发优秀传统文化的现实意义。"传统文化所蕴含的、代代相传的思维方式、价值观念、行为准则,一方面具有强烈的历史性、遗传性,另一方面又具有鲜活的现实性、变异性,它无时无刻不在影响、制约着今天的中国人,为我们开创新文化提供历史的根据、现实的基础。"以爱国主义为核心的民族精神与以改革创新为核心的时代精神是数千年文化传承中中华民族最深层的心理、情感和文化认同,更是时代发展最迫切的呼声,它承接过去又延续未来:民族精神不仅构筑民族国家共同的文化根基,构成民族国家共同理想的现实基础,更是优秀传统文化思想精髓和民族国家发展实践理论自觉的集中体现;时代精神则是在新条件下把握时代发展的脉搏、总结时代发展的经验、反思时代发展的问题、归纳时代精神的现实要求的最新成果。两者的相互融合构成凡人善举的精神支撑,凡人善举就是要从时代角度筛选和总结优秀传统文化的精神精华,并使之发生创造性转化与创新性发展,实现与时代发展要求的良性对接。这就需要我们用民族精神和时代精神服务于马克思主义中国化、时代化、大众化进程，铸牢科学信仰，构筑道德情操；也需要传承和升华优秀传统文化，培育和践行社会主义核心价值观，塑造价值共识。

在充分肯定中华优秀传统文化在凡人善举中的重要作用的同时，我们也应清醒地看到，在农耕文明和小农经济、宗法制度环境下形成和发展起来的传统文化，不可避免地带有时代局限和阶级局限，无法承载中国社会发展全部精神支撑的功能。必须站在时代和历史的高度，用马克思主义的方法对传统文化加以鉴别和分析，汲取优秀传统文化的精神滋养。只有把优秀传统文化界定为"凡人善举"的精神滋养，才能更好地把握优秀传统文化与"凡人善举"的关系，不至于偏离与失措，由此培育的"人"才是中国的、健康的、现代的。

在凡人善举中马克思主义理论是指导思想，发挥着思想统领的作用；中华民族伟大复兴的中国梦是理想信念，其决定未来发展目标；社会主义核心价值观是价值基础，其统筹和汇聚社会价值共识。中华优秀传统文化的融入能够有效推动马克思主义中国化、时代化、大众化步伐，更好实现对整个中华民族思想的统领和指导。中华优秀传统文化更是中华民族伟大复兴的精神滋养，中华民族伟大复兴体现在对优秀传统文化精神基因的传承、对中国人民上下求索所确立共同理想的寄托、对每个中国人美好生活愿景的承载，是中华民族在理想信念层面的共同目标，蕴含着文化传统对社会发展的期待，也需要文化传统对其滋养。中华优秀传统文化还是社会主义核心价值观的精神滋养，"使中华传统文化成为涵养社会主义核心价值观的重要源泉"清晰表明了两者之间的内在关联：社会主义核心价值观传承中华优秀传统文化的精神内核，延续中华民族群体生存方式和传统文化中的价值追求，使人们在价值观层面获得归属感；中华优秀传统文化积淀民族共同的精神追求、传承民族的精神共识为社会主义核心价值观提供文化支撑和丰富资源，是文化自信和价值观自信的重要基础。

习近平总书记强调："宣传阐释中国特色要讲清楚每个国家和民族的历史传统、文化积淀、基本国情不同，其发展道路必然有着自己的特色；讲清楚中华文化积淀着中华民族最深沉的精神追求，是中华民族生生不息、发展壮大的丰厚滋养；讲清楚中华优秀文化传统的突出优势，是我们最深厚的文化软实力；讲清楚中国特色社会主义道路植根于中华文化沃土、反映中国人民意愿、适应中国和时代发展进步要求，有着深厚历史渊源和广泛现实基础"。"感动吉林"人物体现了源远流长的中华传统美德，这些来自吉林民间的人，没有显赫的身世，没有动人的豪言，他们都默默扎根吉林，他们的故事都感人至深，从这些凡人善举中能感受到高尚的道德情操、执着的信念追求、无私的奉献品格。

这就需要我们坚持马克思主义的理论和方法指导，以中华民族伟大复兴为理想信念，以社会主义核心价值观为价值基石，更好地发挥传统文化的滋养作用，使之实现创造性转化、创新性发展，使其在新时代条件下焕发生机。

二、中华优秀传统文化是"化文成人"的智慧宝库

中华优秀传统文化在涵养中华民族的民族精神、磨砺民族意志过程中,在时代的大浪淘沙、去芜存菁中,绽放着人性之美、思想之魅。其内在的理想信念、价值取向、基本精神和育人方式中都蕴含着滋养凡人善举的宝贵智慧。从中华优秀传统文化中汲取丰富的智慧,发挥其情感与道德感召力,保持其生命力与鲜活性,使人们的内心信仰、价值操守与精神原则与文化传统相契合,有助于促进科学信仰、价值共识深入人心。

一是理想信念。中华优秀传统文化以成圣成贤作为理想人格与人生追求,激励人们加强道德修养,完善人格操守,提高人生境界,完成"内圣"的实践功夫,实现人的价值与尊严;更通过社会实践,将内在人格力量外化于现实社会价值的创造中,实现治国平天下的宏大抱负。《大学》三纲领讲"明明德、亲民、止于至善",宗旨在于彰显人的品德,向内成己,向外成物,使人达到最完美的境界。"天下兴亡,匹夫有责""先天下之忧而忧,后天下之乐而乐"的信念激励着仁人志士为国家富强、民族复兴、人民幸福而努力抗争、不畏牺牲,留下了可歌可泣、惊天动地的感人事迹与壮美篇章。优秀传统文化蕴含着家国意识和爱国情怀,如2017年度"感动吉林"人物黄大年是第一位从国外回到东北的世界顶尖科学家,他以身许国,赤子丹心、家国情怀永驻心头。"凡人善举"的"凡人"并不平凡,他们是道德情操高尚、关注民族前途与国家命运,把个人理想与国家兴盛、民族富强、百姓幸福紧密相连的人。这充分展示了中华文化自信的宏伟气度,也折射出中华儿女内心深处的命运共同体意识。

二是价值取向。社会的核心价值观是社会所特有的价值系统和显著标志,是其赖以维系的价值基础,其主要体现为与文化传统的承继关系。中华优秀传统文化的价值观以"仁"为核心,仁是对人之为人内在价值的肯定。从"仁"的核心价值出发,在生死取向上,杀身成仁,舍生取义;在义利取向上,重义轻利,见利思义;在国家与个人关系上,先公后私、公而忘私;在家庭范围内,以"孝道"为价值原则,父慈子孝,兄良弟悌,夫妻恩爱;在社会范围内,以"爱人"为价值原则,由己达人,仁民爱物;在国家层面上,提倡"民本",民重君轻,重社稷必爱百姓。由"亲亲""仁民"进一步拓展为"爱物",爱物体现对人之外的自然与外部环境的尊重与爱护。这就与社会主义核心价值观对个体的要求、对社会的要求和对国家的要求实现了整体对接,"中国古代历来讲格物致知、诚意正心、修身齐家、治国平天下。从某种角度看,格物致知、诚意正心、修身是个人层面的要求,齐家是社会层面的要求,治国平天下是国家层面的要求,我们提出的社会主义核心价值观,把涉及国家、社会、公民的价值要求融为一体,既体现了社会主义本质要求,继承了中华优秀传统文化,也吸收了世界文明有益成果,体现了时代要求"。此外,中华优秀传统文化中的孝老爱亲、扬善扶正、见义勇为、敬业乐群、自强不息的传统美德与讲仁爱、重民本、守诚信、崇正义、尚和合、求大同的价值理念也是社会主义核心价值观的重要精神滋养。如"感动吉林"人物张宝艳,创建"宝贝回家"

网,为打拐防拐无私奉献 11 年,促使她承担这份责任的最大动力是内心的善良,是保护被拐儿童的良知。

三是精神追求。精神的重要价值在于识别民族身份,唤醒民族发展动力,激发民族创造性。张岱年先生曾把中华传统文化的基本精神概括为"刚健有为、和与中、崇德利用、天人协调"等。中华民族自强不息、厚德载物的民族精神,众志成城的团结精神,公而忘私的奉献精神,舍我其谁的担当精神,构成了中华民族的爱国主义精神传统。恩格斯指出:"每一个时代的理论思维,包括我们时代的理论思维,都是一种历史的产物,它在不同的时代具有完全不同的形式,同时具有完全不同的内容。"中华传统文化基本精神也需要呼应时代发展的迫切要求。革故鼎新的进取精神,重群克己的合作精神,"苟日新,日日新,又日新"的创新精神,"变则通,通则久"的变革精神,共同催生了改革创新的时代精神。这一方面表明中华传统文化蕴含着中国精神的精神基因和思想精髓,另一方面也表明中华传统文化能够在通过以爱国主义为核心的民族精神鼓舞人心、凝聚动力,铸就中华儿女的精神家园和通过以改革创新为核心的时代精神不断为中华民族注入新力量的过程中提供丰厚滋养和精神财富。

四是育人方式。中华优秀传统文化中蕴含着一系列行之有效的育人方式与原则,比如因材施教、循循善诱、言传身教、教学相长等,具有独特魅力,富有育人智慧。优秀传统文化育人方式更多地融于"以文化人""以文育人"中,大量事实证明育人实践只有融入"洒扫应对"的日常生活中,成为人们自觉遵守的"乡规民约""家风家训",成为习惯性的人伦日用,才能有效约束与引导人们的价值取向与实际行为。中华传统文化注重"以文化人""君子如欲化民成俗,其必由学乎!"(《礼记·学记》)通过社会教化、礼仪规范、纲常伦理、蒙学孝德、修身成贤及化民成俗,形成良好的社会风气,使人的外在行为规范与内在情操得以精进,人人向善,自然形成良好的社会秩序。"以文化人"也体现于"礼教""诗教""乐教"中,以"兴于诗、立于礼、成于乐"实现"成人"。"以文化人"更体现在各种仪式和各种表达中,比如以婚丧嫁娶的仪式、祭祀、成人礼以及各种节日仪式"化人",再如借用建筑、宗教、书法、绘画、碑刻、雕塑、戏剧、诗文典籍等各种形式实现"润物细无声"的教化。吉林省方志委把每个年度的"感动吉林"人物都载入《吉林年鉴》以垂鉴后世,还编纂了《"感动吉林"人物榜》《"感动吉林"人物评选纪实》《"感动吉林"人物评选年鉴》,目的就是要让这些人物的事迹传之久远,让他们的精神载入史册,永远流传。可以说,中华传统文化善于运用各种形式与不同载体,利用各种时机与场合,把文化育人融于日常生活中,构成凡人善举实现方式的重要参照和借鉴。

三、从中华优秀传统文化到当代"凡人善举"的转化

中华优秀传统文化凝聚历史,承载当下,昭示未来,我们"要加强对中华优秀传统文化

的挖掘和阐发,努力实现中华传统美德的创造性转化、创新性发展,把跨越时空、超越国度、富有永恒魅力、具有当代价值的文化精神弘扬起来"。作为转化对象的优秀传统文化不应被动地构成凡人善举的素材,而应通过重塑与创新,吸纳、融合时代精神,从而主动支撑与有效滋养"凡人善举"。

从传统的"内圣外王"到"新四有"公民。传统文化的"内圣外王"是基于对人生的感悟,对心性修养的反省,对政治民生的关切,对社会伦理道德的体认,"内圣外王"之道是一套独具特色的有关人生、教育、伦理道德与社会政治的理想信念。所谓"内圣",就是通过修身不断提升自身的道德水准和境界,为正己的功夫;所谓"外王",就是将成就的高尚道德推而广之,及于家庭和社会,建立理想的社会和政治秩序,为正人的功夫。"外王"以"内圣"为前提和基础,"内圣"以"外王"为归宿和目标。两者在现代社会的转化体现为通过修身正己以实现正人的政治和社会目标,实现个体价值与社会价值的统一。具体来说就是要通过对理想信念、价值操守和基本精神的内在道德铸塑,达到个体道德与社会公德的同构;同时以育人为目标,尊重个体的价值,唤醒个体生命的理性自觉,追求内在道德指引下个体"自在自觉"的全面发展与提升,实现个体与民族国家协调、同步发展。新时期凡人善举就是要培养有坚定的理想信念、正确的世界观和价值观,将民族精神、民族美德、民族文化牢牢扎根心中,友善、互助、明理、自强、谦让、包容、诚信、节俭的传统美德融入血液,有信仰、有理性、有道德、有本事的"新四有"公民。新时期凡人善举的"新四有"内涵,丰富"有道德"人才培育的其他核心内涵:一是"有信仰",即有中国梦理想信念和马克思主义信仰。明确把"有梦想""有信念""有信仰"作为新时期关于"育什么人"整体战略的首要目标,决定了凡人善举的整体规格和本质追求。"有道德"在人的精神领域和能力素养结构体系中居于核心地位,发挥着思想引领和行为主导作用。二是"有理性",即有以社会主义核心价值观为本质属性的价值操守。理性意味着成员个体能够对自己存在发展及其同社会整体关系有清醒正确的价值判断和价值选择,有判断是非善恶、荣辱功过的价值标准和价值操守。三是"有道德",即有以中国精神为独特标识的精神境界和道德情操。"有道德"是"有奋斗""有仁爱之心""有道德情操""铁一般纪律、铁一般担当"的伦理基础和精神支撑,只有铸育具有以爱国主义为核心民族精神和以改革创新为核心时代精神的人,新时期凡人善举才能获得现实生活基础,才能把育人在现实的道德与精神生活领域中凝结升华为精神境界和道德情操。四是"有本事",即有符合当代中国经济社会发展专业分工及社会交往全面发展的能力担当。这是"有能力""有担当""有本领""有素养"对专业能力的整体要求。凡人善举针对的是活跃在社会各领域的各职业人群,这些人群都在自己的社会分工与社会角色中实现了自我与社会生活的充分融合,凡人善举不能只强调"有信仰""有理性""有道德"等思想水平与道德素质,还要强调"德才兼备",强调具备专业技能和综合才干。综上,围绕培育"有道德"的人整体目标,当代中国凡人善举应该围绕"有信仰""有理性""有道德""有本事"的核心内涵与总体规格,培养新时期中国特色社会主义的合格建设者与可靠接班人。

从传统价值到社会主义核心价值观。习近平总书记重点强调了"讲仁爱、重民本、守诚信、崇正义、尚和合、求大同"的价值观。这六个方面表述了传统美德、政治理念、社会理想、民族精神的根本要素,是中华传统文化核心价值观的集中体现。不仅要讲清楚"讲仁爱、重民本、守诚信、崇正义、尚和合、求大同"的历史渊源、发展脉络、基本走向、价值理念与鲜明特色,还要梳理这些观念对社会主义核心价值观的涵养与转化。"仁爱"就是爱人爱物,有"仁爱"之心,才能成己成人成物,仁爱是"和谐""公正""敬业""友善"的源泉。"民本"的基本价值理念包括"立君为民""民为邦本""仁民爱民"等重要古训,传统民本思想向民主价值观的转化,需要使其服务于人民当家做主的政治制度。诚信是进德修业之根,也是治国为政之本,继承、发展、创新诚信文化,需要使其服务于建设诚信社会、诚信政府、诚信企业和培养诚信个人。正义是人类文明的普遍法则与基本价值,传统文化中的道义为先、舍生取义影响深远,可以为形成崇尚正义、富于奉献、自觉维护社会公平与公正的社会氛围注入思想资源。和合是中华心、民族魂的基本标识,也是多元性、包容性的中华民族独特理论思维方式的重要体现,面对自然、社会、国家、人际、文明间的冲突,需要以和爱公正化解与融合矛盾。大同是中国社会自古以来的理想,在近代到现代的思想探索与政治实践中,大同理想都发挥过重要作用,从大同理想出发接纳自由、民主、公平、平等的现代价值,使之与当代社会的政治理想接轨,能助力实现中华民族的伟大复兴。社会主义核心价值观作为意识形态本质要求的观念支撑,更作为道德生成的逻辑中介,在凡人善举中奠定了"最大公约数"的价值基础,也使其在统筹传统文化与时代要求、理想信念与现实基础、主流意识形态和多元社会思潮过程中发挥了巨大的作用。"把培育和弘扬社会主义核心价值观作为凝魂聚气、强基固本的基础工程",使其融入社会生活,成为人们自觉的价值选择,这既是个体层面以价值底线和价值标准凝聚共识的有效方式,也是在群体层面有层次、有重点落实凡人善举的重要抓手,更是在全局层面实现为民族寻根、为社会立德、为国家圆梦的价值基石。

从传统修身教化到富含时代内涵的教育感染。传统文化注重修身教化,修身是陶冶身心,涵养德性,是为了培养优秀的道德品格与高尚的道德人格而进行的自我磨炼与力求完美的品格追求;教化是通过礼乐教育与道德教育而实现人心风俗的变化,是政教风化、教育感化与环境影响等各种因素综合运用的育人方略。在漫长的传统社会,自给自足的生产方式与传统的价值取向使修身与教化备受推崇。在今天开放、民主、鲜活的社会中,在快节奏的生活方式下,规范社会意识、传承美好道德需要对修身教化进行创造性转化。传统修身教化的言传身教、俗约规定可以通过发挥学校、家庭与社会的合力有效达成,创设优良的家庭环境、社区环境、工作环境与群体环境,发挥环境间良好的感染作用是当代修身教化的重要方式。"感动吉林"人物用实际行动传播了社会正能量,弘扬了好风气,形成了崇德向善的道德力量。用身边的凡人善举来感染其他人,教化身边人,这样的转化更富有进步意义与时代价值。当代中国社会意识形态所铸育的是以马克思主义为信仰导向,以中国特色社会主义为根本属性,以中华民族共同价值体认为共识基础,以中华民族共有精神家园为独特标识,以当代世界文明发展为成果借鉴的当代道德。

"凡人善举"需要坚持马克思主义指导、传承中华文化基因,展现中华文明风范,继承弘扬传统美德。新时代的"凡人善举"需从不断绵延演化的历史进程中理解传统文化与时代在过去、现在与未来之间的关系,科学分析、鉴别和挖掘中华传统文化的思想精华,使优秀传统文化薪火相传,为信仰确立、价值重铸与精神成长提供有益的精神滋养。习近平总书记反复强调,对历史文化特别是先人传承下来的价值理念和道德规范,要坚持古为今用、推陈出新,有鉴别地加以对待,有扬弃地予以继承,努力用中华民族创造的一切精神财富来以文化人、以文育人。如何发挥传统文化的现实价值,关键取决于我们如何从现实出发来诠释和理解它,并结合时代精神对它进行创造性转化和创新性发展。习近平总书记对中国古代知行观进行创造性转化和创新性发展的实践,为我们进一步继承和弘扬中国优秀传统文化提供了方法论指导和借鉴性示范。

参考文献:

[1]张利明.立德树人与中华优秀传统文化关系述论[J].社会科学研究,2016(6):143-147.

[2]马克思,恩格斯.马克思恩格斯选集[M].北京:人民出版社,2012.

[3]张岱年,方克立.中国文化概论[M].北京:北京师范大学出版社,1997.

[4]习近平.习近平淡治国理政[M].北京:外文出版社,2014.

[5]倪敏达.《礼记·学记》的教育智慧:《礼记·学记》细讲[M].北京:中国华侨出版社,2016.

（吉林省社会科学院《社会科学战线》编辑部）

墨家义政思想的内涵与特质

——兼与儒家仁政比较

余小方　李春娟

摘　要：墨家以贵义著称，提出义政思想来治平天下。墨家义政思想以天志为哲学基础，以自上而下的行政机构为施政主体，以兼爱、非攻、尚贤、尚同、节用、节葬、非乐等为施政方法，以兴天下之利为归宿。墨家义政思想在理论基础、基本立场、施政方法、理论归宿方面都与儒家仁政思想有明显的差异。墨家义政思想不是严格意义上的民约论或专制理论，而是平民立场上的道义政治，对当代中国社会现代化有重要的借鉴意义。

关键词：墨家；义政；仁政；民约

治国理政方式的现代化是当前中国政治研究的重要课题，向传统文化寻求思想资源是研究此课题的重要方向。先秦诸子谈论的话题主要为治国，孔子"修成、康之道，述周公之训"（《淮南子·要略》），孟子继而提出了仁政思想。墨子先习儒家思想，后觉其烦扰故"背周道而用夏政"（《淮南子·要略》），提出了义政思想。学术界对儒家仁政思想关注较多，而对墨家义政思想多有忽视。本文将在分析墨家义政内涵的基础上，分析义政与仁政的区别，评析学术界关于墨家政治思想为民约还是专制的争论，揭示墨家义政思想的现代价值。

一、墨家义政思想的内涵

如果说儒家以贵仁著称，墨家则以贵义著称。墨家之义主要有两种含义：一种是给人利益的意思，"义，利也"（《墨子·经上》），道义就是给人利益；一种是匡正的意思，"义者，正也"（《墨子·天志下》），此处的义即匡正社会的混乱局面的意思。墨家从政治的角度进一步提出"义者，善政也"（《墨子·天志中》）的观点，这表明义政即是善政。《墨子》一书通过与力政的对比论述了义政的内涵。

第一，义政的哲学基础是天志。《墨子·天志上》曰："顺天意者，义政也。反天意者，力政也。"这是将天的意志作为义政的理论基础，顺从天意的是义政，违反天意的是力政。天志既是义政内容来源，也是义政实施过程的强大推动力量和监督力量，天志可以"度天下之王公大人为刑政也"（《墨子·天志中》），检查天下的王公大人的施政情况，顺从天志的就是善的政治，违反天志的就是恶的政治。天志为义政提供了有力的信仰保证，为义政找到了一个"终极依据"。因为当时社会普遍存在天神信仰，所以墨家将义政的根源追溯到天志，论证了义政的正确性与神圣性，这是一种神道设教的论证方式，萧公权将其视为"纯粹之天权（或神权）论"，有一定道理。

第二，义政的施政主体是自上而下的行政组织，最高主体是圣王。墨家提出"义者，正也"的观点，希望执政者用善政来匡正天下，匡正的秩序是"自上正下"："庶人不得次己而为正，有士正之；士不得次己而为正，有大夫正之；大夫不得次己而为正，有诸侯正之；诸侯不得次己而为正，有三公正之；三公不得次己而为正，有天子正之；天子不得次己而为政，有天正之。"（《墨子·天志下》）这里提出了天—天子—三公—诸侯—大夫—士—庶人的自上而下的匡正序列，其中天是作为义政的宗教信仰支撑，不是实际的义政执行者，施行义政的最高主体自然是天子，其次三公、诸侯、大夫、士都是推行义政的主体。如果施行义政，对上天、鬼神和人民都有利，人们就会"举天下美名加之，谓之圣王"（《墨子·天志上》），认为他们"圣知也，仁义也，忠惠也，慈孝也"（《墨子·天志下》）；如果施行力政，对上天、鬼神和人民都不利，人们则"举天下恶名加之，谓之暴王"（《墨子·天志上》），认为他们是"寇乱也，盗贼也，不仁不义，不忠不惠，不慈不孝"（《墨子·天志下》）。这里充满了下层人民对圣王施行义政的期待和对暴王恶行的控诉。

第三，义政的政治表现是各层级的兼爱非攻。《墨子·天志上》曰："义政将奈何哉？子墨子言曰：'处大国不攻小国，处大家不篡小家，强者不劫弱，贵者不傲贱，多诈者不欺愚。'"墨家的义政思想要求改变当时的乱世，改变的方法就是要求人们兼相爱；反对当时社会国与国、家与家之间兼并战争，反对恃强凌弱。与此相反，力政表现为"处大国攻小国，处大家篡小家，强者劫弱，贵者傲贱，多诈欺愚"（《墨子·天志上》）。墨家通过对当时诸侯战争的批判，试图用义政来改变这种混乱局面。

第四，义政理想的归宿是"兴天下之利"。顺从天志而施行义政，可以使天下安定，让上帝、山川、鬼神有祭主，使人民得到利益，从而实现"刑政治，万民和，国家富，财用足，百姓皆得暖衣饱食，便宁无忧"（《墨子·天志中》）。义政的目标和归宿是实现"上利于天，中利于鬼，下利于人"（《墨子·天志上》），也就是兴天下之利。墨家义政始终要求为政者须是仁义之人，为政者要为天下人的利益考虑，而不能谋取个人的私利，也就是"天下贫，则从事乎富之；人民寡，则从事乎众之；众乱，则从事乎治之"（《墨子·节葬下》）。总之，天下之利即社会安定和谐，人民生活富贵。相反，力政"上不利于天，中不利于鬼，下不利于人"（《墨子·天志上》），使国力削弱、人民贫困，而最终将会丧失天下。

从《墨子·天志上》和《墨子·天志中》关于义政的论述看，墨家义政以兼爱、非攻为核心，同时兼举尚贤、尚同、节用、节葬、非乐等，形成了一套完整的施政原则。1.兼爱。《墨子·天志下》曰："兼之为道也，义正；别之为道也，力正。""正"是"政"的通假字，"力正"即"以力相制"。实行兼爱就是义政，以道义来统治；实行"别相恶"就是力政，以暴力来维持统治。这里以兼爱为义政的核心举措,同时将兼爱的根源追溯到天志,兼爱是"顺天之意"结果。2.非攻。《墨子·天志上》论义政的要求时指出:"处大国不攻小国,处大家不篡小家,强者不劫弱,贵者不傲贱,多诈者不欺愚。"《墨子·天志下》还要求"天下之庶国莫以水、火、毒药、兵刃以相害也"。义政要求大国不攻打小国,不用各种兵器相互残害,显然包括了非攻的要求。3.尚贤、尚同、节用、节葬、非乐。这些是墨家坚守的重要施政原则,其中尚贤使能是政治的根本,"国有贤良之士众,则国家之治厚;贤良之士寡,则国家之治薄"(《墨子·尚贤上》);尚同一义论述了国家的起源和政治组织结构的问题,"国家起源于统一道义的需要,只有统一道义才能息争止乱";而节用等举措则是积累财富、使国家富强的重要手段,"国家去其无用之费,足以倍之"(《墨子·节用上》)。

综上,墨家的义政以天志为哲学基础,以自上而下的行政机构为施政主体,以兼爱、非攻、尚贤、尚同、节用、节葬、非乐等为施政方法,以国与国、家与家、人与人之间不互相欺凌为基本要求,以上利于天、中利于鬼、下利于人为目标,以兴天下之利为归宿,从而实现"刑政治,万民和,国家富,财用足,百姓皆得暖衣饱食,便宁无忧"(《墨子·天志中》)的政治局面。

二、墨家义政与儒家仁政的区别

儒家以仁政而闻名,仁政思想深刻影响了封建统治思想。墨家以倡义政而成为显学,直接影响了秦国的治国理论。墨子提倡义政与孟子提倡仁政有相同的社会背景,二者的政治理念都是为了改变乱世局面。墨子倡导义政而反对力政,认为只有义政才能使各国之间"莫以水火毒药兵刃以相害也"(《墨子·天志下》)。孟子倡导"以德行仁"的仁政,反对"以力假仁"的霸政,认为"尧舜之道,不以仁政,不能平治天下"(《孟子·离娄上》)。

儒墨二家政治思想在理论基础、基本立场、施政方法、理论归宿等方面都存在明显的差异。

第一,墨家以天志为义政的哲学基础,通过天神信仰的神圣性保证了义政理论的有效性;儒家以性善论为仁政的哲学基础,通过对人的内在恻隐之心的揭示而为仁政寻找内在的心性根源。墨家的义政是"顺天意"的结果,上天可以约束天子的执政行为,天志成为其政治学说的理论基石。孟子曰:"人皆有不忍人之心。先王有不忍人之心,斯有不忍人之政矣。以不忍人之心,行不忍人之政,治天下可运之掌上"(《孟子·公孙丑上》),这直接将仁政的根源落实于人心——仁心之上。如果说墨家思想继承了上古原始宗教信仰的遗迹,那么儒家则开启了中国政治理论的理性化转向。

第二,墨家义政立足于下层百姓,而儒家仁政则立足于上层官吏。墨家义政表达了下层百姓对为政者的期望,对美好政治制度的向往,墨家要求政治管理符合"国家百姓人民之利"(《墨子·非命上》),义政的制度设计是从下层百姓的立场出发的,希望统治者能让下层百姓过上富足的生活。墨家用三表法检验言论的合理性,第三条便是:"于何用之? 废以为刑政,观其中国家百姓人民之利。"(《墨子·非命上》)政治是否合理就看它是否符合国家、百姓、人民的利益,尤其要让"饥者得食,寒者得衣,乱者得治"(《墨子·尚贤下》)。墨家始终重视保障普通百姓的最低物质生活。儒家仁政表现为圣王对人民的物质关爱、道德教育与政治管理,仁政设计是从上层官吏的立场出发的,儒家认为统治者只有施行仁政才能得到人民的拥护,从而称王天下。正如李匡夫指出,儒墨二者都崇尚仁义,但由于立足点的不同而形成了观点的差异,儒家之仁一般专指在上位的君主、官吏的行为,墨家之义则一般用于在下者的平民百姓。

第三,墨家义政的施政方法突出统治者的律己,强调廉洁奉公;儒家仁政的施政方法强调统治者的施仁,强调仁爱惠民。墨家义政的举措重视限制统治者自身的行为,如非攻、节用、节葬、非乐等都要求约束统治者自身的行为。儒家仁政举措的重点则是统治者向百姓施仁爱之政,如孟子的"仁政"在政治上提倡"以民为本",军事上主张"仁者无敌",经济上主张"制民之产",施行井田制,在文化上主张礼治德教,都是对百姓宽仁的举措。墨家义政强调普遍的爱人和不伤害他人的结合,尤其重视不伤害他人,强调约束统治者的行为。儒家仁政则突出爱人,反对以兼并战争而称霸天下,但儒家没有像墨家一样鲜明地要求约束统治者的行为。如果说儒家偏重于施行仁爱的政治,墨家的义政强调的则是普遍爱人的最高标准和不伤害人的底线标准的结合,正如萧公权所言:"墨子立兼破别,非以相爱乃人类之本心,而欲以交利之说矫人类自私互害之僻行。"以兼相爱交相利来阻止人们互相伤害,正是爱人与不伤害人的结合。

第四,墨家义政倡言利,其归宿是兴天下之利;儒家仁政则倡导仁义,归宿是实现"王天下",使天下归于太平的王道盛世。孟子见梁惠王,梁惠王问他会给国家带来什么利益,孟子却回答说:"王! 何必曰利? 亦有仁义而已矣。"(《孟子·梁惠王上》)孟子向梁惠王提出"省刑罚,薄税敛,深耕易耨"和"壮者以暇日修其孝悌忠信"的仁政思想,仁政的政治目标是"挞秦楚之坚甲利兵",从而实现"仁者无敌"的政治宏图。显然,孟子的仁政思想是为了游说诸侯国君,这一理论虽然充分关注了人民的利益,但最终目标是指向国君称王天下。墨家的义政思想始终倡言利,这里的利不是一己的私利,而是交相利,对己对人都有利,最高的利是天下之利。墨家所讲的天下之利也就是国家发展、人民富裕、社会和谐,墨家所追求的天下之利符合广大人民的最大利益。

由上可见,墨家义政是从天志出发,站在下层百姓的立场上要求约束统治者的行为,希望统治者廉洁自律,普遍地关爱百姓生活,最终实现兴天下之利。儒家仁政是从性善论出发,站在上层官吏的立场上,要求统治者放弃暴力征伐,希望统治者施行仁爱惠民的王道政治,最终实现统治者称王天下的雄心。虽然两种政治理论都要求统治者关爱百姓生活,反对大规模的兼并战争,但是二者的基本立场和施政目标有明显的差异。墨家义政思想从基本立场和施政目标都与统治者的根本利益之间存在一定的隔阂,这或许是墨家在汉代以后走向衰落的重要原因。

三、民约或专制:墨家义政的根本属性

二十世纪以来,梁启超、胡适等人研究墨学,"突破了历来考证工作的藩篱,采用新的方式,并以之与西方思想比较,来研究整个的墨了思想",开辟了墨学研究的新境界。其中,关于墨家政治思想是民约还是专制的争论是现代墨学研究中争议较大的问题,这一争论的实质是关于墨家政治思想的基本立场和根本属性的争论。

民约论以梁启超为代表。他的民约论主要受法国思想家卢梭的影响,卢梭主张一个理想的社会建立于人与人之间的契约关系,墨家"人民相约置君,君乃命臣"的思想与卢梭的思想相类似。梁启超在1904年的《子墨子学说》中指出:"墨子之政术,民约论派之政术也。泰西民约主义,起于霍布士,盛于陆克,而大成于卢梭。墨子之说,则视霍布士为优,而精密不逮陆卢二氏。"梁启超认为墨家主张国家起源是人们鉴于天下混乱而选择贤可者立为天子,与西方民约论之国家起源说类似,由此将墨家定位为"民约建国说"。梁启超论证墨家思想为民约论的核心证据是《墨子·经上》的"君、臣、萌,通约也"一语,以此结合墨家的尚同思想,认为天下混乱的原因是由于没有正长,于是"人民"选择贤良者立为天子、三公、诸侯、乡里之长。《墨子》文本并未明言选择的主体,梁启超在此直接推论认为,墨家所讲的选择显然是人民来选择,"国家为民意所公建"。

专制论以胡适、郭沫若为代表。梁启超由尚同思想指出墨家为民约建国论,胡适、郭沫若同样从尚同思想出发,却揭示出墨家具有一定的专制色彩,相同的出发点,却得出了几乎完全相反的结论。胡适在1921年给梁启超《墨经校释》写的《后序》中指出:"墨子《尚同》各篇深怕'一人一义,十人十义'的危险,故主张'上同'之法——上之所是,必皆是,所非,必皆非之——很带有专制的色彩。"郭沫若在1923年发表了《读梁任公〈墨子新社会之组织法〉》一文,他认为梁启超关于墨家选择政长、天子自然是人民来选择的推论是"靠不住的",在梁启超看来自然是人民来选择一事在郭沫若看来"实在是再不自然没有",郭沫若认为"其实墨子的书,从《法仪》一直到《非儒》,他都是替王公大人说的治天下的道理,他的思想归根是政教不分,一权独擅,专制的色彩何止《尚同》各篇!"郭沫若不仅认为《尚同》篇充满专制色彩,甚至认为《墨子》一书的政论都是替王公大人说话,为专制王权设计。其实,梁启超对墨家的认识后来又有所深化,他在1921年的《墨子学案》中指出:墨子所讲的新社会是"平等而不自由的社会",虽然墨子关于国家起源的观点类于民约论,但是这类国家成立之后,却"流于专制"。这表明,梁启超在写作《墨子学案》时已对墨学内部民约与专制之间的张力有所认识。

笔者认为,民约与专制是西方政治学的概念,尤其是资本主义制度诞生以来的重要政

治话语。而墨家思想产生于战国时期,当时中国正处在由奴隶制度向封建制度过渡的时期,建立统一的中央集权制国家符合历史潮流,因此以民约与专制定位墨家思想存在明显的不适应性。

第一,墨家虽然主张兴天下之利,但不是严格意义上的民约论。民约论是宣称国家和法律都是由于人们订立契约而成立的一种政治学说。墨家义政的核心目标是通过兼爱、非攻等系列举措谋求天下之利,政治之治乱以人民的利益是否得到满足作为评价标准。但墨家义政中对于契约政治的论述是模糊的,《墨子·尚同上》曰:"夫明乎天下之所以乱者,生于无政长。是故选天下之贤可者,立以为天子。"此言仅仅指明了天下大乱时可以选贤,但对于选贤的主体未做明确说明。同样,墨家也未说明三公、诸侯国君、正长的选择主体。事实上,在当时的中央集权背景下,由人民作为选贤主体的可能性是非常小的,正如萧公权说:"墨子既无民选之明文,而其思想系统以及历史背景均无发生民选观念之可能。"《墨子》一书中也多次强调下级对上级绝对服从的等级秩序,说明墨家并没有能够突破当时的政治格局,墨家之选贤理念只是对其所代表的小生产者的立场的一种理想化表达。

第二,墨家尚同思想虽然重视天子的权威,但不是严格意义上的专制理论。孟德斯鸠将专制政体界定为"既无法律又无规章,由单独一个人按照一己的意志与反复无常的性情领导一切",君主独揽国家行政、立法、司法、财政、军事等所有权力,并实行权力世袭制。墨家尚同思想虽然维护君主的权威,但其出发点是为了改变当时社会"一人一义、十人十义"的思想混乱局面,以天子的权威来统一天下言论,从而实现社会的安定和谐。这种思想顺应了当时社会走向统一的中央集权制的历史潮流,具有一定的历史进步性。同时,墨家以天志、明鬼思想来限制君权,主张"天子为善,天能赏之;天子为暴,天能罚之"(《墨子·天志中》),相信"鬼神之能赏贤而罚暴"(《墨子·明鬼下》),这种限制君权的方法虽然软弱,但表明墨家政治思想反对天子专权而妄为。墨家主张尚贤而反对权力世袭,天子是贤政的执行者,其职责是确保天下之利、人民之利,而不能独权专政。可见,墨家无论维护王权还是约束王权都是以天下之利为出发点,这点与西方的专制理论具有明显的差异。

第三,墨家义政是平民立场上的道义政治。墨家始终坚守道义精神,不为利禄所动,没有攀附专制王权的主观动机。墨家是先秦诸子中最富有道义精神的派别,墨家弟子甘为天下利益奔走而不计较个人得失,《庄子·天下》赞叹道:"墨子真天下之好也,将求之不得也,虽枯槁不舍也,才地夫。"墨家坚守道义的人格形象获得了社会的认可,《吕氏春秋·上德》载墨家巨子孟胜殉守阳城时说:"死之,所以行墨者之义,而继其业者也。"从墨子及其弟子的行为看,他们不攀附王权,例如,墨子不为越王提出的方圆五百里的土地封赏这一优厚待遇所打动,而首先考虑越王是否真正愿意采纳他的学说。墨子赞扬弟子高石子"倍禄而乡义"(《墨子·耕柱》)的行为,而弟子胜绰跟随项子牛攻打鲁国而没阻止项子牛,墨子听说后非常生气,批评胜绰"言义而弗行,是犯明也",便派弟子高孙子去项子牛那里,请求项子牛辞掉胜绰。显然,墨家没有站在统治阶级的立场上去设计一套专制理论,而是用生命维护道义精神的立场。

综上,墨家政治思想的立场,既不是统治阶级的立场,也不是上天或鬼神的立场,而是立足于平民的道义精神立场。正如萧公权所言:"墨子虽重视政治制裁,然并不似法家诸子之倾向于君主专制。简言之,墨家尚同实一变相之民享政治论。盖君长之所以能治民,由其能坚持公利之目标,以为尚同之准绳。"墨家在形式上主张上同,下级严格服从上级,但在实质上关注天下人民之利,天志其实是民志的反映。墨家虽然没有完全突破等级制度,没有突破尊卑的政治格局,但在一定程度上反映了墨家作为小生产者代表的立场,曲折地反映了下层人民的愿望。

参考文献:

[1]陈广忠.中华经典名著全本全注全译丛书:淮南子[M].北京:中华书局,2012.

[2]张永祥,肖霞.墨子译注[M].上海:上海古籍出版社,2015.

[3]杨伯峻.孟子译注[M].北京:中华书局,2010.

[4]梁启超.梁启超论诸子百家[M].北京:商务印书馆,2012.

[5]任守景.墨子研究论丛(八)下[M].济南:齐鲁书社,2009.

[6]郭沫若.史学论集·中国文化之传统精神[M].北京:人民出版社,1984.

[7]梁启超.齐鲁文化研究文库:墨子学案[M].济南:山东文艺出版有限公司,2018.

[8]萧公权.中国政治思想史[M].沈阳:辽宁教育出版社,1998.

(合肥学院马克思主义学院;合肥学院艺术设计系)

弘扬德文化　以德化天下

张鸣雨

摘　要:德,堪称中华文化中在个体主观追求与群体客观期许上最具一致性的元素。在中华传统文化当中,德文化一直占据重要位置。上下五千年,中国人一直怀有尊道贵德的基本精神,以德性作为区分人兽、评判善恶的根本,以成德建业、厚德载物为崇高理想。尤其在《周易》的话语体系里,人的根本任务,就是如何"生"——生产创造,如何"得"——获得拥有。而人的永恒追求,则是如何获取有德之得,如何成德为性、致得成德。而"德惟善政""以德治国",更成为中华民族治国理政的智慧总结和永恒追求。

关键词:德文化;弘扬传承;核心价值观

一、德的本义

(一)德的来源

《说文解字》:"德,升(登)也,从'彳''惪'声。"也就是说,不断进取获得、不断提升有成,才是德。这个"德"字,与"彳"和"惪"有意义上的关联。前者意味着要处理好与他人的利益关系,后者意味着个人所得要对得起"正直的心",也就是不能亏心。

综上,"德"的本意包括两点:

第一,是与群体有关的社会行为。古人造字,凡是与他人、与群体有关的字词,一般都用"彳",如接待、等待、招待的"待",法律、律令、律师的"律",行动、行为、言行的"行",以及"往""彼""径""征""徒""徐""微""徘徊""彷徨""徜徉""徭役"等。这个"德"也不例外。

第二,是与利益有关的价值取向。关于"惪(德)",《说文解字》的解释:"外得于人,内得于己也。从直从心。"说穿了,就是对得起良心(直、心)的所得。之于群体社会之得,也就是今天我们常说的双赢、多赢、共赢。

(二)作为概念的"德"的外延与内涵

古代汉语的一个重要特点是"单字为词"。许多汉字既是词素,也是单词。某些名词性单字,还具有特定内涵或外延的概念,是某种思维体系中最基本的构筑单位。"德"就是这样一个单词,这样一个概念。作为中华民族传统文化的价值性元素,"德"集中代表了中华传统文化的价值追求。

在中华传统文化语境里，"德"具有隐含的三层意义。

第一，是利益实惠。"德者，得也。德行之得也。"这里的得，一曰得利，二曰得道。"利者，义之和也"，和义得道是最根本的。德就是得，是取得、获得、赢得、所得，是人人关心追求、争逐竞享的利益、实惠或财富。"德"与"得"的根本区别，就是要对得起良心，符合公共利益，其实就是以共赢共享为前提的"得"，最次也要不损害他人利益，是"德行之得也"。"人有德于我，不可忘也；我有德于人，不可不忘也""君子以施禄及下，居德则忌""作乐崇德""崇德广业""无德不贵，无能不官""命相布德、和令、行庆、施惠，下及兆民"等，说的都是这个意思。

第二，是功能效用。"天地之大德曰生"，这里的"德"就是功能效用的意思，说是品行也可以。不生即穷，无生即无得，天地最伟大的功效、品德就是生发繁育、发展创造。此外还有"义用三德"——治理民众要用三种有效手段，"以乐德教国子"——教育国子们了解掌握音乐舞蹈的功能作用，以及"德惟善政，政在养民""以三德教国子：一曰至德，以为道本；二曰敏德，以为行本；三曰孝德，以知逆恶""以天产作阴德，以中礼防之；以地产作阳德，以和乐防之"等。

第三，是美好品行。随着社会生产力的发展，德逐渐淡化了形而下的实在意义，而被赋予了行为品格、价值观念方面普适的抽象意义。"凡言德者，善美、正大、光明、纯懿之称也"，各种符合人类共同价值观念的行为品质都可称之为德，如"师德""医德""官德""艺德""职业道德""社会公德""家庭美德"等。"三年则大比，考其德行、道艺，而兴贤能者""以德治国""以德为本""以德服人""克明峻德""大学之道，在明明德"等，说的都是这个意义。

需要指出的是，作为一种思维形式和社会意识，"德"的这三层意思也是与社会生产力发展水平相对应的。如同君子这个概念，"德"在中华古典文化语境里，多以"利益实惠""功能效用"的意义出现。从孔子开始，特别是独尊儒术之后，它的"美好品行"意义更加突出，直到今天完全居于主导地位。不过，究其本质，仍然是施惠于人，对人有用，让人有得。试想，如果个体的存在或行为对别人没有价值与作用，不能给他人带来实惠和好处，有谁能说他是有德之人？所以孔子才讲："德之流行，速于置邮而传命。"

（三）德是关于得的哲学

用"彳"和"悳"两个字组成"德"字，的确是中国古人非凡的智慧创造。它集中反映了中华先哲、中华传统文化对于"得"——即利益、效用、价值的态度、看法，可以说是关于"得"的世界观和方法论。从这个意义上讲，"德"是关于"得"的哲学。君子爱财，取之以道。用符合道义的方式取得财富、处置财富，就是有德、德行。因此，在中华传统文化中，尤其是周易的话语体系里，人的根本任务，就是如何"生"——生产创造，如何"得"——获得拥有；而人的永恒追求，则是如何获取有德之得，如何成德为行、致得成德。

"德"这个概念一诞生，就成了中华传统文化的核心价值观。无论是周易的"厚德载物""日新之谓盛德""易简之善配至德""天地之大德曰生"，还是《道德经》的"道生之，德蓄之，物形之，势成之，是以万物莫不尊道而贵德""道之尊，德之贵，夫莫之命而常自然"，乃至其中的"上德""下德""常德""玄德"，都旨在阐述对待"得"的态度和方法。而"德惟善政""以德治国""德被苍生""德化天下"，更成为中华民族治国理政、探索更加美好社会制度的文化智慧和永恒追求。

二、枝繁叶茂的中华德文化

中华德文化源远流长，生机勃勃，始终在中华民族的精神家园中春华灿灿、秋实累累，不仅为中华民族生生不息、团结进取提供丰沛不竭的滋养，更渗透到炎黄子孙的血液和骨髓，成为民族的文化气质和人民的精神品格。

（一）澡身浴德、美文达意的成语——成语中的德文化

成语是中华德文化的重要载体，从《周易》的"厚德载物""果行育德""振民育德""作乐崇德""俭德辟难""自昭明德""反身修德""居德则忌""进德修业""盛德大业""崇德广业""成德为行"到《尚书》的"德惟善政""克明俊德""好生之德""一心一德""同心同德""反道败德""惟德动天""诞敷文德""天命有德""同心度德，同德度义""离心离德""树德务滋""崇德报功""乂用三德""玩人丧德""崇德象贤""德垂后裔""经德秉哲""明德慎罚""惟德是辅"；从《周礼》的"修德学道""德行道艺"到《道德经》的"上德不德""上德若谷""建德若偷""尊道贵德""报怨以德"；从《论语》的"为政以德""道之以德""君子怀德""德不孤，必有邻""以德报怨""以德报德""巧言乱德"到《礼记》的"太上贵德""道德仁义""爱人以德""命相布德""布德行惠""天地之德""以德为车""比德于玉""大德不官""德者得也""至德之光""德配天地""德音莫违""小德川流、大德敦化""无德不报""以怨报德""大学之道在明明德""澡身浴德"；以及以德为本、以德治国、以德修身、以德养性、爱人以德、以德树人、以德领才、以德帅才、以德服人、以德为先、以德为荣、以德为贵、德才兼备、德能勤绩、德高望重、功德圆满、立德立功、歌功颂德、积善成德、妖不胜德、财由德致、积德裕后、厚德载福、论德使能、龙德在田、施仁布德，等等。中国劝人修身以德、以德砺行的成语典故比比皆是。

（二）崇德向善、励志化人以命名——命名中的德文化

中华德文化的另一个表现就是取名用字。古往今来，从人名到地名，从商号到年号，中华民族最钟爱的命名元素就是德。人有五福，好德为上。有德行千里，缺德千夫指。德，堪称中华文化在个体主观追求与群体客观期许上最具一致性的元素。受中华文化的影响，周边的日本、越南、朝鲜、韩国在取名用字上也都表现出对德文化的推崇。中国历史上共有28个用德的年号，共涉及26个君主帝王和16个朝代或地方政权。建于明代嘉靖年间的北京历代帝王庙，其中心建筑即被命名为"景德崇圣殿"，景德崇圣，意思就是景仰德行德性、好

生善得,崇尚圣贤圣明、创造建树。

表1　中国历史上以德为年号的朝代或地方政权一览表

朝代或地方政权	帝王名号	年　号	使用时长(年)
陈　朝	后主陈叔宝	至　德	4
北　周	武帝宇文邕	建　德	7
唐　朝	高祖李渊	武　德	9
	高宗李治	麟　德	2
	肃宗李亨	至　德	3
	代宗李豫	广　德	2
	僖宗李儇	文　德	1
后　梁	末帝朱瑱	龙　德	3
后　周	太祖郭威	显　德	0
	世宗柴荣	显　德	6
	恭帝柴宗训(世宗、恭帝都未改元)	显　德	1
闽	太祖王审知	龙　德	2
	世宗王延政	天　德	2
前　蜀	后主王衍	乾　德	6
后　蜀	高祖孟知祥	明　德	4
北　宋	太祖赵匡胤	乾　德	6
	真宗赵恒	景　德	4
南　宋	恭帝赵㬎	德　佑	2
西　夏	崇宗李乾顺	元　德	8
		正　德	8
		大　德	5
北　辽	秦王耶律定	德　兴	1
金　朝	海陵王完颜亮	天　德	5
元　朝	成宗孛儿只斤·铁穆尔	大　德	11
明　朝	宣宗朱瞻基	宣　德	10
	武宗朱厚照	正　德	16
	宁王朱宸濠	顺　德	0
清　朝	太宗爱新觉罗·皇太极	崇　德	8

注:年号使用时间不足1年按0计算

　　历史上,中国东邻日本共有9位御名为"德"的天皇,分别是懿德天皇、仁德天皇、孝德天皇、称德天皇、文德天皇、崇德天皇、安德天皇、顺德天皇和德仁天皇（见下表）。共有15个含有"德"字的天皇年号，包括天德、元德、承德、应德、延德、宝德、正德、至德、永德、明德、享德、长德、宽德、德治、建德。

表2 日本历史上以德为年号的天皇一览表

天皇年号	在位时间（年）
懿德天皇	33
仁德天皇	86
孝德天皇	9
称德天皇	6
文德天皇	8
崇德天皇	18
安德天皇	5
顺德天皇	11
德仁天皇	在位中

在地名方面，全国目前共有承德、宁德、常德、德阳、德州、德宏、景德镇、德化、化德等几十个县级及以上行政区以"德"命名。

至于历史上的刘备刘玄德、曹操曹孟德、张飞张翼德、杨修杨德祖，当代的朱德、彭德怀、李德生、吴德以等人名取用德字，更是不胜枚举。

（三）德道与德经——《周易》与《道德经》中的德文化

《周易》号称群经之首，大道之源。纵观《周易》整个思想理论体系，可以梳理出生、易、道、德四大核心理念及相应的思想体系。其中关于德与得的一系列思想观点，堪称德道、德论。尤其是《易传·象辞》，简直就是一篇《德经》。而《易传·系辞》亦有论德鸿篇："是故履，德之基也；谦，德之柄也；复，德之本也；恒，德之固也；损，德之修也；益，德之裕也；困，德之辨也；井，德之地也；巽，德之制也。"这里的德，侧重的是有德之得。这些，或许就是孔子问道于老子的具体成果。

至于《道德经》，其本身由上下两篇组成，上篇公认为《道经》，下篇公认为《德经》。《道德经》五十四章有修德宏论："修之于身，其德乃真；修之于家，其德乃余；修之于乡，其德乃长；修之于邦，其德乃丰；修之于天下，其德乃普。故以身观身，以家观家，以乡观乡，以邦观邦，以天下观天下。吾何以知天下然哉？以此。"这里的德，强调的是有德于人。

整个中华传统文化，可以概括为天地、阴阳、乾坤、人民、国家、道德、礼乐、极和8个基本范畴。而道与德，是其中的一个核心范畴，用以框定人们的行为规范和价值取向。如果用最为简练的词句概括中华传统文化的核心价值，则非"自强不息，厚德载物"莫属。"人法地，地法天，天法道，道法自然"，中华民族古圣先贤从天与地的象与性、行与势中获得启示，认为要像苍天那样自强不息,像大地那样厚德载物。"自强不息""厚德载物"已然成为中华民族共同尊崇的风范品格与价值观念。

(四)大学之道,在明明德——儒家思想中的德文化

儒家思想体系有"三纲领八条目"之说,所谓"三纲领"就是明明德、亲民、止于至善。"明明德"——弘扬光大那光明的德性德行、光荣的美德品德、光辉的德学德论——作为"三纲领"之首始终被儒家奉为"大学之道"——践行伟大学问、研修大人(与天地合其德的圣人伟人)之学的不二法则。在古人看来,"道之以政,齐之以刑,民免而无耻;道之以德,齐之以礼,有耻且格"。

在德与乐,也就是道德教化与文艺创作的关系上,中华民族早在先秦时代就形成了一系列光辉思想,这些思想在古圣先贤治国理政的过程中发挥了重要的思想理论指导作用。这些思想理念包括"作乐崇德""以乐彰德""诞敷文德""崇德象贤""象德昭功""歌功颂德""以德为车,以乐为御""九功惟叙,九叙惟歌""礼乐皆得,谓之有德""乐终而德尊""广乐以成其教""乐者,德之华也""乐者,所以象德也""夫歌者,直己而陈德也",等等。

(五)德育——现代教育中的德文化

"万物莫不尊道而贵德。"因为崇德尚德,因为修身、齐家、治国、平天下无一不是以德为行为规范和追求取向,所以,德的思想主张一经确立,中华民族就十分重视德教德育。政治上追求德治德化,强调以德治国,导之以德,德化天下;教化上强调以德修身,以德树人,养性以德,浴德澡身;行行业业都坚持以德为本、以德为贵、以德为先、以德为荣、积善成德,追求致得成德,功德圆满。到了近代,即使是实行了现代教育,也强调德育、智育、体育、美育,乃至意育、情育全面发展,并在各级各类学校开展德育教育。晚清年间,梁启超编著出版了青年德育教育教本《德育鉴》,里面精心选录先贤大儒关于德育的重要论说,加之他的按语评论,以"辨术""立志""知本""存养""省克""应有"为目,分为六篇,教本出版后一时风靡全国。《中华人民共和国义务教育法》第三十六条规定,学校应把德育放在首位,寓德育于教育教学之中,更是凸显了德育的重要性。

三、德的品类划分与内涵提炼

(一)德的品类划分

德既是抽象的,也是具体的。在中华德文化中,德还是有层级品类的。

大德。《周易》讲:"天地之大德曰生。"天与地、天地间最伟大的功德效用就是"生",即生产发展、创生创造。"小德川流,大德敦化",最伟大的功效、德行在于促进人的文明进化,推动事物向好的方向转化。

上德。《道德经》认为:"上德不德,是以有德。"层次品位高的德行德性是不张扬、不炫耀自己的德行德性。

玄德。《道德经》讲："生而不有,为而不恃,长而不宰,是谓玄德。"所谓的"玄德"就是创生不求拥有、创造不谋独占,有作为不炫耀、有成就不骄傲、当领导不独断。在老子心目中,这才是至为高尚的德,至为玄妙的德。

至德。《周易》强调大道至简,"易简之善配至德",周易学说关于事物发展求简化、尚简便这个优点,对应的正是最完美、最高效的德。也就是说,要想实现最完美、最科学、最有效的发展,必须充分发挥周易学说求简、化简这个优长。"天道至教,圣人至德",教育的最高境界是掌握、运用客观规律,德行的最高境界是创造建树、创新发展。所以,古圣先贤大力倡导要"奋至德之光"。

(二)德的内涵提炼

因为崇德尚德,中华古圣先贤把那些政治生活、社会生活、家庭生活中的良善行为品质提炼概括为传神明理、文理兼备、易记好用的训条警语。

"三德"。《尚书·洪范》教导君主帝王"乂用三德"。所谓"三德":"一曰正直,二曰刚克,三曰柔克"。所谓"乂用三德",即治理社会,实现安定,要采取三种有效措施:对安稳老实的民众采取常规手段规范,对强梁凶悍之徒采取强硬手段打压,对贤良有名望的绅士采取温和手段怀柔。此外,《周礼·地官司徒》还提到了教育内容上的"三德",即师氏"以三德教国子:一曰至德,以为道本;二曰敏德,以为行本;三曰孝德,以知逆恶"。这里的"三德",分别代指完美的德、有效的德、作为善恶判断标准的德。

"四德"。所谓的"四德",一般指古代儒家确立的妇女应当遵守的道德规范,即德(品德)、言(言辞)、容(仪态)、功(女工),也就是所谓的"三从四德"的四德。需要指出的是,这个四德是彻头彻尾的封建糟粕。此外,《易传·文言传》还把元、亨、利、贞称为"君子四德"。不过,这里的君子,并不同于今天的有风度、有修养的君子人格,而是特指古代英明的君主、完美的帝王。

"五德"。"五德"一般指《论语·学而》所倡导的"温、良、恭、俭、让"五种个人品德。另外还有《孙子·始计》所提出的军官武将应具备的"智、信、仁、勇、严"五种品德,以及"比德与玉"所引申出来的"玉有五德":"温润而泽,仁也;缜密以栗,知也;廉而不刿,义也;垂之如坠,礼也;孚尹旁达,信也。"

"六德"。"六德"主要是指《周礼·大司徒》所提出的人才选拔任用的品质导向:"知、仁、圣、义、忠、和。"

"七德"。《左传·宣公十二年》提出"武有七德",认为国家武装力量应该履行七种职能:"夫武,禁暴、戢兵、保大、定功、安民、和众、丰财者也。"武装力量的主要职能是禁止暴力暴乱、制止战争冲突、保卫君王政要、维护邦国安全、安定保护百姓、团结调和民众、创造积累财富。唐朝贞观年间排演的以歌颂李世民战功为主题的大型音乐舞蹈史诗就被命名为《七德舞》,白居易作同名诗加以记述赞美。

"八德"。一般指中国封建社会人们应当具备的孝、悌、忠、信、礼、义、廉、耻八种行为规范。《八德须知全集》系民国初年刊行的德育课本,旨在教育少年儿童体认、恪守并践行这八种行为规范。孙中山、蔡元培等又提出并倡导"忠、孝、仁、爱、信、义、和、平"的新"八德"。

"九德"。一般指《尚书·皋陶谟》中所推崇的"行有九德":"宽而栗,柔而立,愿而恭,乱而敬,扰而毅,直而温,简而廉,刚而塞,强而义。"——宽宏而不失威严,柔顺而不失立场,善良而不失严肃,兴奋而不失庄敬,烦乱而不失刚毅,耿直而不失温和,简约而不失周详,刚健而不失含蓄,雄强而不失道义。此外还有《左传·昭公二十八年》中所阐述的君主帝王应当遵守的"九德",即"九德不愆,作事无悔"的"九德":"心能制义曰度,德正应和曰莫,照临四方曰明,勤施无私曰类,教诲不倦曰长,赏庆刑威曰君,慈和徧服曰顺,择善而从之曰比,经纬天地曰文。"以及《逸周书·常训》中提出的"九德":"忠、信、敬、刚、柔、和、固、贞、顺。"

四、社会主义核心价值观,其实就是一种德

2014年5月4日青年节,习近平总书记在考察北京大学时指出,对一个民族、一个国家来说,最持久、最深层的力量是全社会共同认可的核心价值观。核心价值观,承载着一个民族、一个国家的精神追求,体现着一个社会评判是非曲直的价值标准。他强调,核心价值观,其实就是一种德,既是个人的德,也是一种大德,就是国家的德、社会的德。国无德不兴,人无德不立。如果一个民族、一个国家没有共同的核心价值观,莫衷一是,行无依归,那这个民族、这个国家就无法前进。

习近平总书记的上述论断,为中华德文化注入了新的时代内涵,并把传统文化中的德与当代社会的价值观统一起来。党的十八大明确了社会主义核心价值观的基本内容,即"富强、民主、文明、和谐""自由、平等、公正、法治""爱国、敬业、诚信、友善"。三个层面24个字的社会主义核心价值观其实就是国家之德、社会之德、公民之德。"富强、民主、文明、和谐"可视为国家之德,国家的行为规范和目标追求;"自由、平等、公正、法治"可视为社会之德,社会的建设规范和目标追求;而"爱国、敬业、诚信、友善",则可视为公民之德,全体公民应当恪守的行为规范。

五、结　语

"德"与"得"就像一个硬币的两面:形而下的是"得",形而上的是"德"。"德"以"得"为前提和基础,"得"以"德"为归宿和保证。"德"是本质,"得"是表象。无得不成德,发展才是硬道理。如果没有所得,就不会有德行,成德布德就是一句空话。有德才有得,如果没有德性,巧取豪夺,得之无道,得不成德,所得越多,则失德越甚,最终不过是独夫民贼,"眼看他起朱楼,眼看他宴宾客,眼看他楼塌了""落了片白茫茫大地真干净"。所以,有德之得才最正当、最光荣、最持久。得而舍之是德行,能得会舍是德性。因此,开展德育教育乃至社会主义核心价值观教育,一定要把形而上的德性与形而下的德行,抽象的德与实在的得

统一起来。唯有如此,德教德育方可避免流于空泛,德行德性才能做到实至名归。

回顾历史,人类经历了共主天下、霸主天下、王化天下等实践探索阶段。着眼现实,居住在地球村的人类,已然成为命运共同体和利益共同体。展望未来,人类唯有行"大德"——不断发展创造,图"盛德"——开创美好未来,求"至德"——建设人类持续共享的"百花园"。"万物莫不尊道而贵德。"未来赋予人类的使命,必将是德化天下。

参考文献:

[1]许慎.说文解字[M].北京:中华书局,2013.

[2]李史峰.十三经[M].上海:上海辞书出版社,2006.

[3]王弼,楼宇烈.老子道德经注[M].北京:中华书局,2011.

[4]冯友兰,中国哲学简史[M].北京:北京大学出版社,2013.

(长春市文化广电新闻出版局)

儒学复兴　天下大同
——谈儒学文化与人类命运共同体

杜改转

摘　要：人类是一个命运共同体，命运共同体必然有其共同的文化支撑。人类作为命运共同体，虽然需要尊重文明的多样性、倡导文化多元性，但是还必须有一种主流的或者说主体的文化，这种主流或主体文化需要具备"天人一体"的价值观念，"协和万邦"的政治抱负，和而不同的个性特点，兼容并蓄的包容品格，舍我其谁的担当精神等；人类命运共同体理想愿景不外是"世界大同、天下一家"，这种理想愿景，中国的古圣先贤早就作出了描绘，历代志士仁人努力奋斗的目标，正是大同理想的实现！

关键词：命运共同体；天人一体；天下大同

有人将地球比作一艘大船，地球上所有国家就是这艘大船的一个个船舱，每一个船舱里生活着不同国度、不同种族、不同文化的人。既然都在一艘"大船"上，就注定是一个命运共同体。世界上任何一种游戏都有它的规则，人类在"地球号"上生存且要达到一种理想的生存状态，当然不能够随心所欲，也必要有其规则，譬如各国相互尊重、合作共赢、和而不同、文化大同等，这样承载着全人类共同命运的"地球号"才能乘风破浪，平稳前行。孟子引用《诗经》和孔子的话说："《诗》曰：'天生蒸民，有物有则。民之秉彝，好是懿德。'孔子曰：'为此诗者，其知道乎！故有物必有则；民之秉彝也，故好是懿德。'"意即："《诗经》上说：'上天生育了人类，万事万物都有规则。老百姓掌握了这些规则，就会有崇高美好的品德。'孔子说：'写这首诗的人真懂得道啊！有事物就一定有规则；老百姓掌握了这些规则，所以崇尚美好的品德。'"规则直接决定了其生存命运的好坏，这种规则其实就是一种思想、文化。关于命运共同体共同的"游戏规则"，中国古圣先贤在这方面早有较为成熟的理论与实践经验："天人一体"的价值观；仁爱和平、"协和万邦"的政治观；和而不同的个性特点；兼容并蓄的包容品格；舍我其谁的担当精神等。中华五千年传统文化中一直占据之主流地位的儒家文化所具备的这些品格与精神，将使其成为人类命运共同体的文化支撑。

一、什么是人？

现代人将人解释为"能制造工具改造自然并使用语言的高等动物"，这只是人的外形。

中国的古圣先贤一语道出了人的实质:仁者人也。"故人者,其天地之德,阴阳之交,鬼神之会,五行之秀气也。"又曰:"故人者,天地之心也,五行之端也,食味,别声,被色而生者也。"禽、兽、草、木皆天地所生,而不得为天地之心,唯人为天地之心。故天地之生此为极贵。天地之心谓之人,能与天地合德;果实之心亦谓之仁,能复生草木而成果实。故横渠有"为天地立心,为生民立命,为往圣继绝学,为万世开太平"四句锦言。人者仁也,这是中国古圣关于人的本质的定义,孔子曰:"人者仁也,亲亲为大。义者宜也,尊贤为大。""亲亲为大",是宗庙系统的价值原则;"尊贤为大",则是社稷系统的价值原则。

人受天地之中气而生,人乃天地之性最贵者,仁义以养性,孟子曰:"尽其心者,知其性也。知其性,则知天矣。存其心,养其性,所以事天也。夭寿不贰,修身以俟之,所以立命也。"即孟子说:"充分发挥人的善良的本心,就是知晓了人的本性。知晓人的本性,就知晓天命了。保持人的本心,养护人的本性,这是侍奉上天的办法。无论寿命长短,都不三心二意,修养自身,等待天命,这就是用以安身立命的方法。"古人认为人不可以自暴自弃。孟子曰:"自暴者,不可与有言也;自弃者,不可与有为也。言非礼义,谓之自暴也。吾身不能居仁由义,谓之自弃也。仁,人之安宅也;义,人之正路也。旷安宅而弗居,舍正路而不由,哀哉!"中国的古圣先贤对于人之为人的论述是非常完备的,仅这几句话已经把人类命运共同体应该遵守的规则论述得十分精辟了。

生存在地球上的人种是多样化的,诸如黄种人、黑种人、白种人,众多人中难免存在"匪人","匪人"即不是人,这里的不是人,并不是指人以外的动物,而是指已经失去人的本质与良心的人。关于"匪人",先圣的论述也十分完备,孟子曰:"无恻隐之心,非人也;无羞恶之心,非人也;无辞让之心,非人也;无是非之心,非人也。恻隐之心,仁之端也;羞恶之心,义之端也;辞让之心,礼之端也;是非之心,智之端也。人之有是四端也,犹其有四体也。"

儒家思想内容丰富,《四库全书》之经史子集所阐述的思想都不外是儒家思想,儒家思想就是无论是作为个体生命的人,还是社会、国家都需要的一种思想,这种思想对于生命个体而言就叫作生命学,对于社会而言就叫作社会学,对于国家而言就叫作国学;儒家思想所要阐述的概括起来就是"五伦",即"父子有亲,君臣有义,夫妇有别,长幼有序,朋友有信"这五种人伦关系;"八德"即孝、悌、忠、信、礼、义、廉、耻。说得更精炼点就是道德,如果用一个字表达就是"仁",中国文化把做事合乎"仁"的规范叫作"中",子曰:"谁能出不由户?何莫由斯道也?"孔子认为,人立身成功当由道,譬犹出入要当从户。由此又作"道";即所谓"仁学""中学""道学";如果做人能够依据"仁学"、做事能够依据"道学",则谓之中正,即中正平和、合乎道德规范。只有中正平和,合乎规范,人及人类社会才能够把握好前行的方向。把"仁"用于治理国家社会便是施仁政,仁得天下,不仁失之。孟子曰:"三代之得天下也以仁,其失天下也以不仁。国之所以废兴存亡者亦然。天子不仁,不保四海;诸侯不仁,不保社稷;卿大夫不仁,不保宗庙;士庶人不仁,不保四体。今恶死亡而乐不仁,是犹恶醉而强酒。"意思是周三代得到天下是因为行仁政，他们的后人失去天下是因为不行仁政，一个国家的衰败、兴起、生存、灭亡，也是这个道理。天子不行仁政，便不能保全天下；诸侯不行仁政，便不能保全国家；士大夫不行仁政，便不能保全宗庙；士人和百姓不行仁义，便不能保全自身。现在的人厌恶死亡却又乐于做不仁义的事，这就好像厌恶醉酒却又偏偏要猛喝酒一样。

中国文化的先哲们用或"中学"或"仁学"或"道学"来强调人应该中正平和，是因为"人心惟危，道心惟微"，故而必须"惟精惟一，允执厥中"。合起来十六个字，是儒学乃至中国文化传统中著名的"十六字心传"。据说，这十六个字源于尧舜禹"禅让"的故事。当尧把帝位传给舜以及舜把帝位传给禹的时候，所托付的是天下与百姓的重任，是中华文明的火种，而谆谆嘱咐代代相传的便是以"心"为主题的这十六个汉字。

二、中国古圣先贤思想中人类社会命运共同体的因素

儒家文化强调和谐，主张天下为公，推崇不同国家、不同文化应该"美美与共、天下大同"，儒者的这种"天下"情怀由来已久，从以"和为贵""协和万邦"的和平思想，到"己所不欲，勿施于人""四海之内皆兄弟"的处世之道，再到"计利当计天下利"的胸襟气度，这些都蕴含了丰富的"命运共同体"因素。有子曰："礼之用，和为贵。先王之道，斯为美，小大由之。有所不行，知和而和，不以礼节之，亦不可行也。"即有子说："礼的应用，以和谐为贵。古代君主的治国方法，宝贵的地方就在这里。但不论大事小事只按和谐的办法去做，有的时候就行不通。为和谐而和谐，不以礼来节制和谐，也是不可行的。"

"协和万邦"出自《尚书·尧典》："克明俊德，以亲九族。九族既睦，平章百姓。百姓昭明，协和万邦。"意思是要将最美好的德行发扬出来，用以亲和九族，九族和睦团结了，就会影响到百姓。百姓德行光明了，就可以使万邦得以协和，即国与国之间得到相互协调。这里所说的国与国主要说的是春秋战国时期的各个诸侯国，但是协和全天下的国家也是一个道理。

"和"即是"仁"的具体体现，"和"的意义在《中庸》一书中做了阐述："喜怒哀乐之未发，谓之中；发而皆中节，谓之和。中也者，天下之大本也；和也者，天下之达道也。致中和，天地位焉，万物育焉。"礼乐精神主要体现天地之和。古代帝王常以兴礼乐为手段，以求达到尊卑有序、远近和合的统治目的。《礼记·乐记》称："礼乐顺天地之诚，达神明之德，隆兴上下之神。"又说："乐者敦和，率神而从天；礼者辨宜，居鬼而从地。故圣人作和应天，作礼以配地。"礼乐的起源与人类文明的演进是同步的。中华"礼乐文化"的形成背景，是以天地自然的和谐代表"乐"的精神，天地自然的秩序代表"礼"的精神。"和谐"即乐的精神，所以万物都能化生。"有序"即礼的精神，所以万物能各具特性。

中华民族的古圣先贤们，无一不在践行着这样的法则。"周公制礼，天下归心"，正是周

公制礼作乐,才有了周代民心所向,成就了"八百年最长久"的天下。礼乐就是参照自然界的法则来制定治理天下法则的。

由此看来,儒家并非通常意义上的学术或学派,儒家学说是中华民族文化精华,也是中华文化固有价值系统的一种表现,它已渗透到传统文化的每一根毛细血管之中,极大地影响着中国文化的每一个领域。凡是从中国土壤里产生的学说思想、宗教派别甚至于外来文化、外来宗教,都不能避免带上儒家文化的痕迹。儒家思想亦对世界文化产生了永久的影响。"东南亚文化圈"基本上就是以儒学为主体的文化构成模式,它有力地推动了东南亚的社会文明进步。随着历史的发展,儒家伦理正在进入西方国家,在多元文化中成为主流文化。儒家思想在根本上具有适应人类命运共同体的基因:其一是其哲学上的"天人一体"的宇宙观,其二是历史发展体系上"一以贯之",其三是以"仁"为核心伦理观念,其四是"天下大同"的政治主张,其五是"舍我其谁"的强烈的人类社会共同体责任感。

在古圣先贤思想中,不仅有人类社会命运共同体的因素,人类命运共同体的理想愿景,古圣先贤们早就做了描绘。《礼记》曰:"大道之行也,天下为公,选贤与能,讲信修睦。故人不独亲其亲,不独子其子,使老有所终,壮有所用,幼有所长,矜、寡、孤、独、废疾者皆有所养,男有分,女有归。货恶其弃于地也,不必藏于己;力恶其不出于身也,不必为己。是故谋闭而不兴,盗窃乱贼而不作,故外户而不闭,是谓大同。"

三、深刻认识儒家文化的产生、发展及特点、价值

儒家文化思想究其原因,一直是中国思想文化的高峰,一直占据正统与主流地位而无出其右者,究其原因,一是因为儒家思想契合了道的精神。太初有道,道在天地未有之先,故老子曰:"道生一,一生二,二生三,三生万物。""道"即代表宇宙法则,是对人类自身最高层次的根本认知,它不生不灭,无形无象,其大无外,其小无内,无所不包,亘古不变。宇宙万事万物统一遵循,无有例外。它是中国古代哲学的基本范畴,是中国社会文化思想的精华。二是儒家文化是对人类社会发展规律的认识与再认识。它超越种族、超越国界,它在产生之初,就已经具有了人类命运共同体的意识与品格,它不仅对群体有着鲜明的阐释,儒家的修身、齐家、治国、平天下、和而不同、平等相待、仁者爱人、天下为公的价值观,更是对个体生命的深入探讨与深情关怀。这也正是儒家"舍我其谁"担当精神的坚实的思想靠山。

"大凡一国之学术,必有一国之体系与特色。这是一国之学术区别于别国之学术的根本之所在。中国学术文化有数千年的历史,积淀尤其深厚,特色至为鲜明。"儒家文化的最大特点就是"天人一体"宇宙观,讲究人的思维要体现天的意志,强调人应有"道心",即仁、义、礼、智、信之心,"道心"正是"天人一体"观念的体现,是追求世间法则的至理之心。道心之运用便是德,德者得也,即有所获得。而人心则是欲壑难填、变幻莫测,常常不遵守规则,不遵守道德,故谓人心。孟子把道心叫作"天爵",孟子曰:"有天爵者,有人爵者。仁义忠

信,乐善不倦,此天爵也;公卿大夫,此人爵也。"

　　"天人一体"观是先圣出于对人及人类社会极端负责的精神而提出的,其民本思想、仁义德政学说、尊贤使能等思想,都有严密的逻辑性和理论基础,中国古代把一国之主叫作"天子",天赋予了人仁、义、礼、智、信的基因,人一定要将这些基因充分发挥。儒家的"仁",体现了人道精神,儒家的"礼",则体现了礼乐精神,即现代意义上的秩序和制度。仁为体,礼为用,体用结合,"天人一体"的思维模式是儒者的一种大智慧,这种智慧的产生基于先圣对人以及人类社会甚至宇宙的充分认识。古圣先贤认为,人是自然之物,必遵循自然规律,"人与天地相参也,与日月相应也",人当"永言配命,自求多福"意思就是说"常思虑自己的行为是否合乎天理,以求美好的幸福生活"。所以,儒家文化有两个重要传统,一是"以史为鉴"。唐太宗说:"以铜为镜可以正衣冠,以史为镜可以知兴替。"周公也说:"皇天无亲,惟德是辅。"最终决定力量是人的自我德行的提升,重要的是"疾敬德",即赶快提升每个人的品德,尤其是统治者。二是"以天为则"。"则"是原则、法则,儒者不主张人去做天地的主人、去支配天地,而是敬畏天地。子曰:"君子有三畏:畏天命,畏大人,畏圣人之言。"《周易》曰:"夫大人者,与天地合其德。"孔子赞扬尧帝曰:"大哉! 尧之为君也! 巍巍乎! 唯天为大,唯尧则之。"

　　正是因为儒者的这种大智慧,使得中华文化同化力、融合力、包容力和凝聚力尤为强大,佛教文化的传入并最终实现中国化,就有力地说明了这一点。中华文化的这种强大生命力,使得中华文化历经数千年,持续发展至今未曾中断。这是中国文化对全人类文化的贡献。

四、大同思想与人类命运共同体

　　儒家大同的理想是天下为公,选贤与能,讲信修睦,夜不闭户,路不拾遗,人不独亲其亲,不独长其长,天下一家,邻国友好往来,无战争和阴谋,社会秩序和谐安定。

　　马一浮就横渠先生"四句"教发微:儒者立志,须是令天下无一物不得其所,方为圆成。横渠《西铭》云:"凡天下之疲癃、残疾、茕独、鳏寡,皆吾兄弟之颠连,而无告者也。"此皆明万物一体之义。圣人吉凶,与民同患。未有众人皆忧而己能独乐,众人皆危而己能独安者。万物一体,即是万物同一生命。大同思想正是人类命运共同体的思想。孟子曰:"以力假仁者霸,霸必有大国;以德行仁者王,王不待大。……以力服人者,非心服也,力不赡也。以德服人者,中心悦而诚服也……"马一浮说:"从来辨王霸,莫如此言之深切著明。学者须知孔孟之言政治,其要只在贵德而不贵力。"然孔孟有德无位,其道不行于当时,而其言则可垂法于万世。"

　　中国古圣先贤尧、舜、禹、汤、文、武、周公、孔子、孟子的"仁"学思想、天下为公、世界大同的政治主张,对人类社会的发展产生了重大影响,中国文化之"礼"所维护的价值理念,就是仁义,其蕴涵的价值追求就是"成德""治世""大同",诸多近代前贤曾经强调的"中学为体,西学为用"的观点,并非只为华人计,而是为天下计。"人类命运共同体"的提出,是实现大同理想的前奏。儒家文化为人类命运共同体提供了思想基础,确立天下大同的文化价值理念,张载的"四为"彰显了儒者广阔的襟怀。长久和平的人类社会愿景,我们的老祖宗早已讲明白了,未来的人类社会将是一个讲仁道——为天地立心、为生民立命;论和平——为往圣继绝学,为万世开太平、天下为公的社会;儒家文化就是为天地立心,为生民立命,继往圣绝学、开天下太平的文化。《易经》同人卦阐释的"和同"的原则,正是以道义为基础,破除一家、一族之私见,重视大同、不计较小异的大公无私的精神。"协和万邦"、异中求同,才能实现大同世界的理想。果能率由斯道,人类共同体命运之美好愿望——大同世界,必有实现之一日!

儒学复兴,中华振兴,天下大同!

参考文献:

[1]阮元.十三经注疏[M].清嘉庆刊本.北京:中华书局,2009.

[2]老子.道德经[M].北京:中国华侨出版社,2014.

[3]彭林.论经学的性质、学科地位与学术特点[J].河南社会科学,2007(1):10-14.

[4]佚名.黄帝内经[M].姚春鹏,译注.北京:中华书局,2016.

[5]张载.理学丛书:张载集[M].北京:中华书局,2007.

[6]马一浮.默然不说声如雷[M].北京:中国广播电视出版社,1995.

[7]梁启超.饮冰室合集[M].北京:中华书局,2013.

（山西省当代儒学研究会中都书院）

复合等级制体系：儒家的世界秩序

汪　乾

摘　要:儒家思想基础上的世界秩序属于既是观念建构又是历史实存的,但极大地偏向于观念建构的世界秩序类型。该秩序可用四种儒家经典文献记载的模型作简化的、理想化的描述,其核心和基本特征是复合等级制体系。华夏世界和夷狄世界是儒家世界的两大组成单元,它们又分别细分为多个子单元。华夏世界是封建制国际体系,由天子国和各封国组成;夷狄世界可粗略划分为蛮、夷、戎、狄,即四夷。复合等级制体系由四重等级制构成。排列华夏世界与夷狄世界的顺序、华夏世界各国间顺序以及夷狄世界各国间顺序的原则都是等级制,这三重等级制属于国际政治等级制,与国内政治等级制之间构成等级制的等级,从而形成第四重等级制。儒家思想基础上的世界秩序就是四重等级制共同构建的复合等级制体系。

关键词:等级制;儒家的世界秩序;儒家经典文献;华夏世界;夷狄世界

一、问题提出

近年来,发掘传统中国的国际政治思想资源和实践经验越来越被国际关系学界所重视。已得到充分讨论的议题主要有:中国历史中非统一帝国时期,特别是春秋战国时期的国家间关系;朝贡体系和东亚的国际秩序;先秦诸子的国际政治思想;天下体系的思想和实践等。其中,第一类和第二类议题大体可称为国际关系的中国史理解,第三类大体可称为国际关系的思想史理解,第四类则综合了国际关系的中国史理解和思想史理解。国际关系的中国史理解主要基于真实发生的中国历史实践,国际关系的思想史理解主要基于形诸文本的传统思想结晶。

本文的研究属于国际关系的思想史理解,且聚焦于儒家思想,主要出于两个原因:其一,以儒家国际政治理论思想为单一研究对象,且具体地描述和总结儒家世界秩序的成果很少,虽然有关三服、五服、九服、五爵制度的研究在历史学、考古学两学科中成果较丰富,但受制于学科间范式和旨趣的差异,这些成果大都不符合国际政治研究规范。而在国际关系学科中,只围绕儒家国际政治理论思想展开探讨的论文尚属罕见,在材料的选取和阐释上亦未与文史哲学科的基准对接。因此,兼顾两种学科视角、综合研究儒家国际政治理论思想，包括儒家思想基础上的世界秩序实有必要。其二，中华文化百家中的儒家、道家、法家、墨家、阴阳家、纵横家、名家、兵家、农家的主张都包含或系统或零星的国际政治理论思想，这些思想资源是构建国际政治理论中国学派或有中国特色的国际政治理论的不可或缺的原材料。但在百家中，儒家的地位最高，在政治上，儒家在汉武帝罢黜百家、独尊儒术后长期作为中华帝国统治意识形态，在学术地位上，儒家也被公认为居于优越地位。《荀子·非十二子》推崇孔子、子弓为代表的儒家学说的政治、文化功用，批判了"它嚣、魏牟""陈仲、史鳍""墨翟、宋钘""慎到、田骈""惠施、邓析"甚至"子思、孟轲"六大学派十二位学者的学说。这是儒家的意见，不是儒家的庄子看法也大体相同。《庄子·杂篇·天下》载："天下之治方术者多矣，皆以其有为不可加矣。古之所谓道术者，果恶乎在？……其在于《诗》《书》《礼》《乐》者，邹鲁之士、缙绅先生多能明之。……其数散于天下而设于中国者，百家之学时或称而道之。天下大乱，贤圣不明，道德不一。天下多得一察焉以自好。……悲夫，百家往而不返，必不合矣。后世之学者，不幸不见天地之纯、古人之大体，道术将为天下裂。"这段引文的意思是，天下的道术（原文指的是《诗》《书》《礼》《乐》《易》《春秋》六经）是统一的，只有邹鲁之士、缙绅先生即孔子明晓，除儒家外的华夏各家都只领悟了道术的一个组成部分——方术。在该段引文之后，《庄子·杂篇·天下》又分别详细评论了墨翟、禽滑厘，宋钘、尹文，彭蒙、田骈、慎到，关尹、老聃，庄周，惠施当时六个热门学派的学者，以说明这些学派只掌握了道术的一个组成部分，不及孔子。正因为儒家的政治和学术地位均高于其他各家，因此研究中国古典的国际政治理论思想应重视儒家。

虽然儒家的世界秩序观念和基于此观念提出的世界秩序方案与春秋战国国家间关系和国际体系、朝贡体系、古代东亚国际秩序等与国际关系的中国史理解有关的问题既大有区别也大有关联，但本文由于篇幅所限，故不深入探讨两者的关系，只集中探讨儒家世界秩序的具体样貌。

本文对这一问题的回答是，儒家的世界秩序是复合等级制体系。朝贡体系一般被认为是等级制体系，春秋时期的国际体系也被部分学者认为是等级制体系，但不能将这些等级制与儒家世界秩序的等级制混同，因为前者是历史实存，后者主要是观念建构，是文本上的规划和设计。因此，对这两种等级制应分开研究。此外，虽然儒家世界秩序给人以等级制的直观印象，但缺乏更细致的研究。本文对儒家经典文献进行文本分析研究后发现，儒家的世界秩序是由四重等级制，即华夷间等级制、华夏各国间等级制、夷狄各国间等级制、国际政治等级制与国内政治等级制间的等级制构成的复合等级制体系。

需要说明的是，对于"国"或"国家"这一重要概念，本文采用的是雷蒙·阿隆（Raymond Aron）的较宽泛的定义，即"领土上组织化的政治集体"，因为本文用于文本分析的最重要文献是以"五经"为代表的儒家经典文献，这些文献的主体内容形成于先秦，文本至迟成形于西汉，那时的"国"或"国家"与国际关系学科惯用的体系分析单位——现代民族国家或曰主权国家(nation state)必然存在差异，所以采用雷蒙·阿隆的较宽泛的定义更适切。

实际上，前现代国家与现代民族国家也存在很多相同或相似的特征。塞缪尔·芬纳(Samuel Fenner)认为，现代民族国家具有五个特征：特定地域上的人口承认共同的最高统治机构；有专门人员为最高统治机构服务；其他类似国家的承认；国家的人口共同组成礼俗社会；国家的人口组成一个共同体，参与责任和义务的分配、共享。大部分前现代国家具有五个特征中的前三个。现代民族国家还与前现代国家存在多种多样的联系和继承关系，因此，将前现代国家称为"国"或"国家"，并作为儒家世界秩序的体系分析单位比较适切。

二、概念、理论与方法

在详细论述作为复合等级制体系的儒家世界秩序之前，本文先判别该秩序主要属于观念建构，只在较小程度上介入实操，因而更加明确了儒家世界秩序研究主要是思想史研究，只在较小程度上带有历史研究的色彩。如此定性使本文相应明确了研究方法，即主要采用对儒家经典文献的文本分析法，因为这些文献是儒家世界政治理论思想的凝结。

（一）世界秩序的类型与儒家世界秩序的归类

世界秩序具有多义性。在本文中，世界秩序可以定义为，在世界历史中出现过的关于世界政治自然形成的或有意造就的安排。这些安排有的是历史实存，有的是观念建构，有的两者兼有。这是依照"实存"与"观念"两分法对世界秩序类型的朴素分类。之所以作此简单区分，目的在于指出儒家的世界秩序主要偏重于观念层面，故在本文中也可被称为儒家的世界秩序观，以与中国历史上实存的朝贡体系等世界秩序区分开来。当然，对世界秩序类型的划分根据研究目的的不同选取的划分标准也就不同，划分出的类型也相应不同。

按本文对世界秩序类型的划分，主要属于历史实存的世界秩序范例：从公元10世纪延续到1591年的相继由加纳帝国、马里帝国、桑海帝国主导的西非世界秩序。该秩序是历史实存，但基本未发现相应的观念建构。未发现的原因可能有两种：第一种原因可能是本就没有观念建构，中世纪西非世界秩序是自然形成的结果；第二种原因可能是本来有观念建构，但反映此种观念建构的文献未能保存至今。主要属于观念建构的世界秩序范例有纳粹德国的世界秩序。纳粹德国的世界秩序是系统化的、具有可操作性的世界秩序方案，但纳粹德国从兴起到败亡只有短短12年，其间又有6年深陷全面战争，故其对世界秩序的设计方案只有一部分在其控制区域内的一些地方作了尝试，总的来说，仍算是没有充分实践过的基本属于观念建构的文本上的世界秩序。巴哈伊教的世界秩序也是观念层面的世界秩序，从未实操过。两者兼有的世界秩序的范例是现存的由主权国家组成的世界秩序，也是威斯特伐利亚体系的具体扩大版。该秩序不仅是实存的，也是很多政治哲学家和思想家不断建构的。

在中国，对世界秩序的归纳总结和理论建构可追溯至上古，后兴盛于百家争鸣的春秋战国时代，老子"大国不过欲兼畜人，小国不过欲入事人。夫两者各得其所欲，大者宜为下"和"邻国相望，鸡犬之声相闻，民至老死，不相往来"的思想代表了一部分道家思想家对世界秩序的思考和设计。而在百家中对世界秩序的思考最体大思精者当推儒家，儒家的世界秩序属于第三种类型，既是观念建构，也有历史实存，但亦有其特殊性。特殊之处在于，该秩序首先是基于先秦历史的观念建构，但在文献记载较丰富的春秋战国时期，该秩序并未得到充分实践。直到汉武帝罢黜百家、独尊儒术后，该秩序才由观念建构层面大规模介入政治实操，并被后世反复实践，实践的产物一般被称为中华帝国的朝贡体系。

不过，这类实践一般是不完全的和不彻底的，究其原因：其一，实践往往要受到各种因素，比如中华帝国权力大小、中华帝国与蛮夷国家权力对比、优先应对帝国内政的战略保守主义需求、统治集团内部权力斗争与权宜性外交战略和政策等的制约；其二，也是更重要的，儒家的世界秩序是基于先秦华夏世界分封建立、封邦建国，或简称"封建"的政治状况的观念建构，自秦始皇扫六合、统一春秋战国时代的华夏世界为中华帝国后，现实政治状况发生了极大改变，西周确立的封建大一统一变而为郡县或曰帝国大一统，政治操作虽然可以根据既有观念的核心原则进行，但无法在大变局下原样或接近原样复制，故虽可以从儒家世界秩序的观念建构检视中华帝国朝贡体系的建设和运作，却不能从朝贡体系反推儒家世界秩序的本初样貌。不能反推表明，依据观念的操作与观念本身差距不小。

当然，所有的理论建构都不可能完全地、百分百地落实在实操层面，但由于华夏世界从封建到帝国的政治结构大变迁，儒家的世界秩序不能落实的比例就更大。如此看来，儒家的世界秩序虽属两者兼有的类型，但极大地偏向于观念建构，因此十分接近第二种类型，可以认为是由第二种类型向第三种类型过渡的类型。这也是本文采用文本分析法，从作为观念凝结的儒家经典文献这一文本入手，而不是由真实发生的历史研究儒家世界秩序的主因。

（二）研究方法主要采用文本分析法

今人研究儒家的世界秩序还面临一个难点，也是研究所有与儒学有关的问题时必须首先加以回答的问题，即儒学在中国担当主导意识形态达2000多年，若从孔子算起，则儒学的发展长达2500多年。在这漫长时间中，儒学自身不断演进，儒家文献浩如烟海，儒家学者代有鸿儒，且演进本身又包含否定和否定之否定，文献和学者的意见也多有不同，甚至大相径庭、针锋相对，那么，应当依据哪些文献来研究儒家的世界秩序？答案是，最经典文献，也就是在2500多年的时间跨度上，为知识精英共同体，至少是儒家共同体集体认定的最经典文本。最经典文本被包括古希腊、古希伯来甚或所有古代闪米特人（Ancient Semitic Peoples）的广义古代西方称为卡农（Canon），是特定文化的源头上的成文文本，承载着特定社会的文化记忆，并影响和制约着此一社会后续的文化演变。卡农具有神圣性，在某个特定的时间点之后，也就是特定文本被视为卡农之后，原则上不能被增补、改编、删减，只能被注释、阐释,从而形成比卡农的地位低至少一个等级的注释性文本体系(个别注释性文本会幸运地在后世被升格为卡农),除非增补、改编、删减的目的在于恢复之前被认为增补、改编、删减之处,以恢复卡农不可变更的原貌。《道德经》、《亡灵书》、《旧约》、《新约》、《古兰经》、三藏、《波斯古经》是人类各伟大文化——道教、古埃及文化、犹太教、基督教、伊斯兰教、佛教、琐罗亚斯德教的卡农。儒学横空出世的时间远较基督教、伊斯兰教早,与古希腊文化、佛教、琐罗亚斯德教几乎同时,作为卡尔·西奥多·雅斯贝尔斯(Karl Theodor Jaspers)所言"轴心时代"的伟大文化,必然拥有卡农。卡农的汉语对译词是"经",本文主要通过透视儒家卡农,也就是"五经"来研究儒家的世界秩序。

何谓"五经"?《礼记·经解》云:"孔子曰:'温柔敦厚,《诗》教也;疏通知远,《书》教也;广博易良,《乐》教也;洁静精微,《易》教也;恭俭庄敬,《礼》教也;属辞比事,《春秋》教也。'"《荀子·劝学》云:"《书》者,政事之纪也;《诗》者,中声之所止也;《礼》者,法之大分,类之纲纪也。故学至乎《礼》而止矣。夫是之谓道德之极。《礼》之敬文也,《乐》之中和也,《诗》《书》之博也,《春秋》之微也,在天地之间者毕矣。"《白虎通·五经》云:"经所以有五何?经,常也。有五常之道,故曰《五经》。《乐》仁、《书》义、《礼》礼、《易》智、《诗》信也。"《庄子·天运》载:"孔子谓老聃曰:'丘治《诗》《书》《礼》《乐》《易》《春秋》六经,自以为久矣,孰知其故矣。'"《庄子·天下》载:"《诗》以道志,《书》以道事,《礼》以道行,《乐》以道和,《易》以道阴阳,《春秋》以道名分"。《史记·自序》载:"《易》,着天地阴阳、四时五行,故长于变;《礼》,经纪人伦,故长于行;《书》记先王之事,故长于政;《诗》记山川溪谷、禽兽草木、牝牡雌雄,故长于风;《乐》乐所以立,故长于和;《春秋》辩是非,故长于治人。是故《礼》以节人,《乐》以发和,《书》以道事,《诗》以达意,《易》以道化,《春秋》以道义。"《汉书·艺文志》载:"六艺之文:《乐》以和神,仁之表也;《诗》以正言,义之用也;《礼》以明体,明者着见,故无训也;《书》以广听,知之术也;《春秋》以断事,信之符也。五者,盖五常之道,相须而备,而易为之原。"不管在儒家眼里还是在其他学派的认知里,儒家甚至华夏文化最经典的文献是《诗经》《尚书》《礼记》《周易》《乐经》《春秋》,合称"六经",由于秦后《乐经》亡佚(古文经学家主此说)或其本无写定的文本(今文经学家主此说),故只余"五经"。"五经"是儒家的卡农,也是本文最主要的用以征引和分析的文献。西汉武帝时设五经博士,就是针对此五种文献而设。

从目录学的角度看,汉成帝时,中国历史上第一次大规模集中整理、编目图书就把"五经"归为一类。主持这项文化工程的刘向、刘歆父子校秘府之书后撰成的目录学开山之作《七略》中的《六艺略》中所列的文献包括《易》《书》《诗》《礼》《乐》《春秋》《论语》《孝经》,"五经"皆在列,《论语》也是地位仅次于"五经"的儒家经典文献。《七略》后散佚,但此种分类大体上被班固收入《汉书·艺文志》。在后世修撰的文献目录中,"五经"又被集中列于晋代荀勖的《中经新簿》中的甲部,南朝宋代王俭的《七志》中的《经典志·纪六艺》,南朝梁代阮孝绪的《七录》中的《经典录》以及《隋书·经籍志》《四库全书总目》的经部。秦汉以降,历代目录学家一直将"五经"视为统一的、不可分割的整体,并在所有文献中给予其独立且崇高的地位。需要强调的是,本文在征引和分析"儒家卡农"——"五经"时,着重征引并分析经文,兼及权威经学家所作的传、诂、注疏、义疏、正义等,即把"五经"作为一个系统,而非孤立地征引、分析经文。

随时间推移,一些原本附属于五经的传、记类文献地位上升,加上"五经"形成了"七经""九经"等儒家经典文献系统,到宋代形成了"十三经"。"十三经"包括《周易》《尚书》《诗经》《周礼》《仪礼》《礼记》《春秋左传》《春秋公羊传》《春秋穀梁传》《论语》《孝经》《尔雅》《孟子》,这是儒家最经典文献,即"经"的范围的最大扩展版。宋代以后,有学者主张再扩大"经"的范围,其中主张最广者为段玉裁,他主张增加《大戴礼记》《国语》《史记》《汉书》《资治通鉴》《说文解字》《周髀算经》《九章算术》为"二十一经",但这只是个人意见,未成共识。细察"十三经"发现,《春秋左传》《春秋公羊传》《春秋穀梁传》本是《春秋》的传,《礼记》本是《仪礼》的记,《论语》和《孝经》记孔子言行和孔子后学论孝道,也算是附经的记类文献,《尔雅》是解释"五经"中字词、名物的辞书,这七种文献都是由"五经"的注释性文本升格为"经"。《周礼》原为先秦时《周官》,后由刘歆改称《周礼》并被用于王莽改制,其与《仪礼》《礼记》合称"三礼"。《孟子》比较特殊,汉至魏晋,荀学盛于孟学,但宋代理学兴盛、孔孟合称后,《孟子》地位方超越《荀子》跻身"十三经"。

本文将除"五经"外的九种"十三经"文献也作为研究儒家世界秩序用以征引和分析的主要文献,另有两种重要的子部儒家类文献《荀子》《白虎通》对该研究也很重要,譬如《荀子》虽未被列入"十三经",但在汉代,其地位高于《孟子》,《荀子·王制》《荀子·正论》对"五服制"世界秩序的阐述,远较《孟子》详细,故一并列入主要的用以征引和分析的文献范围。与"五经"一样,本文在征引和分析这些儒家经典文献时,虽着重于经文,但也兼及权威学者所作的传、诂、注疏、义疏、正义等,即把儒家经典文献作为一个系统观照。"十三经"加上《荀子》《白虎通》共十五种文献在本文中合称为儒家经典文献,但他们的地位并不平等。对本文的研究主题而言,"五经"是最高效力等级的文献,这主要因其作为原初卡农的神圣性,并在较大程度上规定了后世的理论发展和文化走向。除"五经"外的其他重要的儒家经典文献是第二效力等级的文献。除第一、第二效力等级的文献,也就是除上述十五种儒家经典文献外,其他用于征引和分析的文献,包括《老子》《庄子》《国语》《逸周书》《战国策》《说文解字》以及二十四史系统的《史记》《汉书》《晋书》等是第三效力等级文献。对文献效力等级进行排序的目的是:当几乎相同的表述出现在不同的文献中时,本文会征引和分析效力等级最高的文献中的表述;当对同一人物或事件的表述在不同的文献中出入较大时,以效力等级最高的文献为准。

为更直观地体现文献的效力等级,本文效法《春秋》书法,征引第一效力等级文献,即

"五经"时用"曰",征引第二效力等级文献时用"云",征引第三效力等级文献时用"载"。春秋三传经传合体,则在征引春秋经文时用"曰",征引传文时用"云"。正如理论总有其特定的解释领域,此种文献效力等级排列原则也只适用于研究儒家的世界秩序,换一个议题领域,比如研究中国古代史,则《逸周书》之类的非儒家文献的史料效力等级不一定低于《尚书》《春秋》等"五经"。

三、儒家世界秩序模型及其特征

儒家经典文献对世界秩序做过很多表述,绝大部分是从不同侧面、不同角度对世界秩序进行零散地定性描述或价值判断,但比较具体且系统化的,可抽象为模型的表述不多。其中,《尚书·夏书·禹贡》《周礼·夏官·大司马》《周礼·秋官·大行人》《礼记·王制》四篇文献建构了四种不尽相同又互为补充的世界秩序模型。这并不是说,只有这四篇儒家经典文献建构了系统的世界秩序模型,实际上,还有其他的儒家经典文献也建构了类似模型,但由于与上述四篇文献建构的模型相同或相似,故归并入四种模型中,但这些文献仍可发挥补充、丰富四种模型的作用。肯尼思·沃尔兹(Kenneth N. Waltz)认为,模型主要发挥两项作用:一是用来代表某一理论,二是通过省略或缩小范围等方式,对现实加以简化后再进行描述。儒家世界秩序模型兼有两种作用,首先是简化描述,其次亦能代表理论。下述四种模型与儒家关于世界秩序的零散的、某一侧面的表述一起勾勒出了儒家世界秩序的完整样貌。

(一)四种模型

模型一:五服制

《尚书·夏书·禹贡》有曰:

九州攸同,四隩既宅。九山刊旅,九川涤源,九泽既陂,四海会同。六府孔修,庶土交正,底慎财赋,咸则三壤成赋。中邦锡土、姓,祗台德先,不距朕行。五百里甸服:百里赋纳总,二百里纳铚,三百里纳秸服,四百里粟,五百里米。五百里侯服:百里采,二百里男邦,三百里诸侯。五百里绥服:三百里揆文教,二百里奋武卫。五百里要服:三百里夷,二百里蔡。五百里荒服:三百里蛮,二百里流。东渐于海,西被于流沙,朔南暨声教讫于四海。禹锡玄圭,告厥成功。

"五服制"又称夏服制,与周"九畿制"不同。"五服制"不仅见于《尚书·禹贡》,也见于《尚书·康诰》《荀子·正论》和非儒家文献《国语》,在儒家服畿或曰圈层世界秩序模型中影响最大。《尚书·召诰》和《尚书·武成》还提及了与"五服制"类似的"三服制"和"四服制"。不过,《尚书·武成》是伪古文尚书,不可信,本文不予征引和分析,本文所征引和分析的《尚书》篇目皆为今文尚书。《尚书·召诰》曰:"周公乃朝用书,命庶殷侯、甸、男邦伯。"孙星衍疏:"朝用书者……盖周公以此等书于册,以命于侯甸男之邦伯也。"因此,《尚书·召诰》的侯、甸、男"三服制"是"五服制"的殷商版,"九畿制"是"五服制"的周代版,服畿或曰圈层世界秩序观早就灌注于夏商周三代,儒家只是继承和总结了夏商周三代关于世界秩序的理论思想,并将体现这一理论思想的《尚书》奉为儒家"五经"之一。

"五服制"世界秩序模型将世界由中心到边缘划分为五个圈层:甸服、侯服、绥服、要服、荒服,故名"五服制"。甸服居中,涵盖东西和南北各五百里,即边长五百里的正方形区域,后四服皆从上一服边界向东、西、南、北各延展五百里,形成一个更大的正方形区域,第五服即最外圈的正方形内的区域为"五服制"建构的世界秩序的空间范围,至于此圈是否为世界的边缘,抑或圈外是否另有世界,文无明言。"五服制"还根据每服内部的功能区域细分为若干子服:甸服分为赋纳总、纳铚、纳秸服、粟、米;侯服分为采、男邦、诸侯;绥服分为揆文教、奋武卫;要服分为夷、蔡;荒服分为蛮、流。需要说明的是,甸服中的百里、二百里、三百里、四百里、五百里指称第一百里、第二百里、第三百里、第四百里、第五百里;其余四服中的百里、二百里、三百里为确数,指称向四方延展一百里、二百里、三百里的区域。这是因为,每服自上一服边界向四方仅延展五百里,故服内划分的各子服里数之和应等于五百里。唯一例外的是侯服,该服细分为三个功能区域的子服,分别是,百里采、二百里男邦、三百里诸侯,各子服里数之和为六百里,显系文本流动性造成的数学错误。皮锡瑞在《今文尚书考证》中亦称:"'三百里诸侯','三'当作'二',史记、汉志皆作'三',疑亦后人所改也。"本文从之。"五服制"世界秩序模型是儒家关于世界秩序最详细、最知名的表述。下面作五服图予以图解:

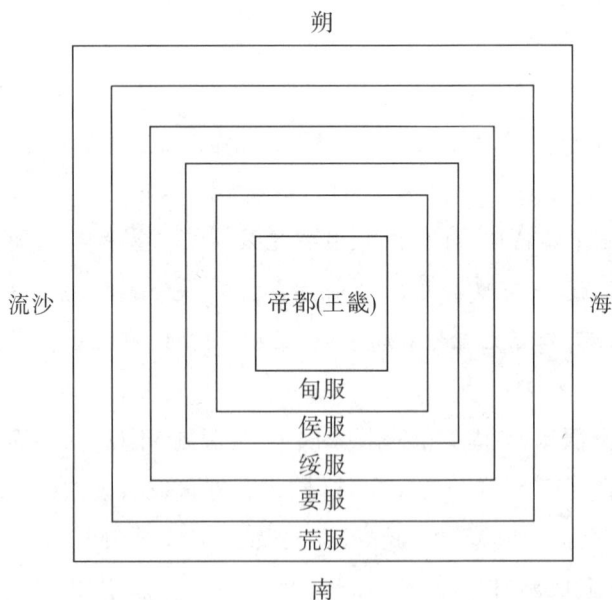

模型二:九畿制

《周礼·夏官司马·大司马》有云:

乃以九畿之籍施邦国之政职。方千里日国畿,其外方五百里日侯畿,又其外方五百里日甸畿,又其外方五百里曰男畿,又其外方五百里曰采畿,又其外方五百里曰卫畿,又其外方五百里曰蛮畿,又其外方五百里曰夷畿,又其外方五百里曰镇畿,又其外方五百里曰蕃畿。

"九畿制"其实是"十畿制"。该世界秩序模型将世界由中心到边缘划分为十个圈层:国畿、侯畿、甸畿、男畿、采畿、卫畿、蛮畿、夷畿、镇畿、蕃畿。之所以名为"九畿制"而非"十畿制",是因为《周礼·夏官司马·大司马》原文为"乃以九畿之籍,施邦国之政职。"孙诒让疏:"国畿,为王国,不在其数。"因国畿不计入,故名九畿。另外,周制素无十畿,虽有"天有十日,人有十等"之语,但周代政治文化尚九不尚十(譬如《周易》),不求天之全备,故名九畿。相较于"五服制""九畿制"把世界划分成更多的圈层;但未对每个圈层内部做类似"五服制"的更细划分。下面作九畿图予以图解:

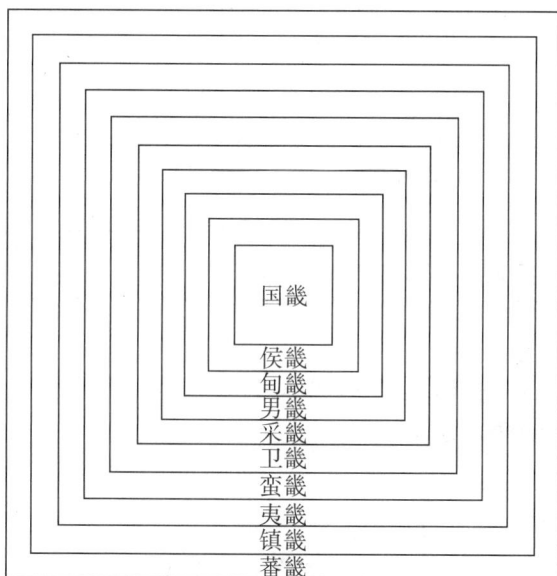

模型三:朝贡制

《周礼·秋官司寇·大行人》有云:

邦畿方千里,其外方五百里,谓之侯服,岁壹见,其贡祀物;又其外方五百里,谓之甸服,二岁壹见,其贡嫔物;又其外方五百里,谓之男服,三岁壹见,其贡器物;又其外方五百里,谓之采服,四岁壹见,其贡服物;又其外方五百里,谓之卫服,五岁壹见,其贡材物;又其外方五百里,谓之要服,六岁壹见,其贡货物;九州之外。谓之蕃国,世壹见,各以其所贵宝为挚。

"朝贡制"将世界由中心到边缘划分为八个圈层:邦畿、侯服、甸服、男服、采服、卫服、要服、蕃国。建构"朝贡制"世界秩序模型的目的在于制定一套理想化的朝贡制度,该制度包含朝觐频率和进贡物品类别两项。最内圈的邦畿接受朝贡,其余七个圈层是朝贡者,在满足朝贡制度的两项指标上要求皆不相同。在朝觐频率上,越接近中心的圈层频率越高;在进贡物品类别上,最外圈的蕃国进贡的物品"所贵宝"价值最高,其他圈层进贡的物品只有功能不同,未对价值作具体规定。从"朝贡制"模型可知,朝贡导致财富由夷向华单向流动,"厚往薄来"不适用于华夷互动,只适用于华夏世界内部天子国与封国间的朝贡关系,《礼记·中庸》云:"厚往而薄来,所以怀诸侯也。"诸侯主要是华夏世界的封国,不适用于夷狄世界政治体,而华夏世界内部的朝贡在华夏统一为中华帝国后演变为地方向中央的缴税行为。下面作朝贡图予以图解:

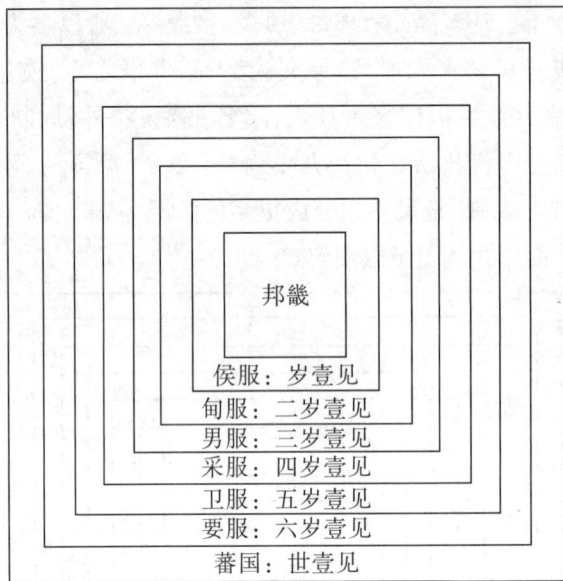

```
                邦畿


        侯服:岁壹见
        甸服:二岁壹见
        男服:三岁壹见
        采服:四岁壹见
        卫服:五岁壹见
        要服:六岁壹见
    蕃国:世壹见
```

模型四:封建制

封建,即分封建立、封邦建国,是夏商周三代,特别周代建立和维持主要是诸夏,也就是华夏世界各国国际政治秩序的通行路径。《春秋左传·哀公七年》云:"禹合诸侯于涂山,执玉帛者万国。""万国"大多是部落、村落、城邦一级的政治集体,但亦须获禹承认,"封建制"盖于夏甚或夏之前已现端倪。《逸周书·殷祝》载:"汤放桀而复薄,三千诸侯大会。""三千诸侯"比"万国"少得多,说明商初建立的封国,规模较夏初为大。"封建制"在中国最完备的形态是西周的封建体系。西周推翻殷商成为天下共主后,个别异姓功臣在新征服的土地上被分封建国,比如齐;商代原有的封国,根据其在汤武革命中的政治立场作了调整,支持周的予以保存和加封,态度暧昧或支持商的则减封或消灭;殷商的部分遗民也在周公旦二次东征后被封于宋国。但绝大部分土地还是被分封给同姓,建立了一系列姬姓封国。《春秋左传·僖公二十四年》云:"封建亲戚以蕃屏周。管、蔡、郕、霍、鲁、卫、毛、聃、郜、雍、曹、滕、毕、原、酆、郇,文之昭也。邘、晋、应、韩,武之穆也。凡、蒋、邢、茅、胙、祭,周公之胤也。"总计列举了26个姬姓封国,但仍是不完全列举,因《荀子·儒效》云:"周公……兼制天下,立七十一国,姬姓独居五十三人。"总之,西周早期形成了以周为中心、以同姓诸侯国为主体,以异性诸侯国为补充的华夏世界封建国际体系。

儒家"封建制"国际秩序的观念建构首先基于先秦,特别是西周封建政治史,再予以理想化、系统化、网格化、串行化,产生了典范性的《礼记·王制》中的"封建制"设计。

《礼记·王制》有云:

王者之制禄爵,公侯伯子男,凡五等。诸侯之上大夫卿,下大夫上士中士下士,凡五等。

天子之田方千里，公侯田方百里，伯七十里，子男五十里。不能五十里者，不合于天子，附于诸侯，曰附庸。……凡四海之内九州岛，州方千里。州，建百里之国三十，七十里之国六十，五十里之国百有二十，凡二百一十国。名山大泽不以封，其余以为附庸间田。八州，州二百一十国。天子之县内，方百里之国九，七十里之国二十有一，五十里之国六十有三，凡九十三国。名山大泽不以朌，其余以禄士，以为间田。凡九州岛千七百七十三国。天子之元士、诸侯之附庸不与。天子百里之内以共官，千里之内以为御。千里之外，设方伯。五国以为属，属有长。十国以为连，连有帅。三十国以为卒，卒有正。二百一十国以为州，州有伯。八州八伯，五十六正，百六十八帅，三百三十六长。八伯各以其属，属于天子之老二人，分天下以为左右，曰二伯。千里之内曰甸，千里之外，曰采、曰流。

经孔安国、郑玄等权威经学家考证，《礼记·王制》的文本写定于西汉文帝时期，但其文本的主体内容和思想流传自先秦，故其建构的世界秩序模型仍是上古三代，尤其是西周分封诸侯、建立国家的"封建制"的简化和理想化的表述。该世界秩序模型首先阐明了"五爵制"和各爵等应封之土地面积，为"封建制"准备了对象和前提。之后，该模型将世界划分为面积相等的九个州，这九个州又分为两类，即天子所在的州和其他八州，并详细规定了对州内封国的科层化管理模式。处于科层等级最底端的是"国"，也是儒家世界体系中最小的体系单位，国上有属，属上有连，连上有卒，卒上有伯。

与"五服制"和"九畿制"对整个世界秩序作观念建构不同，"封建制"主要对华夏世界但也包括部分夷狄国家作了观念建构。郑玄注："流，谓九州岛之外，夷狄流移，或贡或否"，将大部分夷狄世界排除于《礼记·王制》版"九州岛"之外。要注意的是，"九州岛"这一概念在先秦各种文献，比如《尚书》《周礼》《周礼》《吕氏春秋》《礼记》中都曾出现，但所指的地域范围并不相同，面积大小也不固定，所以，不能将在不同文献、甚至同一文献的不同篇章里出现的"九州岛"等同起来。下面作表格予以解释：

建百里之国三十，七十里之国六十，五十里之国百有二十，共二百一十国。	建百里之国三十，七十里之国六十，五十里之国百有二十，共二百一十国。	建百里之国三十，七十里之国六十，五十里之国百有二十，共二百一十国。
建百里之国三十，七十里之国六十，五十里之国百有二十，共二百一十国。	建百里之国九，七十里之国二十有一，五十里之国六十有三，共九十三国。	建百里之国三十，七十里之国六十，五十里之国百有二十，共二百一十国。
建百里之国三十，七十里之国六十，五十里之国百有二十，共二百一十国。	建百里之国三十，七十里之国六十，五十里之国百有二十，共二百一十国。	建百里之国三十，七十里之国六十，五十里之国百有二十，共二百一十国。

(二)四种模型的特征

上述四种出自儒家经典文献的世界秩序模型是儒家关于世界秩序的系统的、权威的表

述。从中可以看出儒家世界秩序的几个明显的特征:

首先,儒家的世界秩序模型大体上可归为两大类:圈层模型和封建模型。"五服制""九畿制""朝贡制"属于圈层模型。其中,前两种模型基本是政治圈层模型,"朝贡制"是经济圈层模型。"封建制"属于封建模型。

其次,从圈层模型可知,儒家的世界体系由两大单元——华夏世界和夷狄世界构成,这两大单元又能分别细分为多个子单元。在"五服制"里,甸服、侯服、绥服是华夏世界,要服、荒服是夷狄世界;在"九畿制"里,国畿、侯畿、甸畿、男畿、采畿、卫畿是华夏世界,蛮畿、夷畿、镇畿、蕃畿是夷狄世界;在"朝贡制"里,邦畿、侯服、甸服、男服、采服、卫服是华夏世界,要服、蕃国是夷狄世界。

再次,儒家世界秩序模型是典型的"中心—边缘"结构,充盈着强烈的"中心—半中心—半边缘—边缘"意识。大体而言,中心对应第一圈层;半中心对应除第一圈层外的华夏世界;半边缘对应环华夏世界的内层蛮夷世界;边缘对应远离华夏世界的外层戎狄世界。从中心到边缘,在政治上意味着离权力中心的距离越来越远;在种族上,意味着与华夏族的血统联系越来越弱;在文化上,意味着文明程度越来越低;在经济上,意味着物品、资源、财富从边缘向中心流动并汇聚于中心。总而言之,越接近中心越强盛、文明、富裕,从而加强了中心统御四方的能力,巩固了圈层模型的结构。下面作"中心—边缘"结构图予以图解:

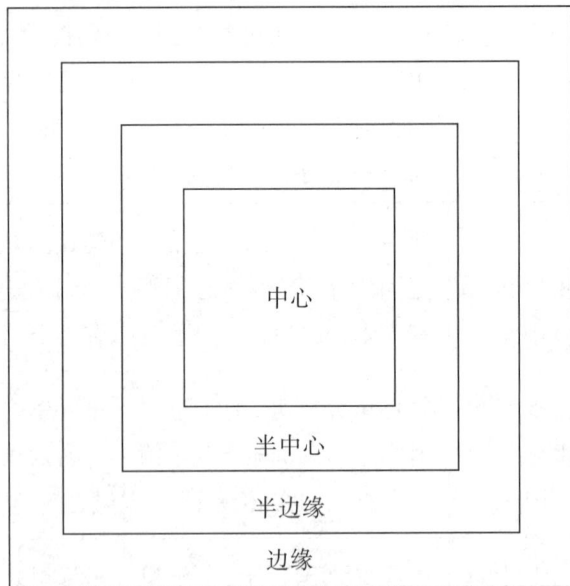

最后,儒家世界秩序涵盖的地域面积虽然有限,但具有无限广延性的特征。"五服制"规划的地域是边长 4 500 里的正方形区域。春秋战国时期,华夏各国度量衡不统一,衡量长度的尺有相当于今公制 27.65 厘米、24.63 厘米、23.1 厘米、19.7 厘米四种。27.65 厘米的尺是秦国的大尺;24.63 厘米的尺在晋国使用较广泛;23.1 厘米的尺通行于中原各国,现存的春秋战国时代的出土铜尺长度多为23.1厘米;19.7厘米的尺见于《周礼·冬官考工记》,《考工记》虽被收入儒家经典文献《周礼》,但时间较晚,西汉时才收入,以弥补《周礼·冬官》佚亡之缺憾,故严格来说,《考工记》并非《周礼》的组成部分,但仍是珍贵的中国科技史、工艺史史料,其中记载的尺的长度据考证通行于齐国。而根据《春秋穀梁传·宣公十五年》所记"古者,三百步一里,名曰井田"可知,春秋战国时的 1 里 =300 步;又根据《汉书·食货志》所记"六尺为步,步百为亩,亩百为夫,夫三为屋,屋三为升,井方一里,是为九夫"可知,1 步 =6 尺,然后计算出 1 里 =300×6 尺 =1800 尺。若以春秋战国时最通行的等于今公制23.1厘米的尺为标准,可计算出 1 里 =1800×23.1 厘米 =41580 厘米 =415.8 米 =0.4158 千米。

据此,本文可以计算出儒家四种世界秩序模型涵盖的地域面积。"五服制"面积精确到小数点后一位为(4500 里 ×0.4158 千米)^2≈350.1 万平方千米。"九畿制"规划的地域是边长10000里的正方形区域,面积为(10000 里 ×0.4158 千米)^2≈1728.9 万平方千米,远比"五服制"广阔。"朝贡制"不包括蕃国,规划的地域是边长7000里的正方形区域,面积为(7000 里 ×0.4158 千米)^2≈847.2 万平方千米,加上蕃国,面积更大。"封建制"规划的地域面积是九个边长1000里的正方形州的面积之和,每个州的面积为(1000 里 ×0.4158 千米)^2≈17.3 万平方千米,九个州的面积之和也就是整个"封建制"世界的面积是17.3万平方千米×9=155.7万平方千米。

虽然在今人看来,儒家的五种世界秩序模型涵盖的地域面积有限,比地球陆地表面积小得多,但在儒家经典文献主体文本诞生的先秦至西汉初年的时代,这样广大的地域不仅超出了那个时代华夏世界的实际政治统治范围,也超出了那个时代儒家在地理学上的认知范围,申言之,先秦儒家已在建构、设计远比已知世界广阔的想象中的世界。儒家的世界秩序因而兼具实际上的有限性和理论上的无限广延性,尤其是在华夏文明与人类其他伟大文明尚欠频密互动的上古,无限广延性这一特征显得更加耀眼。但当其他伟大文明及其构建的世界或区域性秩序映入华夏思想家和政治家的眼帘时,也可以将儒家世界秩序解释成区域性秩序。

随着历史的发展,儒家越来越意识到,以华夏为中心的世界秩序只是多元秩序中的一元,作区域性秩序解释的必要性就越强烈。辽、金、西夏、蒙古的兴起和持续施压使宋代中国不仅始终无力构建以己为中心的朝贡体系和华夷秩序,还以高额岁币向契丹人、女真人甚至党项人购买和平,也就是逆向朝贡。中国在宋代开始转向内在,此种转向不仅是文化上的转向,也是政治上和心理上从世界秩序转向区域秩序,从天下转向万国。理学先驱、宋儒石介在其名篇《中国论》中写道:"二十八舍之外干乎二十八舍之内,是乱天常也。九州岛分野之外入乎九州岛分野之内,是易地理也……各人其人,各俗其俗,各教其教,各礼其礼,各衣服其衣服,各居庐其居庐,四夷处四夷,中国处中国,各不相乱,如斯而已矣。"石介的要求已不再是恢复朝贡体系,只要"各不相乱"就足够了,这无形中将宋代中国降低到了万国之一、而不是万国之上的地位。明亡之后,清朝的华夏性质受到质疑,朝贡国数量较明代中国大幅减少,朝鲜等朝贡国虽慑于权力对比悬殊依旧朝贡,但在文化上已自视为小中华,华夷体系的种族和文化基础开始动摇。清朝后期,西力东渐,魏源、胡林翼、李鸿章等人都认识到西方文明及其构建的世界秩序不可能归并于华夷秩序,儒家建构的华夷秩序若能不被西方构建的世界秩序所归并,则至多也只是与之平行的区域性秩序。

四、复合等级制的世界秩序

通过对上述四种理想化、系统化、网格化、串行化的儒家世界秩序模型特征的分析得知,儒家建构的世界体系由华夏世界和夷狄世界两大单元构成,而秩序就存在于构成体系的单元间的排列和相对位置,包括:华夏世界与夷狄世界两大单元间的相对位置;华夏世界内部子单元,或曰天子国与各封国的排列和相对位置;夷狄世界内部子单元的排列和相对位置。排列的原则,即决定相对位置的标准是等级,等级产生了秩序这一重要的政治价值,使世界秩序很大程度上脱离了无政府状态。因此,无论是在国际政治领域,还是在国内政治领域,儒家都在优先确保秩序的前提下兼济公正的变革。

(一)等级是儒家秩序的源泉和基础

儒家世界秩序的"中心—边缘"结构无疑是等级制,权威集中于圈层模型最内圈。此种等级观念来源于儒家对华夏社会内人与人之间相对位置的理解和在此种理解基础上的更细密的设计。对此最权威、最知名、最具争议的概括性表述是孔子回答齐景公如何治国理政的八个字:"君君、臣臣、父父、子子。"孔子是组织化的儒家的创始者,他的八字真言被后世儒家孟子、董仲舒、马融、朱熹进一步阐释建构为"三纲五常","三纳五常"被奉为儒家等级制的金科玉律。每一个时代有每一个时代的政治秩序,等级在中国和西方作为正确的价值观的持续时间远长于平等。再细致考察一下,等级价值观也许不是儒家的发明,而是长时段内的华夏社会共识,儒家只是未自外于这一共识。《史记·太史公自序》是史部头等文献《史记》作者司马迁讲述自己和家族史的重要文本,司马迁在其中记述了作为汉初黄老道家拥趸的父亲司马谈对先秦六大学派——阴阳、儒、墨、名、法、道要旨的点评。司马谈对道家尽用褒奖之辞,对其余五家有褒有贬,又对儒家最苛刻,拿儒家之短与道家对比,衬托道家的高明,从头至尾,肯定儒家的话只有"序君臣父子之礼,列夫妇长幼之别,不可易也"一句;对法家的评价极简短,只有"严而少恩,然其正上下君臣之分,不可改矣"几字。这说明,至少在春秋战国经秦迄西汉这一长时段内,等级价值观是华夏世界大多数(不包括墨家)思想流派的共识。

儒家毫无疑问一直是等级价值观的拥护者,并发展出了比其他各家更复杂、更全面的等级制度,用以规范华夏社会的政治、宗法和人的日常生活。儒家等级制首先将人划分为不同等级。《春秋左传·昭公七年》传云："天有十日，人有十等。下所以事上，上所以共神也。故王臣公，公臣大夫，大夫臣士，士臣皂，皂臣舆，舆臣隶，隶臣僚，僚臣仆，仆臣台。"《春秋公羊传·隐公五年》传云："天子三公称公，王者之后称公，其余大国称侯，小国称伯、子、男。"《礼记·王制》云："王者之制禄爵，公、侯、伯、子、男，凡五等。诸侯之上大夫卿、下大夫、上士、中士、下士，凡五等。"《白虎通·爵》云："爵有五等，以法五行也。或三等者，法三光也。或法三光，或法五行何？质家者据天，故法三光。文家者据地，故法五行。《含文嘉》曰：'殷爵三等，周爵五等，各有宜也。'"

不同等级的人在生活的所有方面都要依循不同的规定，此之谓"礼"。人出生时便在家庭中分嫡庶贵贱，所谓"子以母贵，母以子贵"。死时，称法不同，"天子死曰崩，诸侯曰薨，大夫曰卒，士曰不禄，庶人曰死"。自死之月到葬之月，历时不同，送别遗体的来宾也不同，"天子七月而葬，同轨毕至；诸侯五月，同盟至；大夫三月，同位至；士逾月，外姻至"。配偶的称法不同，"天子之妃曰后，诸侯曰夫人，大夫曰孺人，士曰妇人，庶人曰妻"。祖庙的数目不同，"天子七庙，三昭三穆，与大祖之庙而七。诸侯五庙，二昭二穆，与大祖之庙而五。大夫三庙，一昭一穆，与大祖之庙而三。士一庙。庶人祭于寝"。祭祀时所用祭品不同，"天子以牺牛，诸侯以肥牛，大夫以索牛，士以羊豕"。参加乐舞的人数也不同，"天子八佾，诸公六，诸侯四"，天子祭祀时，共有八行八列计六十四人参加乐舞，诸公三十六人，诸侯十六人。甚至打猎时国君召见不同的人使用的信号旗都不同，"齐侯田于沛，招虞人以弓，不进。公使执之。辞曰：'昔我先君之田也，旃以招大夫，弓以招士，皮冠以招虞人。'"虞人，杜预注为掌山泽之官，自知非士，故不敢应弓之招。孔孟都赞许了虞人为维护礼制违抗国君的行为，"仲尼曰：'守道不如守官，君子韪之。'"孟子曰："志士不忘在沟壑，勇士不忘丧其元。孔子奚取焉？取非其招不往也。"如果违反了礼制，儒家主张采取多种手段予以惩罚。轻则谴责，如孔子严厉谴责季氏僭用八佾乐舞，表示"是可忍也，孰不可忍也"；重则流放、诛讨，如《礼记·王制》云："变礼易乐者为不从，不从者君流；革制度衣服者为畔，畔者君讨。"通过一系列措施，达到维护华夏社会内人与人之间的等级制，维护长幼有序、尊卑有别的政治秩序的目的。

当然，划分人的等级的标准，或曰等级的来源，不限于官职、爵位、血缘，且在不同的情境或历史时期，起主导作用的等级排列标准不同。孟子曰："天下有达尊三：爵一，齿一，德一。朝廷莫如爵，乡党莫如齿，辅世长民莫如德。"在朝廷、官场，官爵是给人排等级的主要标准；在宗族乡亲聚会时，主要按年龄排等级；在匡时教民的场合，主要按德行排等级。孔子提出了一种对中国社会影响更为深远的排等级的标准，即人本身的素质。孔子曰："生而知之者，上也；学而知之者，次也；困而学之，又其次也。困而不学，民斯为下矣！"这就按人的素质，主要是智慧和勤劳，将人分为不仅是素质上的，也是社会、经济地位上的四等，所谓"仕而优则学，学而优则仕"，并认为"唯上知与下愚不移""民可使由之，不可使知之""君子之德风,小人之德草"。孟子也支持按素质划分等级,孟子曰:"无恒产而有恒心者,惟士为能;若民,则无恒产,因无恒心。"又曰:"劳心者治人,劳力者治于人。"

儒家在肯定等级的基础上按人的素质划分等级的思想使华夏社会始终保持了一定程度的精英流动。子谓仲弓曰:"犁牛之子骍且角,虽欲勿用,山川其舍诸?"犁牛本无资格充作祭祀山川的祭品,但孔子认为只要牛本身达到了祭品的标准,就无须过度介意牛的血缘、家族。不过,家族、血缘、出身始终是儒家认可的塑造等级的因素之一,只是在不同历史阶段,权重有所起伏,但从未被忽略。

(二)华夷之辨:华夏世界与夷狄世界的等级制

儒家建构的世界体系分为两大单元:华夏世界与夷狄世界。这两大单元穷尽了整个体系涵盖的空间范围,也为彼此划定了清晰的边界。虽然两大单元内部又能分别划出多个子单元,但丝毫掩盖不了他们之间最明晰的"界限感"。所谓"界限感",是"我"与"他者"的区隔在认知者心理上的反馈和印记,并集成、投影于集体意识的地图中。每个认知者心中都不止有一种"我"与"他者"的区隔,一名生活于2017年的南京市市民,在地域认知上,可以认同自己是"南京人"以区别于本省第二重要城市苏州的市民"苏州人";可以认同自己是"江苏人"以区别于邻省的"安徽人";可以认同自己是"江南人"以区别于"江北人""北方人";可以认同自己是"中国人"以区别于"外国人";还可以认同自己是"地球人"以区别于"外星人"。在这些区隔中,最重要的"我"与"他者"的认知还是"中国人"与"外国人",这是由民族和民族主义的观念塑造,再由现实存在的最难逾越的国界强化的。当然,民族国家的区隔并不一定在所有历史时段中都是排名第一的、最具"界限感"的"我"与"他者",但每个历史时段总会有一种区隔塑造了最明晰的"界限感"。地域认同的"界限感"还会表现在地图上,使文化、心理、认同上的界限变得有形、可见,如同现在绝大多数主权国家绘制的地图中,最粗、最黑的线条一定是国界线,其次才是大洲界、省界、市界、县界,反映出现存主权国家体系中最基本的体系单位是主权国家,它们之间的界限最难被逾越。

华、夷间的分界线就是儒家世界秩序地图中最粗、最黑的界线。《春秋左传·定公十年》传云:"孔丘曰:'裔不谋夏,夷不乱华。'"段玉裁《说文解字注》引《方言》载:"裔,夷狄之总名……边地为裔。"杨伯峻《春秋左传注》引范文澜《通史简编》载:"裔指夏以外的地,夷指华以外的人。"杜预注:"中国有礼仪之大,故称夏;有服章之美,谓之华。"华夷之间可谓泾渭分明、云泥之别。但像等级价值观一样,华夷之辨(也称夷夏之辨、夷夏大防)并非儒家的专利。管仲不是儒家,但他也说:"戎狄豺狼,不可厌也;诸夏亲昵,不可弃也。"

华夷之辨不仅表现为华、夷两大单元间的显明区隔,更要求明确两者间的等级,即两大单元的排列顺序和相对位置。孔子曰:"夷狄之有君,不如诸夏之亡也。""有君"意为有国君、有政府,说明夷狄存在政治秩序;"亡"通"无",意为华夏没有统治者,缺失政治秩序,甚至处于无政府的自然状态。但即便如此,在孔子看来,华夏仍优于夷狄,夷狄有序的状态仍劣于华夏的混乱、失序,申言之,华夏最坏的状态仍比夷狄最好的状态好,意味着华比夷优越是绝对的,只是优越的程度会波动。孟子曰:"吾闻用夏变夷者,未闻变于夷者也。"在华夷互动中,夷狄可以学习华夏,接受华夏的领导,向华夏靠拢,但华夏不向夷狄趋近分毫。因此,华夷间的互动和影响是单向的,华单元始终处于主导、引领、优越的位置,夷单元则被安排在从属、归化、卑下的位置。此种等级制绝非抽象的纯哲学原则,而具体化为"礼"。《礼记·曲礼下》云:"九州岛之长,入天子之国,曰牧。……其在东夷、北狄、西戎、南蛮,虽大曰子。"不管夷单元国家权力多强大,其统治者仍须在称号等众多礼制上比华单元统治者卑下。

华、夷按何种标准来区分?有三种标准:地域、种族、文化。圈层模型就是地域标准,离中心近的地域归属华,离中心远的地域归属夷。这当然是依据圈层模型想象出的理想化的标准,春秋时期中原地区的真实情况是华夏各国间分布着夷狄国家,到战国中期后,中原地区的夷狄国家才基本被华夏国家兼并。

种族的标准本质上是父系血统的标准,种族本质上是具有极相近父系血统的人的共同体。《春秋左传·成公四年》传云:"非我族类,其心必异。"据此标准,华夏族属于华,非华夏族属于夷。不过,在儒家经典文献主体内容形成的先秦时期,父系血统难以被精确检测,因此,种族的标准也就难以实际应用。比如,楚在种族的标准上属于华,但种族的标准时常与文化的标准混淆,因此楚常被作为种族标准上的夷看待,实际上,楚是种族标准上的华,文化标准上的半华半夷。这不是标准本身的错误,而是适用标准的错误。另外,若依《汉书·匈奴列传》载"匈奴,其先夏后氏之苗裔"及《春秋左传·襄公十四年》传云"诸戎,是四岳之裔胄也",杜预注"四岳,尧时方伯,姜姓也",则匈奴、戎都是种族标准上的华,这比文化标准上的华涵盖的范围更广,而后世通常认为文化标准上的"华夷之辨"比种族上的汉族与非汉族的区分更包容。然而孟子曰:"尽信书则不如无书。"文献上的一些记载已经受到大量出土材料的冲击并被其丰富和补充,现代科学技术的发展则会为文献材料带来第二次冲击和补充。具体到匈奴、戎等族群与华夏族的血统联系,分子人类学或可跳出文献间的诸多矛盾和龃龉,对人类基因进行精确地检测,并为包括儒家世界秩序在内的思想史、古史研究提供新的研究方法和机遇。本文只关注儒家经典文献,此不展开。

文化的标准主要是依据文化和生活方式判别华夷。以文化作为标准区分华夷的例证多于种族标准,因为以上古时代的技术水平,从衣冠、习俗、饮食、语言等显性指标判别华夷比检测父系血统更具可操作性。譬如,《礼记·王制》云:"东方曰夷,被发文身,有不火食者矣;南方曰蛮,雕题交趾,有不火食者矣;西方曰戎,被发衣皮,有不粒食者矣;北方曰狄,衣羽毛穴居,有不粒食者矣。中国、夷、蛮、戎、狄,皆有安居,和味,宜服,利用,备器。五方之民,言语不通,嗜欲不同。"不过,先秦时代,早期人类的高级文化还未广泛传播,华夏文化也是如此,还固着在产生了它的"种子种族"——华夏族体内,后世受华夏文化深刻影响的朝鲜族、和族、京族等尚未向化,因此文化的标准在那时与种族的标准虽有区别但十分接近。

虽然判别华夷有三种标准,但儒家在实际操作中,有时亦综合为混合性标准,即距离中心近的,大概率上也是华夏族父系血统成分多的,文明程度高的,因而是华;距离中心远的,大概率上也是华夏族父系血统成分少的,文明程度低的,因而是夷。西晋儒家江统所作的预言了"五胡乱华"的政论文《徙戎论》就综合了三种判别华夷的标准,该文开篇写道:"夫夷蛮戎狄,谓之四夷,九服之制,地在要荒。《春秋》之义,内诸夏而外夷狄。以其言语不通,贽币不同,法俗诡异,种类乖殊;或居绝域之外,山河之表,崎岖川谷阻险之地,与中国壤断土隔,不相侵涉,赋役不及,正朔不加。""九服之制,地在要荒"就是"九畿制"圈层模型,与"内诸夏而外夷狄"以及"居绝域之外,山河之表,崎岖川谷阻险之地,与中国壤断土隔"同为地域标准;"言语不通,贽币不同,法俗诡异"以及"正朔不加"是文化标准;"种类乖殊"是种族标准。

之所以将三种标准整合为一种综合性标准,是因为在上古社会,三种标准确有强相关性,但随时间流逝,文化、宗教开始跨种族、跨地域传播,技术、思想、文艺成果的加速扩散缩小了种族、地域间的文明鸿沟,交通、通信技术的发展使国际移民数量激增,故在现代社会越来越难以按一种模糊的、不精确的综合性标准区分华夷。

综上所述,不管按何种标准区分华夷,儒家世界秩序的第一重等级制是华夷之辨,华单元在排列顺序、相对位置和等级序列上优于夷单元,虽然对如何区分华夷稍欠明晰。

(三)华夏世界内各国间的相对位置及其变动规则

儒家世界秩序的第二重等级制是华夏世界内部的等级制。儒家视野里的华夏世界内的最小体系单元是"封建制"模型中的"国",依前所述,本文中的"国"和"国家"采用雷蒙·阿隆(Raymond Aron)的较宽泛的定义,即"领土上组织化的政治集体"。近现代主权国家,儒家"封建制"模型中的国、西周封邦建国后实际运作的封建体系中的封国均不完全一样。主权国家的权威对内最高、对外独立,因而造成了一个国内是等级秩序,国际是无政府的没有最高权威的国际秩序;儒家"封建制"模型中的"国"的权威对内最高,对外不独立,须在礼制规定的范围内服从天子的权威,因而造成了一个国内和国际都是等级制的秩序;西周封建体系中的封国开始比较符合儒家的观念建构,但在实际运作的过程中越来越偏离"周公制礼作乐"时设定的轨道,转向权威不一定对内最高,对外越来越独立于、又不能完全独立于天子,但却越来越不独立于本来与自身处于大体并列地位的霸权国,儒家称这种复杂的变化为"礼崩乐坏",这就造成了类似赫德利·布尔(Hedley Bull)所言的权威分散化的新中世纪主义世界秩序。

面对"礼崩乐坏"的政治现实,儒家力图"拨乱世反诸正",表面上看是要将华夏世界秩序拉回周公姬旦时代,要复古,但其实是在比较有限的程度上奉行"托古改制",换言之,儒家重构华夏世界秩序的方案肯定要在相当比例上复古,但还是有一小部分是纯粹的改制和创新。春秋时代各封国内部普遍出现权力向下转移的趋势，先由国君转移到大夫，如鲁之三桓，晋之六卿，齐之国、高、田氏等；后来甚至由大夫转移到大夫的家臣，即陪臣手中，如鲁国执政大夫季氏的陪臣阳货。孔子所言"禄之去公室五世矣，政逮于大夫四世矣"就是对国内政治权力转移的反映。儒家反对此种违反国家，在很大程度上也是国君权威对内最高原则的趋势。孔子曰："天下有道，则政不在大夫。天下有道，则庶人不议。"对于僭越等级、违反等级制的行为，孔子严厉批评，即便是母国鲁国，也不留情。三家者以雍彻。子曰："'相维辟公，天子穆穆'，奚取于三家之堂？"三家，即鲁国三桓，祭祖时僭用天子才能吟唱的雍诗，引起孔子抗议。当三桓之一的季氏将祭祀天子、诸侯才能祭祀的名山大川时，孔子也表达了不满："季氏旅于泰山。子谓冉有曰：'女弗能救与？'对曰：'不能。'子曰：'呜呼！曾谓泰山不如林放乎？'"

华夏世界国际政治等级秩序的崩坏与国内政治等级秩序的崩坏如影随形，因为华夏世界从天子到庶人的等级制具有一定的连贯性，可以穿越国界发挥作用，虽然国界在华夏世界内仍给人最大的"界限感"。《春秋左传·庄公二十七年》传云"天子非展义不巡守（狩），诸侯非民事不举，卿非君命不越竟"很好地展现了国界的最大"界限感"与等级制越过国界起作用这两股不太调和的力的合力，深层原因是，华夏世界是存在共有文化，并以持续的多样态的贵族国际交往为纽带的赫德利·布尔（Hedley Bull）语境中的国际社会。

对华夏世界国际政治领域的权力转移，儒家的态度看似复杂，但根本原则只有一条，即是否有利于维护国际政治的等级秩序。由于权力从天子向诸侯国的下移一般会动摇既有的国际政治等级秩序，故儒家一般采取否定的态度。孔子曰："天下有道，则礼乐征伐自天子出；天下无道，则礼乐征伐自诸侯出。"道，包含着秩序。但犬戎入京、平王东迁、周郑交质等一系列事件的历史进程超出了儒家依循完美思维对政治秩序的把控，儒家不得不向政治现实作了小小的妥协。假使某诸侯国权力增长，成为华夏世界内的霸权国，只要其行动的目的在于维护华夏世界内基本的"天子-封国"以及华夏世界和夷狄世界间的双重等级秩序，比如齐桓公奉行的"尊王攘夷"战略，那么即便"礼乐征伐"出自该霸权国，儒家也理解。《春秋左传·昭公十六年》传云："子产曰：……'侨闻为国非不能事大、字小之难，无礼以定其位之患。'"郑国贤相子产认为，服事大国与礼，即等级制并不矛盾。在分别象征着齐桓公、晋文公霸业巅峰的葵丘之盟和践土之盟中，霸权国不仅使爵位高于己国的宋国和同姓的与己国爵位相同的侯爵封国接受己国领导，也获得了周天子的认可。这种情况发展到战国时代更甚。孟子曰："以力假仁者霸，霸必有大国。"又曰："小固不可以敌大，寡固不可以敌众，弱固不可以敌强。"孟子承认权力的效用，认为只有大国才能担当霸权国，承认了权力的增长可以提升国家在华夏世界内的等级顺序排列。华夏世界内各国的等级来源不限于天子分封时赐予的爵位，因而等级的排列并非静止不变，而是随权力的变动随之变动。

不能因权力增减而变更的是"天子-封国"间的基本等级秩序。儒家之所以肯定春秋五霸中的齐桓公、晋文公,主要是因为他们维护了华夏世界内基本的"天子-封国"以及华夏世界和夷狄世界间的两重等级秩序。假使两国企图取周天子而代之,则必不能见容于儒家。儒家虽认为,封国可以通过增加权力提升在华夏世界内的等级排序,但最多只能争霸,不能争王,权力改变等级排列的天花板横隔在天子与霸权国之间。《春秋左传·宣公三年》记载了春秋五霸之一的楚庄王观兵问九鼎的历史事件。"楚子伐陆浑之戎,遂至于雒,观兵于周疆。定王使王孙满劳楚子。楚子问鼎之大小、轻重焉。对曰:'在德不在鼎……桀有昏德,鼎迁于商,载祀六百。商纣暴虐,鼎迁于周。德之休明,虽小,重也。其奸回昏乱,虽大,轻也。……周德虽衰,天命未改。鼎之轻重,未可问也。'"九鼎是天子权威的象征,楚庄王恃兵强,隐隐有代周之心,但《春秋左传》借王孙满之口指出,"天子-封国"间等级秩序的改变十分困难,除非德或天命发生颠覆性变化。即便到战国末期,周已灭亡,儒家仍坚持此一主张,鲁仲连义不帝秦就反映了此种立场。

(四)以华夏为中心排列夷狄世界各政治体的相对位置

对夷狄世界内各政治体的等级排列,儒家不太关心,因而未详细设计、建构,但儒家还是注意到了四夷在生活方式和权力大小上的差异性,并作了粗略的等级排列。儒家将夷狄世界分为四个集团,即东夷、南蛮、西戎、北狄。在最典型的圈层模型——"五服制"中,蛮夷属于要服,戎狄属于荒服,要服是第四服,比第五服的荒服离中心近一服,这样排列显然考虑到了文化和生活方式的因素,毕竟南方、东方的蛮夷大多是定居国家,与华夏世界的生活方式更接近,而北方、西方的戎狄大多是居无定所的游牧社会。除了文化和生活方式的不同外,蛮夷与戎狄最大的不同,是权力大小及其对华夏世界施加伤害的能力的差异。《晋书·江统传》载:"四夷之中,戎狄为甚。"蛮夷能给华夏世界制造麻烦,戎狄往往带来关乎生死存亡的危险,这被整个有文字记载的华夏历史所证明,即便在先秦时代,便已如是,西周王都就是被犬戎所攻破。总的来说,夷狄世界各政治体间的等级是在以华夏世界为中心的儒家眼里的等级,是立足华夏世界而感知的不同夷狄集团与华夏世界的文化亲疏及对华夏世界施加的压力的不同而划分的等级。与华夏世界文化生活方式相近且对华夏世界施加压力相对较小的蛮夷集团,在等级上高于与华夏世界文化生活方式距离较远且对华夏世界施加压力相对较大的戎狄集团。这一等级制在儒家世界秩序中的分量远轻于上述两重等级制。

(五)孔孟评价管仲所见等级制的等级

综上所述,儒家的世界秩序是复合等级秩序,主要是由华夏世界各国间等级秩序,华夏世界与夷狄世界间的等级秩序,外加夷狄世界各国间等级秩序合成的三重等级秩序,且以儒家等级价值观和华夏各国国内政治的等级秩序为依托。儒家等级制给人的印象似乎是更重国内政治等级制,而对包含华夏世界各国间等级制与华夏世界、夷狄世界间等级制的国际政治等级制要求得不严格,时常妥协、变通。实际上,这种印象是后世中华帝国在部分历史时期政治、军事能力不足和民族武德、意志衰退所造成的错觉，属于实操与理论的脱节。从《论语》《孟子》记载的孔子、孟子对管仲的所有评价可以看出，至少在孔子时代，儒家重视国际政治等级制远超国内政治等级制，为确保国际政治等级制甚至可以抛弃国内政治等级制。以下五段引文穷尽了《论语》《孟子》两部主要记录孔孟言论的儒家经典文献对管仲评价的内容。

子曰："管仲之器小哉！"或曰："管仲俭乎？"曰："管氏有三归，官事不摄，焉得俭？""然则管仲知礼乎？"曰："邦君树塞门，管氏亦树塞门；邦君为两君之好，有反坫。管氏亦有反坫，管氏而知礼，孰不知礼？"《论语·八佾》

或问子产，子曰："惠人也。"问子西，曰："彼哉，彼哉！"问管仲，曰："人也。夺伯氏骈邑三百，饭疏食，没齿无怨言。"《论语·宪问》

子路曰："桓公杀公子纠，召忽死之，管仲不死，曰未仁乎？"子曰："桓公九合诸侯不以兵车，管仲之力也。如其仁，如其仁！"《论语·宪问》

子贡曰："管仲非仁者与？桓公杀公子纠，不能死，又相之。"子曰："管仲相桓公霸诸侯，一匡天下，民到于今受其赐。微管仲，吾其被发左衽矣。岂若匹夫匹妇之为谅也，自经于沟渎而莫之知也。"《论语·宪问》

公孙丑问曰："夫子当路于齐，管仲、晏子之功，可复许乎？"孟子曰："……或问乎曾西曰：……'然则吾子与管仲孰贤？'……曾西艴然不悦，曰：'尔何曾比予于管仲？管仲得君如彼其专也，行乎国政如彼其久也，功烈如彼其卑也；尔何曾比予于是？'"曰："管仲，曾西之所不为也，而子为我愿之乎？"《孟子·公孙丑上》

综合五段引文，孔孟对管仲在齐国国内的治理成就评价一般，说他"器小""不俭""功卑"，且认定管仲严重违背了国内政治等级制，不仅"不知礼"，还背叛旧主公子纠，有"非仁"之嫌，以至曾西、孟子都不屑做管仲。但谈到国际政治，孔子态度大变，赞许管仲"如其仁"，轻松放过了管仲"不知礼"甚至不忠旧主等国内政治等级制无法原谅的恶行，为什么？因为管仲辅佐齐桓公"九合诸侯，不以兵车"，维护了华夏世界各国间，尤其是"天子-封国"间的等级制；更因为管仲的攘夷战略保护了华夏世界涉及发型、服饰的文化生活方式，孔子慨叹"微管仲，吾其披发左衽矣"，没有管仲，华夏便可能像夷狄一样披发而不是束发，衣襟左掩而不是右掩，因而以"如其仁"三字高度肯定了管仲为维护华夏世界与夷狄世界间等级制所做的卓越贡献。

通观《论语》，孔子品评过春秋时代数十位政治、军事、文化精英人物，但仅有一位赢得了"仁"的评价，这就是管仲。显然，至少在孔子时代，也就是在初始儒家的权衡中，国际政治等级制优先于国内政治等级制。一个人只要能维护国际政治等级制，即便在国内政治等级制中犯有难以饶恕的错误，仍是仁人；反之，则是罪人。

五、等级制的润滑与正义变革

无论国内政治等级制还是国际政治等级制,都是秩序的源泉,而秩序是最重要的政治价值之一,但不是唯一重要的政治价值。因此,儒家在强调等级制的同时,也在思考等级制的润滑和正义变革,以使秩序的生产和维持不至于压制其他较重要的政治价值。

在国内政治等级制中,儒家加入的润滑剂是强调等级间互动时各等级都要承担相应义务,而非低等级单方面承担义务。"定公问:'君使臣,臣事君,如之何?'孔子对曰:'君使臣以礼,臣事君以忠。'"这是对上述"君君、臣臣"的润滑性规定。

在华夏世界各国间的等级制中,儒家认可极难发生但不能完全排除的"天子-封国"等级制的正义变革,但变革不能改变等级制本身,只能改变等级序列上的具体对象。汤武革命就属于得到孟子认可的"天子-封国"等级制的正义变革范例。"齐宣王问曰:'汤放桀,武王伐纣,有诸?'孟子对曰:'于传有之。'曰:'臣弑其君,可乎?'曰:'贼仁者谓之贼,贼义者谓之残。残贼之人谓之一夫。闻诛一夫纣矣,未闻弑君也。'"即便是声称"郁郁乎文哉,吾从周"的孔子,也不认为周必须永远作为天子国和华夏世界分封的总来源。《春秋公羊传》提出"春秋王鲁说",即假定鲁国是天子国甚而取代周的政治哲学,与孔子"齐一变,至于鲁;鲁一变,至于道"的言论大意相同,但这并不表明孔子欲以鲁代周,只是阐述了具体的天子国可以改变的政治哲学思想。孔子对现实中的鲁国治理绩效的评价并不高,说"鲁卫之政,兄弟也",与纷乱的卫国不分轩轾,可知"鲁一变,至于道"不过是假说,"鲁"是政治符号,代表比现存天子国更接近道的任何华夏封国。

至于华夏世界与夷狄世界间的等级制,不管是等级制本身还是等级序列上的具体对象都不能变革,任何变革的努力在儒家看来都是非正义行动,且会带来灾难性后果。《尚书·尧典》曰:"帝曰:'皋陶,蛮夷猾夏,寇贼奸宄。'"这句反对华夏世界与夷狄世界间等级制变革的话语被《史记》等文献反复引用。只有华夏经历大变局时,才会出现"天子失官,学在四夷"的特例,其目的仍是重建和巩固华夏世界和夷狄世界间等级制而非摧毁之。不过,当人类其他已经证明了自身伟大的文明及其构建的世界/区域性秩序与华夏文明并立时,若审慎地将儒家世界秩序看成区域性秩序,则不宜将这些伟大文明视为夷狄,而应与之交流互鉴,共创人类命运共同体。

六、结　论

儒家世界秩序主要是观念层面的世界秩序建构,只在有限的程度上介入了实操,因而儒家世界秩序研究主要是思想史研究,只在较小程度上带有历史研究的色彩。所以,本文主要采用儒家经典文献文本分析法,因为这些文献是儒家世界政治理论思想的观念凝结。

其中,《尚书·夏书·禹贡》《周礼·夏官·大司马》《周礼·秋官·大行人》《礼记·王制》四篇儒家经典文献建构了四种不尽相同又互为补充的世界秩序模型，即"五服制"模型、"九畿制"模型、"朝贡制"模型和"封建制"模型，从这四种模型中可以窥见儒家世界秩序的基本特征。

在四种模型的基础上，综合以"五经"为核心的儒家经典文献的其他零散的关于世界秩序的论述，可以发现儒家世界秩序是四重等级制，即华夏世界和夷狄世界间的等级制、华夏世界各国间的等级制、夷狄世界各国间的等级制、国际政治等级制与国内政治等级制间的等级制融合而成的复合等级制体系。具体而言，华夏世界在等级排列上优于夷狄世界；华夏各国间主要按爵位排列等级，天子国处于华夏世界等级序列最高点，权力增加虽然可以在一定程度上改变封国间的等级排列，但不能改变"天子-封国"间的等级排列，"天子-封国"间的等级排列只能由德或天命的颠覆性变化改变；夷狄世界各国间的等级排列主要依据他们与华夏世界的文化亲疏和对华夏世界施加的压力而定，与华夏世界文化生活方式相近且对华夏世界施加压力较小的蛮夷集团，在等级上高于与华夏世界文化生活方式差异较大且对华夏世界施加压力较大的戎狄集团；而从孔子、孟子对管仲的评价来看，在初始儒家的权衡中，国际政治等级制优先于国内政治等级制。

参考文献：

[1]庄子.庄子[M].方勇,译注.北京:中华书局,2010.

[2]李耳.老子[M].王弼,注.上海:上海古籍出版社,1989.

[3]戴圣.礼记[M].陈澔,注.上海:上海古籍出版社,1987.

[4]荀子.荀子[M].方达,评注.北京:商务印书馆,2016.

[5]班固.白虎通[M].北京:中华书局,1985.

[6]庄子.庄子[M].韩维志,译注.长春:吉林文史出版社,2001.

[7]司马迁.史记[M].北京:北京时代华文书局,2014.

[8]孔子.尚书[M].长春:吉林文史出版社,2017.

[9]佚名.周礼[M].陈戍国,点校.长沙:岳麓书社,1989.

（中国人民大学国际关系学院）

为什么荀子不能从祀文庙?
——论荀子的生命形态及其思想特征

张晚林

摘　要:荀子之所以没有从祀文庙,乃因为其生命形态根本不能传孔孟之道。孔孟之道有超越神圣的维度,但荀子因为完全切断了人与天的连接,故根本体会不到这个维度。由此,荀子的生命形态完全是一层的、经验的,导致荀子只是一个冷静、密察的学人而不是像孔孟那样的圣者。荀子的思想特征是横向的、广度的,经验的、观解的,论辩的、推证的。这种思想特征又决定了其政治思想之根本气质是屛弱的、设防的,其政治思想进而成为法家思想的先声。

关键词:荀子;天;学人;经验

一、道统与荀子在文庙的缺席

荀子,一代儒学宗师。在一般人的眼里,总是孔、孟、荀并称,足见荀子在儒学上的造诣与贡献。像孟子一样,荀子也以辟邪说、法仲尼为基本志识。

今夫仁人也,将何务哉?上则法舜、禹之制,下则法仲尼、子弓之义,以务息十二子之说。(《荀子·非十二子》)

是以汉以降,学者认为,发扬孔子之道最有力、最有成就者,莫过于孟子、荀子。故司马迁曰:"于威、宣之际,孟子、荀卿之列,咸遵夫子之业而润色之,以学显于当世。"(《史记·儒林列传》)汉魏时人序徐乾《中论》云:"予以荀卿子、孟轲,怀亚圣之才,著一家之法,继明圣人之业。"

既如此,孟子与荀子应该享受相等的待遇,然事实却恰恰相反。我们知道,孟子被尊为"亚圣",且与颜渊、曾子、子思一起作为"四配"从祀文庙,这是从祀者的最高等级。但荀子不但没有任何尊称,且没有从祀文庙,连从祀两庑之资格都没有。要知道,从祀文庙,可是对儒者最高的褒奖与肯定。明人胡居仁以布衣之身份与王阳明一起于万历年间从祀文庙,时人叹为"非常之遇"(《弇山堂别集》)。但是,作为儒学宗师的荀子却没有这种待遇,这是为什么呢?

本来,荀子曾于北宋时期荣登文庙,但后世儒者的反对之声不绝于耳。明初的宋濂首

先提出异议。他在《孔子庙廷从祀议》一文中说:

开元礼,国学祀先圣孔子,以颜子等七十二贤配,诸州但以先师颜子配。今也杂置而妄列,甚至荀况之言性恶,扬雄之事王莽,王弼之宗庄老,贾逵之忽细行,杜预之建短丧,马融之党附势家,亦厕其中。吾不知其为何说也?(《文宪集》卷二十八)

明弘治年间,张九功上《裨补名教疏》,力主荀子、马融、王弼、扬雄不当从祀文庙,其斥荀子曰:

若兰陵伯荀况,言或近于黄老,术实杂于申韩。身托黄歇,不羞悖乱之人。学传李斯,遂基坑焚之祸。以性为恶,以礼为伪,以尧舜为矫饰,以子思、孟轲为乱天下者。是以程子讥其甚偏驳,而朱子书为兰陵令,乃系之以楚,以深鄙之也。(《青溪漫稿》卷十一《祀典》)

"以尧舜为矫饰",盖指《正论》篇中谓尧舜禅让为不然;"以子思、孟轲为乱天下者",盖指《非十二子》篇中谓子思、孟子"僻违而无类,幽隐而无说,闭约而无解"。总之,张九功所历数的荀子之过,在《荀子》书中都能找到根据。于是,他建议罢荀子祀。他于同文中说:

之数子,学失大本,身亏大节;有玷名教,得罪圣门。昔龟山杨时建议,斥王安石不使配享孔庙,而今之儒臣,亦有欲黜扬雄辈者。夫如是,则此数子岂宜列诸从祀哉?

最终,荀子的牌位于明嘉靖年间从文庙移除,祀得以罢。一代儒学宗师最终与儒者之神圣殿堂遂成永隔,而名气与成就不及荀子的诸多儒者,却能从祀文庙,永沐圣光。何也?

韩愈的道统说,或许透露了其中的消息。韩愈作《原道》,首创"道统"之说。但奇怪的是,韩愈并没有像之前的先贤司马迁等人那样,把荀子纳入道统之流传序列中来。

尧以是传之舜,舜以是传之禹,禹以是传之汤,汤以是传之文、武、周公,文、武、周公传之孔子,孔子传之孟轲。轲之死,不得其传焉。

道统,荀子之所以没有资格预其间,依据韩愈的理解,乃因为荀子"择焉而不精,语焉而不详"。韩愈又在《读荀》一文云:

考其辞,时若不粹;要其归,与孔子异者鲜矣。抑犹在轲、雄之间乎?……孟氏醇乎醇者也,荀与扬,大醇而小疵。

韩愈在文中坦承,"始吾读孟轲书,然后知孔子之道尊,圣人之道易行"。但韩愈却表示其读荀子的书却没有这种感觉,乃至欲学孔子删《诗》《书》,"削荀氏之不合者附于圣人之籍"。至宋代,儒者以为道统乃理学诸子远绍孟子而传,而不及荀子。朱门高弟黄榦曰:

道之正统,待人而后传。自周以来,任传道之责者,不过数人;而能使斯道章章较著者,一二人而止耳。由孔子而后,曾子、子思继其微,至孟子而始著。由孟子而后,周、程、张子继其绝,至熹而始著。(《宋史·朱熹传》)

文庙,乃是一个神圣的场所,其功能正在奉祀那超越而神圣的道。明儒钱唐与王世贞对此均有阐述:

孔子以道设教,天下祀之,非祀其人,祀其教也,祀其道也。(《明史·钱唐传》)

文庙之有从祀者,谓能佐其师,衍斯世之道统也。(《弇州四部稿》卷一百十五)

问题是,荀子历来以孔子之道自任,且为儒学做出了杰出的贡献。从《荀子》一书来说,荀子不但专门写了《仲尼》篇,且在《非十二子》篇中特别突出孔子之道的价值,《宥坐》《子道》《法行》《哀公》《尧问》基本全部是孔子及其弟子之语录。也就是说,仅从文献著述上看,荀子弘扬孔子之道的劲力绝不下于孟子。难道荀子没有传道统? 荀子竟不能算是道统中人物吗? 要解开这些问题,必须从荀子的生命形态与学术气质入手。

二、生命形态、时代风气与荀子的学术气质

道,乃是一种宗教性的存在,须在圣者的生命中传。故"传道",非外在文制形态之讲习书写,乃生命之契悟与感通,既而与道合一。也就是说,道统乃是一个天道与性命相贯通的文化模型。宋儒王蘋曰:

> 道无古今,惟人能弘,故尧以传舜,舜以传禹,禹以传汤,汤以传文武。或见而知,或闻而知。前圣后圣,若合符节,然非传圣人之道,传其心也。己之心无异圣人之心,广大无垠,万善皆备,盛德大业由此而成。故欲传尧舜禹汤文武之道,扩充是心焉尔。(《王著作集》卷五)

只要能扩充自家之本心,必能契悟感通圣人之道,此即是传道。传道,非谓传外在文制之道也。故"学问之道无他,求其放心而已矣"(《孟子·告子上》)。此千仞壁立之言,孟子在其圣者的生命中一下子就把握到了。但荀子于此天道与性命相贯通的文化模型之体会却甚差,他在《荀子·劝学》篇中说:

> 学恶乎始? 恶乎终? 曰:其数则始乎诵经,终乎读礼;其义则始乎为士,终乎为圣人。真积力久则入。……礼者,法之大分,类之纲纪也。故学至乎《礼》而止矣! 夫是之谓道德之极。《礼》之敬文也,《乐》之中和也,《诗》《书》之博也,《春秋》之微也,在天地之间者毕矣。

这样,荀子就把圣人之道完全外在化了。在荀子那里,学只有横向的广被,而无纵向的上达。孔子曰:"下学而上达。"(《论语·宪问》)广被的"下学"只是圣人之道的预备,其完成必在纵向的"上达"。而在荀子的思想里,完全刊落了"上达"这一路向,其根本标志就是荀子"不求知天",又让人"明于天人之分",从而把天与人的连接给截然斩断了,这就完全把"上达"的路给切断了,人完全成为经验界的人,形上之道完全与人无与。是以后世儒者不许荀子为传道者,良有以也。

先秦之有孔子、孟子、荀子三大儒者,犹如古希腊之有苏格拉底、柏拉图、亚里士多德三位哲人。盖孔子犹如苏格拉底,是行道者;孟子犹如柏拉图,是弘教者;荀子犹如亚里士多德,则由前期的行道者与弘教者转为纯粹的学者或哲学家。英国哲学家罗素曾这样评价亚里士多德:

他是第一个像教授一样著书立说的人：他的论著是有系统的，他的讨论也是分门别类的，他是一个职业的教师而不是一个凭灵感所鼓舞的先知。他的作品是批判的、细致的、平凡的，而没有任何巴库斯激情主义的痕迹。……他的天生气质被他所受的训练给压倒了。他不是热情的，并且在任何深刻的意义上都不是宗教的。他的前人的错误是青年人企求不可能的事物而犯的那种光荣的错误；但他的错误则是老年人不能使自己摆脱习俗的偏见的那种错误。他最擅长于细节与批判；但由于缺乏基本的明晰性与巨人式的火力，所以他并没有能成就很大的建设工程。

罗素还认为，亚里士多德的研究总是"学究式的"，而没有深厚的宗教气质。

罗素对于亚里士多德的评价，其实也适用于荀子。与孔子、孟子所具有的深厚宗教气质相较，荀子不过是一纯粹的学人，尽管荀子建构了广博的学问系统。因缺乏宗教性的高明博厚，荀子那广博的学问系统固有所成，但其不足亦是显见的。而这一切，端从荀子乃一纯粹之学人得其解。

荀子乃一纯粹之学人，固与自身的生命气质相关，亦与时代风气相关。从春秋而至于战国，士人渐由王者师转化为了游士，此乃时代风气之一大变化。王者师有尽道之使命感，欲得君以行道；而游士不过以其学售诸侯，以便封官进爵。在孔子、孟子那里，均不乏宗教般的使命感与自信。孔子曰："文王既没，文不在兹乎？天之将丧斯文也，后死者不得与于斯文也；天之未丧斯文也，匡人其如予何？"（《论语·子罕》）孟子曰："五百年必有王者兴，其间必有名世者。……当今之世，舍我其谁也？"（《孟子·公孙丑下》）正因为孔子、孟子宗教般的使命感与自信，使得他们以王者师的姿态出现在诸侯面前，他们自认为自家所把握的道高于君王之政。《论语·卫灵公》载："卫灵公问陈于孔子。孔子对曰：'俎豆之事，则尝闻之矣；军旅之事，未之学也。'明日遂行。"这说明卫灵公竖子不可教，作为王者师的孔子要另寻担当大道之人。《孟子·公孙丑下》载：

> 孟子将朝王，王使人来曰："寡人如就见者也，有寒疾，不可以风。朝，将视朝，不识可使寡人得见乎？"对曰："不幸而有疾，不能造朝。"明日，出吊于东郭氏。公孙丑曰："昔者辞以病，今日吊，或者不可乎？"曰："昔者疾，今日愈，如之何不吊？"

孟子之所以拒不入朝，乃因为君王轻视道，这是作为王者师的孟子所不能容忍的。孟子直斥梁襄王"望之不似人君，就之而不见所畏焉"（《孟子·梁惠王上》），乃因为梁襄王根本不具备行道者应具有的宗教般的敬畏。

春秋以降，士人宗教般的情怀渐趋衰微。商鞅之见秦孝公，说帝道不能售，即改说王道，亦不能售，最后以霸王而得以售，足见商鞅无固守之情怀。以其学风动诸侯，左右时势，而不是固守大道以得君行道，苏秦、张仪俱其选也。此即是游说之士与王者师之不同也。战国之世，诸侯国或欲富国以图霸业，或欲强兵以求自守，而行王道早已成空谷绝响，此正游说之士驰骋之疆场。于是，稷下学宫出焉。

稷下学宫在齐国出现,兴盛于齐宣王时期,既有时代风气之原因,又是齐地风俗而使然,《史记·货殖列传》谓:"临淄亦海岱之间一都会也。其俗宽缓阔达而足智,好议论。"最后还与齐宣王个人之喜好相关。《史记·田完世家》载:

宣王喜文学游说之士,自如驺衍、淳于髡、田骈、接予、慎到、环渊之徒七十六人,皆赐列第,为上大夫,不治而议论。是以齐稷下学士复盛,且数百千人。

齐国以国士之名义尊养这数百千人,一般做些什么呢?史籍对于稷下之学士,其作为是这样回答的:"不任职而论国事,盖齐稷下先生千有余人。"(《盐铁论·论儒》)"自驺衍与齐之稷下先生,如淳于髡、慎到、环渊、接子、田骈、驺奭之徒,各著书言治乱之事,以干世主,岂可胜道哉。"(《史记·孟子荀卿列传》)从这两段文字可以看出,尽管稷下先生都位列大夫,但只是一种尊养地位,并不实际担任官职,处理政事,唯著书立说以讨论政事之得失耳。也就是说,稷下先生逐渐走向了纯粹的学问之途,齐宣王时期尤为如此。试看作为稷下早期领袖人物的淳于髡,史籍说他"博闻强记,学无所主。其谏说,慕晏婴之为人也,然而承意观色为务。……终身不仕。"(《史记·孟子荀卿列传》)可见,淳于髡乃纯粹博学多闻之说客,又能做到承意观色,故必能得君王之欢心,虽然倾慕晏婴之为人,实则不能望晏婴之万一,品行必有所亏。晏婴辅佐齐国几代国君,尽心尽责,但淳于髡却"终身不仕",其不仕也,非高洁不与污世,乃不欲担当大任而明哲保身耳。稷下之所谓学人,能说善变,但品行不佳,大概是普遍现象。难怪荀悦尝叹曰:

世有三游,德之贼也。一曰游侠,二曰游说,三曰游行。……饰辩辞,设诈谋,驰逐于天下以要时势者,谓之游说。……此三游者,乱之所由生也。伤道害德,败法惑世,失先王之所慎也。(《汉纪》卷十《孝武一》)

荀悦这是从功能作用上说。大概是因为同为稷下先生之故,耳濡目染,荀子对这些人的品行仪态曾有过精当的描述:

吾语汝学者之嵬容:其冠倪,其缨禁缓,其容简连;填填然,狄狄然,莫莫然,瞡瞡然,瞿瞿然,尽尽然,盱盱然;酒食声色之中,则瞒瞒然,瞑瞑然;礼节之中,则疾疾然,訾訾然;劳苦事业之中,则儢儢然,离离然。偷儒而罔,无廉耻而忍謑诟,是学者之嵬也。(《荀子·非十二子》)

正因为稷下学人的学识有余,品行不足,担当大道的使命感有亏欠,故作为尽道者的孟子决不愿与之为伍。尽管孟子亦在齐宣王时期游于齐,且《盐铁论·论儒》谓孟子与淳于髡一样,"受上大夫之禄",但孟子并不属于稷下先生,因精神气质根本不同故也。当孟子不能得君行道,欲"致为臣而归"时,齐宣王提出"我欲中国而授孟子室,养弟子以万钟,使诸大夫国人皆有所矜式"(《孟子·公孙丑下》)之条件挽留。这无非是欲以稷下学人的待遇厚养孟子,但孟子坚决拒绝。稷下学人,其理想在学与辩,现实中多能奉迎趋势,故能取悦君主,而作为圣者的孟子,其理想在尽道,故多见拙于当世。司马迁尝比较作为稷下先生的邹衍

（在魏、赵、燕都受到很高的礼遇）与孔、孟之不同：

> 其（邹衍）游诸侯见尊礼如此，岂与仲尼菜色陈、蔡，孟轲困于齐、梁同乎哉！故武王以仁义代纣而王，伯夷饿不食周粟；卫灵公问陈，而孔子不答；梁惠王谋欲攻赵，孟轲称大王去邠。此岂有意阿世俗苟合而已哉！持方枘欲内圜凿，其能入乎？（《史记·孟子荀卿列传》）

"持方枘欲内圜凿，其能入乎？"这表示精神气质之不同，导致理想目标之迥异。这是问题的关键。

以上论述了那么多，还是要回到荀子这里来。尽管我们没有任何关于荀子品行的史籍记载，但从他的著作中可以看出，他应该是一个品行刚正、向往先圣王道礼治的人。他未必看得起稷下那些博学能辩的学人，正因为如此，他能成为其中最受尊敬的人（最为老师），且三为祭酒。但即使如此，他依然只是一个学人，尽管还算是一个优秀的学人，然而终不能像孔、孟一样，为尽道的圣者。孟子之去齐，乃因道之不行而愤然辞职，而荀子之去齐之楚乃因谗言，不得不离开。"齐人或谗荀卿，荀卿乃适楚，而春申君以为兰陵令。"（《史记·孟子荀卿列传》）实则以荀子之精神气质，稷下是其最好的去处，离开实迫不得已也。试观《成相》《赋》二篇，荀子雕琢辞藻以为文，修饰语气以成章，其学人之品性袒露无遗。反观孔子，"性与天道"。（《论语·公冶长》）曾未尝言，乃至竟欲"无言"（《论语·阳货》），何暇雕琢以为文，修饰以成章？尽管荀子后学为之婉解，曰：

> 为说者曰："孙卿不及孔子。"是不然。孙卿迫于乱世，鳅于严刑，上无贤主，下遇暴秦，礼义不行，教化不成，仁者绌约，天下冥冥，行全刺之，诸侯大倾。当是时也，知者不得虑，能者不得治，贤者不得使。故君上蔽而无睹，贤人距而不受。然则孙卿怀将圣之心，蒙佯狂之色，视天下以愚。《诗》曰："既明且哲，以保其身。"此之谓也。是其所以名声不白，徒与不众，光辉不博也。（《荀子·尧问》）

风俗日偷，时势愈下，固然也。然而，这又是我们"发潜德之幽光"（《答崔立之书》）、"握天枢以争剥复"（《读通鉴论》卷九）之时，以引领世风，扭转时运，故孔子曰："吾非斯人之徒与而谁与？"（《论语·微子》）。但荀子徒端居稷下，以学干主，而不能影响民众，教化社会，故荀子乃一纯粹之学人，非欺诬之论也。

三、荀子思想的根本特征

我们读《论语》，随时可见孔子与其弟子的对话，其奋发激励之气，温勉呵护之情，溢于纸上。孔子诚尽道以诲人之圣者，子贡谓孔子"立之斯立，道之斯行，绥之斯来，动之斯和"（《论语·子张》），良非虚言也。我们再看《孟子》，亦可见孟子与弟子或时人之对话，孟子之教重在开发人之神圣善端，而非在文为制度也。故曹交欲受业于孟子之门时，孟子曰："夫道若大路然，岂难知哉？人病不求耳。子归而求之，有余师。"（《孟子·告子下》）在孟子那里，"道"即在自家生命之觉悟里，非外在文为制度也。故孟子讲"尽心"，不似荀子那样，讲"劝学"。荀子尽管在稷下"最为老师""三为祭酒"，但其可考的学生却很少，名世者唯韩非与李斯。我们翻开《荀子》，很少见到荀子与其生徒之对话，与时人之对话亦不多，大多数篇章都是自我论述，以表达己见，纯粹学人之气质跃然纸上。我们再看《韩非子》，全书竟然只有一次出现荀子（《难三》云："燕子哙贤子之而非孙卿，故身死为僇。"）的名字，很难看出荀子与韩非之师生关系。后来，韩非与李斯尽背荀子之学而为法家之翘楚，亦见荀子之于学生的影响是很小的。由此可见，荀子与韩非、李斯乃学人与学人之关系，非师者与弟子之关系。学人与学人之间，纯粹是思想之相遇，观点之论辩，系统之甄别，故冷静而繁复；师者与弟子之间，多是大道之教诲，德行之感召，人格之养成，故热情而简要。这是我们读《论语》与《荀子》时所能明确感受到的区别。因此，我们认为荀子乃一纯粹之学人，而非尽道之圣者，这种界定应该是没有什么问题的。

荀子作为纯粹之学人，其生命形态决定了其思想特征有三：

其一，横向的、广度的。横向的，是指荀子不能纵向地极于天，而只能平面地执着于经验世界，故宗教精神缺焉，荀子完全不能感受孔、孟所言之天。广度的，是指荀子之思想涉及世俗生活之方方面面。《荀子》一书，远较《论语》与《孟子》繁复，此正见学人坐而论道、闲暇静观之征也。《荀子》繁复，正见荀子的思想乃平面的、见用不见体，《论语》《孟子》简要，正见孔子、孟子的思想乃立体的、由体而达用。

其二，经验的、观解的。经验的，是指荀子的思想落在形下层面，不能触及超越的形上层面。试看荀子对人性之体会，"今人之性，生而有好利焉，顺是，故争夺生而辞让亡焉；生而有疾恶焉，顺是，故残贼生而忠信亡焉；生而有耳目之欲，有好声色焉，顺是，故淫乱生而礼义文理亡焉。"（《荀子·性恶》）若我们环顾俗世，荀子所言确然不虚，然人性是否即可由此而论？观解的，是指荀子要求任何思想都必须在经验世界中找到原因，获得验证与解释。荀子曰："凡论者，贵其有辨合，有符验。故坐而言之，起而可设，张而可施行。"（《荀子·性恶》）一种理论必须在经验世界中得到证实与检验，才可能是真的，否则一定为假，荀子以此深辟孟子之性善论。一种理论自然要获得检验与证实，但是否一定能获得常识经验的检验与证实，却未必然，但荀子的认识常止于此。

其三，论辩的、推证的。论辩的，是指荀子的思想系统繁复而严密，追求学理上的无懈可击，乃至用别人的疏漏证明自己的正确。孔子与荀子俱欲"正名"，孔子之正名，乃究"礼乐征伐自天子出"（《论语·季氏》）、"君君臣臣、父父子子"（《论语·颜渊》），这是伦理的、实践的；然荀子之正名，乃循名以指实，所谓"名定而实辨"（《荀子·正名》），这是研究的、论辩的。推证的，是指荀子希望通过推理、证明来表明自己思想的正确性。最显著的例子就是《荀子·性恶》篇，其主旨思想"人之性恶，其善者伪也"，在文中反复出现，故其行文周纳绵延，不过只是为了推证"人之性恶，其善者伪也"这个结论。荀子不屑于为了论辩而论辩，为了推证而推证，是因为他极其反感名家中的惠施与公孙龙，这样，反使得他的论辩与推证不及名家那样精审，常止于常识。

从《荀子》全书来看，荀子是一个冷静、密察的学者，他以智的冷光照彻儒家之道与孔子之学，虽然书中无处不体现其向往与倾慕之情，但他只是把它们作为一种好的政治治理工具和社会维系之法，而不是一种安身立命之教，其隆礼重法正是这种特征之显现。我们读《论语》《孟子》无时不感受到一个圣者生命的跃动，但读《荀子》，似乎完全感受不到文字背后的生命存在，荀子与他所留下的文字似乎完全是分离的。荀子为后人传承了系统繁复的儒学，但没有弘扬安身立命之教。因为荀子其学者型的生命形态，与安身立命之教的根本是隔膜的。学者型的生命形态总是平面的、说理的，冷静、严密有余，而热情、证悟不足。故前文谓罗素之于亚里士多德之批评，俱可用在荀子身上，非妄言也。所以，与亚里士多德一样，荀子只是一个学究式的人物，且极具经验性格，没有超越的宗教精神，故文庙罢其祀，荀子应无冤可诉。

四、结　语

王恩洋《荀子学案》谓荀子为"中国二千年前之经验派哲学大师"，且论之曰：

荀子之学说思想，一言以蔽之曰经验论是也……自英伦霍布斯、培根、洛克、休谟等，次第出现，乃造成海洋派之经验学派，破除上帝之信仰，天国之梦想，而事事求实于人事……然而孰谓有荀子者，乃于二千年前，竟成立最完整而宏博之经验学说于中土。

这种止于经验论而高明之道缺焉的纯粹学人品格，有学者评论之曰：

荀子将人从不可及的权威那里彻底解救出来，只能把他们留给了地上的权威，在相当程度上消弭了虔敬感所要求的适当距离，而这一距离，对于激励那些对迥异于地面景色的风光感到好奇的人，本来是不无裨益的。

实则，即使地面上的景色，人之虔敬感亦是必需的，但荀子消弭了人之虔敬感以后，只能处处设防，他的性恶论与隆礼重法都是处处为人设防。康南海曰："荀子步步为防，故气弱。"处处设防，使得荀子的政治理想有其孱弱性。

耳目之明，如是其狭也；人主之守司，如是其广也；其中不可以不知也，如是其危也。然则人主将何以知之？曰：便嬖左右者，人主之所以窥远收众之门户牖向也，不可不早具也。故人主必将有便嬖左右足信者然后可，其知惠足使规物，其端诚足使定物然后可。夫是之谓国具。（《荀子·君道》）

荀子可能不曾预料到，他的这种孱弱性直接开启了法家对臣民的不信任，进而以术势维护专制统治的先河。后世君王周围总有这样一群小人，他们败坏政治，但却能博得君王的信任。相反，我们若看孔子，季康子问政于孔子曰："如杀无道，以就有道，何如？"孔子对曰："子为政，焉用杀？子欲善，而民善矣。君子之德风，小人之德草。草上之风，必偃。"（《论语·颜渊》）这种政治理想是何等的自信简洁。

荀子这种孱弱的政治理想,因其深厚的儒学涵养尚不至于流于贼,但到了其弟子李斯、韩非那里,因他们自身的暴戾之气而流入了法家之贼道,荀子之学可谓肇始者也。即使到了汉代法家之学得到了扭转,但依然是气弱的设防之学,董仲舒的"天人感应"说就是如此,而儒学直指本体爽朗简要之气魄始终闷在设防之学里面而开发不出来,故儒学之作用终究有限。故荀子之学须光大了孔孟之道,不然,终是气弱。莱辛的这则寓言或许揭示了这"弱"之谜底:

有人问鹰:"你为什么到高空去教育你的孩子?"

鹰回答说:"如果我贴着地面去教育它们,那它们长大了,哪有勇气去接近太阳呢?"

参考文献:

[1]荀子.荀子[M].方达,评注.北京:商务印务馆,2016.

[2]司马迁.史记[M].北京:北京时代华文书局,2014.

[3]宋濂.文宪集[M].上海:上海古籍出版社,1998.

[4]孟轲.孟子[M].万丽华,蓝旭,译注.北京:中华书局,2010.

[5]孔丘.论语[M].刘琦,译评.长春:吉林文史出版社,2004.

[6]荀悦,袁宏.两汉纪[M].张烈,点校.北京:中华书局,2002.

[7]王世贞.弇山堂别集[M].北京:中华书局,1985.

(湖南科技大学哲学系)

论杨晋庵对孟子性善论的阐释

吴玉佩

摘　要：本文尝试以《杨晋庵文集》为中心，对晚明儒者杨晋庵对孟子性善论的阐释作系统的梳理。在晋庵的哲学系统中，"元气"是生天生地、生人物万殊之本体，此气灵妙之性即为理。此气可分为两个层次：作为太和元气，清明灵妙，人之至善之性即是根源于此；作为二五之气，其自太和之气演化而来，因其杂糅偏胜，落之于人物，则显出人物万殊来。人是禀气而生，性亦是禀气而成，因气有两个不同层次，所以人性亦包含两方面的内容：自其源头来看，性虽自二五之气化生而成，然其太和元气清明灵妙之理亦在其中，是以人性皆善，学者即以义理之性名之；自其化生来看，二五之气杂糅偏胜导致人性之不纯然善，而气之清浊亦产生人之智愚之别，是以人性之善有显有微。因性有显微，所以人需做复性工夫以显其本来之善性，又因性之善根自存，善性皆备，所以复性以成圣得以可能，而复性在于尽心，尽心则在于为学。

关键词：杨晋庵；性善论；孟子；元气

在晋庵的以形而上的元气为本体的哲学系统中，"元气"是生天生地、生人物万殊之本体，此气灵妙之性即为理。此气可分为两个层次：作为太和元气，清明灵妙，人之善性善根即在于此处；作为二五之气，其自太和之气演化而来，因其杂糅偏胜，落之于人物，则显出人物万殊来。人是禀气而生，性亦是禀气而成，因气有两个不同层次，所以人性中亦包含两方面的内容：自其源头来看，性虽自二五之气化生而成，然其太和元气清明灵妙之理亦在其中，是以人性皆善，学者即以义理之性名之；自其化生来看，二五之气杂糅偏胜导致人性之不纯然善，而二五之气清浊不同亦产生人之智愚之别，是以人性之善有显有微，其显者易成圣贤而其微者易流于恶；因性有显微，所以人需做复性工夫以显其本来之善性，又因性之善根自存，善性皆备，所以复性以成圣得以可能，而复性在于尽心，尽心则在于为学。晋庵先生的一生亦是其哲学思想的践行，吕坤叔于《杨晋庵文集序》中总结道："彼其家庭惇孝友之情，乡党成居间之美，义所当予，不爱千金，难所欲急，不负一诺。所过劝分士绅，输粟千百，顾即于所在储之，以备大侵。列社学科条以养蒙，设敬老约会以劝孝。分人以财，教人以善之心，恳切浓至。其所口说，皆其所躬行者也。"如上所述，晋庵作为一个坚定的性善论的支持者,其对孟子性善论的理解与诠释不仅融入了其哲学系统之中,更深深地融入了其生命之中。本文即以《杨晋庵文集》为中心,探讨并且梳理其哲学思想体系中对性善论的理解与阐释。

一、本体论:性善之依据

晋庵哲学思想的最大特色在于其具有超越性的、形而上性质的本体——元气,而其人性论中性善的根源亦在于此。"元气"是万物存在的本体宇宙论根据,是道德价值的超越根据。天地万物均由此气而生,人物万殊亦自此气而始。此气灵妙而不可测,"上而为天,下而为地,流峙而为河岳,昭布而为日星,推迁而为四时,动植而为禽兽草木",所以非宋儒所谓形而下之气。此气"千态万状种种不穷,条分缕析色色可象",又"自然至巧至灵,千态万状,无所不有,不加安排,自然各足",所以自具灵妙之理。此理不可与气分而论之,是以晋庵为正纰缪,于此处所着笔墨甚多,力证理气一物,辟宋儒理气二分之说。晋庵于中开篇即道:"盈宇宙间只是一块浑沦元气,生天生地,生人物万殊,都是此气为之。而此气灵妙,自有条理,便谓之理。"指出气即理也,在中亦有"阴阳之气,灵气也。惟其灵,则自有条理,故曰理也"。对于两者之关系,晋庵概括为"盖气者,理之质也;理者,气之灵也"。即理与气为一体之两面。为了更形象地描述两者关系,晋庵采用了一系列譬喻,如"盖气犹水火,而理则寒暑之性;气犹姜桂,而理则其辛辣之性,浑是一物,毫无分别","譬犹铜镜生明,有时言铜,有时言明,不得不两称之也,然铜生乎明,明本乎铜,孰能分而为二哉?"、"盖气之为理,犹蜜之甘,椒之辛,蘗之苦,本然自性,非有二也"等。譬喻中虽有不当之处,但其本意即理气一物之意已明矣。然而晋庵为何如此重视理气之关系?这与其人性论思想密不可分。

二、人性论:性善之内容

"太极判而为二气,二气氤氲而万物生。"万物成形即各具其性,人物万殊亦由此而始。在晋庵这里,气化生人的同时亦成就其性,气与性实则同是一物。"若见得自性明白时,气即是性,性即是气,原无性、气之可分也。"然而因气之内容不同,性亦有不同的内容。原始生生之气即太和元气的本质为"理"或"太极",气之能生人全在于此。由太和元气到二五之气生万物的过程中,其"理"落于万物上,即成万物至善之本性,是以万物初具之性即是完满自足之善性,晋庵对此亦有论述:"盈天地间莫非生生之气,人得之而为仁者此耳。""然至善不在《大学》之书,亦不在大人之身,无分今古,不论贤愚,无不浑然全具,即所谓人之本性是也。"然而气化过程中二五之气难以避免杂糅偏胜之病,是以不善由之而生,恶亦由之而成。正如杂糅偏胜为气之病,恶同样是性的非本然状态。是以晋庵认为,万物成形之初即禀太和元气之理,具有完满自足之善性,无论是人还是物,是圣人还是常人,虽有气质上的差异,但其至善之本性却并无不同,是以论性当从此性的本然状态处论。这就为孟子性善论寻找到形而上之根据,即性之善的根源在于具有超越性的、形而上的太和元气。

(一)人物万殊

元气化生万物经历了一个化的过程,是以元气不仅有初始的太和元气纯灵妙之状态,亦有二气氤氲之杂糅状态,此状态正是人物万殊的原因,亦是恶产生的根源。首先是人物之殊,"人之所以异于物者,则其所得于二气者各异耳"。人物虽然都禀赋了太和元气之理,即完满自足之善性,但由于其所禀二五之气有清有浊,万物之性亦各有其限。大而言之,类与类有别,如人物所禀之气不同,"人之所禀者,天地之全气也"。是以人能尽其本来之善性,与天地合其德,而物囿于其气之限而不能尽其性。对此,晋庵认为,告子"生之谓性"之说正是于此处认识不真:

二气氤氲,万物化生。人与物,知觉运动,同也;……而其所异者,特一点能尽其性之明耳,物非无性也,有其性而不能尽,此物之所以为蠢也。(《学会讲语》)

生字包有知觉运动,仁义礼智并在其中,……与夫凡物可同为白而凡生不同其性,告子于此即宜悟其失矣。(《论性臆言六》)

故犬不同牛,牛不同人,囿于气而不能通者也,……盖气则万有不齐,理则至一无二。(《山居功课·孟子下》)

由上可知,晋庵认为性中既包含知觉运动的内容,亦包含仁义礼智之内容。物因囿于气质所限,虽有至善之性而不能尽,囿于知觉运动而不能通达仁义礼智,而人性中虽有知觉运动之内容,但人之所以为人而异于禽兽之处正在于其能尽至善之本性,通达仁义礼智。究其原因,则在于人之所禀者为天地之全气也。告子所谓"生之谓性"只看到人物同有的知觉运动,而没有看到人物之殊之处才是人性之要。此处晋庵对孟告生之谓性之辩的理解可以说比较贴合孟子人禽之别之原意。

人物之殊是因禀气不同,人与人之间亦是因禀气不同而有所差异。"夫惟理气一也,则得气清者,理自昭著,人之所以为圣为贤者,此也,非理隆于清气之内也;得气浊者,理自昏暗,人之所以为愚不肖者,此也,非理杀于浊气之内也。"因气有清浊,所以人有智愚之分,得气清者易于通达仁义礼智,复归本来之善性,所以能成圣成贤;得气浊者其本来之善性被遮蔽,所以易流于恶,然易流于恶,却并非一定为恶,所以晋庵《论性臆言》中有:"气有清浊而智愚分焉,然清者为善而浊者亦未必恶,如见孺子入井而恻隐,呼蹴加之而乞人不受。"即气浊者虽愚而善根自存,所为并非皆是恶事。然而孔子又有"上智与下愚不移",此语是否与愚者也有善根、也可为善相悖? 对此晋庵认为,下愚之人,气虽驳浊,但与上智者同出于太和元气,是以其性中必有善根,然夫子所谓其不能移者原因有二:其一,气质昏弱,即所禀之气驳杂,致其至善之理昏暗不显;其二,困于习俗,即"自少至长,蔽锢甚深,一旦予以善言,扞格不入"。此即夫子所谓不能移者。对此下愚之人,若是自小予以教化,涵育熏陶,则无不可化入者。简而言之,人固会因气质之所限而流于恶,但因其本体之善性自备,后天若是通过正确的为学工夫,亦能变化气质,显出其至善之本性来。

（二）善恶同性

晋庵认为善的根源在于形而上的太和元气,是以其性自生成之后,其中自备自然之至善,然而晋庵又肯定恶亦是性。那么在性中,善又是否具有一个可靠的落脚点呢?换言之,善又如何在性中寻求其对性的规定性的主导地位呢?

宋儒将性二分为气质之性和义理之性,用形而下的气质之性解释恶,而用形而上的义理之性解释善,但在晋庵这里只有一个形而上的气质之性,所以如何解释恶的来源是其不可回避之难题。《论性臆言》中,晋庵明确将恶亦归之于性:"正惟是禀气以生也,于是有气质之性。凡所称人心惟危也,人生有欲也,几善恶也,恶亦是性也,皆从气边言也。"由此可见,晋庵将恶与善都归之于性。如此一来,为了解释灵妙纯善之元气何以生恶的问题,晋庵就不得不在批判宋儒将性二分的基础上亦借义理之性说善,借气质之性说恶,不同之处则在于晋庵将义理之性与气质之性理解为一性之两面,认为言气质之性则义理自在其中。简言之,气质即义理也。但是如果仅将气质义理理解为性之两面而无所分,则无法解释为何以善谓性而不以恶谓性,所以两者虽是一性之两面,然义理气质必有其分别。对此,晋庵在两者关系中亦有论述:"气质者义理之体段,义理者气质之性情,举一而二者自备,不必兼举也。然二者名虽并立而体有专主,今谓义理之性出于气质则可,谓气质之性出于义理则不可,谓气质之性与义理之性合并而来,则不通之论也。"由上,两者之关系逐渐清晰,气质为义理之体段,义理为气质之性情,似乎与本体论中理气之关系极为相似:气者理之质,理者气之灵。由义理之性、气质之性的关系和理气关系的类似处可见,晋庵在其本体论思想中将元气视为生天生地、生人物万殊的唯一本体,并将理气视为一体之两面,就决定了其人性论中必然只有一个性而无气质之性、义理之性之分,而义理气质亦是一体之两面的关系。但义理、气质虽是一体之两面,义理却似乎具有某种高于气质的意味,即规定着气质并且比气质更加纯粹。气质虽限制着义理于其中,但其内容似乎更加驳杂。是以晋庵将义理、气质理解为一性之两面时,从理边言善,而从气边言恶。此外,自性之本然状态来看,亦能看出为何从义理处言人性善而不是从气质处言人性恶。从性之本源处看,义理之性来自纯善的太和元气之本体,其所有的内容是纯善,简言之即是太和元气之理,所以成为性之本然状态;而气质之性中则包含有二五之气杂糅偏胜的成分,因而并非性之本然状态。所以晋庵称"凡所称人心惟危也,人生有欲也,几善恶也,恶亦是性也,皆从气边言也"。而"凡所称帝降之衷也,民秉之彝也,继善成性也,道心惟微也,皆指理边言也"。是以论性则从本然之义理之处论其善,而不是从夹杂二五之气的非性之本然状态的气质处论其恶。然而无论善恶,都是性的内容,虽有气质、义理两面,性却只有一个,即气质之性。所以晋庵认为,孟子论性善亦是从此性言之,而不是从性中再分出个义理之性来说。

至此,性善论中"善"于性中的立足点似乎已经明了,然而其中仍然存在着两个疑问:其一,在论人物万殊时,晋庵提出"四方之人刚柔异禀,亦其囿于气者耳",同时又认为"尽其性之明耳",人既有囿于气者,如何能突破其气之限以尽其性?其二,在论恶之所出处,晋庵既然以气之清浊来解释智愚不同的原因,为何不以气之清者易成圣贤而气之浊者易流于恶来解释恶,而是将恶亦归之于性,以气质杂糅偏胜作为其原因呢?气之污浊与气之杂糅是否具有本质上的不同?此两问亦值得我们细加探究,本文不予细论。

(三)善之内涵

对于性善之性,上文已有诸多讨论,然而对于性善之"善"的内涵,众儒释孟子性善论时似乎都将其理解为仁义礼智信等善念善行并着眼于孟告仁义内在之辩的探讨,而对其内涵却无过多研究。晋庵于此则另辟蹊径,从阳明"无善无恶心之体"处引出性善之"善"的内涵。我们来看晋庵是如何理解的:

> 阳明所谓"无善无恶"者,非言性体本无也,……又曰:"性本善也,而着一善,则失其常矣。不着一善,谓之无善不亦可乎?"(《山居功课·孟子下》)

> 本体之善,至善也,无善可指也。所着之善,则善念善事之谓也。从本体生来,而本体却无是善也,有善则非至善也。(《山居功课·孟子下》)

由上可知,晋庵认为善字有两层含义:一为本体之善,一为所着之善。本体之善为至善,论其状态,此善无可指,所以"空空如也",论其内容,此善既容不得恶,亦容不得"善",是以成其至善。晋庵认为此本体之善,如眼之明,鉴之明,明即其善也;所着之善,即善念善事,此善有感则生,无感则无,从本体而生,却非本体之物。晋庵评之为:"这善字正是眼中金屑,镜中美貌,美则美矣,其为障一也。"显然,晋庵认为所着之善对于本体之善毫无益处,甚至会起到遮蔽本体之善性的负面作用。对于两者之关系,晋庵认为所着之善从本体生来,但本体中并无一所着之善,因为至善之本体若有一善,则为一善所障而失其湛空之体。由此看来,两者关系似乎难以捉摸,然而再从其所指对象来看,其关系则瞬间明了:本体之善是言性之体,而所着之善是言心之体,性主静而心主动,是以性之本体至善无物而心之本体动即生所着之善。晋庵此处表现出明显的尊本体之善而轻所着之善的倾向,换言之,即尊性抑心之倾向。然而性主静,其虽至善却无法显现,若论其善,还需靠心来显现。

三、工夫论:性善之实现

太和元气化生万物之初亦成就万物至善之本性,然而此性作为"未发之中"隐微而不可见,只是个湛空本体,此性之至善亦是无善可指,空空如也。然此至善之性必然有所凭借才能显发其灵妙之用,正如至善之太和元气借二五之气以化生天地万物。在晋庵看来,此性之凭借正是心:"性以生心,而心以发性也。""盖性者,浑沦之体,而心则性之所出,以效灵明之用也。"然而心又是如何显现性之灵妙之用的呢?换言之,本性之至善又是如何通过心来产生作用得以显现的呢?这里就涉及心性之关系。

对此我们可以从三点来看：首先，晋庵认为心虽出于性，然二者既不可混为一体言之，亦不可分为二者论之，"言其为一者，混也；言其为二者，离也"。所以晋庵认为最合适的描述为"性者心之合，心者性之分，一而二，二而一者也"。其次，晋庵认为两者是体与用之关系："专以心言，则心自有体用；以性对心言，则性其体而心其用也。"最后，对于两者之状态，晋庵认为"性主静，心主动。心有出入，性无存亡"。对于第一点，晋庵认为两者既不能混为一谈，又不能分而论之，显然表明两者既存在联系又存在差别。其联系即晋庵所说的"心由性出"，正如人由气化而成，禀赋了元气至善之性，心由性出必然禀赋了性中之善，所以晋庵说"恻隐之心动而见吾性之仁，毕竟仁不可见也"。由此孟子四端之心在此处找到了其根据：即四端之心正是自至善之性处来。而四端之心是孟子性善论得以成立的关键之所在，"恻隐之心，仁之端也；羞恶之心，义之端也；辞让之心，礼之端也；是非之心，智之端也"。在孟子那里，正是人性之中先天本有完满自足的为善能力，即此四端之心，人才能发仁义礼智之善念，为合仁义礼智之善行，是以此四端之心正是心对性之善的一种表现。对于心性之差别，体现在以上所论第三点，即其状态上。性主静且恒静，表明至善之本性恒常不动，正因不动，所以无丧失之可能，其善亦不会有所变化。相反，心正因为可动，所以面临无限之可能：心若禀性之善而不陷于私欲，则至善之本体自显，人人皆为圣贤；但因气质所限，人在现实生活中不得不面临各种诱惑，其本来之赤子之心易受到沾染，所以现实生活中常人众而圣人鲜。然而虽受点染，其善性自存，所以通过为学工夫亦可重拾其赤子之心，复归其本来之善性。因此，心既是本性之善得以展现的桥梁，亦是常人为学复性、成圣成贤的必经之道，晋庵对此亦是感慨颇深：

试看赤子之心，曾何有一毫点染？试验吾心私欲未起之时，亦何曾有一毫点染？……难克之欲一切荡涤廓清，到得无可清处只剩下一个光光净净底本体，而皓皓者全矣！（《山居功课·孟子上》）

《孟子·告子上》中孟子见世之不善者曰："仁，人心也；义，人路也。舍其路而弗由，放其心而不知求，哀哉！人有鸡犬放，则知求之；有放心而不知求。学问之道无他，求其放心而已矣。"晋庵见心有点染而不知求者亦有"衣垢思浣，镜尘思磨，惟心垢蔽而不思拔擢濯，惑哉！"的叹息，是以在《论学篇》中花费较多笔墨论述了为学工夫之重要性。由此可见，孟子性善论与晋庵思想的落脚点都在于如何通过为学工夫以复归本来之善性，而晋庵对孟子性善论的阐释可以说在基本贴合孟子原意的基础上融入了自己的气论思想，其中虽有不甚完备之处，但其复归本来之善性的途径及其愿望与孟子可谓是不谋而合。

四、结　语

由上文可知，晋庵对孟子性善论的阐释贯穿于其整个哲学体系之中。在其本体论中，具有超越性的、形而上的至善之元气为性善论提供了形而上之依据；太极判而为二气，二气氤氲而万物生,万物自成形之日即禀赋了由太和元气而来的至善之本性,此即性之本然状态,而非包含恶的性之非本然状态。这就在人性论的角度为性善论提供了一个落脚点,在这个落脚点中,既回答了恶何以生的问题,也解决了为何以善论性而不是以恶论性的问题,其中虽然亦存在不甚完美之处,如将善恶都归于一个气质之性中所带来的解释难题,以及强调人物因所禀之气不同而有所限,给后来的工夫论中成圣成贤带来的困境等问题,其对性善论的阐释可以说比较贴合孟子本意;在工夫论层面,人性本然之善既能通过心之通达而得以体现,亦能因心之陷溺而被遮蔽,从而显出非性之本然状态的恶来,是以需要为学之工夫来尽心以复其本来之善性。由此,晋庵对孟子性善论的阐释完整地融入其以形上之元气为本体的哲学系统之中。纵观晋庵的哲学系统,其中有两个鲜明的特色,其一,在本体论上,晋庵将元气的地位抬得极高,认为其既是天生万物之本体,亦是性善的形上之根据,这似乎是当时存在的一种普遍现象;其二,在其工夫论上,晋庵十分重视个体生命的实践与体验,如如何立志持志,如何爱养精神,如何为学修身,如何取友惜时等,可以说,晋庵之思想已经融入其日常生活之中,而其哲学思想体系之形成也可以说是得益于其日常实践之感悟,这一点上,晋庵与阳明可谓是极为相似。黄宗羲对晋庵的评价"得阳明之肯綮"或许不仅是从其对心性之理解上得来,其中也许亦包含有为人处事的一面吧。

参考文献:

[1]穆孔晖,尤时熙,孟化鲤,等.北方王门集[M].邹建锋,李旭,编校.上海:上海古籍出版社,2017.

[2]廖晓炜.明儒杨晋庵哲学探微[J].哲学动态,2014(11):49－56.

[3]杨伯峻.孟子译注[M].北京:中华书局,2008.

[4]吕坤.吕坤全集[M].王国轩,王秀梅整理.北京:中华书局,2008.

[5]孟轲.孟子[M].杨伯峻,杨逢彬,注释.长沙:岳麓书社,2000.

[6]杨东明.山居功课[M].刻本.1612(明万历四十年).

(华中科技大学人文学院)

新时代中华孝文化传承与创新的研究

杨孝青

摘　要:孝文化是中华伦理道德的核心之一,其蕴含的伦理价值对于家庭、社会和国家的积极作用不容忽视。根据孝文化的历史演进脉络,可以将其分为权威性孝道和相互性孝道。在中国特色社会主义进入新时代的背景下,传承孝文化有利于涵养社会主义核心价值观、加强思想道德建设和促进国家治理体系建设。为使孝文化与现代文明相适应、与社会主义文化相融合,需要从内容和传播两个方面对其加以创新,发挥孝文化的深厚力量,增强中华孝文化的世界影响力。

关键词:新时代;孝文化;传承创新

孝文化作为中华传统伦理道德的核心,一贯被称为"百行之先""为仁之本",深刻植根于中华民族的文化基因之中,潜移默化地影响着中国人的生活方式和行为习惯。做好孝文化传承创新研究,对于涵养社会主义核心价值观、促进社会主义伦理道德建设、坚定文化自信和建设社会主义文化强国等,都有十分重要的意义。2017年初,中共中央办公厅、国务院办公厅印发的《关于实施中华优秀传统文化传承发展工程的意见》提出:"传承发展中华优秀传统文化,就要大力弘扬自强不息、敬业乐群、扶危济困、见义勇为、孝老爱亲等中华传统美德。"十九大报告指出:"深入实施公民道德建设工程,推进社会公德、职业道德、家庭美德、个人品德建设,激励人们向上向善、孝老爱亲,忠于祖国、忠于人民。"在中国特色社会主义进入新时代的背景下,要厘清孝文化的来龙去脉,继承其向善向上的积极因素,剔除其思想糟粕,结合新时代的发展要求加以创新,切实增强中华文化软实力。

一、孝文化的形成与演变

孝文化有着"中华文化基因"之称。尧舜禹时期孝包含事亲和祭祀鬼神双重含义,如《虞书·尧典》谓舜"父顽母嚚,象傲;克谐以孝,烝烝乂,不格奸",树立了虞舜的孝子典范。《史记·夏本纪第一》谓大禹"薄衣食,致孝于鬼神",大禹吃穿都很差,祭祀鬼神的物品却很丰厚。李学勤认为,德孝文化是尧舜禹文化最重要的核心内容。殷商时期,"孝"字已在甲骨文中出现,《尔雅·释训》释为:"善事父母为孝,善兄弟为友。"《商书·太甲中》有"奉先思孝,接下思恭"之语,意思是伊尹教导太甲,遵循先王的遗训就是孝,对待臣下不傲慢就是谦恭。

西周时期,建立在血缘关系基础上的宗法制和分封制客观上促进了孝道行为的发展,在《尚书》《诗经》中多有记载孝道的语句。如《诗经·小雅·蓼莪》之"父兮生我,母兮鞠我……欲报之德,昊天罔极",表达了子女对父母养育之恩的感激。《尚书·周书·酒诰》之"肇牵车牛,远服贾,用孝养厥父母",指子女通过做买卖来孝养父母,说明孝已融入人们的日常生活。《诗经》有大量关于祭祀的诗歌,蒋方统计了包括《诗经·小雅·天保》在内,以"孝"为修饰者的诗歌共有十四首,主要是祭祀先祖,赞美仪式上的人物。《尚书·周书·君陈》之"惟尔令德孝恭。惟孝友于兄弟,克施有政",说明"孝"既用以促进家庭成员之间的和谐相处,也是一种政治活动。

孔子在总结夏商周孝道实践的基础上,提出了系统的孝道伦理思想,"孝弟(悌)也者,其为仁之本与"(《论语·学而》),说明孝是孔子仁学体系的基础和逻辑起点。"生,事之以礼;死,葬之以礼,祭之以礼"(《论语·为政》),这是孔子对人生终极问题的哲学解答。曾子提出"夫孝者,天下之大经也",孝是天地间的根本法则,它无所不包,"居处不庄、事君不忠、莅官不敬、朋友不信、战阵无勇",皆是不孝(《大戴礼记解诂·曾子大孝》),曾子的孝论具有本体属性。孟子的孝论以"四端说"为基础,提出"仁之实,事亲是也"(《孟子·离娄上》),"仁义礼智,非由外铄我也,我固有之也"(《孟子·告子上》),说明了孝是人与生俱有的天赋秉性,亦具有本体属性。总之,孔子等圣人将孝文化从亲子自然情感提升到伦理规范的高度,使孝成为诸德之本。但孝道伦理并非是子女对父母的绝对服从,"事父母几谏"(《论语·里仁》)、"父子有争"(《荀子·子道》)等论说明先秦儒家孝道伦理规范具有相对性,可称为"相互性"孝文化,这种孝文化具有重要的伦理意义。董子竹认为,孔子最伟大的贡献就是将"孝弟(悌)"提倡为一种不可怀疑的伦理原则,彻底避免了中国文化岔入到一神尊崇的西方中世纪式的等级社会。把以农耕为基础的村社文化与以人的自然属性为基础的"孝弟(悌)"伦理关系相结合,就成了稳定中国社会的秤砣。

战国后期,韩非子对儒家"孝弟(悌)忠顺之道"提出怀疑,认为"臣事君,子事父,妻事夫,三者顺则天下治,三者逆则天下乱,此天下之常道也"(《韩非子·忠孝》)。西汉学者董仲舒在此基础上,明确提出了"三纲"思想,即"君臣、父子、夫妇之义,皆取诸阴阳之道。君为阳,臣为阴,父为阳,子为阴,夫为阳,妻为阴……王道之三纲,可求于天"(《春秋繁露·基义》)。董仲舒对此做了系统阐释:"天子受命于天,诸侯受命于天子,子受命于父,臣妾受命于君,妻受命于夫。诸所受命者,其尊皆天也,虽谓受命于天亦可。"(《春秋繁露·顺命》)又曰:"是故孝子之行,忠臣之义,皆法于地也。地事天也,犹下之事上也。"(《春秋繁露·阳尊阴卑》)自此,"君为臣纲、父为子纲、夫为妻纲"的"三纲"思想得以确立,标志着以单向性伦理义务为特征的权威性孝道的形成。

西汉以降,孝道与封建皇权结合日益紧密,统治者采取一系列措施推行孝道,主要有:第一,强化孝道权威。《孝经》在传播孝道方面的作用尤为突出,汉文帝时设置《孝经》博士,汉宣帝时《孝经》被定为小学读本,魏晋时期,为营造崇尚孝道的氛围,最高统治者亲自讲授或作注《孝经》,唐代将《孝经》尊为经书,清代将《孝经》列入科举考试内容。第二,奖励孝道行为。统治者通过提拔任用或表彰孝子来宣扬孝道。明初的浙江郑氏家族被朝廷表彰为"东浙第一家",明太祖朱元璋将郑济选为东宫"春坊左庶子",明建文帝亲赐其门"孝义家"三字。第三,家风家训熏陶。"儒门圣贤皆孝子",圣贤的率先垂范和谆谆教导对家风的形成非常重要。如宗圣曾子事亲至孝,孟子称赞"事亲若曾子者,可也"(《孟子·离娄上》);明代学者王阳明告诫晚辈:"尔辈须以仁义存心,孝悌为本。"(《赣州书示四侄正思等》);清代名臣曾国藩在家书中说:"若细读'贤贤易色'一章,则绝大学问即在家庭日用之间。于孝弟(悌)两字上尽一分便是一分学,尽十分便是十分学"(《致澄弟沅弟季弟》)。第四,立法保障孝道。在封建社会,不孝属于十恶不赦之罪,《隋律》《唐律》《宋律》《明律》等均有惩处不孝行为的具体规定。上述措施使孝道在维系国家统一、社会稳定、家庭和谐等方面起到了重要作用。但随着封建中央集权的不断加强,孝道的权威地位不断巩固,中华民族的创造力受到了钳制。胡适说:"孔子以后的'孝的人生哲学',要人尽'孝'道,要人做一个'儿子'。这种人生哲学,固然也有道理,但未免太把个人埋没在家庭伦理里面了。"

综上,传统孝文化形成与演变的大致脉络:原始血缘亲情孝道→相互性(伦理)孝道→权威性(伦理)孝道。

二、新时代传承孝文化的意义

近代以降,虽然孝文化不断遭到质疑和批判,但对其合理价值的传承却未曾中断。孙中山先生将"忠孝、仁爱、信义、和平"视为中华优秀道德的精髓。梁漱溟认为:"孝弟(悌)实在是孔教唯一重要的提倡……只需培养得这一点孝弟(悌)的本能,则其对于社会、世界、人类,都不必教他什么规矩,自然没有不好的了。"改革开放以来,孝文化的重要价值越来越受到学界的重视。如龚群认为,孝的伦理观念是中华民族的重要精神基因,孝文化对于"升华家庭亲情、关怀他人和社会、助推家庭养老"具有重要的作用。萧放认为,实现孝文化的回归对于家庭、社会、国家具有重要意义。申圣超、舒大刚认为,孝与社会主义核心价值观的三个层面有着内在的一致性,肯定了孝对于家庭、社会、国家的重要作用。十九大报告提出:"积极应对人口老龄化,构建养老、孝老、敬老政策体系和社会环境,推进医养结合,加快老龄事业和产业发展。"笔者认为,新时代传承孝文化的意义主要体现在以下几个方面:

第一,有利于涵养社会主义核心价值观。社会主义核心价值观不是凭空创造出来的,它植根于中华优秀传统文化的沃土,体现了时代精神的精华。孝文化作为传统伦理道德的核心,与社会主义核心价值观存在多维度的契合。首先,孝文化与个人层面倡导"爱国、敬业、诚信、友善"的社会主义核心价值观高度契合。中华传统文化强调"家国一体""求忠臣必于孝子之门",孝与爱国主义紧密联系在一起。黑格尔说:"中国纯粹建立在这一种道德的结合上,国家的特性便是客观的'家庭孝敬'。中国人把自己看作是属于他们家庭的,而同时又是国家的儿女。"孝与敬也是紧密联系的,"今之孝者,是谓能养。至于犬马,皆能有养;不敬,何以别乎?"(《论语·为政》)先秦儒家不但将孝敬父母视为天经地义,而且要求为人子者必须勤恳劳动以获得侍奉父母的物质基础,如孟子批判"惰其四支、博弈好饮酒、好货财、从耳目之欲、好勇斗狠"(《孟子·离娄下》)的五种行为皆是不敬的具体表现,也是不孝的具体表现。孝与"诚信""友善"等传统美德更紧密相连。如孝与悌、忠、信、礼、义、廉、耻等诸德均存在密切关联,或者说,多种德性皆是由孝衍生的。其次,孝与社会层面倡导"平等、公正"的社会主义核心价值观存在相当程度契合。先秦儒家并非要求子女对父母一味盲从,而是要"平等、公正"地看待事物的曲直是非。假如父母做事不合道义,子女应该怎么做呢?孔子强调要"事父母几谏"(《论语·里仁》),曾子提出"父母之行,若中道则从,若不中道则谏……从而不谏,非孝也,谏而不从,亦非孝也"(《大戴礼记·曾子事父母》),荀子更是提出"从义不从父,人之大行也"(《荀子·子道》)。最后,孝与国家层面倡导"富强、民主、文明、和谐"的社会主义核心价值观相契合。孝的伦理意义不能仅局限于家庭,而且还要推广到社会、国家。"其为人也孝弟(悌),而好犯上者,鲜矣;不好犯上,而好作乱者,未之有也"(《论语·学而》)、"人人亲其亲、长其长而天下平"(《孟子·离娄上》)等论说明,施行孝悌是维系国家稳定的伦理基石。陈仲庚指出:"中国的家与国之所以能结合成一个整体,就因为有亲亲之孝的原则作为其连接点,即从孝出发归结于治。"

第二,有利于促进思想道德建设。中华文化坚持伦理本位,自古以来重视道德教育,孟子曰:"人之有道也,饱食、暖衣、逸居而无教,则近于禽兽。"(《孟子·滕文公上》)在儒家八德(孝、悌、忠、信、礼、义、廉、耻)之中,孝道居于首要和核心地位,是施行教化的根本,"夫孝,德之本也,教之所由生也"(《孝经·开宗明义章》)。人无论高低贵贱,皆有履行孝道的义务。儒家经典《孝经》对"天子、诸侯、卿大夫、士和庶人"五个阶层履行孝道义务做了具体要求,《二十四孝》中入选的孝子上至天子、下至庶人,就是很好的例证。在孝文化的熏陶下,出现了"儒门圣贤皆孝子"的现象。此外,佛家也重视孝道教育。《佛说父母恩重难报经》云:"假使有人,左肩担父,右肩担母,研皮至骨,穿骨至髓,绕须弥山,经百千劫,血流没踝,犹不能报父母深恩。"《地藏经》云:"若有众生,不孝父母,或至杀害,当堕无间地狱,千万亿劫,求出无期。"可以说,孝文化已经深深融入中华文化之中,成为中华文化的基因,正如曾国藩所言:"读尽天下书,无非一孝字。"研究表明,弘扬孝文化对于提高个人思想道德修养乃至学业成绩都大有裨益。台湾学者吕妙芬认为,家庭是儒者修德之场域,唯有在事亲尽孝之中,才有可能成仁成圣。研究者通过对312名香港学生研究发现,相互性孝道能促进学生智力的增长,有助于学生成绩提高。总体来看,孝文化与社会主义思想道德建设的基本要求是相一致的。如孝道在社会公德方面表现为"尊老爱幼",在职业道德方面表现为"兢兢业业",在家庭美德和个人品德方面表现为"父慈子孝、兄友弟恭、夫义妇顺"等。

第三,有利于现代国家治理体系建设。中华民族有"以孝立国"的悠久历史和丰富经验,可以为现代国家治理提供有益借鉴。首先,孝文化对于养老保障制度建设具有积极意义。鉴于我国人口众多和家庭养老的传统习惯,我们不可能完全照搬西方的养老模式,而要发挥孝文化的重要作用,探索建立"家庭养老、社会养老和政府养老"三位一体的养老保障体系。其次,孝文化对反腐倡廉建设具有积极意义。党的十八大以来,党中央坚持预防和反对腐败,注重发挥孝文化在反腐倡廉建设中的重要作用。2015年5月22日,中央纪委监察部网站开设《中国传统中的家规》,目前已发布100多期。其中,以孝治家的典型代表有:《郑义门:孝义传家九百年》《云南丽江周氏:存仁孝之心 敦睦族之道》《江西德兴董氏:在家著孝顺之实 居官著忠良之绩》《重庆喻茂坚:克忠克孝 惟读惟耕》等。但凡以孝廉治家者,家族很少出贪腐之人,如浙江郑氏家族自宋至清,"优良家风养廉士,郑氏家族173人出仕无人贪墨"。

三、新时代创新孝文化的路径

随着社会制度的变迁,传统孝文化赖以存在的环境发生了改变,必须要对其进行重新阐释,才能与新时代的发展要求相适应。孝文化的创新大致包括内容创新与传播方式创新。

第一,内容创新。首先,在个人层面倡导形成"相互平等、勇于创新"的精神品质。权威性孝道强调子女对长辈(或下级对上级)的绝对服从,怀疑和争辩是不能允许的,"争辩者,作乱之所由兴也"(《大戴礼记·曾子事父母》)。追求自由和创新同样也不被儒家鼓励,"述而不作,信而好古"(《论语·述而》)、"险途隘巷,不求为先"(《大戴礼记·曾子大孝》)等论,都与近代科学倡导的自由、创新精神不相容。社会主义新孝道要更加注重父母与子女之间的平等关系,在家庭之中形成"相互平等、勇于创新"的氛围。肖群忠认为,在复兴传统文化的大背景下,不仅要吸纳现代性的自由、平等精神,而且要尊重身份差别、人伦秩序的传统伦理精神,从而建立一个在自由平等基础上的新礼治秩序。蔡祥元认为:"孝对于儒家的'仁之本'处于原发地位,亲子化、家庭化的'日日新'的将来是先秦儒家的时间观的朝向。"这与《大学》"苟日新、日日新、又日新"的旨趣相同,印证了孝文化能够与创新精神相融合。实践证明,个体创新能力越强,就越能为家庭、社会和国家做出更大贡献,才有可能实现"大孝终身慕父母"(《孟子·万章上》)。

其次,在社会层面倡导形成"关爱他人、团结互助"的社会氛围。当前,我国家庭少子化现象比较突出,老年化社会已经到来,加之人口流动频繁、成年子女难以留在父母身边尽孝等,以家庭为主的养老模式已难以为继。据国家卫健委发布的《中国家庭发展报告(2015)》

显示："我国家庭类型以核心家庭为主导，核心家庭(以夫妻、子女为核心的家庭)占64.3%，家庭人口数量和户人口数量均以2人和3人为主。空巢老人占老年人总数的一半，其中，独居者占老年人总数的近10%，仅与配偶居住的老人占41.9%。"为使老年群体不仅在物质上得到奉养，更在精神上得到愉悦，就必须摒弃"爱有差等、施由亲始"的陈旧观念，发挥"兼爱"的思想，在全社会倡导形成"关爱他人、团结互助"的社会共识，"把家庭的孝悌扩充为全社会的友爱"，发挥社会组织和国家在养老中的作用，真正实现"人不独亲其亲，不独子其子；使老有所终，壮有所用，幼有所长，鳏、寡、孤、独、废疾者，皆有所养"(《礼记·礼运》)的社会主义大同社会。近年来，全国各地积极探索建立社会化养老新模式，一批养老社区、养老休闲特色小镇应运而生，开启了"老有所养、老有所乐"的新模式。

再次，在国家层面倡导形成"忠于祖国、忠于人民"的新忠孝观。我们反对愚忠、愚孝，但不能全盘否定忠孝文化的积极意义。忠的本义是"敬也，从心"。忠孝一体之观念起源于先秦时期，孔子提出"孝慈则忠"(《论语·为政》)，意思是教导民众孝于亲、慈于众，他们就会忠诚。曾子提出"忠者，其孝之本与"(《大戴礼记·曾子本孝》)。孝与忠都要发自内心的真诚，孝的根本在于忠，在家忠于父母，在外则忠于君。先秦儒家提倡"移孝为忠"是相对的，"君使臣以礼，臣事君以忠"(《论语·八佾》)。随着封建统治不断强化，"君要臣死，臣不得不死"的说法在民间流传甚广，使忠孝观走向了异化。忠孝一体观所表现的积极意义就是"国大于家"的国家认同感和振兴中华民族的使命感，如范仲淹的"先天下之忧而忧"、岳飞的"精忠报国"、文天祥的"留取丹心照汗青"、林则徐的"苟利国家生死以"等。正是这种精神的传承才使中华民族五千年的文明能够延绵不绝，使中华民族在民族危难中能够浴火重生。孙中山说过："能够把忠孝二字讲到极点，国家便自然可以强盛。"开国将军许世友"活着尽忠，死了尽孝"的诺言体现了共产党人"国大于家"的新忠孝观。

最后，生态伦理层面倡导形成"热爱自然、保护环境"的生态观。宗圣曾子将孝提升至本体高度，故有"伐一木，杀一兽，不以其时，非孝也"(《大戴礼记解诂·曾子大孝》)之思想。儒家圣人具有"四与"之德："与天地合其德，与日月合其明，与四时合其序，与鬼神合其吉凶"(《周易·文言》)，关注环境是应有之义，环境伦理是孝道的重要内容。我们的祖先很早就懂得要与自然和谐相处，不能"竭泽而渔"。保证其他物种的正常生存繁衍是人类得以生存的重要条件，故孔子力行"钓而不纲，弋不射宿"(《论语·述而》)，曾子提倡"草木以时伐焉，禽兽以时杀焉"(《大戴礼记解诂·曾子大孝》)。在科技飞速进步的时代，人类生存的物质产品极大丰富，但由于不合理的欲望恶性膨胀，导致人类生存的环境却在持续恶化，生物物种的多样性越来越受到威胁。因此，"孝敬天地、方得始终"是人类必须直面的重大伦理问题。

第二，传播手段创新。首先，加强孝文化对内传播。近年来，一些人家庭亲情观念日渐淡漠，"不顾父母之养"的不孝行为时有发生。要想彻底扭转和从根本上改变这种现象，就需要积极开展孝文化的教育普及,构建家庭、学校、社会全方位的孝文化教育格局。在家庭教育方面,倡导父母以身作则,为孩子树立孝老爱亲的榜样,指导孩子诵读《三字经》《弟子规》等启蒙读物,为孩子讲述《二十四孝》中的经典孝道故事。学校教育方面,要将孝文化融入教材体系之中,按照中共中央办公厅、国务院办公厅印发的《关于实施中华优秀传统文化传承发展工程的意见》要求,构建好中华文化课程和教材体系。在社会教育方面,鼓励开展形式多样的孝文化活动。近年来,各地通过举办孝文化节庆、开设孝道讲堂、拍摄孝文化电影(公益广告)等多种活动,推进孝文化进企业、进社区、进学校、进家庭,有力促进了孝文化的传播。

其次,推动孝文化对外传播。孝文化不仅在中华文化圈内有重要价值,而且在世界文化中也具有重要价值。从人类学意义上说,孝意识的出现是人与动物区别的重要标志。张祥龙认为:"不理解孝,人类学就还在颇大程度上徒有虚名,哲学家们,特别是儒家哲学家们所讨论的人性和人的生存结构就是无根之木。"因为我国孝文化与其他国家孝文化既有共性,又有自身独特的文化优势和魅力,所以我国的孝文化至今在世界上仍然发挥着重要影响。从东亚文化圈来看,中华孝文化是推动一些国家发展的重要精神动力。韩国一些学者认为,儒家孝文化在韩国现代化进程中是经济发展的强大动力。因此,我们完全有理由、有信心在世界范围内大力弘扬中华孝文化,提升中华文化的世界影响力,增强中华孝文化对人类发展的贡献。应采取多样化方式对外传播孝文化,如通过文艺演出和文化贸易等方式,加深更多外国人对中华孝文化的了解和认同,扩大孝文化影响力。

总之,孝文化是中华优秀传统文化的内核,是中华民族区别于其他民族的独特精神标识。我们要传承好孝文化,摈弃其中过时、落后的思想观念和行为,结合新时代的发展要求对其加以创新,展现中华孝文化历久弥新的魅力。

参考文献:

[1]张正宪.激活尧舜禹文化基因 推动核心价值践行[N].人民日报,2016-5-27.

[2]郭璞注,邢昺疏.尔雅注疏[M].北京:中华书局,1980.

[3]战葆红.诗经研究丛刊——海峡两岸国学论坛第三届国学高端研讨会论文集[C].北京:学苑出版社,2013.

[4]董子竹.论语正裁与南怀瑾商榷[M].武汉:长江文艺出版社,2017.

[5]关健英.从魏晋时期的孝道讨论看传统孝道的变迁[J].哲学研究,2013(9):68-72.

[6]徐元文,张延玉,等.明史[M].北京:中华书局,1974.

[7]王阳明.王阳明全集:中[M].北京:中央编译出版社,2014.

[8]胡适.胡适全集:五卷[M].合肥:安徽教育出版社,2003.

[9]孙中山.孙中山全集[M].北京:中华书局,1985.

[10]梁漱溟.梁漱溟全集[M].济南:山东人民出版社,1989.

[11]龚群.传统孝文化的现实意义[N].人民日报,2015-4-29.

[12]萧放.孝文化的历史传统与当代意义[J].民俗研究,2015(2):31-35.

[13]申圣超,舒大刚.论孝为八德之首[J].孔子研究,2016(5):71-78.

[14]黑格尔.历史哲学[M].北京:生活·读书·新知三联书店,1958.

[15]陈仲庚.舜文化传统与和谐境界[M].长沙:湖南人民出版社,2011.

[16]释证严.佛门大孝地藏经[M].上海:复旦大学出版社,2015.

[17]吕妙芬.儒门圣贤皆孝子:明清之际理学关于成圣与家庭人伦的论述[J].清华学报,2014.44(4):629-660.

[18]CHEH W W,WONG Y L. What my parents make me believe in learning:The role of filial piety in Hong Kong students' motivation and academic achievement[J]. International Journal of Psychology,2014(49).

[19]黄月.涵养家风文化——跨越千年的现实叩问[J].中国纪检监察,2016(10):41.

[20]习近平.在纪念孔子诞辰2565周年国际学术研讨会暨国际儒学联合会第五届会员大会开幕会上的讲话[N].人民日报,2014-9-25.

[21]肖群忠.传统孝道的传承、弘扬与超越[J].社会科学战线,2010(3):1-8.

[22]蔡祥元.亲亲之爱:为仁之本与人之为人[J].文史哲,2015(4):5-8.

[23]孙乐琪.2015家庭发展报告:空巢老人占老年人总数一半[N].北京晚报,2015-5-13.

[24]陈独秀.陈独秀著作选编:二卷[M].上海:上海人民出版社,2014:219.

[25]许慎.说文解字[M].北京:中华书局,2013:216.

[26]孙中山.孙中山选集[M].北京:人民出版社,1981:681.

[27]张祥龙.孝道时间性与人类学[J].中州学刊,2014(5):11-20.

[28]QIN D. Confucian filial piety and the fifth commandment:a fulfillment approach[J]. Asian Journal of Pentecostal Studies, 2013(16):139-164.

[29]谭明冉.孝的普适性与宗教性[J].文史哲,2017(2):116-122.

[30]LEW S C,CHOI W Y,WANG H S. Confucian Ethics and the Spirit of Capitalisnn in Korea:The Significance of Filial Piety[J]. Journal of East Asian Studies,2011,2(11):171-196.

（安徽省社会科学院哲学与文化研究所）

儒家思想的哲学起源与文化价值

钱凤仪

我们都知道,儒家的核心思想是讲求仁义之道,所以学习和了解儒家思想就必须以仁义为发端。一般崇尚西方哲学的人认为,儒家经典,无论是《论语》《中庸》,还是《孟子》《左传》,其学说是上升不到哲学高度的。其实儒家经典,尤其是《论语》和《中庸》,都是以《易经》为蓝本演绎出来的国学经典。《易经》既包含着本体论,也包含着逻辑学和认识论。

相反,以德国古典哲学为核心的西方哲学,始终没能够彻底解决本体论这个根本问题。虽然用西方哲学思想来指导科学实践活动时,由于数学工具的高明,取得了一些辉煌的成就,但用西方哲学来指导全部社会实践,就会导致一些负面结果。

反观中华民族,自有历史记载的2500多年以来,儒道兴,则国家安定富足,儒道废,则国家动荡不安。现在,我国正处在全面建设小康社会的进程中。建设有中国特色的社会主义国家,需要道路自信、理论自信、制度自信、文化自信作为指导思想,这就要求我们必须弄清楚儒家思想的哲学价值和文化价值。

一、儒家思想的哲学起源

孔子是儒家学派创始人,后继者子思、孟子、荀子、董仲舒、二程(程颢、程颐)、朱熹、陆九渊、王阳明、周敦颐、张载、顾炎武、戴震等儒家先贤对儒学的传承和发展做出了突出贡献。儒家的最核心思想是"仁"。通过对《易经》的研究,可以确定它的准确定义来自《同人》卦。《同人》卦卦象乾上离下,离火向乾,而在《易经》中,《乾》又定义为善,所以儒家提倡的"仁"也就是"向善"。

在确定了"仁道"或"向善"之后,儒家又在"仁"道的基础上,提出"仁、义、礼、智、信"和"忠、孝、廉、耻、勇"。"义"的定义来自《易经》的《坤》卦,"义"的行为准则是在"向善"基础之上,讲求厚德载物、讲求因地制宜、讲求实事求是、讲求具体情况具体分析。儒家提倡的"礼",在哲学上的含义是讲理、守规矩,不将争执转化为争吵、争夺甚至战争。儒家所提倡的"礼"的来源是《易经》的《履》卦,变《讼》为《履》制定礼仪规矩,用来避免争夺或者用于避免将争议转化为不可调和的矛盾。儒家的"知",要求人要有文化,要有信仰,要努力学习知识。儒家所提倡的"知"的来源也是《易经》,在《易经》中,《坎》为藏知。所以孔子一生"学而不厌,诲人不倦"是对"知"的最好诠释。儒家的"信"就是诚实、诚信。"信"的定义来自《易经》的《中孚》卦。四季周而复始,从来不失信。个人、家庭、集体、政府,只有不失信,才能有人与你共事,才能有人愿意与你交往,才能尊重你,遵从你。"忠"的定义,来自《易经》的《讼》卦和《明夷》卦,"忠"强调的是"做事谋始""有先见之明"并且能"明辨善恶是非"。所以儒家提倡的"忠"在伦理实践中具有极其重要的指导意义。忠诚的人,既能委曲求全,也能"知无不言"。《论语·微子》:"微子去之,箕子为之奴,比干谏而死。孔子曰:'殷有三仁焉。'"忠诚的人,必然是讲求仁道的人。"孝"强调的是"子继父志""子承父业"。这个概念来自《易经》的《蛊》卦。"廉"强调的是"自求口实""自食其力",不"巧取豪夺",不"贪赃枉法"。这个概念来自《易经》《颐》卦的"养正则吉"。"耻"强调不做可耻的事,来自《易经》《艮》卦的"思不出位"。儒家提倡的"勇",来自《易经》的《大过》卦,强调的是为了正义而勇敢地付诸行动。

儒家的"仁、义、礼、智、信"和"忠、孝、廉、耻、勇",可以运用到社会生活的方方面面。如果社会成员能按照儒家在哲学上所提出的基本准则来做人,这样的社会成员必将成为社会的楷模。由此塑造出来的公民所组成的群体,一定是具有理论自信、文化自信、道路自信的群体,这些群体进而可以构成一个制度自信的社会。如果一个国家能够按照儒家这十项原则塑造国家干部和国民,这样的国家,必将走向文明、公平、正义、民主和富强。

二、儒家思想的文化价值

哲学是文化的灵魂,而文化是哲学的延伸。儒家的哲学与文化的关系也是如此。儒家核心哲学理念"仁、义、礼、智、信"和"忠、孝、廉、耻、勇"的延伸,就形成了"温、良、恭、俭、让"与"格物、致知、正心、诚意、修身、齐家、治国、平天下"的文化表现形式。儒家的"温"的概念,是指能以仁爱之心包容他人。"良"的概念,其哲学来源是《易经》的《师》卦和《同人》卦,是善待他人,将他人当作亲人对待,其哲学来源是《易经》的《比》卦和《大有》卦。"恭"的概念是对人尊敬,不粗野,有涵养,其哲学来源是《易经》的《小畜》卦和《豫》卦。儒家"俭"的概念是指简朴,不奢侈浪费,不暴殄天物,有涵养,其哲学来源是《易经》的《泰》卦和《否》卦。"让"是谦让,礼让,用于化解争议,避免争议扩大到争夺甚至战争。"格物、致知、正心、诚意、修身、齐家、治国、平天下"的前提是"在明明德,在亲民,在止于至善"。而"在明明德,在亲民,在止于至善",是治国者崇尚仁道、以仁善为治国理民的根本,或者说作为社会管理者必须具备的"仁道"。"格物"是说作为有思想的人,首先要接受教育,具备判断是非的能力,哲学来源是《易经》中的《蒙》卦。所以《论语》首句就说到教育。"致知"是说能够充分地了解有关我们这个世界运行和变化的知识,哲学来源是《易经》中的《比》卦。"诚意"是说,我们这个世界正是因为春夏秋冬,周而复始,没有失信的时候,所以大地上的万物才能生生不息,作为人,只有时时不忘诚信,才能繁衍生息下去,其哲学来源是《易经》中的

《中孚》卦。"正心"是说一个人只有具备了充分的知识，才能有正确的信仰，也才能坚定地维护自己的信仰，其哲学来源是《易经》中的"贞"。"修身"强调的是以贤人或品格优秀的人为榜样来做人，其哲学来源是《易经》中的《临》卦。"齐家"不是让家里富裕、富贵，而是让家庭成员都受教育，其哲学来源是《易经》中《观》卦的"观民设教"。"治国"就是公正、公开地立法、司法、执法、守法，其哲学来源是《易经》中《噬嗑》卦的"明罚敕法"。"平天下"的文化含义不是让天下太平，而是让普天之下的人，都能做到谦让、守礼而后和平共处，其哲学来源是《易经》的《履》卦和《谦》卦。只有和平共处，才能有公平的天下。个人、家庭、家族、集体乃至一个国家，只有不贪婪、不冒进，守规矩、知进退，才能做到公平公道。人人都做到守规矩，人人都做到公平公道，才是我们追求的理想社会。儒家追求的社会，不是一个虚无缥缈的社会，而是一个完全可以实现的美好社会。

三、儒学与人类命运共同体的关系

在哲学和文化领域人类所关心的主要议题：人究竟需不需要信仰？我们会不会因为科学上的进步而实现幸福和自由？什么样的世界才是最理想的世界？

人究竟需不需要信仰？这一问题是西方哲学家们至今没有解决的问题。而以儒家哲学为代表的中国哲学，很早就解答了这个问题。中国哲学的"大道之门"指出"是物质产生了时间，然后形成了宇宙"。与此相反，西方哲学家和科学家，始终遵循的探索路线是，"世界是如何在时间中产生的"。而中国哲学事实上已经从科学和唯物的角度，证明了我们这个世界，是有因果的世界，因此我们这个世界，按照类比原则，是一个需要信仰的世界。儒家的哲学蓝本指出，人类只有有了信仰，才能向善、为善、守善。人类只有以仁善为本，才能有幸福的基础，这也是儒家一直倡导的、人类必须追求的。人类只有在儒家仁善的道理上，才能在命运的出发点上达成一致。

我们会不会因为科学上的进步而实现幸福和自由？人类在第二次世界大战中，就已经发明了核武器，并且用于战争。目前西方奉行的冷战思维，实际上是德国古典哲学理念的延续。也就是说，西方人的哲学理念依然是"只有矛盾才能促进社会发展"。但中国哲学认为"物极必反"。人类如果一直坚持奉行以矛盾作为世界发展的动力，最终只会跳下核战争的悬崖。这个问题在理论上的关键点是，西方始终认为"科学"来自人的心智，人的心智才是科学的本源。而中国传统哲学尤其儒家哲学认为，科学之本是"天、地、日、月"，没有天、地、日、月，哪里会有科学？人类只有按照儒家倡导的仁义之道，和谐共处，和平共处，才能确保人类所获得的科学知识最终不会成为埋葬人类的坟墓；只有在发展中以仁爱之心保护好自然环境，我们才有幸福和自由可言。

什么样的世界才是最理想的世界？儒家的思想文化不仅是道德的哲学，教育的哲学，生活的哲学，也是政治的哲学。最理想的社会是儒家在思想上所秉持奉行仁义之道的社会。儒家强调"己所不欲,勿施于人""己欲达而达人"。只要以儒家的仁善为本,我们就能够构建一个理想的世界;只有以仁善为指导方针,才能给人类社会带来最大的幸福。

综上所述,儒家的哲学和文化是以《易经》为蓝本所构建的伦理学。儒家学说是一门社会科学,这是因为《易经》本身既包含数学也包含逻辑学和本体论。儒家传统思想是一门有科学依据的理论体系,是一门能够为普通大众同时提供理性和信仰的学说,又能确保人们不陷入宗教迷信,这在世界范围内的哲学和文化流派中都是少有的。

总之,"儒家文化经过历史长河的洗礼,已经不是几句话、几段文字能够说清的,对于这个中华民族博大精深的宝贵遗产,我们要批判地继承并加以吸收,同时与社会实践相结合使其发扬光大,从而最大限度地实现儒家文化应有的现代价值。"

参考文献:

[1]钱凤仪.太极图所蕴含的自然哲学数学原理[EB/OL].[2017-12-04].http://www.chinakongzi.org/rw/xszj/qianfengyi/201712/t20171204-148641.htm.

[2]李鼎祚.周易集解[M].北京:中央编译出版社,2011.

[3]钱凤仪.易经哲学原理——为什么半部易经可以行天下[M].长春:北方妇女儿童出版社,2014.

[4]钱凤仪,刘世荣.周易五行学说概述[EB/OL].[2017-12-04].http://www.chinkongzi.org/rw/xszj/qianfengyi/201712/t20171204_148643.htm.

[5]于春海.易经[M].长春:吉林文史出版社,2010.

[6]孔丘.论语[M].李浴华,译注.太原:山西古籍出版社,1999.

(吉林省儒学研究会)

刘古愚教育思想对关中士人的作用与影响

高艳丽

摘 要:自张载以来,关学经过宋代蓝田四吕及明代冯从吾、李二曲等的创新发展到清末,刘古愚继承关学"重视礼教、经世致用、崇尚气节"的文脉宗风,开关中新式教育之先河,是近代陕西至西北地区走向现代工业化的精神领路人。刘古愚"经世守身、传圣人之心以合当时之势"的思想,将传统关学与西方科学相融合,与时俱进,其教育思想对关中士人影响巨大,因此学生众多。

关键词:关学;刘古愚;教育思想

当历史的洪流滚滚向前,中华民族大步迈向现代化的时候,传统文化是否如过眼烟云,明日黄花? 今天,在这文化嬗变之际,弘扬优秀传统文化,复兴儒学,越来越多地受到全社会的广泛重视和关注。

众所周知,上起先秦儒学、两汉经学,下到宋明儒释道三教合一背景下形成的宋明理学,即中国儒学发展的新形态,被称为新儒学,儒学一直随着时代的发展而不断发展革新。由张载创立的关中理学,崛起于陕西眉县,倡明斯学,圣道中天,在中国思想史上是一座高峰,与濂学、洛学、闽学被称为宋代理学的四大派别。关中,历史悠久,文化底蕴厚重,先后有周秦汉唐等十三个朝代在此建都,张载"为天地立心,为生民立命,为往圣继绝学,为万世开太平"的关学思想,近一千年来一直影响着关中地区乃至整个民族文化。

关学自张载以来,经过宋代蓝田四吕及明代冯从吾、李二曲等的创新发展到清末,有一个人继承关学"重视礼教、经世致用、崇尚气节"的文脉宗风,开关中新式教育之先河,他与晚清著名的学者康有为齐名,被称为"南康北刘"。他就是近代陕西至西北地区走向现代工业化的精神领路人——刘古愚。他身上更多地表现出了关中文化的特色,其"经世守身、传圣人之心以合当时之势"的思想,将传统关学与西方科学相融合,与时俱进,对关中士人影响巨大。

一、刘古愚生平

刘光蕡,字焕唐,晚号古愚,咸阳马庄天阁村人,生于清道光二十三年(1843)。他少小志学,尝"夜磨麦粉,昼鬻汤面,书卷随身,不肯废学"。(《刘古愚年谱》)二十八岁关中书院肄业,在关中塾馆教书为业。四十五岁掌教泾阳"味经书院",其后达十二年之久。其间崇尚西学,改革教育,兴办实业,促纺织,兴蚕桑,开"时务斋",办"刊书处",弘扬关学"求真求实,开放会通"学风,传播经世致用之学。

戊戌变法期间,刘古愚接受维新思想,在西北开启民智,与康有为南北呼应,时称"南康北刘"。变法失败后,以"康党"自居,置生死于度外,"师平日于生死大节每为及门言,常引《孟子》:'志士不忘在沟壑,勇士不忘丧其元'二语以见意,故临事毅然不为动摇也"(《刘古愚年谱》)。刘古愚晚年讲学于礼泉烟霞草堂,六十岁受邀讲学于甘肃大学堂,后因积劳成疾,殁于兰州,享年六十一岁。

二、经世致用,兴办时务斋

刘古愚生活的时代,清政府丧权辱国,割地赔款,西方列强坚甲利兵,环伺觊觎,刘古愚痛心疾首,常常以泪洗面,眼睛几近失明。他痛定思痛,深追国家贫穷落后的根源,寻找救国图强的良方。

早在1875年,刘古愚赴京应试期间,在保定莲池书院谒拜恩师黄彭年时,黄就叮嘱他"西洋各国与中国事事相关,西洋事情不可不知"。这是他首次东出潼关,也是他一生唯一的一次。从此,刘古愚在西北一隅的家乡掌教味经书院,在关中各处兴办义学,经世弘道。

1895年,陕西学政赵惟熙于味经书院设时务斋,刘古愚在《时务斋学规》中勉励学生要"各存自励之心,力除积习,勉为真才,日夜有沦胥异类之惧,以自警惕于心目,则学问日新月异,皆成有用之才,岂惟余有厚望,亦吾陕之幸,天下之幸也",也提出六项具体要求:一励耻,二习勤,三求实,四观时,五广识,六乐群。

宋元以来,随着经济中心的东移,陕西失去了汉唐以来的政治文化中心地位。针对明清之后陕西文化进一步衰落,士人之间形成了不思进取、好议人非的不良风气,刘古愚尖锐地批评说:"今日人心涣散极矣……吾乡人士习秦人无党定语,多独学无友,孤陋寡闻,执高头讲章之说,自以为是,与世事全形隔阂,乃闻人之长而必言其短,见人之短而特甚其词,此争名之心发于外也。居处饮食不相让,学问事业不相谋,此争利之心蕴于中也。"

欲纠此风,必欲乐群广识。"今之为政难矣,不胸有五大洲之国,不足以安一洲之一国,学以为政,非悉五大洲之政事、文章、人情、物产,亦何以为学?"

刘古愚同时在时务斋创办讲会,"凡有志时务者,不论籍贯,不论文、武、工、商、贾,皆准听讲"。他认为讲会作用非常重要。"讲学之功有益人心不可没也……惟前明、国初诸老先生讲学,均不谈时事,盖举记诵词章而体之以身心,则已足为有用之材。今则时变极艰且大,非旷观六合,有不能自全于一域者。故前人讲学,内返之身心,今日讲学,必外证之身世。吾儒之道,固合内外之道也。"(《味经创设时务斋章程》,以下简称《章程》)

此外《章程》还规定学生要"勤阅报章。欲知时务,非阅报章未由。《京报》《申报》《万国公报》以及新出各报",时务斋要"刊行西书。中国之患,西祸为急,则时务莫大于洋务。西国之谋人国也,以商贾笼其财,然后以兵戈取其地,故今日中国以整顿商务为先,宜急刻商务及通商条约、各国交涉等书"等。

味经讲会向社会开放,这就使新思想在社会中很快产生影响和冲击,使味经书院成为陕西维新运动的思想中心,刘古愚也成为陕西维新运动的精神领袖。可以说,陕西维新运动在陕西乃至在整个中国近代史上,都有着重要意义和深远的影响。

三、化民成俗,倡导全民教育

刘古愚被称作"晚清时期的启蒙者、教育家",其教育思想核心就是改革传统教育,改变以往八股选材、士人汲汲于功名利禄之途的教学模式,让学生放眼世界,广见博闻,多作经世致用的学问,而且他还提倡社会教育、全民教育和终身教育,这种思想在百年前的中国和世界也是慧眼独具,时至今日仍有其现实意义。

刘古愚晚年隐居礼泉烟霞草堂时,有学生喜读《论语》,不事科举,他有感而发,写下《论语时习录·序》一文。文中说"论今日之患者,谓在士子读书知古而不知今,吾则谓在于习文而不自治其心。挟求富贵之见以读书,寻章摘句以求中试官之式"。

他认为"今日士子孰不读书,而终无用者,非书无用也。经史如天之雨露,然其灌溉心与养草木之苗无异,由善念而读书则成良才,由俗念而读书则为恶卉",指导学生要先"立志",要"读书志在圣贤,非徒科第";进而主张学习不专是士子求学进阶之梯,兵、农、工、商、吏等皆应志学,全民学习才能"化民成俗",社会进步,国家富强。他说:"兴学无救于国之贫弱乎? 曰:救国之贫弱,孰有捷且大于兴学者。特兴学以化民成俗为主,而非仅造士成材也。"他又说:"今日中国贫弱之祸谁为之? 划兵、吏、农、工、商于学外者为之也。以学为士子专业,讲诵考论以骛于利禄之途,而非修齐治平之事,日用作习之为。故兵不学则骄,吏不学而贪,农不学而惰,工不学而拙,商不学而愚而奸欺。"(《学记臆解》)

为此,他建议朝廷设立乡学,以地方教育官员(学政)"校试牍之势督乡课,以训迪文艺之勤正民俗"。他分析说"夫今日中国之患,不在外人之富强,而在我国之贫弱;亦不在我国之贫弱,而在我民之顽犷。顽则无礼义而昧时势,犷则逞蛮而触祸机",所以欲化民成俗,"故今日即欲含垢忍辱,仰鼻息于人,以求数年之安,亦非遍设乡学以统于官,不足以弭后患而图富强也"。如能在全省遍设乡学,则"三年之后,陕即无人才辈出,而乡间必不如今日之顽犷,为朝廷省事多多矣,此暗寓以教收民之法。今日中国,不患上无能文之学士,而患下无能作事之兵、农、工、商,故愿公以教启其识,即以收其心而聚其气,此今日之急务也"。

四、力主维新，南北呼应

1897 年 9 月，康有为《桂学答问》刻竣，刘古愚在书后作跋称："中日战后，予得京师、上海《强学会序》，始识先生名，其言深切著明，沉痛激烈，屈、贾忠愤之旨，陈龙川不及也。"盛赞康有为保国维新之举。次年刘古愚学生孙澄海赴京，捎去刘古愚《致康南海先生书》，信中提出政教合一思想，他说："一国之中，官民如师徒之情谊，人心何至涣散？上下何至隔阂？胥徒何至持其权？夷狄外患何至而入哉？由此推之，古之路寝即为明堂，亦即辟雍，是人君之朝即为太学，则百官有司之厅皆为学，而官之政即教民守官法，无异从师为学，此可以信矣。"

1898 年 3 月，康有为复信刘古愚，二人第一次也是唯一一次用书信交流政事与学术。信中称："以先生道高无我，故敢以献。国变极急，危亡不远，保国之事恐不易得，惟保种、保教人人有责焉。先生海内耆儒，为时领袖，大教存亡，人士趋尚所在也，幸留意焉。"

刘古愚虽地处偏僻，独居一隅，然通过在朝廷任职的学生胡均、李岳瑞等各种渠道通晓时政要闻，了解西方思想，胡、李二人在维新变法中也是受刘古愚影响，不遗余力。轰轰烈烈的戊戌变法在经过一百天后惨遭失败，朝廷四处捉拿维新党人。有人劝刘古愚远走避祸，他厉声曰："国事如此，吾死国难，幸何如之？何言逃也？"刘古愚表现出了关学崇尚气节、临危不惧、大义凛然的精神。

五、烟霞讲学，甘肃执教

1898 年维新变法失败后，因"我等保全善类"的原因，刘古愚躲过此劫，隐居在烟霞草堂读书讲学、著书立说，他后期的学术著作都是在这个时期完成。同时他还在烟霞成立"复邠学舍"，教导学生"讲读经史，务为实行，则当自实致良知、实修良能始"，他认为"良知，孝也，体悟父母之心以上体天心，则为严父配天之孝。致良知也，而天地万物之事，皆吾应尽之责，讲求其因应之法，有不能不急者矣。良能，弟也，体悟父母之心，以齐家，则必敬长慈幼；体天心以从事于天下，则必尊君、亲民"。

他谆谆告诫学生"致良知非修良能，则遁于虚；修良能非致良知，则滞于迹；滞于迹，则视日用行习为一身一家之事，而轻忽视之，怠慢出之，高语性天，放谈经纶。今日之一身一家尚不能治，此已不知放于何所，他日任天下事，谓有所补，其谁信？"（《复邠学舍学规》）

1902 年，刘古愚辞掉了包括四川在内的多方延请后，接受甘肃大学堂总教习的聘任。"门人以甘肃风气未开，道路险阻，师年衰，劝勿往。师曰：'汉回为西北隐忧，吾将期以三五年，教化回民子弟，此关陇大计，非吾莫属。'事乃定"（《刘古愚年谱》）后因积劳成疾，门人极力劝说他休息，刘古愚答曰："千里来此，胡为乎？我乐此，不觉苦也。"他还"又欲俟学事稍有条理，将说制府，广开西北畜牧之利，收其皮革以西法腥脂，且修复左文襄（左宗棠）所购机器,大织毡、呢羽之属,以塞漏卮而辟富源"。可惜,天不假年,一代大儒,晚清思想家、教育家病逝兰州,终身抱憾。

六、家族荣耀、桃李成蹊

刘古愚生逢国家积弱之时,他爱国救国,致力教育,其家人学生也是前赴后继,立志报国,矢志不渝,可歌可泣。如今国富民强,民族复兴,他的心血没有白费,他的眼泪没有白流,他是家族的荣耀,学生的楷模。

著名学者吴宓的生父、嗣父、姑丈、姨丈等均曾师从刘古愚。吴宓曾回忆说:"咸阳刘古愚老夫子,为关中近世大儒,近数十年中,吾陕知名人士,无不出其门下。"由此可见刘古愚对家族、学生的影响。

刘氏家族也是英烈辈出,如参加辛亥革命起义军的炮兵连长刘汝霖,十七路军五十七师的革命烈士刘汝,中共第六届中央候补委员、中共四川临时省委代书记刘愿庵烈士,安徽宿县第一任县委书记刘孝祜烈士(刘愿庵弟),中共中央办公厅机要局刘汝琨,刘古愚女婿王授金烈士及其女儿王观政烈士及其他为新中国的建立做出贡献的成柏仁、张邦英等人。

刘古愚的学生中有众所周知的民国元老于右任、报业大亨张季鸾、水利专家李仪祉等,其他学生也多有建树。学生胡均随刘古愚十数年,深受其民主革命思想影响,娶刘古愚长女儒珍为妻。清光绪二十一年(1895)康有为、梁启超在京联合十八省举人会商反对《马关条约》,胡均积极参与"公车上书"之举,并为骨干之一。戊戌政变后,他被革职。返乡后,胡均专心从事教育,先任三原宏道书院山长,继任宏道高等学堂监督,后与张秉枢主持宏道工业学堂,开三原县近代工业职业教育之先河。

弟子张秉枢除潜心研究经、史、集之外,尤善钻研数学,精益求精,为当时陕西著名的数学家。张秉枢还和易俗社创办人、戏剧家孙仁玉一起捐建了雨金小学。据《临潼县志》记载,孙仁玉捐房一座,张秉枢捐银一千六百两。《三原县志》上说,张秉枢"终身致力于科学、教育,力主实业救国",确实是十分恰当的评价。

门生孙仁玉,1897年在泾阳味经书院攻读经书,受业于刘古愚、柏子俊。孙仁玉在刘古愚的影响下,接受了民主、自由、科学的革命思想,是陕西最早追随孙山中先生参加民主革命的先驱者之一。

学生王典章,少怀大志,曾受业于刘古愚、柏子俊,十六岁中秀才。1911年四川发生"保路运动"后,王典章众望所归,被推选为都督。但他以大局为重坚持四川统一,宁任知府,不做都督。蔡锷将军赞扬他"威信过人,汉夷悦服"。1914年拜谒南海康有为先生于沪上,康有为赞扬他"临莅高雷,威惠流闻,我泽如春""治绩,为海内第一"。王典章尊师重道,恩师刘古愚、柏子俊去世后,他在苏州收集整理编印了《刘古愚烟霞全集》和《柏子俊沣西草堂文集》等书,使刘古愚、柏子俊的学术思想得以在国内外广为流传。

参考文献：

[1]刘古愚.烟霞草堂文集[M].西安:三秦出版社,1994.

[2]冯从吾.关学编[M].北京:中华书局,1987.

[3]张鹏一.刘古愚年谱[M].西安:陕西旅游出版社,1989.

[4]刘学智.关学思想史[M].西安:西北大学出版社,2015.

[5]任大援,武占江.刘古愚评传[M].西安:陕西人民出版社,1997.

[6]刘古愚.刘古愚教育论文选注[M].西安:陕西人民出版社,1988.

[7]刘光蕡.刘光蕡集[M].西安:西北大学出版社,2015.

[8]孟轲.孟子[M].万丽华,蓝旭,译注.北京:中华书局,2010.

[9]睢卯民.临潼县志[M].上海:上海人民出版社,1991.

[10]梁思法.三原县志[M].西安:陕西人民出版社,2000.

(《国学研究》杂志社)

提升义利观　重塑新儒商

——试论市场经济环境下新儒商观的重要性与必要性

孔祥富

摘　要：面对当前市场经济失序所带来的诸多问题，需要我们从传统儒学"义利观"中寻求智慧，用儒学中的精华来熔铸新时期的商道，重塑具有现代企业精神、现代人文道德，能践行社会主义核心价值观，又具有现代管理能力、有创新意识的企业家——新一代儒商。

关键词：儒学"义利观"；新儒商

历经四十多年的改革开放，我国的市场经济已发展到一定程度，市场在资源配置中起到决定性作用。但在社会物质财富极大丰富的同时，精神的贫乏、精神家园的丧失，以及畸形的义利观，造成了一系列的社会问题。对作为社会财富的直接创造者的企业家群体来说，在经济新常态环境下，需要提升义利观，建立命运共同体观念，重塑新儒商的气质和形象。

一、市场失序造成诸多社会问题

市场经济具有两面性，价值规律这只看不见的手也是一把双刃剑，在极大促进社会生产力发展的同时，若一旦失控，就会产生许多社会问题。

生态破坏凸显商道畸形。党的十八大以来，将生态文明建设提到了前所未有的高度，背景是生态环境遭到了严重破坏，人们生活质量的提升面临强所未有的严峻考验。为了更大限度的谋取利益，部分企业置人类共同生活的家园于不顾，过度开发，竭泽而渔，这是市场失控造成的恶果之一。

质量安全问题频发，表明部分企业价值观扭曲。近年来中国产品质量及安全生产问题频发，尤其是食品药品领域，成为民生安全的重大隐患。出现这些问题的主要原因是部分企业家没有正确的义利观，为逐利而道德沦丧。

劳资关系矛盾加剧。部分市场主体为实现利益最大化，紧压劳动者应得利益，将员工视为谋利的工具。人本思想在他们心中荡然无存，义利关系已严重失衡。

人际关系失和，也是义利关系未处理好的一个深层反映。许多人受金钱至上的思想影响，将此作为人生的唯一目标，而置国家、民族乃至社会大义于不顾，当利益得不到最大满足时,就会心理失衡,继而行为失范,由此产生一系列社会问题。

二、缺乏道德支撑是市场失序的根源

社会问题的出现,既是资本的本性使然,又是精神层面和社会道德层面断裂导致的后果。

市场经济带来巨大的社会进步,并不意味着其追逐利益的本质有所改变,市场经济运行的动因或驱动杠杆就是追求主体利益最大化。"各个人所追求的仅仅是自己的特殊的、对他们来说是同他们的共同利益不相符的利益。"在资本迅速增值的冲动下,一切与资本和市场紧密相关的资源都得到最大限度的利用和发掘。当一切价值都变成可以用货币估价时,资本之神就坐上了头把交椅,其他道德之神、审美之神都靠边站了。当许多人的工具理性占据首要位置时,凡事就只问利益得失,不问正义道德。

缺乏道德与信仰导致人性异化。当下社会信仰缺失、理想动摇、道德错位、价值观颠倒,这些是社会经济转型期出现的并发症。没有了精神信仰之堤,贪欲这股洪水便会随时决堤,泛滥成灾。

三、儒学"义利观"为商道正本提供了支撑

经过上千年历史检验和淘洗的儒家学说,其"义利观"可以说是为治疗当代市场隐疾提供了一剂良药。翻看四书五经,有关义利的论述随处可见,千百年来一直作为中国人人格的支撑。

孔子旗帜鲜明地提出了"志士仁人,无求生以害仁,有杀身以成仁"和"不义而富且贵,于我如浮云"的思想,为儒家正确处理义利关系定下了基调。孟子继承了孔子的主张,认为人应该有"舍生而取义"的崇高精神理想,并提出"居天下之广居,立天下之正位,行天下之大道……富贵不能淫,贫贱不能移,威武不能屈"的大丈夫人格,并谆谆告诫广大民众:"鱼,我所欲也,熊掌,亦我所欲也;二者不可得兼,舍鱼而取熊掌者也。生,亦我所欲也,义,亦我所欲也;二者不可得兼,舍生而取义者也。生亦我所欲,所欲有甚于生者,故不为苟得也;死亦我所恶,所恶有甚于死者,故患有所不辟也。"基于利益和道德的特殊关系,儒家义利并重的政治观、以义待利的生活观和崇义尚道的人生观,都是合理而进步的。

儒家"义利观"深刻地影响了中国古代思想文化的发展,也大致奠定了儒家人文精神的基本内容。尤其以义待利的严谨生活观和崇义尚道、身任天下的崇高人生理想,影响了中国一代又一代知识精英的人生价值取向,成了中华民族不可漠视的文化传统和人文精神的代表。

在当代中国市场经济模式日臻成熟、而又有诸多不完备的情况下,让市场不再成为脱缰的野马,只有在其中注入"义"的因素,让"利"沿着更合乎人伦、更能满足全局整体利益的

发展轨道运行。

<h2 style="text-align:center">四、新时期迫切需要构建新儒商</h2>

儒学创立于封建社会自给自足的小农经济时代,与现代社会高度发达的市场经济背景有天壤之别。这一新时期,社会对道德及信念的建设提出了更高的要求。社会化大生产和经济全球化,将全人类都紧密联系在一起,你中有我,我中有你,一损俱损,一荣俱荣,道德缺失带来的风险极易发生多米诺骨牌效应。

儒商,即"儒"与"商"的结合体,既具有儒家的品德与才智,又具有商家的综合素养。总之,就是能正确驾驭"义"与"利"关系的优秀商人的代表。儒商一般具有如下特征:注重个人修养和社会形象,诚信守法经营,注重合作,同时有超越功利的社会目标,对社会发展有崇高的责任感,追求"达则兼济天下"的人生理想。从孔子时代的子贡,再到明清之际的晋商、徽商,形成了源远流长的儒商文化。

目前,我国的经济社会发展已进入新的阶段,公民的人文素养已达到一个新的高度,作为社会精英的企业家,更应与时俱进。作为新儒商,应成为具有现代人文道德、社会责任感,能践行社会主义核心价值观,又具有现代管理能力和创新意识的企业家。

一是以德立身的价值观。"富润屋,德润身",新儒商要把道德作为立身之本,在商业实践中,不断提高自身道德修养,以德来约束自己的言行,使自己真正成为社会物质财富的创造者、社会精神财富的创造者和社会民众的精神道德标杆。宋代大儒朱熹在《答张敬夫》中提出安身立命的问题:"而今而后,乃知浩浩大化之中,一家自有一个安宅,正是自家安身立命、主宰知觉处,所以立大本、行达道之枢要。所谓体用一源,显微无间者,乃在于此。"这为新儒商构建自己的精神家园提供了启示。

本人对此也有深刻感受。兴办实业多年,追求事业壮大的同时,更注重追求道德和品格的完善,以"止于至善"来激励自己不要懈怠。至今"人无德不立、国无德不兴、企无德不盛、家无德不旺"的条幅,一直高悬在自己的办公室,以此来警醒自己,不至偏离人生方向。这么多年来,自己的实业得到稳健发展,也得益于此。

二是以"义"驭"利"的思维观。"君子爱财,取之有道。"资本可以逐利,也应当逐利,但要让每一分"利"都能经受住"义"的检视,使"利"具有合法化、正义性,决不能沾染带血的"利"。本人创立海口富盛通实业有限公司,秉承"诚信永不变"的经营理念,以精诚之心对待每一位客户,充分实现"义"的作用,自己的商业版图得以稳步扩大。商业实践使本人深切感受到,处理好"义"与"利"的关系,以"义"驭"利",就能实现共生共荣的"义"与"利"的良性循环。

三是勇于竞合和善于竞合。孔子对君子的素养提出了具体要求:"君子有九思:视思明,听思聪,色思温,貌思恭,言思忠,事思敬,疑思问,忿思难,见得思义",这里提出的"九思",也应成为新儒商的综合素养要求。有人文思维,深谙现在商战策略,对信息技术和思维运用娴熟,对高科技发展有认识,有商业战略思维,特别是要有竞合的理念,在实现自身发展壮大的同时,也能一荣俱荣,促进同行及社会的整体进步。

四是具有以人本思想为核心的企业文化管理理念。当代企业管理的困境和企业竞争挑战的关键,是一场真正的思想革命,是新时代人类展现自身价值、彰显自身个性、激发主体发展、寻求个人与社会和谐共进的管理文明运动,就是要始终坚持以人的发展为起点和终点的价值观。把人从以物为中心、以全面追求利润最大化为目标的旧价值观中解放出来,充分发掘人的智力资源。物质资源会枯竭,唯有文化生生不息。

五是具有开拓创新的意识和能力。这是现代儒商必备的最基本的素质,适应激烈的市场竞争需要具备这种素质。有调查显示我国民企的平均寿命难以超过五年,其中的一个重要原因就是创新能力不够。科技的飞速进步决定了企业家必须具有强烈的开拓创新精神,这样才不至于被淘汰,才能成为新生产方式、新生活方式的引领者。

六是具有命运共同体理念。在生产的社会化程度越来越高的今天,各行业领域的经济相互依存度越来越高,可谓是"牵一发而动全身"。置身于这样一种环境中,没有任何一个市场主体能独善其身。任何企业要想自己发展,必须让别人发展;要想自己安全,必须让别人安全;要想自己活得好,必须让别人活得好。在这样的背景下,人们对共同利益也有了新的认识。作为新一代儒商,具体表现就是必须勇于担当社会责任,要有"计利当计天下利"的高远追求和恢宏气度。

五、培育新儒商文化的重大意义

一是新儒商文化可以更好地发挥对民众思想道德的引领。根植于儒家思想沃土又融合当代经济发展经验形成的新儒商文化,与社会主义核心价值观一脉相承。建设好新儒商文化,有助于重铸中华民族道德长城,推动经济和社会持续稳健全面发展,推动民族素质的全面提高。

二是新儒商文化是社会主义市场经济体制的必要补充。市场这只"看不见的手"也有失灵的时候,它不能解决市场中的垄断、收入不公等问题,并带有一定的盲目性、滞后性等缺点。大力构建新儒商文化,可以增强道德自律,减少社会整体管理成本。

三是儒商文化是加强企业管理和企业文化建设的重要手段。企业文化是指企业在一定的社会文化环境影响下,为适应外部经营环境和协调内部关系,经由企业经营者长期提倡,员工认同,在经营与创新过程中所形成的企业信念、价值观、道德规范、行为准则、经营特色、管理风格等传统和习俗的总和。儒商文化是从历代儒商的实践中不断总结积累而来的,它本身就是一种企业经营管理之道。现在,企业文化已成为企业重要的软实力和核心竞争力,作为企业经营中的核心要素,企业家肩负企业文化建设的关键责任,因此加强新儒商文化建设更具迫切性。

在实现中华民族伟大复兴的征程中,在中国发展已深度融入世界体系的过程中,作为我们国家和民族最具创新精神、开拓精神和社会责任感的群体之一,用新儒商文化教育和熏陶的新一代企业家,必然展现出更远大的抱负、担当更崇高的使命、创造更宏伟的业绩,用自己人格的光芒照亮我们民族精神的天空。

参考文献:

[1]马克思,恩格斯.马克思恩格斯选集:1 卷[M].中共中央马克思恩格斯列宁斯大林著作编译局,编译.北京:人民出版社,1995.

[2]孔丘.论语[M].刘兆伟,译注.北京:人民教育出版社,2015.

[3]孟轲.孟子[M].万丽华,蓝旭,译注.北京:中华书局,2010.

[4]朱熹.朱子书节要[M].长沙:岳麓书社,2017.

(海南省孔子学会)

韩愈尊孟与孟子研究的转型

宋冬梅

摘　要：唐代的韩愈在孟学研究史上具有十分重要的地位，其对孟子的推崇，正式拉开了唐宋"孟子升格运动"的序幕，不仅使孟子其人其书之命运发生了关键性转变，而且开儒学转型之先声，对宋学的形成起到了重要的推动作用。韩愈的儒学修养是其尊孟的学术基础，初唐以来文化的发展是其尊孟的必然选择，而排斥佛教、振兴儒学、巩固唐朝统治则是其尊孟的现实需要。

关键词：韩愈；孟子；唐代儒学；道统；儒学史

清人赵翼《陔余丛考》曰："宋人之尊孟子，其发端于杨绾、韩愈，其说畅于（皮）日休也。"在宋代以前，孟子地位与先秦诸子并无差异。在先秦，"孔、墨之后，儒分为八"，孟子只为八派之一。"逮至亡秦，焚灭经术，坑戮儒生，孟子徒党尽矣。其书号为诸子，故篇籍得不泯绝。汉兴，除秦虐禁，开延道德，孝文皇帝欲广游学之路，《论语》《孝经》《孟子》《尔雅》，皆置博士。后罢传记博士，独立《五经》而已。"唐贞观二十一年，诏"左丘明、卜子夏、公羊高、谷梁赤、伏胜、高堂生、戴圣、毛苌、孔安国、刘向、郑众、杜子春、马融、卢植、郑玄、服虔、何休、王肃、王弼、杜预、范宁二十一人，用其书，行其道，宜有以褒大之，自今并配享孔子庙廷"，孟子并未列入。唐开元二十七年，唐玄宗封颜渊为"亚圣"和"兖国公"、封"孔门十哲"和"七十子"为侯、伯时，亦未提孟子。

尽管在汉代曾设置过《孟子》为传记博士，孟子地位亦略有起伏，但总体来说，在儒家学派内部，自西汉中期，"孟荀并称"一直是思想界的主流观点。然而到了中唐，这一情况却发生了变化，韩愈对孟子和荀子详加比较，认为孟子对孔子真意的继承"醇乎醇者"，而荀子对孔子真意的继承则"不粹不醇"，确认孟子是孔子以来道统的正宗继承人，对孟子思想大力推崇，拉开了唐宋"孟子升格运动"的序幕。

一

韩愈尊崇孟子，与其自身的儒学修养相关。他自幼学习刻苦，积累了丰富的儒学知识。《旧唐书·韩愈传》载："韩愈，字退之，昌黎人。父仲卿，无名位。愈生三岁而孤，养于从父兄。愈自以孤子,幼刻苦学儒,不俟奖励。大历,贞元之间,文字多尚古学,效杨雄、董仲舒之述作。"《新唐书·韩愈传》也载:"愈生三岁而孤,随伯兄会贬官岭表。会卒,嫂郑鞠之。愈自知读书,日记数千百言,比长,尽能通《六经》、百家学。"韩愈在《与凤翔邢尚书书》中自言:"生七岁而读书,十三而能文,二十五而擢第于春官,以文名于四方。"韩愈从幼起就自觉地刻苦学习儒家典籍,不需他人督促。大历、贞元期间,韩愈(十七岁前)极力效仿扬雄、董仲舒之作,而扬雄、董仲舒皆为西汉儒学大师。他以明道者自居,其《上宰相书》道:"今有人生二十八年矣,名不着于农工商贾之版。其业则读书着文,歌颂尧舜之道,鸡鸣而起,孜孜焉亦不为利。其所读皆圣人之书,杨墨释老之学,无所入于其心。其所著皆约六经之旨而成文,抑邪与正,辨时俗之所惑。居穷守约,亦时有感激怨怼奇怪之辞,以求知于天下,亦不悖于教化,妖淫谀佞诪张之说,无所出于其中。"又《进学解》:"口不绝吟于六艺之文,手不停披于百家之编。纪事者必提其要,纂言者必钩其玄。贪多务得,细大不捐。焚膏油以继晷,恒兀兀以穷年。""业精于勤,荒于嬉",正是通过终生的勤奋学习,韩愈积累了丰富的学养。

同时,在韩愈学习成长过程中,其周围建立了一个关系密切的师友群体,形成了一个良好的儒学研修氛围,为其尊孟打下了良好的学术基础。《旧唐书·韩愈传》载:"独孤及、梁肃最称渊奥,儒林推重。愈从其徒游,锐意钻仰,欲自振于一代。"独孤及"为文彰明善恶","喜鉴拔后进,如梁肃、高参、崔元翰、陈京、唐次、齐抗皆师事之"。独孤及与其门生梁肃等,即为唐代古文运动先驱,亦为提倡儒学之知名学者,受到当时士人推崇。韩愈跟随他们的弟子游学,钻研、师法古人的思想、文章,对其儒学修养的提高极有裨益。

此外,韩愈进士及第后,通过职务便利提携后进,不仅为其研习儒学和推崇孟子聚集了学术力量,而且为他之后的尊孟传承打下了坚实基础。《旧唐书·韩愈传》载:"(愈)泊举进士,投文于公卿间,故相郑余庆颇为之延誉,由是知名于时。寻登进士第。"根据《新唐书·韩愈传》载,韩愈进士及第后,先为四门博士,又两度为国子博士,后又任国子祭酒,这些职务,为其聚集学术人才,建立尊孟群体提供了方便。儒家学派历来重视"师道",孔子"教七十子,使服其衣冠,修其篇籍,故儒之学生焉",孟子"得天下英才而教育之"为乐,《新唐书·韩愈传》载:"愈性明锐,不诡随。与人交,始终不少变。成就后进士,往往知名。经愈指授,皆称'韩门弟子'。"韩愈作《师说》,强调"古之学者必有师",并以孔子言行作证,认为"弟子不必不如师,师不必贤于弟子,闻道有先后,术业有专攻,如是而已。"柳宗元曾曰:"由魏晋氏以下,人益不事师。今之世不闻有师,有辄哗笑之,以为狂人。独韩愈奋不顾流俗,犯笑侮,收召后学,作《师说》,因抗颜而为师。"通过职务便利,关心提携,在韩愈周围聚集了众多同辈、门人,形成了师友间相互标榜呼应的师承局面。如韩愈提出道统说、儒家心性说后,正是在柳宗元、李翱、皇甫湜、张籍等同辈、门人的大力呼应及推崇阐述下,才使"孟子升格运动"在中唐后得以发展。

正是因为韩愈具备丰厚的学养,以及对唐初以来文化学术的发展变化有了清晰的认识,才为其尊崇孟子、推动儒学的应时发展奠定了思想和学术基础。

二

唐朝建立后,尽管孟子与《孟子》的地位不高,但事实上,自唐初在朝野之中便已经有尊孟之酝酿。

首先,朝廷中一些大臣在奏疏中经常引用孟子的观点。魏徵《论治道疏》曰:"……孟子曰:'君视臣如手足,臣视君如腹心。君视臣如犬马,臣视君如国人。君视臣如粪土,臣视君如寇仇。'虽臣之事君无有二志,至于去就之节,当缘恩施之厚薄,然则为人主者,安可以无礼于下哉?"崔融参与政事,在《谏税关市疏》中引用孟子的话,劝谏"关市"征税,曰:"孟轲又云:'古之为关也,将以御暴;今之为关也,将以为暴。'今行者皆税,本末同流。……加之以重税,因之以威胁,一旦兽穷则搏,鸟穷则攫,执事者复何以安之哉?臣知其不可者四也。"唐后期,代宗与裴谞讨论治国之道,曾引用孟子的观点,据《旧唐书·裴谞传》记载,当时关辅大旱,谞入计,代宗召见于便殿问政,裴谞叹于农人愁苦,引《孟子》,对曰:"……孟子曰:'理国者,仁义而已,何以利为? 由是未敢即对也。'上前坐曰:'微公言,吾不闻此。'拜左司郎中。上时访以事。"魏徵为太宗时名臣,崔融为武后和中宗名臣,裴谞为肃宗和代宗名臣,皆具影响力,其在奏疏中引用孟子之言,说明唐初以来,孟子地位虽不高,但其一些观点已为朝臣们所接受和运用。

其次,学界对孟子的评论逐渐增多。据《全唐诗》《全唐文》统计,唐代士人对孟子的关注自唐初到中晚唐呈渐次增强的态势。如唐初史学家刘知几在《史通》的《内篇·六家第一》《外篇·古今正史第二》《外篇·疑古第三》《外篇·惑经第四》《外篇·杂说上第七》中都引述过孟子之言。王勃在其《上吏部裴侍郎启》中曰:"夫文章之道,自古称难。圣人以开物成务,君子以立言见志。遗雅背训,孟子不为;劝百讽一,扬雄所耻。"卢照邻在《驸马都尉乔君集序》曰:"昔文王既没,道不在于兹乎? 尼父克生,礼尽归于是矣。其后荀卿、孟子,服儒者之褒衣;屈平、宋玉,弄词人之柔翰。礼乐之道,已颠坠于斯文;雅颂之风,犹绵连于季叶",认为孟子继承了孔子礼乐道统。李华《赠礼部尚书清河孝公崔沔集序》曰:"孔伋、孟轲作,盖六经之遗也",肯定了孟子在儒家学派中之地位。

在朝野酝酿下,中唐时,已有人建议在政治上提高《孟子》地位。如代宗礼部侍郎杨绾《上贡举条目疏》,建议把《孟子》列入"兼经",增为"明经"科目,与《论语》《孝经》并列。扬州刺史赵匡上疏曰:"通《元经》《孟子》《荀卿子》《吕氏春秋》《管子》《墨子》《韩子》,谓之茂才举。达观之士,既知经学,兼有诸子之学,取其所长,舍其偏滞,则于理道,无不该矣。"

再次,唐代古文运动的兴起与发展为韩愈尊孟创造了良好的文化学术背景。唐代梁肃《补阙李君前集序》曰:"唐有天下几二百载,而文章三变:初则广汉陈子昂以风雅革浮侈,次则燕国张公说以宏茂广波澜,天宝已还,则李员外、萧功曹、贾常侍、独孤常州比肩而出,故其道益炽。"明代胡应麟在《九流绪论》中曰："大概六代以还,文尚俳偶,至唐李华、萧颖士及次山辈,始解散为古文。萧、李文尚平典,元独矫峻艰涩,近于怪且迂矣。"

安史之乱前,李华即说"文顾行,行顾文,此其与于古欤",主张文章应宗经明道。安史之乱后,古文学者更欲恢复先秦古文创作传统,强调文、道合一,使文章承担道德教化功能,以此恢复国家统治秩序,而孟子之后文道不彰和对孟子之文的推崇逐渐成为古文学家的共识。如柳冕曰:"至若荀、孟、贾生,明先王之道,尽天人之际,意不在文,而文自随之,此真君子之文也。""文而知道,二者兼难。兼之者大君子之事,上之尧、舜、周、孔也,次之游、夏、荀、孟也,下之贾生、董仲舒也。"权德舆曰:"故阙里之四教、门人之四科,未有遗文者。荀况孟轲,修道著书,本于仁义,经术之枝派也。迨夫骚人怨思之作,游士纵横之论,刺讥捭阖,文宪陵夷。"裴度曰:"荀、孟之文,左右周、孔之文也。理身、理家、理国、理天下,一日失之,败乱至矣。"虽然,在韩愈尊孟抑荀之前,古文学者仍孟荀并提,对孟子思想亦不很明,但经古文学家对孟子之文的推崇与关注,使孟子的重要性得以凸出,为韩愈尊孟创造了良好的文化学术背景。

此外,唐初以来,"儒学学术面临着一个困境,即儒学的礼法制度已经不能维系人心,儒学在现实生活中失去有效性,因此这是学术转向的需要"。清代赵翼曰:"六朝人最重三《礼》之学,唐初犹然。"作为孔子之后的两支,孟子重"德",荀子重"礼"。《左传》载:"礼之可以为国也久矣,与天地并。""礼"强调尊卑、贵贱、上下等等级秩序,有利于魏晋以来世族之需要。到唐代,伴随着政治、社会等各方面变化,世族制度逐渐衰落,"礼"亦逐渐有形式大于内容的倾向。针对这种状况,啖助、赵匡等学者即提出了"原情制礼""以性情为用"的观点,欲以诚、忠、仁等"德"的内容,对礼加以充实。在这种背景下,孟子"德"之重要性日趋凸显。

三

韩愈尊孟的一个重要原因是为了排斥佛教。在一些帝王推崇利用下,唐前期佛教得到了长足发展,但大兴庙宇消耗了大量资财,同时"天下僧道,不耕而食,不织而衣",大量人口剃度为僧,增加了社会负担。更重要的是,佛教已深入到了民众日常生活,如宪宗时法门寺迎佛骨舍利,时"王公士庶,奔走舍施,唯恐在后。百姓有废业破产、烧顶灼臂而求供养者"。本来儒学自两汉后就处于衰落状态,开唐后佛教之发展更加挤压了儒学的生存空间,而对一些儒家学者来说,孟子思想一些内容,恰好能满足其对抗佛教,振兴儒学之现实需要。

精神上,要排斥佛教,重树儒学之正统地位,首先需要一种战斗力,而孟子之"辟异端"学说,即可为儒家学者排佛树立一面精神旗帜。《孟子·滕文公下》曰:"杨墨之道不息,孔子之道不著,是邪说诬民,充塞仁义也。仁义充塞,则率兽食人,人将相食。吾为此惧,闲先圣之道,距杨墨,放淫辞,邪说者不得作。……我亦欲正人心,息邪说,距诐行,放淫辞,以承三圣者。"韩愈《与孟尚书书》道:"释老之害,过于杨墨;韩愈之贤,不及孟子。孟子不能救之于未亡之前,而韩愈乃欲全之于已坏之后,呜呼,其亦不量其力,且见其身之危,莫之救以死也!虽然,使其道由愈而粗传,虽灭死,万万无恨……"韩愈欲吸收孟子"辟异端"精神,像孟子辟杨墨那样辟佛老,其作《原道》以辟佛老,"谏迎佛骨"不惜得罪皇帝等,都可谓是这种精神的体现。

理论上,除借鉴孟子精神外,韩愈还汲取孟子思想的一些内容,作为其排斥佛教的理论资源。一是论道统。佛教自佛陀付法摩诃迦叶,开启了佛教的付法传统,以后代代付嘱,代代相承,形成了佛教的传法统系。儒家学派虽然讲求师承渊源,却并无统一传承谱系。然而孟子思想中,却蕴含着韩愈对抗佛教传法统系所需要的理论资源。《孟子·尽心下》曰:"由尧、舜至于汤,五百有馀岁,若禹、皋陶,则见而知之;若汤,则闻而知之。由汤至于文王,五百有馀岁,若伊尹、莱朱,则见而知之;若文王,则闻而知之。由文王至于孔子,五百有馀岁,若太公望、散宜生,则见而知之;若孔子,则闻而知之。由孔子而来至于今,百有馀岁,去圣人之世,若此其未远也,近圣人之居,若此其甚也,然而无有乎尔,则亦无有乎尔。"孟子将尧、舜、禹、汤、文王、孔子连成一线,并有意以孔子后继人自居。韩愈正是看到孟子此点,提出了儒家道统论,其《原道》曰:"斯吾所谓道也,非向所谓老与佛之道也。尧以是传之舜,舜以是传之禹,禹以是传之汤,汤以是传之文、武、周公,文、武、周公传之孔子,孔子传之孟轲。轲之死,不得其传焉",列出了"尧、舜、禹、商汤、文王、武王、周公、孔子、孟子"的道统体系,意欲对抗佛教的传法统系。陈寅恪说:"然则退之道统之说表面上虽由《孟子》卒章之言所启发,实际上乃因禅宗教外别传之说所造成,禅学于退之之影响亦大矣哉!"现代学者葛兆光说:"九世纪初以来的韩愈、李翱等人,也在极力虚构一个儒家自己的历史系谱,其中关键的一个人物就是孟子。……在九世纪初期的韩愈、柳宗元和李翱等士人口中,孟子异乎寻常地频繁出现,而且成了儒家历史系谱中的关键性人物,而由孟子承上启下的儒家系谱就是后来所说的'道统',这个'道统'象征着与佛道异端泾渭分明的真理传统。"韩愈欲对抗佛教,振兴儒学,如果没有自己的道统体系,显然无法与佛教抗衡,其正是看中了此要点,才从孟子思想中挖掘资源,接续道统。二是谈心性。汉末以来"儒门淡泊,收拾不住,皆归释氏耳"一重要原因,即儒学理论简陋,形式陈旧乏味,而佛教学说抽象性强,富有哲理,更吸引人。如果是心性说在孔子时还"不可得而闻",但在孟子时有了很大发展,如孟子的"四端"说、"修身立命"说等。韩愈继承了孟子的心性说,并加以阐发,以对抗佛教。其《原性》道:"性也者,与生俱生也;情也者,接于物而生也。性之品有三,而其所以为性者五;情之品有三,而其所以为情者七。曰:何也? 曰:性之品有上、中、下三:上焉者,善焉而已矣;中焉者,可导而上下也;下焉者,恶焉而已矣。其所以为性者五:曰仁,曰礼,曰信,曰义,曰智。"又曰:"今之言性者异于此,何也? 曰:今之言者,杂佛、老而言也。杂佛、老而言也者,奚言而不异?"韩愈不认同佛、老的"人性"说,其阐发性情论之目的就是要澄清被佛教搅浑了的思想意识。对此,陈来先生说:"他(韩愈)的性情论,主要是为了反对佛教人性论及对汉唐人性论进行总结,他的看法后来被扬弃到宋明理学中,并成为许多理学家讨论人性的出发点。"任继愈先生说:"(韩愈)人性论为后来宋儒提出气质之性、天理人欲之说,开辟了道路。"韩愈关于性情论阐发,拓宽儒家经典的范围,也重开了儒家"心性"论的大门,对推动尊孟思潮发展,促进儒学的转型起到了积极作用。

此外,韩愈还吸取孟子的"君臣大义"理论,来反对藩镇分裂,巩固唐朝统治。安史之乱后,藩镇长官"擅署吏,以赋税自私,不朝献于廷。效战国,肱髀相依,以土地传子孙",藩镇割据问题日益严重,影响唐朝统治。孟子在《公孙丑下》《离娄上》《滕文公上》等篇目中,多次论说了"君臣大义"理论,成为儒学君臣观的代表。韩愈在孟子"君臣大义"的理论基础上,加以阐发,作为反对藩镇,加强中央集权的理论武器。其《原道》道:"是故君者,出令者也;臣者,行君之令而致之民者也;民者,出粟米麻丝,作器皿,通货财,以事其上者也。君不出令,则失其所以为君;臣不行君之令而致之民,则失其所以为臣;民不出粟米麻丝,作器皿,通货财,以事其上,则诛。今其法曰:'必弃而君臣,去而父子,禁而相生相养之道,以求其所谓清净寂灭者。'呜呼!其亦幸而出于三代之后,不见黜于禹、汤、文、武、周公、孔子也。其亦不幸而不出于三代之前,不见正于禹、汤、文、武、周公、孔子也。"韩愈的君臣论与孟子的"君臣大义"理论一脉相承,并通过平定吴元济叛乱,把这一理论付诸了实践。

以上,孟子的"辟异端"学说可为排佛提供精神资源,孟子的"道统"及"心性"论可为排佛提供理论资源,孟子的"君臣大义"理论有利于加强集权,巩固统治。孟子思想中这些内容,正是韩愈解决中唐时期社会弊端的现实需要,亦即韩愈尊孟的根本原因所在。

总之,韩愈接续"孔孟之道"这一影响中华文化思想史的说法,使孟子超过了颜回、曾子、子思等人,位于与孔子并列的地位,而且否定了唐代孔庙祭祀中的儒家传承统绪,掀起了"孟子升格运动"的序幕。皮日休受韩愈思想影响,向唐懿宗上奏,提出升格《孟子》,使之成为经典,《唐会要》载皮日休之言,曰:"圣人之道,不过乎经;经之降者,不过乎史;史之降者,不过乎子。子不异乎道者,孟子也!舍是子者,必戾乎经史。"此后,韩愈的学生、故旧和同道亦唱和响应,使孔孟思想在士林中逐渐传播开来。韩愈之后,柳宗元、孟郊、李程、李翱、李宗闵、李德裕、权德舆、白居易、张籍、皇甫湜、王敏、杜牧、李商隐、罗隐、陆龟蒙、林慎思、李蹊、来鹄、程晏等人也都对孟子有所推崇。

在士人推动下,中晚唐逐渐兴起一股崇孟风潮。唐代孟子学研究的转型,逮至五代时期终有突破,后蜀主孟昶命令宰相毋昭裔以楷书将十一经刻石,包括《孟子》,此为《孟子》入经之始。

参考文献:

[1]赵翼.陔余丛考[M].北京:商务印书馆,1957.

[2]韩非.韩非子[M].盛广智,译评.长春:吉林文史出版社,2004.

[3]赵岐,孙奭.孟子注疏[M].上海:上海古籍出版社,1990.

[4]欧阳修.新唐书[M].宋祁,撰.北京:中华书局,1975.

[5]欧阳修.旧唐书[M].宋祁,撰.北京:中华书局,1997.

[6]韩愈.中国古代十大散文家精品全集:韩愈[M].洪祖斌,尹江,选注.大连:大连出版社,1998.

[7]吕效祖.魏徵研究[M].西安:陕西人民出版社,1996.

[8]董浩.全唐文[M].北京:中华书局,1983.

[9]卢照邻.卢照邻笺注[M].祝尚书,笺注.上海:上海古籍出版社,1994.

[10]王勃.王子安集[M].上海:上海古籍出版社,1992.

[11]胡应麟.少空山房笔丛[M].北京:中华书局,1958.

[12]向世陵.宋代经学哲学研究:儒学复兴卷[M].上海:上海科学技术文献出版社,2015.

[13]左丘明.左传[M].长沙:岳麓书社,1988.

[14]孟轲.孟子[M].王立民,译评.长春:吉林文史出版社,2007.

[15]陈寅恪.金明馆丛稿初编[M].上海:上海古籍出版社,1980.

[16]葛兆光.中国思想史[M].上海:复旦大学出版社,2001.

[17]任继愈.中国哲学史:第三册[M].北京:人民出版社,1996.

[18]王薄.唐会要[M].北京:中华书局,1955.

（中国孔子研究院）

"学""习"之"说"的道体意蕴及其当代价值

白立强　张铭

摘　要:"学而时习"之"说"(悦)内含着深刻的道体意蕴:一方面,"学""习"分别意味着悟道、行道;另一方面,行道之中自然生成超然物外的"悦感"体验。"学而时习之"以立足当下的生命实践方式搭建起通向内心愉悦的路径。为此,"学""习"以及"说"三者之间前后相继的逻辑关系蕴含的立身行道、至诚感通、诚者自成、自得其乐的道体法则对于当代社会具有启示意义。

关键词:"学而时习";"说";道体;意义

"学而时习之,不亦说乎"内含深刻的道体底蕴,这意味人之为人的生命价值取向乃在于求道、悟道和行道。其间,并非超脱世俗、出离尘世,而是以脚踏实地的务实品格,履行分内职责。由是,生命自身与宇宙内在法则产生脉动共振,从而自然而然地在内心深处生发起原初生命本具的悦感体验。这正是传统文化经典中的"法味"之蕴,其中包含的"诚者自成"的生命内在自足性对于当今社会的人们具有启示作用。

一、"学而时习"的个中揣度或体味

"学而时习"作为生命活动的过程,此中必然伴随丰富的生命体验。于此,代表性观点有以下几种。

一是为学乃苦说。梁清远《采荣录》有云:"《论语》一书,首言为学,即曰悦,曰乐,曰君子。此圣人最善诱人处,盖知人皆惮于学而畏其苦也。是以鼓之以心意之畅适,动之以至美之嘉名,令人有欣羡之意,而不得不勉力于此也。""学"其实是苦的,"人皆惮于学而畏其苦"说得最为俗白,言"学"为"说"不过是圣人"诱人"罢了。

二是苦中有乐说。有观点认为,学习是苦差事,"学海无涯苦作舟"即是明证。然孔子主张"说",概其原因为:第一,就孔子个人而言,孔子深知学习的极端重要性,孜孜不倦,"学而不厌"。忘我的学习,使他获得广博的知识,也使他收获了快乐。如孔子在齐国时,"闻《韶》音,学之,三月不知肉味。"足见其学中之"乐"。第二,从学习的心理学角度看。当学习者花了不少时间精力还无所得的时候,心中的确是很苦的。但当学习者对所有"学"的东西通过反复的"习",即"温故"而终于将问题彻底弄明白进而达到"知新"的境界之后,自然而然地便会对"学习"产生一种"丰收"或者说"胜利"之后的喜悦感与自豪感。这正是学习者在学习中由"苦"而至于"乐"的心理变化过程。

三是内在审美说。"学而时习之,不亦说乎"是人在审美活动中形成的无需对象和想象参与的纯然性的内审美。它是一种内在的充满,自得于心,不外求对象和内求于想象的人生境界。这种愉悦,来源于内省、反思,源于对道的学习、追求,源于对人类文化传承的自信,是个体审美理想和道德理想的和谐统一,是内省、内求、自诉的情感体验。

四是整体生命说。"学"所以能"乐",乃在于"学"是表现整体生命的"学",而不单纯以知识技艺为内容。生命要由"道(德、仁)"为人的分化了的现实存有奠基,并起到整合的作用。人通过道德修养之路,才能达到存在的真实。"学",保持在它的生命整体的意义中,才能是"乐"。

五是源初实情说。"学而时习"的首要意蕴在于强调了人自身源初行动与对此行动之主体性觉悟的统一:一方面是不间断的行动中的觉悟;另一方面是觉悟着的不间断的行动之展开。这一源初状态及其后续展开,具有一种不可诘问的源初肯定性,所以为深沉而内在的"说";后文"有朋自远方来"之外在的乐、一般他者不知的无动于衷(不愠),就是在一种递减的意义上昭示"学而时习"的奠基意义。

六是"乐感文化"论。李泽厚认为,"作为论语首章,并不具有深意"。"以儒学为骨干的中国文化的精神是'乐感文化'。'乐感文化'的关键在于它的'一个世界'(即此世间)的设定,即不谈论、不构想超越此世间的形上世界(哲学)或天堂地狱(宗教)。它具体呈现为'实用理性'(思维方式或理论习惯)和'情感本体'(以此为生活真谛或人生归宿,或曰天地境界,即道德之上的准宗教体验)。'乐感文化''实用理性'乃华夏传统的精神核心。""作为儒学根本,首章揭示的'说''乐',就是此世间的快乐:它不离人世、不离感性而又超出它们。学习'为人'以及学习知识技能而实践之,当有益于人、于世、于己,于是中心悦之,一种有所收获的成长快乐。"

客观而言,上述阐释不无道理。这样说的意思是,各个观点或是立足某一角度,或是在某一层次形成的判断与反应,正所谓"横看成岭侧成峰,远近高低各不同"是也。然而,一定程度上,诸如此类种种理解或是在"学而时习""场域"之外所作的类似于"子非鱼,焉知鱼之乐"的主观表达,或是尽管认可"学而时习"之"说",但依然没有洞彻到其中之缘由。总之,二者均属于体认层面没有到位,从而难以对"学而时习之"的"说"感体验做出合乎实情的客观判断。

"学而时习"之"说"作为情绪体验完成在精神层面,但其生发机制乃在于"学而时习"过程。由是,"说"之源为"学"且"习",即认识、知道并实践。故"说"与否,非"学""习"情形之外能够感同身受的情绪体验,而完全源于求"学"且"习"者的主体行为实践,是"知道"

"行道""得道"之时的精神美感。

《说文解字注》云:"学,觉悟也。""学所以自觉,下之效也;教人所以觉人,上之施也。故古统谓之学也。""习,数飞也。"可见,"学""习"就是以上行下效的方式获得生命真谛并为之付诸实践的过程。体悟并践行的对象是什么?子曰:"君子学以致其道""志于道""人能弘道""君子食无求饱,居无求安,敏于事而慎于言,就有道而正焉,可谓好学也已"。

道构成了人生追求的主要目的。这意味着,人之生存的合法性或最佳状态就是"天人合一"——无论思维方式还是行为方式,人须与天道相应。为此,人天之感应道交则为人道,求得人天之间道体合一成为中华文化的基点。"学有所成"意味着"内圣外王""已登道岸",故生命的价值和意义就是"士志于道",一旦"朝闻道",人生状态则非同一般——"夕死可矣"——即使面对生死大事都可以淡然处之,这是何等的从容与淡定。相反,"耻恶衣恶食者,未足与议也"——这永远是患得患失之"长戚戚"的"小人"困境。

在孔子看来,"生而知之""学而知之""困而学之"是对道体体悟方式不同而形成的三种人生样式,而"困而不学"则是近乎"一阐提"的愚钝状态。如果说"生而知之"意味着源于先天生命自足性而彰显的悟性通达,那么,"学而知之""困而学之"则是生命通过后天学习对宇宙道体或主动或被动的探求。

生命就是小宇宙,宇宙自然场势就是真善美,故生命之本然状态就是完善与完美。正是在此意义上,老子主张"绝圣弃智",故古人云:"年年乞与人间巧,不道人间巧已多。"一定程度上,学习的过程就是后天生命回归原初生命的过程,以实现与宇宙场势的契合与相应,进而体悟和感受人生的原初之美。"同声相应,同气相求""学"之投入程度不同,体悟与感受必然相异。由此,产生了"知之者不如好之者,好之者不如乐之者"三个层次的生命感悟。显然,"知道""好道""乐道"成为"学而时习之"三个递进向度。人生价值与意义就在于不断追求至上之道,即"君子上达"。"君子处世以道义而行,决事循理而迎刃而解,坦然舒泰情状矣,此所谓君子之坦荡荡也。"君子明理而行,遵道而进,"是道则进,非道则退",渐次实现着由"知之"到"好之",进而"乐之"的生命跨越。故"学而时习"就是立身行道并为之坚守的过程,也正是体悟人生之道并体验生命至真纯美的过程,诚者自成,"自得其乐""怡然自乐"才得以发生。由此,方能领略"性本善"的完美至臻之境。

二、"学而时习"的道体意蕴

《论语》作为内容丰富的人学专著,处处彰显着"处事做人之学"。其思想"在塑造中国民族性格和文化—心理结构上的历史地位,已是一种难以否认的客观事实"。这即是文化的力量。今人所谓之文化,中国古人谓之"道体"。

故钱穆认为,中国文化的中心思想与其主要特质就是"性道合一"。"性"指人的天性,"道"指天道——"宇宙的神圣秩序"。性道合一即是"天人合一",即"夫大人者,与天地合其德,与日月合其明,与四时合其序,与鬼神合其吉凶"。实现"天人合一"的基本途径就是"学而时习之""学是明道,习是体道;学是认识理论,习是实践理论""学人生的大道"。

进而言之,"学而时习"的目的和意义就是通过"学"与"习""尽己之性",实现"合外内之道",以圆满人之"天性",此即为道。所以,习得天性过程就是立身行道的过程。可以说,这作为中国文化基因,已经成为中华民族关于人生价值导向的最高标尺。

《中庸》云:天命之谓性,率性之谓道,修道之谓教。道也者,不可须臾离也,可离,非道也。"学而时习"就是通过体悟"天命"并时刻践习其内在律令而实现人性与道体之间频率共振、和合共生的过程——人因道而立,道因人而彰。

人事有形世界,是道的展现形式,此属于显性形态;有形世界背后的无形世界,是道的核心内容,此属于隐性形态。二者契合统一的方式则依赖于人自身,正所谓"人能弘道,非道弘人"是也。

身处有形世界而兼顾无形世界乃是对道的坚守,如《中庸》所言:"是故君子戒慎乎其所不睹,恐惧乎其所不闻。莫见乎隐,莫显乎微,故君子慎其独也。"这种"临深履薄"态度完全源于对道的敬畏、体认。

在 C. Geertz 看来:"作为人不只是呼吸而已,而是要以一定技术来控制自己的呼吸,以便在呼吸中听到神的名字……"无独有偶,李泽厚也认为,儒家的"礼"也有这种原始根源,即在规范了的世俗生活中去展示神圣的意义。客观而言,无论"神的名字"还是"神圣的意义",并非将人引向某种离奇或怪诞的神秘主义,而是预示"道体"的庄严、至上与深邃。实际上,无论"礼"抑或"乐",都是以相应规范的方式使人合乎宇宙秩序与法则,以求得在人与道之间产生感应道交。置言之,"礼"或"乐"作为折射深层"道体"的外在表现形式是通向"道体"的方法、原则与规范,构成了人、道之间的中介系统,借助于此,人与道之间实现了沟通、对话与契合。正是在此意义上,李泽厚指出:"中国古代的'乐'主要并不在要求表现主观内在的个体情感,它所强调的恰恰是要求呈现外在世界(从天地阴阳到政治人事)的普遍规律,而与情感相交流相感应。"

《文心雕龙·原道》:"言之文也,天地之心哉!""诗主言情,文主言道"。故文化通道,中华文化尤甚。

为此,道并非道家独有范畴。如李泽厚所言:"表面看来,儒、道是离异而对立的,一个入世,一个出世;一个乐观进取,一个消极退避;但实际上它们刚好相互补充而协调。"一定意义上,源于文化的相通性,儒道互补构成为"两千多年来中国思想一条基本线索"。这意味着,二者交互统一,浑然天成。道学是儒学的深层底蕴,儒学乃道学世俗化的表达。

道既是宇宙内在的规律,也是宇宙内含的能量。"学而时习"之所以"不亦说乎",就是对深层道体的领悟而获得的心灵感受。一定意义上,这是生命本善状态的典型表达,类似于佛教的"法喜充满"。可以说,"学而时习"就是通过行常日用之间、起居坐卧之时的常规活动,体味生命价值的本然——平平淡淡才是真——而获得的空灵心境。空是纯粹,灵是境界。为此,"学而时习"之"说"就是悟道、体道场域中的内在流露、自然天成。这是生命价值回归本然之时的"现场感",其中,不存在做作,也并非超脱,而是以安分守己之心对当下生命状态的积极体验。

依道而论,生命本自足。"诚于中"则必然"形于外"。自足的状态是完善的,一旦抵近此境则自然生成起一种心理充盈状态——无悦而悦,平静和淡然。盖"知足常乐"即为此解。

古人云:"人法地,地法天,天法道,道法自然。""学而时习"便是对自然道法的探寻、实践,其间之"说"则是诚者自成、至诚感通而体验到生命原态的自然美感。这既是"诚意""正心"的妙用,也是"修身"的价值与归宿。

就内容而言,"学而时习"内含深刻的形而上之道体追求。正如李泽厚所言:孔子有对形上的反思和对超越的追求,但他没有采取概念思维的抽象方式,而出之以诗意的审美。孔子所追求的超越,也并不是对感性世界和时空的超越,而恰恰就在此感性时空之中。它不是"在"(Being),而毋宁是"生成"(Becoming)。这意味着,"学而时习"是以具象的过程探寻抽象世界的内在逻辑,通过表象理解抽象、透过物质世界探求根本规律,即在现实的生命活动中"追求'再现'宇宙自然的普遍规律、逻辑和秩序"。此中,自然生成"'与天地同和'的普遍性情感",至此,如《中庸》所云,人之性回归到"自诚明"的天地境界,并以"诚则明矣,明则诚矣"之径抵达与"天地参"的高度。此中人的心理状态即为"说"。李泽厚将这种内在心理情感和状态称之为"本体的人性""人道的自觉意识""人的最后实在和最高本体"。"这也就是'道'或'天道'"。钱穆先生认为,"孔门论学,范围虽广,然必兼心地修养与人格完成之两义"。如能学而时习之,"自始即可有逢源之妙,而终身率循,亦不能尽所蕴之深"。此可谓"道体"之玄妙深奥!

就形式而言,"学而时习"之道体追求体现在行常日用之中。仲修徐曰:"所谓学者,非记问诵说之谓,非绣章绘句之谓,所以学圣人也。"方式、方法与途径:"既欲学圣人,自无作辍。出入起居之时,学也;饮食游观之时,学也;疾病死生之时,亦学也。人须是识得'造次必于是,颠沛必于是','立则见其参于前,在舆则见其倚于衡也',方可以学圣人。""孔子之学,皆由真修实践来。无此真修实践,即无由明其义蕴。"盖行住坐卧、吃喝拉撒,即该吃饭时吃饭,该睡觉时睡觉,无一不在道中。相反,状态错位、张冠李戴则为背道之举。

三、"学而时习"的当代价值

时下国人生活已经进入大众娱乐化阶段——无论娱乐还是被娱乐,尤其"被娱乐"带有鲜明的"找乐"味道,极具"外在性",故此"乐"非乐。这自然使人联想到当前国人的幸福感——尽管温饱不成问题但幸福依然是问题。在物质生活比较富足的今天,这足以说明,幸福与否不是外在所决定，而是内在感受。正如有人指出，幸福是一种感觉，而其中要义则是内在之乐，确切而言，内在之"说"。鉴于此，审视生命价值取向尤为必要。

何谓"说"？内心之乐。"学而时习之，不亦说乎？"展现的就是体道、行道之时内心生成的喜悦——简单、内在、真切之情。钱穆指出："孔子之所启示，乃属一种通义，不受时限，通于古今，而义无不然，故为可贵。"为此，"学而时习"内在道体意蕴对今天国人生活具有启示意义。

不容乐观的是，国人"反其道而行之"，这种失序状态造成的直接后果就是人自身、自然以及社会的非常状态，即病态。人的非常状态是一切异常现象的根源，世俗流行语"你有病啊"就是此中现象的信息微折射。

余秋雨感言："包括佛学家在内的很多哲学家都认为，人之为人，在本性上潜藏着善的种子。灌溉它们，使它们发育长大，然后集合成一种看似天然的森林，这就是文化的使命。"如果把"性本善"看作生命存在的原生态，那么，其基本价值之一就是生命愉悦。而要回归到生命本初的完美状态，则须仰仗着——不是坐而论道，乃为起而行之——学而时习。这要求：

首先，安分守己、脚踏实地、顺时应天是实现人生价值的基本点。"学而时习"之"习"意味着践行、实践。时时处处，身、心、境三者合一，身临其境、心安其中。如《中庸》所言："君子素其位而行，不愿乎其外。素富贵，行乎富贵；素贫贱，行乎贫贱；素夷狄，行乎夷狄；素患难，行乎患难。君子无入而不自得焉。在上位，不陵下，在下位，不援上。正己而不求于人，则无怨。上不怨天，下不尤人。"当下，社会整体环境急功近利氛围烘托着世间民众的浮躁心态，"骑马找马""这山看着那山高""身在曹营心在汉"成为诸多生命个体的心理共识，由是，他们不惜以"我用青春赌明天"的方式与命运抗争，实现人生价值无休止的最大化。一定意义上，其结果无论于人、于己都是某种伤害。

《大学》云："知止而后有定，定而后能静，静而后能安，安而后能虑，虑而后能得。"就表层而言，知止的内在要求就是安分守己、乐天知命。撇开社会喧嚣，让生命回归本位，是"学而时习"的内在要求。正如《中庸》所言"践其位，行其礼"，即立足当下，做好分内事。

"学而"章作为《论语》"总纲"构筑了民族的"文化—心理结构"，逐渐成为强大的文化思维模式，其基调就是"由强调人的内在自然（情、感、欲）的陶冶塑造到追求人与自然、宇宙的动态同构"，它催生着生命个体"意识到他的个体的位置、价值和意义，就存在于与他人的一般交往之中即现实世间生活之中；在这种日常现实世间生活的人群关系之中，便可以达到社会理想的实现、个体人格的完成、心灵的满足或慰安"。

正如马克思所言，人是社会关系的产物，人只能在既定的条件下创造历史、展现人生。为此，美好的人生是从立足当下现实开始。柳青曾言，这既是实现生命自由的根本，也是"学而时习"的内在要求。唯此，方能体悟"道在伦常日用之中"的内蕴，从而获得愉悦、幸福的生活审美体验。"道不远人"诚哉斯言也。于此,李泽厚认为,这正体现了"以孔子为代表的中国文化精神"之"世俗中有高远,平凡中见伟大"的品格。

其次,生命须有形而上的价值追求。"学而时习"内在深蕴就是立足现实对形上世界的潜心追求。以习证学,以学导习,学习并重,正所谓"不力行,但学文,长浮夸,成何人;但力行,不学文,任己见,昧理真"。通过学、习找寻生命依托,抵达"此心安处是故乡"的生命夙愿。

人之生命区别于其他生命的鲜明之处就是基于生理(物质世界)之上存在着心理(精神世界),与其说人是身与心的统一,不如说身是人之形式,心是人之内容。也就是说,人的独特之处就在于其精神、思维。为此,笛卡尔说,"我思故我在"。同理,钱穆认为,人的心逐渐演变成了"生的本体",这正是中国文化注重"人文"精神的内在动因。鉴于此,由侧重身世界到重视心世界的转换,是"人格完善"的体现和需要。

生命价值层次决不应仅仅锁定在物质层面。这样说来,发展是硬道理、以经济建设为中心、解决温饱等只是特定历史阶段满足人之生命基本需要或者说低端需要的必要途径。一旦跨过"温饱",实现小康之后,追求生命之形而上层次成为必需。否则,生命是残缺的,甚至是病态的——诸多负面事实就是鲜明例证。

如果说市场经济的建立唤醒并张扬起了人的主体意识,从而使人们第一次按照个人的意愿、设想规划人生——这当然是一种进步,但依然没有摆脱"对物的依赖性",这意味着,人们对自我的认识与定位还停留在"身我"之中,尚未达到"心我"层次。而真正意义上的主体意识乃是对宇宙人生内在规律深刻洞察基础上形成的"文化自觉"——积淀为理性、提升为品味、熔铸成格调,颇类似于冯友兰先生说的"玄心、妙赏、洞见、深情"。这在更大程度上体现为基于"身我"之上的"心我"向度。在余秋雨看来,孔子个人的人生价值和意义随着岁月流转、历史品鉴已成为社会仰视的文化磁场,其作为"精神坐标""统一符号",以潜在方式向置身其中的人们昭示着生命价值取向。孔颜之乐即为此意。

因此,人不是物质消费者,而是精神追求者。乔布斯感言,个人愿意倾其所有科技而换取与苏格拉底的半天相处。周国平同样坦言,无论物质世界具有多大诱惑,回归精神世界乃人生终极选择的不二法门。

人生不是衣食住行、吃喝玩乐。置言之,人之物质需求决不应仰仗科技日新月异而无限膨胀——如果说物质短缺是一种贫乏,那么被不断放逐的物质欲何尝不是极端贫困。其结果:于人是病态,于社会是危害,于自然是灾害。

因为生命的本然是某种有限的平衡状态。言其有限,意指维持生命的基本物质需求并不高;言其平衡,意指生命存在是物质需求与精神需求的统一。平衡状态才是健康状态。值得注意的是,在大部分国人几乎将全部身心投入到物质追逐王国(偶尔的精神生活也仅仅限于娱乐,类似精神放纵——距离精神追求尚有距离)之时,人们必然遭受人之存在三重关系(身与心、人与人以及人与自然)的全面围剿。一定程度上,科学发展正是解决问题的一剂良药,而这剂良药是否发挥药效的关键则是人自身——能否从失衡回归到平衡状态。

这是一个信仰缺失的时代,换言之,这是需要精神回归的年代。唤回灵魂、找回自己,为心安家,是时候了。

最后,生命存在从和谐身心开始。身心和谐与统一才是生命常态。"学而时习之,不亦说乎"展现的是"志于道,据于德,依于仁,游于艺"的生活,其必然体现就是身心和谐的生命妙境,即"诗意地栖居"。一定意义上,"学而时习之,不亦说乎"就是孔子自身的人生写意。正如余秋雨所言,孔子的"人生就是诗",因而其言谈举止、行住坐卧处处呈现着独特的"诗学态度""美学态度"。为此,孔子的人生最高境界是审美。这种人生美学渐次演变为中华民族的文化基因,积淀成中国的民族气质与精神,其直接表现就是"一种宁静祥和的心态"。这种状态可以理解为辜鸿铭所说的,真正的中国人具有成人的头脑和孩子的心灵。如果说"成人的头脑"意味着健全的心智,那么,其完善程度即为"孩子的心灵"——至纯至真、原初的完美。

日前,诸多国人的生活处于忙忙碌碌、紧紧张张的节奏之中,即身忙心亡,一己之心流离失所,从而使"内心""不由自主"。内心世界的荒芜、苍凉之状态于己不可能有爱,于人不可能有仁,于社会不可能感恩,于自然不可能呵护……诸如种种,何谈幸福生活、诗意人生?

在东方文化看来,人类自身存在境况在相当大的程度上源于内心的力量,正所谓"相由心生,境随心转"是也。正是在此意义上,钱穆认为,人的心,就成了"生的本体"。鉴于此,激活内心,使之回复到本有的人生正能量,即使身陷囹圄,也同样能够体验别样人生。故"贫而不困,富而不骄"将不是问题,进而言之,"贫而乐,富而好礼"完全能够成为事实。

"心生活是主,是目的;身生活是仆,是手段。没有了身生活,就不能有心生活。但没有了心生活,身生活便失去了意义与价值。"和谐身心,从当下开始。

参考文献:

[1] 程树德.论语集释[M].北京:中华书局,1990.

[2] 李占德.《论语·学而时习之》新探[J].曲靖师专学报,1987(1):57-62.

[3] 谭容培,匡代军.《论语·学而第一》首章的美学解读[J].中国文学研究,2005(4):19-22.

[4] 李景林."学"何以能"乐"——《论语》"学而时习"章解义[J].齐鲁学刊,2005(5):12-14.

[5] 郭美华.论"学而时习"对孔子哲学的奠基意义——对《论语》首章的尝试性解读[J].现代哲学,2009(6):101-107.

[6] 李泽厚.论语今读[M].南京:江苏文艺出版社,2010.

[7] 许慎.说文解字注[M].段玉裁,注.杭州:浙江古籍出版社,1998.

[8] 南怀瑾.论语别裁:上册[M].上海:复旦大学出版社,2008.

[9] 李泽厚.美学三书[M].合肥:安徽文艺出版社,1999.

[10] 钱穆.中华文化十二讲[M].北京:九州出版社,2012.

[11] 辜鸿铭.中国人的精神[M].陈高华,译.西安:陕西师范大学出版社,2011.

[12] 李里.论语讲义[M].桂林:广西师范大学出版社,2007.

[13] 王夫之.清诗话:下卷[M].上海:上海古籍出版社,1984.

[14] 李泽厚.中国思想史论:上[M].合肥:安徽文艺出版社,1999.

[15] 钱穆.论语新解[M].北京:三联书店,2005.

[16] 余秋雨.何谓文化[M].武汉:长江文艺出版社,2012.

[17] 余秋雨.中华文化四十七堂课:从北大到台大[M].长沙:岳麓书社,2011.

（衡水学院董子学院）

儒家法律文化传统中"父祖被殴"律例及其当代刑法价值

赵星　李素素

摘　要:"父祖被殴"律例在中国古代贯穿千年,一般而言,是指祖父母、父母被他人殴打时子孙有解救的义务。这一规定在某种程度上类似于现代刑法中的正当防卫制度,但与之不同的是其受儒家思想的影响,将防卫人与不法侵害人的亲属身份关系作为定罪量刑的部分依据。本文分析并梳理了"父祖被殴"条文的演变,在此基础上探究了其背后的血亲复仇现象。尽管刑法规定"法律面前人人平等",但是考虑到中国社会长久以来受儒家文化影响,重视礼法和孝道,为更符合国情民情,中国现代刑法中的正当防卫制度应当将亲属身份关系纳入定罪量刑的考虑范畴。

关键词:父祖被殴;血亲复仇;正当防卫;亲属

一、"父祖被殴"律例的分析沿变

"父祖被殴"于唐代正式入律,其罪名表述为"祖父母为人殴击",具体规定如下:"诸祖父母、父母为人所殴击,子孙即殴击之,非折伤者,勿论;折伤者,减凡斗折伤三等;至死者,依常律。谓子孙元非随从者。"疏议曰:"祖父母、父母为人所殴击,子孙理合救之。当即殴击,虽有损伤,非折伤者,无罪。'折伤者,减凡斗折伤三等',谓折一齿合杖八十之类。"意思是说祖父母、父母被人殴击,子孙有救护的义务;如果救护的程度未导致加害人折伤,则不论其罪,即便折伤以上,也要比一般的斗殴致人折伤罪减三等。"'至死者',谓殴前人致死,合绞;以刃杀者,合斩。故云'依常律'。"即如果子孙因救护祖父母、父母而殴打致人死亡,要依常律处以绞刑,若有利刃,则处以斩刑。"注云'谓子孙元非随从者',若元随从,即依凡斗首从论。"意思是说如果子孙是随从者,即父母或祖父母先行犯罪的从犯,则按一般斗殴的首要从犯论处。"律文但称祖父母、父母为人所殴击,不论亲疏尊卑。其有祖父母、父母之尊长,殴击祖父母、父母,依律殴之无罪者,止可解救,不得殴之,辄即殴者,自依斗殴常法。若夫之祖父母、父母,共妻之祖父母、父母相殴,子孙之妇亦不合即殴夫之祖父母、父母,如当殴者,即依常律。问曰:'主为人所殴击,部曲、奴婢即殴击之,得同子孙之例与否?'答曰:'部曲、奴婢非亲,不同子孙之例,唯得解救,不得殴击。'"通常而言,是说如果祖父母、父母被其尊长殴击,子孙只可解救,不可还殴,否则依常律;如果丈夫的祖父母或父母与妻子的祖父母或父母互相殴击,妻子不可因救护自己的祖父母、父母,而还殴夫之祖父母、父母;如果主人被殴击,家仆奴婢只能解救,不能还殴,其定罪量刑与子孙救护不可同日而语。由此可见,唐律受服制影响,在父祖被殴的情况下,对于防卫人与不法侵害人的身份有严格限制,这也是本条文区别于现代刑法中正当防卫的重要标志。

宋刑统承袭唐律,体现了类似或相同的立法价值。例如,在《宋刑统》中也有"祖父母、父母为人殴击"罪,其具体规定除了同唐律相同或类似之外,还增补"如有复祖父母、父母之仇者,请令今后具案,奏取敕裁"等规定。分析这些具体规定,可以发现,统治者虽然默许复仇,但是并不想将生杀大权交予平民,这也是大多封建统治者的常态。

明律因循元律,苛求详细,其罪名正式表述为"父祖被殴",具体规定如下:"凡祖父母、父母,为人所殴,子孙即时救护而还殴,非折伤,勿论;至折伤以上,减凡斗三等。"意即祖父母、父母被人所殴击,子孙即时救护,若非折伤不论罪;折伤以上,量刑比一般斗殴罪减三等。"至死者,依常律。""若祖父母、父母为人所杀,而子孙擅杀行凶人者,杖六十。"作为补充,是说如果子孙事后复仇杀人,杖六十。虽有处罚,但比之一般较轻。"其即时杀死者,勿论。"本条规定类似于现代刑法中的正当防卫,"即时"二字为其精髓,讲求救护的时效性。

清律沿袭明律,其罪名表述为"父祖被殴",条文具体规定也同明律。但是,清代历任统治者在相关的律例中对此规定多有修补和完善。如乾隆五年律文所增改:"凡祖父母、父母为人所殴,子孙即时'少迟,即以斗殴'。救护而还殴'行凶之人',非折伤,勿论;至折伤以上,减凡斗三等;'虽笃疾,亦得减流三千里为徒二年'。至死者,依常律。若祖父母、父母,为人所杀,而子孙'不告官'擅杀行凶人者,杖六十。其实时杀死者,勿论。'少迟,即以擅杀论。'"此律文重在突出救护时间性的紧迫性,必须是情势危机,"即时救护""少迟"即以斗殴或擅杀论。又如乾隆四十二年新增条例:"人命案内如有父母被人殴打,实系事在危急,伊子救护情切因而殴死人者,于疏内声明,援例两请,候旨定夺。其或有子之人与人角口,主令伊子将人殴打致死,或父母与人寻衅斗殴,其子踵至,助势共殴毙命,俱仍照例科罪,不得概拟减等。"此例文着重强调了两点:一是情势危急的情况下子孙因救护父母殴人致死,其定罪量刑必须请旨定夺;二是若父母先行有错,而子孙助势殴人致死,必须依常律论处且不可减轻处罚。再看乾隆六十年新增条例:"祖父母、父母为人所杀,凶犯当时脱逃,未经到官后被死者子孙撞遇杀死者,照擅杀应死罪人律,杖一百。其凶犯先经到官拟抵,或于遇赦减等发配后,辄敢潜逃回籍,致被死者子孙擅杀者,仍照旧例杖一百、流三千里。若本犯拟抵后援例减等,问拟军、流,遇赦释回者,国法已伸,不当为仇,如有子孙仍敢复仇杀害者,仍照谋、故杀本律定拟,入于缓决,永远监禁。"在此例文中,若不法侵害人行凶后逃脱或移乡后私回原籍而被受害人子孙所杀,子孙所受处罚较轻;但若国法已伸,子孙仍复仇者则处罚极重,永远监禁。分析这一条例,不难看出,统治者一方面肯定了对于先行有错的犯罪人子孙有复仇权利,另一方面又对子孙事后复仇的行为加以严格限制。如上可知,清律之变,在例不在律,且随着条款的不断完善,"父祖被殴"的立法逐步趋于科学。

二、"血亲复仇"的分析沿变

至此,为何历经千年,世事变幻,而"父祖被殴"这一伦常条款会陈陈相因,凝滞不变?即便其形式或表述略有增改,但实质依旧。究其缘由,"血亲复仇"便呼之欲出。通常来说,血亲复仇是指一个继嗣群与另一个继嗣群之间进行的武力冲突,而产生这种冲突的原因,主要是基于报复侮辱或伤害。肇事者虽然是个人,但报复的对象却是他整个的亲族,因为他们应该为其亲属的行为负责,所以杀死其中的任何一个人都被认为是达到了报复的目的。吕思勉先生曾说:"复仇之风,初皆起于部落之相报。"也就是说部落间的相互报复是复仇兴起的根源。这种复仇现象"虽非天下为公之义""犹有亲亲之道存焉"。

春秋末期,诸侯割据,战乱频繁,民不聊生,国家强制力大幅削弱,民间复仇之风盛行。《礼记·曲礼上》记载:"父之仇,弗与共戴天"意思是父亲的仇人要不共戴天;"兄弟之仇,不反兵"意思是兄弟的仇人要随身携带武器见即杀之;"交游之仇,不同国"意思是朋友的仇人不能生活在同一国家。与之相似的,《礼记·檀弓上》有言:"子夏问于孔子曰:'居父母之仇如之何?'夫子曰:'寝苫,枕干,不仕,弗与共天下也。遇诸市朝,不反兵而斗。'曰:'请问居昆弟之仇如之何?'曰:'仕弗与共国。衔君命而使,虽遇之不斗。'曰:'请问居从父昆弟之仇如之何?'曰:'不为魁。主人能,则执兵而陪其后。'"极为推崇复仇之义的《公羊传》也有记载:"君弑,臣不讨贼,非臣也;不复仇,非子也。""父不受诛,子复仇可也。父受诛,子复仇,推刃之道也,复仇不除害,朋友相卫而不相迿,古之道也。"由此可见,复仇这种野蛮的正义为孔孟儒家所提倡,也是后世儒学尊崇复仇的根源所在。

战国时期,社会生产力发展,新兴地主阶级登上历史舞台,统治者对复仇的态度有所转变,适合帝国统治的法家受到极大重视。秦孝公重用商鞅,厉行变法,新法"行之十年,秦民大悦"以至"道不拾遗,山无盗贼,家给人足",百姓勇于公战,怯于私斗,从而"乡邑大治"。法家的另一代表人物,李悝也在《法经》中也提出"一断于法,杀人者死,伤人者刑"。可以说,法家开启了禁止复仇的先河。

两汉时期,统治者对复仇的态度摇摆不定。汉初,受秦影响,国家明令禁止复仇。汉文帝三年,淮南王刘长以重锤击死辟阳侯为报母仇,随即向汉文帝请罪,而汉文帝念及手足之情予以赦免。可见,当时统治者对于复仇持否定态度,若非顾惜兄弟之情,罪无可恕。汉武帝时期,由于董仲舒提出的"罢黜百家,独尊儒术"被统治者采纳,使得儒学占据了当时社会的思想主流,复仇之义得到官方的认可,一定程度上成了人们的行为准则。及至东汉,复仇甚至成了人们判断一个人行为是否高尚的道德标准。据《后汉书·周党传》记载:"初,乡佐尝众中辱党,党久怀之。"意思是说,最初,周党常被乡佐欺辱,他怀恨在心。"后读《春秋》,

闻复仇之义,便辍讲而还,与乡佐相闻,期克斗日。既交刃,而党为乡佐所伤,困顿。""乡佐服其义,舆归养之,数日方苏,既悟而去。自此敕身修志,州里称其高。"乡佐感其复仇之义,对他施以救护,醒来之后不再复仇归去,百姓们都觉得他品德高尚。可见,当时社会尊崇复仇已近病态。又如,酒泉女子赵娥手刃杀父仇人李寿后向官府自首,州郡长官感其大义联名上书请求汉灵帝宽恕其罪,被赦免后举国相庆。可以看出,政府官员对于复仇行为的宽免和褒扬,使得复仇之风愈演愈烈。光武帝时,议郎给事中桓谭在上书痛陈复仇的诸多弊端之后提出:"今宜申明旧令,若已伏官诛而私相伤杀者,虽一身逃亡,皆徙家属于边,其相伤者,加常二等,不得雇山赎罪。如此,则仇怨自解,盗贼息矣。"所谓"旧令",是指前代汉室帝王所颁布的令。可见,统治者曾明令禁止复仇,但实际效果不尽如人意。在此状况下,理应采取合理的措施限制复仇,但是汉章帝时期却颁布了大相径庭的《轻侮法》,对血亲复仇"降宥"处理且实行三十年之久,眼见国家机器几近失控,方才停止。东汉末年,战乱四起,曹丕称帝后颁布诏令:"丧乱以来,兵革未戢,天下之人,互相残杀。今海内初定,敢有私复仇者,皆族之。"所谓"族",是指将复仇者腰斩,与之共同生活的父母妻儿也一并斩首示众,可见,此时统治者对私人复仇的惩罚力度达到极致,他们力图通过遏制私人复仇来维护社会稳定,强化国家的控制权。但是,其后《晋律》又规定:"杀人父母,徙之二千里外。"即杀人父母后,如果得以赦免必须移乡到两千里之外,以此避免和被害人子孙复仇者的正面冲突。但是,显而易见,这种移乡避难的办法只能解决一时之忧,毕竟父母之仇,不共戴天。综上,可以看出,两汉时期统治者的摇摆不定,有时候承认复仇的合法性,有时候又严禁复仇,依社会的具体状况而做出改变。

南北朝时期,南朝基本沿袭《晋律》,未见改变。北朝统治者允许有限制的复仇,例如《北周律》中规定:"若报仇者,告于法而自杀之,不坐。"意思是如果复仇者提前将所行之事告诉法官,则不会受到处罚。及至隋朝,历经天下大乱的局面,社会动荡不安。统治者为稳定局面,严厉禁止复仇。"又初除复仇之法,犯者以杀论。""初禁天下报仇,犯者以杀人论。"如有违犯者,以杀人罪论处。

自唐以降,除元外,对复仇的态度都模棱两可,一方面禁止私人复仇,另一方面又对复仇网开一面。唐代"引礼入律""一准乎礼",没有明确关于复仇的规定。但是法律中关于"亲属为人杀私和"的行为有着严重处罚,具体规定如下:"诸祖父母、父母及夫为人所杀,私和者,流二千里;期亲,徒二年半;大功以下,递减一等。"私和,多指子孙收受加害人钱财私下了事,违背了亲情伦常和天理孝道,理应受到重罚。"受财重者,各准盗论。""虽不私和,知杀期以上亲,经三十日不告者,各减二等。"如果子孙没有在三十日内向官府提起告诉,在上述刑罚之下减二等执行。这条规定一方面肯定了子孙有告知官府的义务,但另一方面并未对子孙复仇作出明确的禁止性规定。《宋刑统》承袭唐律,此条几乎不动,但是与唐律略有不同的是在"父祖被殴"条之后,补充了"如有复祖父母、父母之仇者,请令今后具案,奏取救裁"。间接承认了血亲复仇的合法性,但强调必须报请上裁,即对犯罪处罚的控制权必须掌握在国家手里。

明律中也有"尊长为人杀私和"条,具体规定如下:"凡祖父母、父母及夫,若家长为人所杀,而子孙、妻妾、奴婢、雇工人私和者,杖一百,徒三年。期亲尊长被杀,而卑幼私和者,杖八十,徒二年。大功以下,各递减一等。其卑幼被杀,而尊长私和者,各减一等。若妻妾、子孙及子孙之妇、奴婢、雇工人被杀,而祖父母、父母、夫、家长私和者,杖八十。受财者,计赃,准窃盗论,从重科断。常人私和人命者,杖六十。"其实质与唐律基本无异,只是表述更为详尽。但是,明律中的"父祖被殴"条不但强调了子孙救护父母祖父母必须是"即时",且补充了"若祖父母、父母,为人所杀,而子孙擅杀行凶人者,杖六十。其即时杀死者,勿论"。即对复仇做了限制性规定,但是相较于一般杀人者,子孙复仇的处罚通常较轻。清律关于"尊长为人杀私和"基本沿用明律,措辞略有改动,几乎不变。但是在不断修订的例文中对"父祖被殴"做出了更为详尽的规定,例如,"祖父母、父母为人所杀,凶犯当时脱逃,未经到官后被死者子孙撞遇杀死者,照擅杀应死罪人律,杖一百"。如果"其凶犯先经到官拟抵,或于遇赦减等发配后","辄敢潜逃回籍,致被死者子孙擅杀者,仍照旧例杖一百、流三千里"。如果"本犯拟抵后援例减等,问拟军、流,遇赦释回者,国法已伸,不当为仇,如有子孙仍敢复仇杀害者,仍照谋、故杀本律定拟,入于缓决,永远监禁"。可见,清代对复仇者状况的划分更为明晰,对于国法已伸,但子孙仍复仇者的处罚极重。

由上,不难看出,很少有哪个朝代是绝对禁止复仇或者绝对提倡复仇,大多徘徊于二者之间,统治者或是"曲法为情",或是"合法悖情",始终未能很好地解决"礼"与"法"的冲突。他们一方面希望通过道德教化使人们自觉遵守礼制来维护社会的稳定秩序,另一方面又希望通过刑罚威慑使人们自觉遵守法律来安邦定国。如果说法是刚性的,那么礼就是柔性的,刚柔并济方为治国之道。但是,如若事件本身既触犯了法之所禁,又暗合了礼之所允,那么此时的矛盾冲突便棘手起来。在不同的政治背景、经济状况和自然条件下,集合了礼法矛盾的事件处理结果往往大相径庭。"血亲复仇"恰是此种矛盾的典型。

三、正当防卫制度与亲属身份

无论朝代如何更替,刬除政策上严禁复仇并在民间得到贯彻的秦帝国,百姓对于血亲复仇的态度总体上趋向于支持且视之为必要的正义。但是如果允许无限制的血亲复仇,则天下人就会循环往复地互相仇恨,所以国家就需要制定法律来平衡。"父祖被殴"就是统治者通过法律来限制血亲复仇的具体实践,它建立在服制基础上,随着社会的发展和立法的完善,逐步趋于科学。中国社会深受儒家文化影响,但是目前的正当防卫制度更趋于西方化,并不那么符合国情民情,法律面前人人平等更是难题。如果考虑到亲情伦理在中国本土的重要性,那么"父祖被殴"在当代刑法中也有可借鉴之处,即将防卫人和不法侵害人的亲属身份关系纳入正当防卫制度的考虑范畴,此处的亲属身份仅限于父母、配偶、子女。

参考文献：

[1]长孙无忌.唐律疏议注释[M].兰州:甘肃人民出版社,2017.

[2]窦仪,等.宋刑统[M].吴翊如,点校.北京:中华书局,1984.

[3]佚名.大明律[M].怀效锋,点校.北京:法律出版社,1999.

[4]佚名.大清律例[M].张荣铮,刘勇强,金懋初,点校.天津:天津古籍出版社,1993.

[5]戴圣.礼记[M].陈澔,注.上海:上海古籍出版社,1987.

[6]何休,徐彦疏.春秋公羊传注疏[M].上海:上海古籍出版社,1990.

[7]范晔.后汉书[M].李立,刘伯雨,选注.太原:山西古籍出版社,2005.

（中国海洋大学）

由曾子经子思至孟子生命哲学的内在逻辑

吴树勤　张毅君

孔子把礼仪教育作为儒家生活哲学的核心,强调仁与礼、质与文的统一,发展到子思、孟子,更加注重仁与质的一面,侧重德性,强调人的内省,所以荀子把"子思孟轲"并称。在儒家思想由"兼顾内外"向"切己内求"这一侧重点转化的过程中,曾子起到了至关重要的作用。由曾子经子思至孟子生命哲学体系的建立,其思想的内在逻辑是连贯的。

孔子强调立足内在孝德本性的修养以成就人,曾子遵循这一切己内求的思路并有新的创见。曾子讲忠恕之道和絜矩之道,就立足于这种真挚的孝悌情感。

一、曾子"切己内求"与"忠恕之道"

曾子把"孝"视为人们德性培养的基础。《大戴礼记·曾子大孝》云:"民之本教曰孝,其行之曰养。养可能也,敬为难;敬可能也,安为难;安可能也,久为难;久可能也,卒为难。"《孝经》亦云:"生事爱敬,死事哀戚,生民之本尽矣,死生之义备矣,孝子之事亲终矣。"又云:"孝子之事亲也,居则致其敬,养则致其乐,病则致其忧,丧则致其哀,祭则致其严。五者备矣,然后能事亲。"曾子所说的"孝",不仅仅是对父母的赡养,更是强调内心对父母真诚的尊敬,不仅仅表现在父母健在的时候子女对于父母的赡养与尊敬,也表现在父母故去之后的丧祭礼仪方面。

曾子还把孝的思想做了推扩。孝不仅仅表现在子女对父母的赡养与尊敬,它作为德性培养的基础,是处理社会一切人伦关系的基本模式。《礼记·祭义》记载曾子和公明仪的一番对话:"曾子曰:'孝有三:大孝尊亲,其次弗辱,其下能养。'公明仪问于曾子:'夫子可以为孝乎?'曾子曰:'是何言与!是何言与!君子之所谓孝者,先意承志,谕父母于道。参直养者也!安能为孝乎?'曾子曰:'身也者,父母之遗体也。行父母之遗体,敢不敬乎?居处不庄,非孝也;事君不忠,非孝也;莅官不敬,非孝也;朋友不信,非孝也;战陈无勇,非孝也。五者不遂,灾及于亲,敢不敬乎?'"。在《孝经》中,曾子对天子、卿大夫、诸侯、士、庶人等行孝方式和要求做了具体的论述。每个人条件不同,行孝方式也有差异,尽管如此,不同行孝方式的内在道理仍是一致的,正如《孝经注疏·序》中所言:"虽五孝之用则别,而百行之源不殊。"其百行之源就是对真诚情感的重视,这是德性培养的基础。以孝为基础进行的人伦关系价值判断的推扩模式，曾子称其为"忠恕之道"或"絜矩之道"。

曾子把孔子思想概括为"忠恕"，朱熹解释"忠恕"为："尽己之谓忠，推己之谓恕。"忠，强调内心的真诚与尊敬；恕，讲在此基础上推己及人、推己及物。《论语·卫灵公》记载："子贡问曰：'有一言而可以终身行之者乎？'子曰：'其恕乎！己所不欲，勿施于人。'"《中庸》也有类似的表述："忠恕违道不远，施诸己而不愿，亦勿施于人。"曾子把"忠"视为"孝之本"，把"孝"视为"忠之用"，《大戴礼记·曾子本孝》云："忠者，其孝之本与！"《大戴礼记·曾子立孝》云："君子立孝，其忠之用也，礼之贵也。"又云："故为人子而不能孝其父者，不敢言人父不能畜其子者；为人弟而不能承其兄者，不敢言人兄不能顺其弟者；为人臣而不能事其君者，不敢言人君不能使其臣者。"在《礼记·大学》中，曾子把这种立足人们诚敬的真挚情感的推扩视为治国平天下的基础，并把它概括为"絜矩之道"：

> 所谓平天下在治其国者：上老老，而民兴孝；上长长，而民兴弟；上恤孤，而民不倍，是以君子有絜矩之道也。所恶于上，毋以使下；所恶于下，毋以事上；所恶于前，毋以先后；所恶于后，毋以从前；所恶于右，毋以交于左；所恶于左，毋以交于右。此之谓絜矩之道。

曾子曾经对人之所以作为人这一类的特性做过形象的阐述。在《大学》中，曾子将人和黄鸟作比较，认为，黄鸟的其中一个特性是"止于丘隅"，而人的特性是"为人君，止于仁；为人臣，止于敬；为人子，止于孝；为人父，止于慈；与国人交，止于信"，仁、敬、孝、慈、信等是标示人的基本特性且为人所共同应该遵循的行为原则，这是人之作为类的共同的特性，正是在对这些基本行为原则的自觉遵循中，体现人的价值和意义。朱熹《大学中庸集注》对曾子所提出的"絜矩之道"有很好的解释："絜，度也。矩，所以为方也。……可以见人心之所同，而不可使有一夫之不获矣。是以君子必当因其所同，推以度物，使彼我之间各得分愿，则上下四旁均齐方正，而天下平矣。……如不欲上之无礼于我，则必以此度下之心，而亦不敢以此无礼使之。不欲下之不忠于我，则必以此度上之心，而亦不敢以此不忠事之。至于前后左右，无不皆然，则身之所处，上下、四旁、长短、广狭，彼此如一，而无不方矣。彼同有是心而兴起焉者，又岂有一夫之不获哉。所操者约，而所及者广，此平天下之要道也。故章内之意，皆自此而推之。"曾子在《孝经》中，对"絜矩之道"之合理性原因做了分析：

> 资于事父以事母，而爱同；资于事父以事君，而敬同。故母取其爱，而君取其敬，兼之者父也。故以孝事君则忠，以敬事长则顺。

儒家并不把道德局限于对家庭和家族的孝悌亲情，而是能够把它推扩到各种社会关系的处理，推扩之所以可能，根本原因在于人所共同具有的"爱"和"敬"等真情实感，这种真情实感是具有普遍意义的，这是人伦顺畅沟通的前提。邢昺疏："谓事母之爱，事君之敬，并同于父也。然爱之与敬，俱出于心。君以尊高而敬深，母以鞠育而爱厚。"后来孟子讲"老吾老，以及人之老；幼吾幼，以及人之幼。天下可运于掌"，与曾子提倡的忠恕絜矩之道的思路是一贯的。

二、子思成己以成物的合外内之道

子思延续曾子忠恕絜矩之道，并特别强调"忠"的内在性方面，在《礼记·中庸》中，子思通过对中庸之德性修养的基本内涵的阐释，把"忠恕"的"亲亲仁民"的思想，推扩至成性、成物的宇宙论层面，不仅讲人与人之间的关系，也讲物我的关系。《论语·雍也》："中庸之为德也，其至矣乎！民鲜久矣。"子思对中庸思想作了具体的阐述。《中庸》开篇讲：

> 喜怒哀乐之未发，谓之中；发而皆中节，谓之和。中也者，天下之大本也；和也者，天下之达道也。致中和，天地位焉，万物育焉。

《礼记·正义》孔颖达疏引郑玄《目录》云："名曰《中庸》者，以其记中和之为用也。庸，用也。"郑玄的解释明确解释了"中和"是"中"之"用"，这在《中庸》中是有根据的，《中庸》后文引用孔子的话说："舜其大知也与！舜好问而好察迩言，隐恶而扬善，执其两端，用其中于民，其斯以为舜乎！"由此可见，中庸，也就是对"中"之"用"，其标准就是"和"，亦即"发而皆中节"。"中和""中节"的标准，儒家通常称之为"礼"。《礼记·仲尼燕居》载孔子的话说："师，尔过，而商也不及……礼乎礼！夫礼所以制中也。"作为人们行为的原则，礼与中，并没有本质上的区别，"礼"是从规范原则的角度说的，而"中"则是从方法原则的角度而言。

"发而皆中节"，既指行为的合礼，同时也指处事的合宜，也就是《中庸》所说的"合外内之道也，故时措之宜也"的"成己""成物"的境界。《中庸》："诚者，自成也；而道，自道也。诚者，物之终始；不诚，无物。是故君子诚之为贵。诚者，非自成己而已也；所以成物也。成己，仁也；成物，知也。性之德也，合外内之道也，故时措之宜也。"子思《中庸》把"诚"视作中庸之德性修养的基本内涵，以"诚"统括忠恕之道，强调从切己之情出发理解忠恕之道，朱熹把"诚"解释为"真实无妄"，对于人们来说，最为真切的情感就是孝道亲情了，所以，《中庸》记载哀公问政，孔子回答有这样的话："仁者，人也，亲亲为大；义者，宜也，尊贤为大；亲亲之杀，尊贤之等，礼所生也。"《中庸》："君子之道，造端乎夫妇；及其至也，察乎天地。"无论是亲情孝道本身，还是由亲情孝道推扩至社会治理，其核心内涵就是"诚"。"诚"不仅是道德成就的工夫历程，它同时也标志着"性"的实现和完成，标志着物我、天人的合一。《中庸》："天命之谓性，率性之谓道，修道之谓教。"在郭店楚墓儒家简《性自命出》篇中有相似的表述："凡人虽有性，心亡奠志，待物而后作，待悦而后行，待习而后奠。喜怒哀悲之气，性也。及其见于外，则物取之也。性自命出，命自天降。"子思在传承前儒强调德性修养的基础上，进一步为道德修养建立了天道和人性的基础，礼义教育等道德修养由此获得了形而上学的意义，子思在理论上对此进行了比较系统的阐述。《中庸》描述的理想的君子人格：

> 故君子尊德性而道问学，致广大而尽精微，极高明而道中庸。温故而知新，敦厚以崇礼。是故居上不骄，为下不倍，国有道其言足以兴，国无道其默足以容。《诗》曰："既明且

哲,以保其身。"其此之谓与!

唯天下至圣,为能聪明睿知,足以有临也;宽裕温柔,足以有容也;发强刚毅,足以有执也;齐庄中正,足以有敬也;文理密察,足以有别也。溥博渊泉,而时出之。溥博如天,渊泉如渊。见而民莫不敬,言而民莫不信,行而民莫不说。是以声名洋溢乎中国,施及蛮貊;舟车所至,人力所通;天之所覆,地之所载,日月所照,霜露所队;凡有血气者,莫不尊亲,故曰配天。

朱熹《中庸章句集注》:"尊德性,所以存心而极乎道体之大也。道问学,所以致知而尽乎道体之细也。二者修德凝道之大端也。不以一毫私意自蔽,不以一毫私欲自累,涵泳乎其所已知,敦笃乎其所已能,此皆存心之属也。析理则不使有毫厘之差,处事则不使有过不及之谬,理义则日知其所未知,节文则日谨其所未谨,此皆致知之属也。盖非存心无以致知,而存心者又不可以不致知。故此五句,大小相资,首尾相应,圣贤所示入德之方,莫详于此,学者宜尽心焉。"人之德性完善,不仅表现在个人道德的完善,而且也表现在与他人他物处理关系时能够做到不干预,使事物能够各正定其性命,实现各自本然应有的成就,这是君子、圣人应有的"配天"的精神境界。

冯友兰先生将儒家人生境界追求的极境定义为"天地境界",是人的最高的"安身立命之地"。冯友兰先生在阐述"天地境界"时说:

在"天地境界"中的人,要做些什么特别的事呢?并不需要做什么特别的事。他的生活就是一般人的生活,他所做的事也就是一般人所做的事。不过这些日常的生活,这些一般的事,对于他有不同的意义。这些不同的意义,构成他的精神境界,天地境界。这个道理,借用《中庸》里边一句现成的话说,是"极高明而道中庸"。

生命经过一系列的修养教化,而与天地相通,借助参赞化育与天地并立为三。人之所以要追求与天地相配合德的境界是因为人是宇宙生命的体现者和构成者,"天命之谓性",人之性来源于天,因而必然有趋向自己生命本原的冲动,这是有限者趋向于无限者的冲动,但儒家并不主张通过否定生存的方式来超越现实生命,达到无限,而是试图在本真生命的基础上使之不断成长与转化。《中庸》:"唯天下至诚,为能尽其性;能尽其性,则能尽人之性;能尽人之性,则能尽物之性;能尽物之性,则可以赞天地之化育;可以赞天地之化育,则可以与天地参矣。"通过"诚之"和"致中和"的努力,使自己的生命与天地大生命历程相应和,相会通,最终达致生命的"化境"——"天地位焉,万物育焉""赞天地之化育""与天地参"。

三、孟子"仁义礼智本于心"的生命哲学体系的构建

孟子承接曾子和子思的思想,进一步探索人性论的基础,进而建构儒家生命哲学。孟子认为仁义礼智诸德性均得自于天命,是人性本有的内容。孔子讲人的使命本原于天,其

道德追求既是人的内在需求，也是天所赋予的神圣的使命，人之价值正在于在天命对人行为规定范围内展开活动。郭店简和《中庸》明确提出了"天道天命"和"人性"的思想，并且认为天命于人为性，即规定了人的行为的界限和规范，孟子思想在此基础上又有新的发展。

孟子把人性的内容，即人的行为界限和规范表述为"仁义礼智"四端，并把它们看作人的本有的规定。在孟子看来，礼义等现实伦理制度，必须通过人性来建立，才能保证其普遍合理性。假如没有人性论的奠基，礼义善恶等道德伦理制度，只能是人后天的外在规定，其标准就没有永恒性，也就无法保证礼义善恶等道德伦理制度的合理性。《孟子·告子上》开篇就举例子说："告子曰：'性，犹杞柳也；义，犹杯棬也。以人性为仁义，犹以杞柳为杯棬。'孟子曰：'子能顺杞柳之性而以为杯棬乎？将戕贼杞柳而后以为杯棬也？如将戕贼杞柳而以为杯棬，则亦将戕贼人以为仁义与？率天下之人而祸仁义者，必子之言夫！'"按照告子的观点，仁义和人性的关系，就像杞柳和杯棬的关系，杞柳之于杯棬，只是材料利用的关系，杞柳是否必然做成杯棬这样的器物，是没有内在关联的，而完全是外力作用的结果。因而，告子认为，仁义道德也与人性没有内在关联，只是外在的人为的规定。孟子否定了告子的观点，孟子认为，无论是杯棬，还是仁义，都不是任意的人为规定，而是与杞柳和人性有内在必然关联的。孟子进一步指出了告子思想的危害性，假如外力可以对人性加以任意塑造，仁义与祸害的区别就没有恒定的标准，任何有害的东西都可能被粉饰成合理，就会导致"祸仁义"的恶劣后果。正如朱熹《孟子集注》所说的："言如此，则天下之人皆以仁义为害性而不肯为，是因子之言而为仁义之祸也。"因此，孟子努力论证了仁义礼智之于人性的内在必然性。

《孟子·告子上》中，孟子进一步展开和告子的辩论："告子曰：'食色，性也。仁，内也，非外也；义，外也，非内也。'孟子曰：'何以谓仁内义外也？'曰：'彼长而我长之，非有长于我也；犹彼白而我白之，从其白于外也，故谓之外也。'曰：'异于白马之白也，无以异于白人之白也；不识长马之长也，无以异于长人之长欤？且谓长者义乎？长之者义乎？'"告子认为，正像物有白色，所以，我们称其为白物，人也有年长者，我们称其为长者，都是"义"，这些都是外在的合理性的规定。孟子批驳了告子的观点，孟子认为，白人之白和白马之白类同，但是尊敬白马和尊敬长者却不同。朱熹认为原因在于"义不在彼之长，而在我长之之心"，尊敬长者与人的内心情感和行为密切相关，它不是一个知识性的事实问题，而是一个有关事实的内在价值表现的问题。道德原则的普遍性正在于它具体显现为人内心的情感生活和行为。

虽然，孟子并不否认"食色"等人生欲望也属于人性的范围，但他认为，食色等自然欲望并不足以表现人之所以为人的本质特征。《孟子·尽心下》："口之于味也，目之于色也，耳之于声也，鼻之于臭也，四肢之于安佚也，性也，有命焉，君子不谓性也。仁之于父子也，义之于君臣也，礼之于宾主也，知之于贤者也，圣人之于天道也，命也，有性焉，君子不谓命也。"能够表现人之所以为人的本质特征的,是仁义礼智的人伦道德指向,人完全可以自主地把握,"求则得之,舍则失之,是求有益于得也,求在我者也"。(《孟子·尽心上》)食色等人生欲望则不同,其结果的实现,人无法完全掌控,"求无益于得也,求在外者"。(《孟子·尽心上》)因此,人所应该做的,是人固有本性的充分发挥。

以性善论为基础,孟子构建了人安身立命的生活哲学。《孟子·尽心上》:"尽其心者,知其性也。知其性,则知天矣。存其心,养其性,所以事天也。夭寿不贰,修身以俟之,所以立命也。"按照性善论的思路,孟子提出以"尽心""养性"来"事天""立命",在对道德生命和人性内容的自觉基础上,立志扩充,修身存养,精进不已,对孔子以人道理解天命的生命哲学进行了进一步的理论诠释和丰富发展。

参考文献:

[1]戴德.大戴礼记[M].卢辩,注.北京:商务印书馆,1937.

[2]孔丘.孝经[M].李隆基,注.上海:上海古籍出版社,2014.

[3]汪受宽.孝经译注[M].上海:上海古籍出版社,2016.

[4]孔丘.论语[M].刘琦,译评.长春:吉林文史出版社,2004.

[5]戴圣.礼记[M].陈澔,注.上海:上海古籍出版社,1987.

[6]朱熹.四书集注[M].北京:中华书局,1957.

[7]曾子,子思.大学中庸[M].长春:吉林文史出版社,2014.

[8]朱熹.孟子集注[M].上海:上海古籍出版社,1987.

[9]孟轲.孟子[M].万丽华,蓝旭,译注.北京:中华书局,2010.

（山东工商学院）

新加坡学者王昌伟对张载关学的研究和反思

李敬峰

摘　要：海外张载关学的研究素未引起国内学界的关注和重视，这显然不利于国内对张载关学开展深入研究。本文以海外唯一持续精研关学数十载、系统撰写关学史的学者王昌伟对张载关学的研究为考察对象，通过分析王昌伟对关学概念的界定、对关学宗师张载的研究以及对张载关学后学的研究，指出其在张载关学研究上的卓越贡献：将张载关学从单纯的哲学视野扩展至丰富的思想世界；重新反思关学的建构，开辟审视关学的新维度；探索出在历史语境下，在比较视野中研究关学个案的学术模式。这不仅为国内关学研究呈现了一个全新的视域，而且提供了一个崭新的学术典范，亦利于龟鉴关学在海外的研究和发展。

关键词：王昌伟；张载；关学

张载无疑是宋明理学的奠基者和开拓者，由他所开创的关学，以其在思想上推崇气学、在学风上躬行礼教、在旨趣上注重践履、在学脉上条贯秩然而享誉学界，成为地方学派全国化的典范，至今依然是国内外研究宋明理学不可轻忽的一环。在国内张载关学研究已然取得丰硕成果的际遇下，我们有必要扩大视野，对国外的张载关学研究给予观照、引介和评述，一方面补当前对国外关学研究关注不足之缺，另一方面亦借鉴国外关学研究的理论成果，进一步推进和深化张载关学研究。而在国外研究张载关学的学者中，尤以新加坡国立大学王昌伟教授的成果最为丰硕和系统，他是海外唯一系统撰写关学史的学者。他师从美国哈佛大学著名中国思想史研究专家包弼德教授，深受包氏区域文化研究方法和理论的影响，数十年持续精研关学，出版专著《中国历史上的关中士人：907—1911》，发表《从"遗迹"到"文献"：宋明时期的陕西方志》《〈关学编〉与明清陕西士大夫的集体记忆》《王心敬续〈关学编〉与康乾之际关中理学传统的建构：兼论清代学术的区域化进程》《从族谱看明代陕西宗族组织与士人阶层缔结联盟的方式》《"求同"与"存异"：张载与王廷相气论之比较》《李二曲调和朱子与陆王的方法》等与关学相关专著和论文，以此足见其研究之系统和丰硕。由此观之，任何一位海外关学研究者都是无法与其相提并论的。更为重要的是，王昌伟教授的研究以跨学科的视野和新颖的问题角度而有别于国内偏于哲学史的研究进路，非常值得国内学者给予特别的关注。

一、关学概念的界定

"关学"作为一个道脉相沿八百余年的学术流派,其一直是个不证自明的概念,直到近代新的学术体系建立,关学便成为分歧不断的话题。侯外庐先生在其《中国思想通史》和《宋明理学史》中提出"北宋亡后,关学就渐归衰熄",龚杰先生又进一步认为,关学"上无师承,下无继传",认为张载以后无关学。陈俊民先生依据《明儒学案》和《关学编(附续编)》,界定关学为"宋明理学思潮中由张载创立的一个重要独立学派,是宋元明清时期今陕西关中的理学",后赵馥洁、刘学智等进一步论证关学有史,而随着《关学文库》的出版,国内学界在关学有史的问题上基本达成一致,分歧在于关学在何处终结,这对关学研究具有十分重要意义,确定关学的学术"合法性",开创关学研究的新局面。这个问题同样引起了王昌伟教授的注意,他对当前学界研究关学的现状总括为:

> 以往的研究都把关学视为一个不证自明的概念,而重点分析学派成员的学术和思想,倾向于把来自同一地区的思想家都视为同一固定的学派成员,而忽略所谓的学派,其实是一经过各种思想与学术竞争的场域。在这样的讨论框架下,地域除了提供一个便于研究者勾勒理学家的社会网络的范围之外,并没有其他的实质意义。

王昌伟教授釜底抽薪式地直击关学研究中的根基问题,他认为以往学者只是把关学作为一个不证自明、默然接受的概念,且宽泛地以地域论学派,忽视学派形成的社会文化背景,无法把握学派义理内涵与他们所处的特定社会文化环境之间的关系。基于此种思想史的立场,他首先指出在学界较有影响的陈俊民先生对关学定义的不足之处,他认为陈俊民先生关于关学的定义是不符合关学本身的历史事实的,缘由在于时人并没有把关学视为一个独立的,有别于濂学、洛学或闽学的学派。从金元至明初,关中学者对张载及其学术并不重视,直到明代中叶,学者开始因为张载关中人的身份,而把他的地位抬到创派祖师的高度,即使到晚明的关中理学,最为关注的并非传承张载的学说,而是回应朱、王之争。可以看出,王昌伟教授依据思想史的进路,回到历史语境,从后人对张载学术的认同、接受和关切的史实角度否定关学有一个从头至尾、代代相传的学术脉络,故而他赞同林乐昌先生的观点,他说:"林乐昌提醒我们,宋代以降的关学并非是一个统一的概念,研究者更应该注意不同时段的差异性,无疑是很有见地的。"但同时也对林乐昌的观点提出两点质疑:一是杨屾在清末关中学者有关关学谱系的讨论中完全缺席,将其列入关学谱系是否合适;二是没有说明以什么样的标准将颇具争议的王征作为晚明关学的别派。王昌伟教授认为林乐昌先生理论不足的原因在于:

> 他虽然注意到并不存在一个能用以概括和解释从北宋到明清的关中学术的同一范畴,但仍然认为关学是一个不证自明的概念,所以才会直接地将王征以及杨屾列入关学谱系,

而没有注意到历史上关学谱系的建构者经常都会为了如何界定关学以及谁才算是关学人物而展开辩论。

从王昌伟教授对两位学人观点的评价中可以看出,他认为关学并非一个不证自明的范畴,而是在特定的历史脉络中被建构出来的范畴,必须摆脱以往学界离开历史语境试图定义关学的误区,才能准确认识和把握关学建构的复杂性。基于这种认识,王昌伟教授提出以下独到的见解:1.张载并无意要建立一个地方性学派,关学是后来学者建构出来的,一直到晚明著名学者冯从吾的《关学编》问世以后,关学才被正式确定下来;2.关学不是一个连续的学术存在,而是有阶段性的划分和差异的;3.张载在后代建构关学的过程中,只是被视为一个符号和象征,其极具特色的学说始终处在关学学者的边缘意识中,他们关心的更多是像朱、王之争这样具有全国性的学术话题。从王昌伟教授的核心观点可以看出,其主要是基于思想史的视角而非哲学史的视角,注重从真实的历史语境中动态地思考和把握关学的学术样态和真实面貌,这显然不同于哲学史研究意在追求史料背后超越的价值和意义的指向。换而言之,两者虽然面对的是同一史料,同一对象,但角度、旨趣和方法却有着显著的差别。当然,这两种方法并没有高低优劣之分,也无水火不容之势,只是从不同视角向我们呈现学术思想,实可两相资用。王昌伟教授的推论正确与否仍可再议,但其致思的方向和维度无疑为我们重新思考关学开辟一个较好的视角,裨益之效,不可轻忽。

二、关学宗师张载的研究

基于张载关学鼻祖的地位,王昌伟教授对其着墨最多,视角与方法较为独特而新颖,结论亦足以令人耳目一新。他主要从张载的核心思想"气"与"经世"入手,探析张载的独特视野。就"气"来说,王昌伟教授详人所略,略人所详,着重强调"气"的本质及其与人性善恶的关系,他认为张载"气论"的最大特色就在于把"气"不仅仅视为形而下的材质之性,更是具有显而易见的形而上性质,这恰恰是张载超越宋初"三先生"有"用"而"体"不足之处的地方,这可从张载所言"一阴一阳是道也,能继继体此而不已者,善也"以及"一阴一阳不可以形器拘,故谓之道。乾坤成列而下,皆易之器……形而上者是无形体者,故形而上者谓之道也;形而下者是有形体者,故形而下者谓之器。无形迹者即道也,如大德敦化是也;有形者即器也,见于事实即礼仪是也"中淋漓尽致地反映出来。也就是说,张载所言之"气"是充盈、贯彻于形上与形下世界的,是万物之根源,变化之依据,且无形即是道,有形即是器,无形并不表示"道"空无一物,而是表示"道"不受现象界任何形体所拘,与"器"之间并无本质的区别,两者具有同质性,王昌伟教授认为这正是张载批判佛老的着力点,他说:

在张载看来,二氏之误,正在于割裂本体与现象,同时不能正视体用不二,本体即现象的真谛,因而推崇本体而贬低现象,并一味追求空无一物虚假的体而忽视实在的用。张载坚持虚空即气,两者并不存在二氏所谓的有与无的本质上的区别。

王昌伟教授的分析无疑是切合张载本意的,张载的"太虚即气"说确实是针对佛老"有生于无"割裂体用的主张而展开的,他从体用不二的角度将本体与现象统一起来,立足"太虚即气"来探讨宇宙本体,确立"气"为最高的宇宙本体,弥补儒学的短板,开辟对治佛老的新视域,极大推进处于发轫期的理学理论体系的完善。王昌伟教授进一步分析到:

在张载的哲学中气是形而上的,具有超越、普遍的绝对的意义,但是气却处于永恒的流行变动之中,故"气"不能不聚而为万物,而在凝聚的过程中,就落实为实然之气并产生有形体的万物。……从凝聚为万物的角度看,则气的实然形态千变万化,并因此决定万物之不齐。……张载要强调的,正是虽然气在形而下的领域呈现不同的形态,也表现出善恶相混的倾向,但从超越的层面来看,气同时也是至善的道德实体,是万物的价值与至善无恶的人性的本源。

王昌伟教授既注意到张载哲学中"气"的超越性、绝对性的一面,也注意到万物不齐之根由在于"气"下贯万物时所产生的差异,且这两种"气"所表现的属性是不同的,前者是至善无恶的,是至善的道德实体,后者是善恶相混的。那为什么"气"在凝聚为万物时,就产生恶呢? 王昌伟教授认为关键在于张载所谓的恶,并不类似基督教传统中带有原罪意味绝对的恶,而是指人因为受实然的形体所拘,囿于闻见,只看到由实然之气所形成的万物的殊别,而不能感知万物都产生于同一个超越与至善的太虚道体,这样一来,人只注重于个体之私,而不去追求与天地万物相贯通的道理,也就是知"人"而不知"天"。在此,王昌伟教授认为张载所谓的"恶"不同于基督教的原罪之恶无疑是有洞见的,张载所讲之"恶"与基督教之"恶"在来源及形成上确有显著的差异。经过层层分析,王昌伟教授对张载"气论"的实质论道:

张载的气论主要是从本体与现象不二的角度,肯定从实然的层面看,千差万别受形体所拘的天地万物同是产生于一有价值意义的本源。由此发展出来的人性论和道德功夫论,其终极目标是为了确立这个能让万物相通的形而上依据,并且说明人如何能通过道德实践,从万殊中认识此依据,进而追求与万物达到相通的境界。

张载在"儒门堕落,收拾不住"之际,着意建构以气为本的宇宙论,从而为儒学确立形而上的超越依据。王昌伟教授认为张载实际上是从体用不二的角度展开这一建构的,将"气"作为价值本源,并由此推导出人性论和功夫论。他将张载这一学术旨趣概括为求同的哲学,也就是为实然世界千差万别的个体寻找一个能互相贯通的超越依据,这是宋代学者的学术基调,而将自称继承张载之学的王廷相之学界定为存异的哲学,即放弃对贯通的追求,转而肯定差异的必然性与合理性。

王昌伟教授以"求同"与"存异"二分来把握张载甚至宋明理学的特质,并认为这种"存异"的哲学是晚明知识界普遍对自我及个性的追求的理论基础,是有别于阳明心学所开启的追求个性的路数,这种看法当然是非常有见地的,折射出王昌伟教授敏锐的问题意识和深邃的理论视野。

就张载的经世思想,王昌伟教授认为以往的研究有两个缺陷:一是只关注哲学而忽略其"实际"层面,二是把他们在体制方面的追求与其哲学思想割裂开来,实际上这两个方面是张载学术中不可分割的组成部分。那么如何证明这样的论断呢? 王昌伟教授择取的是通过考察张载哲学中的"道"与"迹"的关系来进行论证。王昌伟教授认为,在北宋道学家开出的治世方案中张载是比较特殊的,其特殊性就在于他及弟子是唯一能从制度入手探讨其他可能性的群体。而张载之所以重视古礼,就在于他认为这是圣人之迹,既然是圣人之迹,那就是"有是心则有是迹",也就是"迹"是圣人之道的真实显现,要想实现三代之治,上古的体系——作为能够真正体现道德唯一的迹,就必须在宋代实施。可以看出,张载对"迹"是十分重视的,因为这就是圣人之道。为更具说服力,王昌传教授着重将张载这一思想与同时代的程颐、王安石进行比较,他以程颐与弟子答问为例:

嘉仲问:"封建可行否?"曰:"封建之法,本出于不得已。柳子厚有论,亦窥测得分数。秦法固不善,亦有不可变者,罢候置守是也。"

王昌伟教授认为,在程颐看来上古善政的真正精华并不在于体制,因为井田制、封建制以及肉刑是圣人之迹而非圣人之道,这些迹是圣人顺势而行的,学习圣人之道,并非简单地追寻这些迹,而是要明白其中蕴涵的真意,不复制古代的体制也同样可以如圣人一样治世。也就是说,在程颐看来,价值所在的"道"是恒定的,而"迹"是随情况而变的。因此,"迹"没有独立的价值,它们的价值依赖于真正懂得道的人去赋予。这正是程颐对重建社会体制鲜有兴趣的主要原因,他更愿意集中在对个人修养的追求,即能够指向对永恒之道德地把握,而非转瞬即逝的迹的理解的个人修养。另一方面通过与王安石的比较,王安石认为"道"是恒定的,但是迹却可以变化,也应当根据情况而变化,如果只是模仿、重复圣人之迹而不考虑自古以来的变化,纵使迹会与圣人同,但道却不同。不难看出,王安石对道与迹的看法显然是有别于张载,这恰恰与其所主张的"天变不足畏,祖宗不足法,人言不足恤"思想相一致,而张载则把重建上古体系视作变革当下世界必经之途。由此可见,开放如王安石、保守如程颐均质疑复古的可行性,这就使得张载思想在是时的士大夫群体中显得比较特殊且难以实行。之所以如此,王昌伟教授认为这是和"他的宇宙论及道德功夫论一样,是要从万有不齐中'求同'",也与"张载气论中的体用、道器、形性、有无、形上形下不二,以及形而下之具体事物虽有局限但仍有真实的价值的观点是一致的"。在此,王昌伟教授就将张载的"气"学思想与"经世"思想贯穿起来,认为张载之所以坚持恢复三代的典章制度正是其气论的逻辑必然。王昌伟教授的这一论断,恰恰是针对当前学者割裂张载体制思想与哲学思想的弊端提出的,准确地把握了当前对张载研究的不足之处。

三、张载关学后学的研究

王昌伟教授对张载关学后学多有涉猎，但成果最为丰富的莫过于对冯从吾、李二曲和王心敬三位学者的研究。我们着重通过考察王昌伟教授对这些个案的研究来总结其关学研究的特质所在。

就冯从吾来说，王昌伟教授侧重从冯从吾的代表性著作《关学编》入手，分析冯从吾是如何界定关学，又是在什么样的思想氛围中界定的，他的这种界定又为什么会被后世学者接受。王昌伟教授高度赞赏冯从吾在建构关学谱系中的作用，认为其以道学来定义关学，成为后世理解关学传统的重要范式。在具体的建构过程中王昌伟教授认为冯从吾一方面主要是以区域从属作为择取关学谱系的标准，这可以从冯从吾淡化薛瑄对关学传统的贡献及薛瑄曾是某些关中学者的老师的事实可见一斑；另一方面冯从吾以关学与政治无关，排斥那些未投身于道德哲学但仍属关中地区的士大夫。王昌伟教授的分析与冯从吾本身的思想若合符节，当然，若只限于此，其研究也就毫无新意可言。他抽丝剥茧、入木三分地指出：1. 一方面在《关学编》的学术性质上，李维桢认为冯从吾编纂《关学编》带有驳斥阳明学派为伪学的性质，而他认为冯从吾其实更倾向于同情的阳明心学，虽然他对王阳明"四句教"有所不满，但认为王阳明的"致良知"揭示出圣人之学的真谛。另一方面也可从冯从吾在《关学编》中将阳明弟子南大吉收录进去，更可从冯从吾为吕柟撰写的传记中强调吕柟曾拜访过阳明弟子王艮折射出其对阳明心学的态度，王昌伟教授认为冯从吾编纂《关学编》并非是将某些群体排除在圣人之道以外，而是在一定程度上标志着关学试图包纳不同道学学派。2. 在《关学编》的撰写目的上，冯从吾是为树立一个基于地方身份的特定门户，但这个门户并非为了整合并统一道学的各种途径，也就是说，冯从吾构建的关学传统，并不是一个有独特学说的"学派"，与其说关学是在明清时期形成与发展的一个地方性的思想学派，不若说那是一个国家与地方两个层面的文化在复杂的交织过程中形成的产物。这标志着地方意识的抬头，冯从吾撰写《关学编》也并不只是告诉陕西的士人群体什么是关学，他们也是在向陕西以外的学者推介关学。3. 在《关学编》的超越层面，冯从吾通过编撰《关学编》，一方面把理学与经学、事功、文学等区分开来；另一方面却试图在理学内部求同存异，把程朱、陆王之学全收纳于关学的范围内。综上可以看出，王昌伟教授对《关学编》的分析较之国内的研究，在广度和深度上都是远胜一筹的，提出诸多创发性的观点，尤其是对冯从吾撰写《关学编》动机、意图的分析加深我们对关学的认识和理解。

李二曲亦是王昌伟教授特别关注的个案，一方面是因为李二曲早已被确立的"关中大儒"以及"清初三大儒"的学术地位，更为重要的是王昌伟教授认为 17 世纪以前的关中，道德哲学占据舞台中心，而李二曲使关学发展出一系列可以处理学术、道德以及实际问题间关系的理念和学说，也就是提出将道学与经世之学统一的方案，即"体用不二"。缘由：李二曲有感于明末清初学界对为政之道与道德哲学相分的弊端,主张要重新认识"体"及实践正确的"用",且只有掌握"体",才能把握"用"。王昌伟教授从"体用不二"的角度来理解和把握二曲思想的核心与特质,是相当到位和准确的,因为李二曲的"明体实用"学说是把心性修养与经世致用结合起来,这是其成熟期的思想。虽然这种思想不过是儒家所一直强调的"内圣外王"的变样说法,但却是极具针对性和时代性的表达,故而显得弥足珍贵。王昌伟教授关注二曲思想的另一个核心是如何界定二曲的思想归属,这也是学界一直争议的话题。有的学者如徐世昌、刘学智等认为李二曲是立足心学,不遗程朱;有的学者如唐镜海认定李二曲是严守程朱家法;有的学者如林乐昌认为二曲学说是对程朱、陆王的重铸或合并归一,类似说法,不一而足。王昌伟教授则深入剖析这一问题,他认为:

> 李二曲有自己独特的思考方式,虽然他主观上是想调和程朱、陆王,取长补短,但朱子与陆王的不同,是本质上的,并不是调和就能够解决的,他的思路还是朱子的思路,只是他不自觉于此,二曲学说不过是披着陆王学外衣的朱子学。

之所以如此,王昌伟教授认为根本原因是李二曲对陆王之学缺乏真切地了解,虽然他能如陆王般点出圣人与我同心,而此心又具备道德之理,可是此理的实现,在他看来,首先必须通过一颗常静常寂常定之心去认识与把握,而不是由恻隐之心直接显露。这样一来,便和朱子一样,无意间把原本是生机盎然的、与道德心为一的"生生之理"理解为静态的原则或法规。王昌伟教授的剖析以"心"为着力点,以此厘定李二曲的学术性质,似有以偏概全之嫌,但这种思考路径无疑丰富我们审视二曲哲学的视域。

王心敬乃二曲门下高弟,著述丰富,特质鲜明。王昌伟教授着重通过考察王心敬的《关学续编》,以小见大,窥见清初的社会状况以及康乾之际关中理学传统的建构。他首先分析王心敬家世以及所处的地域环境,认为王心敬所处的关中地区几乎是自耕农的社会,地权极为分散,地主非常少,这样的区域环境极大的影响王心敬对理学实践的思考,如在冠婚丧祭等礼如何实践的问题上,王心敬虽然有其文化理想,但有限的经济能力使得他不得不进行部分的折中。王昌伟教授这一独到的见解显然是国内学者所忽略的。在王心敬的思想渊源上,王昌伟教授认为王心敬基本是延续李二曲的思路,他的"全体大用,真体实工"实际上是对李二曲"体用全学"的进一步阐发,尤其是他回应程朱、陆王之争,提出自己的解决方案,那就是不必恪守门户,而应该从实践出发,彻底贯彻"全体大用,真体实工"的思想,不是从语言上进行辩论。这种思想宗旨主导着其对《关学编》的续写以及对关学传统的重构,王心敬在构建关学谱系时就着重以道德实践为标准裁断学者是否可以纳入关学谱系当中,如他在冯从吾的基础上将伏羲、泰伯、文王、武王、周公、孔门四贤以及汉儒董仲舒、杨震等列入关学学统之中。但王昌伟教授认为王心敬此举并没有得到后学的认可和承袭,后来者如李元春、贺瑞麟和柏景伟等基本上还是按照冯从吾以张载为关学之始的编排方式,并把王心敬新增的圣人删除。可见,在这些晚清学者的心目中,关学的正宗应仍是以能阐发理学

的义理的学者为主,这就体现出王心敬与晚清学者的学术差异。当然,这只是浅层的表现,王昌伟教授重点指出:

> 王心敬续写的《关学编》,实际上是明中叶以来关中士人群体地方意识刺激下的产物,这反映出理学的兴盛并没有因为汉学的兴盛而消失,而是以另一种方式在社会上传播。这意味着早期学界就关学明清思想史的主流的直线型论述,即考据学取代理学这一观点需要进行修正。

在王昌伟教授看来,以李二曲、王心敬等为节点,他们一方面继承冯从吾所开启的以经世之学调停程朱、陆王纷争的符合关中的社会、经济和文化环境的模式;另一方面他们也使清初关学的经世呈现出与江南迥异的路数。江南学者特别强调经世作为一种独立学问的合法性和重要性,但并不否定理学,而李二曲、王心敬等则注重建构“全体大用,真体实工”的经世之学。由以上分析我们可以看出,王昌伟教授重点考察冯从吾、李二曲、王心敬是有其内在逻辑的;冯从吾建构关学,标举宗师张载,树立地方学派,确立关学发展基调;李二曲、王心敬师徒积极回应冯从吾所确立的关学基调,并超越了冯从吾的经世之学,开出新的面向。

四、结　语

作为系统研究关学的海外学者,王昌伟教授的研究无疑是以包弼德为代表的北美汉学圈中注重学术思想与地域学派相结合的典范,呈现出与国内研究迥异的路径。首先,他抛却研究关学的传统哲学范式,把审视张载关学的视角从单纯的哲学维度扩展到丰富的思想世界。他的研究尤其关注思想的真与实,力求将思想放置到历史中去,揭示历史中的思想,淡化在纯粹的抽象思辨中谈论思想,考察关学学者是在什么样的历史背景下阐发思想,在何样的动机中立论,又是如何在与同时代学者的争辩和互动中展现学术观念的具体演进历程。这显然是不同于哲学史研究意在追求史料背后超越的价值和意义的指向,从另一个侧面展现出关学的多维面向和丰富意蕴。其次,他改变以往我们对关学的认识和定位。王昌伟教授着意从思想的历史情景去重新思考关学的建构,反思关学是否有一个一以贯之的脉络系统,将回应程朱、陆王之争作为明清关学发展的基调,容或他的观点我们不一定认同,但这种去脉络化、体系化的意识,使关学回归到真实的样子,无疑为我们呈现重新认识和解读关学提供了理论空间。最后,他探索出在历史语境中、在比较视野下研究关学个案的范式。王昌伟教授虽然仍是以个案形式研究和书写关学史,但他一不采取超时空的方式,二不选择宏大叙事的模式,而是具体而微地从个案(士)的思想环境入手,通过与其他学者、其他地域学派进行比较,来凸显和标举学者以及关学的特殊性,尤其是他以小见大,从个案研究中透视整个时代的学术脉络和核心问题,提出诸多较有见地的论断,如通过分析关中地区的经济因素,认为其并不具备产生考据学的土壤,清代考据学只是江南一域的学术现象,而非全国性的。总而言之,王昌伟教授的研究与纯粹从哲学进路审视关学以致忽略历史背景的研究相比较,显示出以思想史进路为主,融汇哲学史、社会史、文化史以及地方史等进行综合观照的研究特色,视角可称独特,方法可谓新颖,结论亦堪称精辟。当然,囿于长时段的学术史研究,王昌伟教授的关学研究亦呈现出个案研究还不够深入、义理分析还不够全面等些许不足之处,但瑕不掩瑜,他的研究显黜出较为宽广的学术视野和敏锐的问题意识,足可为国内关学研究打开一个全新的窗口,提供一个崭新的典范。

参考文献:

[1]赵德良.张载关学思想及其对关中文化的影响[J].西安财经学院学报,2008(02):20-22.

[2]张载.张子全书[M].西安:西安大学出版社有限责任公司,2015.

[3]侯外庐.中国思想通史[M].北京:人民出版社,1998.

[4]冯从吾.关学编[M].陈俊民,徐兴海,点校.北京:中华书局,1987.

[5]张载.张载集[M].章锡琛,点校.北京:中华书局,1978.

[6]陈登原.陈登原全集[M].杭州:浙江古籍出版社,2016.

(陕西师范大学)

戴震的未言方式

——以《孟子字义疏证》为例

郑朝晖

戴震自认为,疏证为其"生平著述最大者",是其最重要的作品。关于此书之体例,学界多认为与传统解经体例相较而言,他创造了"一种新的解释体例"。此种体例,学界的看法约可归为两类,一种认为是"遵循《几何原本》中的定义、公理、证明、演绎等逻辑程序展开的",一种认为是"将诠释学问题转化成训诂学问题"。这些看法皆有其道理,然皆以现代学术视角来归纳戴震的解经体例,难免有隔着一层的感觉,笔者拟从疏证文本自身出发归纳其体例。疏证序中明言,子贡不可得闻之"性与天道",是孔子"言前圣所未言",其后有所谓害道之言,而这个未言的道,只有孟子知其言,而在孟子之后,即如孟子所知之言亦为后世"汩乱",而需要戴震辩之而"述《孟子字义疏证》三卷"。如此而言,所谓疏证,即由孔子之未言、孟子之知言及戴震之述言组成,知言为知未言,述言为述未言,故而戴震之言实可归纳成一种未言方式。

一、疏通证明

疏证之意,是指疏通证明。戴震所说的疏通证明,是为了证明儒家核心概念的本旨,通过引用六经、论孟、汉代传注等文本中的相应论述,并对这些不同的相关论述进行分疏贯通,以说明前贤未言而孔子明言的"性与天道"的真义。这种疏通证明的方法,会产生两种明显的效果:第一,是能够正面促进对孔子所言的理解,"援据经言疏通证明之,……比类合义,灿然端委毕著矣,天人之道,经之大训萃焉";第二,是能够很快判定一些有违孔子本旨的解释,"宋儒之言形而上下,言道器,言太极两仪,今据孔子赞易本文疏通证明之,洵于文义未协"。

就疏证而言,一共有八个条目,即"理""天道""性""才""(人)道""仁义礼智""诚""权",每个条目下都包括数目不等细目,这些细目可分成两类,一类是每个条目开头的本目与其后问答细目,就一般的看法而言,本目是对条目所涉字词的定义,而问答细目则是对定义细节的进一步辨析。

就笔者看来,本目部分由戴震述言、孟子知言与孔子未言三部分组成。戴震述言部分固定地放在本目的开头,这是一般视作定义的部分。孟子知言、孔子未言的前后则视情况而定。述言部分一般较为简洁,知言与未言皆是援据经言以证明述言的正确性,当然,为了说明经言与述言的一致性,对经言存在一定的训诂诠释。八个条目的引用来源是"四书六经",为了说明经言的含义,也引用汉代注疏,为了批驳老庄释程朱,亦引用其言以供批驳,但与字词意义的诠释无关,且本目中出现较少,问答中出现较多。"理"本目引用经文:《孟子》《易·系辞传》《中庸》《乐记》;注疏:《乐记注》《说文解字序》。"天道"本目引用经文:《易·系辞传》《尚书·洪范》《大戴礼记》;注疏:《诗经毛传》《郑笺》。"性"本目引用经文:《易·系辞传》《中庸》《大戴礼记》《论语》《孟子》。"才"本目引用经文:《孟子》《孟子》。"道"本目引用经文:《易·系辞传》《大戴礼记》《中庸》《中庸》《孟子》《中庸》《易·系辞传》《易·说卦传》《易·系辞传》。"仁义礼智"本目引用经文:《易·说卦传》《中庸》《中庸》。"诚"本目引用经文:《中庸》。"权"本目引用经文:《论语》《孟子》《孟子》《孟子》《老庄释程朱》。从兹可见,八本目中,引注疏以证义,引程老庄释程朱以驳义皆为少见,在本目不占重要地位。本目援据经言,孟子引文有五目,中庸引文有五目,易传引文有五目,论语引文有三目,大戴礼记引文有三目,《乐记》与《洪范》皆一,《中庸》本为《小戴礼记》之一篇,可见引文中《礼记》引文分量最重。《易传》《礼记》《乐记》《尚书》均为《六经》,也可显见《六经》中以传记为引用重点,再加上《论语》,共有十八目引用,孟子知言引文仅五目,可知本目中重点是说明孔子未言与戴震述言的统一性问题,而孟子知言的辩护性作用占其次,而且细观本目中孟子引文的作用,有时是为了弥补《六经》及论语中相关论述的缺失,如"才"本目,则更可证明本目主要是论述孔子未言与戴震述言的统一。

疏证的目的是为了说明字义,八个条目分为卷上一,卷中二,卷下五,条目的前后顺序,仔细看来,不是随意安排的,前后之间存在一定的逻辑关联。第一个条目"理",其字义是"理者,察之而几微必区以别之名也,是故谓之分理;在物之质,曰肌理,曰腠理,曰文理;得其分则有条而不紊,谓之条理。"其义是说,理主要是物与物之间相区别的几微之处。第二个条目"天道",其字义是"道,犹行也;气化流行,生生不息,是故谓之道。"其义主要是说明世界的生生变化过程,是一个分形的过程,应当说,这是从时间角度对分理的补充。戴震在论述天道之义时,提到分道成性的观念,因而自然而然地过渡到了对性的字义的探究。第三个条目"性",其字义是"性者,分于阴阳五行以为血气、心知、品物,区以别焉,举凡既生以后,所有之事,所具之能,所全之德,咸以是为其本,故易曰'成之者性也'"。性之字义继承理的区别内涵,主要表达类别之意。同时提出,人物之事、能、德以性为本。这样就合理地引出了"才""道""仁义礼智"三个条目。第四个条目"才",是唯一《六经》没有涉及的概念,其字义是"才者,人与百物各如其性以为形质,而知能遂区以别焉,孟子所谓'天之降才'是也"。此是言以性为本的人物之能,性"据才见之",因而涉及"践形"问题,这就自然而然地要讨论人事的问题。第五个条目"道",实是指人道,其字义是"人道,人伦日用身之所行皆是也。在天地,则气化流行,生生不息,是谓道;在人物,则凡生生所有事,亦如气化之不可已,是谓道"。此义显然是指以性为本的所有之事,戴震在讨论此条目时,提到事之精而为仁、义、礼,仁、义、礼是必然之善的表现,这就自然而然地转到德性的问题上。第六个条目"仁义礼智",戴震并未集中精力在对四个德目的定义上,而主要是给仁下定义,其他三个德目都围绕仁而存在,仁的定义是"仁者,生生之德也;'民之质矣,日用饮食',无非人道所以生生者。一人遂其生,推之而与天下共遂其生,仁也"。接下来则主要言及仁和义、礼、智的问题,以及仁义对文与仁智对文的问题。这就可以顺利转入对"诚""权"的讨论,因"诚""权"大致可被视为仁智对文。第七个条目"诚",其字义是"诚,实也。据中庸言之,所实者,智仁勇也;实之者,仁也,义也,礼也""曰善曰德,尽其实之谓诚",说明诚主要是讲仁德的,同时要尽其实,也会涉及变化中如何尽的问题,这就必然要涉及权的问题。第八个条目"权",其字义是"权,所以别轻重也。凡此重彼轻,千古不易者,常也,常则显然共见其千古不易之重轻;而重者于是乎轻,轻者于是乎重,变也,变则非智之尽,能辨察事情而准,不足以知之"。其义显然是从智的角度说的。戴震曾主张:"由字以通其词,由词以通其道,必有渐。"疏证八条目之间具有一定的逻辑关联,且从对文的角度出发,理与(天)道,性与才,(人)道与仁(义、礼、智),诚与权可成对文,正好构成一个完整的论述体系,理与道表述的是条理与生生,即时间与空间;性与才表述的是血气心知与形质知能,即肉体与精神;道与仁表述的是人伦事为与生生之德,即事实与价值;诚与权表述的是善德与智慧,即道德与知识。可以说,这基本上涉及了传统文化中最重要的哲学问题。

二、未言问答

疏证全书从计数讲,包括序言一,各条目包括本目及问答细目,其后都列了条目数,理十五条、天道四条、性九条、才三条、道四条、仁义礼智二条、诚二条、权五条,一共四十四条,加上序言一,一共四十五条;此外上卷一条、中卷二条、下卷五条。这种条目数有无深意暂且不论,其中令人费解的是,权五条实际只有四条,有的学者甚至认为权五条中,第四条可能为全文总结语相当于后序,则权五条只有三条,其中的原因可能是字义疏证,戴震并未最终完稿,或者在流传的过程中有所遗失。当然,这个问题与本文之主旨相关度不高,暂且放下。

序言中提到的孔子之未言、后学之害言、孟子之知言、宋儒之汩言、戴震之述言,是解读全篇的钥匙。前面讲到,本目部分着重说明述言与未言之统一,那么,问答细目则着重说明的是两个部分,一是未言与知言是什么,二是害言与汩言是什么,其发端多存于本目的"援经言以说"的部分。疏证中的问答细目一共有三十五条,也就是说共有三十五条提问,三十五条回答。按子贡的说法,孔子言前贤之未言,这些未言只能从孔子那里听到,其他的地方听不到,"不可得而闻",因此在三十五条提问中,有几处是明确以"可得闻"为提问词的:

孟子举以见人性之善,其说可得闻欤?然中庸之言,不徒治之于泛滥也,其意可得闻欤?今但曰'气化流行,生生不息',乃程朱所目为形而下者,其说据易之言以为言,是以学者信之。然则易之解可得闻欤？然则中庸言'道不可离'者，其解可得闻欤？然则论语两言'一以贯之'，……二章之本义，可得闻与？论语言'克己复礼为仁'，……况下文之言'为仁由己'，……然则此章之解，可得闻欤？

　　一共六条，所问为孟子一、易传一、中庸二、论语二，即是所谓孔子未言、孟子知言，其实当然是探讨前贤未言之"性与天道"。对未言之问，除了"可得闻欤"这种典型问句外，还包括"何也"等反问句式，这些问句是出于对孔孟之未言与戴震述言之间一致性的怀疑而发，因而这些问句是基于某种澄清性的目的而发问。

　　古人之言天理，何谓也？以情絜情而无爽失，于行事诚得其理矣。情与理之名何以异？孟子云：'心之所同然者，谓理也、义也；圣人先得我心之所同然耳。'是理又以心言，何也？在孟子言'圣人先得我心之同然'，固未尝轻以许人，是圣人始能得理。然人莫不有家，进而国事，进而天下，岂待圣智而后行事与？孟子专举'理义'以明'性善'，何也？心，君乎百体者也，百体之能皆心之能也，岂耳悦声、目悦色、鼻悦臭、口悦味，非心悦之乎？论语称'上智与下愚不移'，此不待习而相远者；虽习不足以移之，岂下愚之精爽与物等欤？孟子之时，因告子诸人纷纷各立异说，故直以性善断之；孔子但言相近，意在于警人慎习，非因论性而发，故不必直断曰善与？孟子言性，举仁义礼智四端，与孔子之举智愚有异乎？中庸曰：'道之不行也，我知之矣，智者过之，愚者不及也；道之不明也，我知之矣，贤者过之，不肖者不及也。'……彼智者之所知，贤者之所行，又何指乎？中庸以道之不行属智愚，不属贤不肖；以道之不明属贤不肖，不属智愚；其意安在？颜渊喟然叹曰：'仰之弥高，钻之弥坚，瞻之在前，忽焉在后。'公孙丑曰：'道则高矣美矣，宜若登天然，似不可及也；何不使彼为可几及而日孳孳也？'今谓人伦日用举凡出于身者谓之道，但就此求之，得其不易之则可矣，何以茫然无据又若是欤？论语言'主忠信'，……子夏闻'绘事后素'，而曰'礼后乎'；……然论语又曰：'十室之邑，必有忠信如丘者焉，不如丘之好学也。'曰：'克己复礼为仁。'……重学重礼如是，忠信又不足言，何也？中庸既云'所以行之者三'，又云'所以行之者一也'，……下云'凡为天下国家有九经，所以行之者一也'，……在中庸，前后皆言诚矣，此何以不言'所以行之者诚也'？

　　一共十三条，所问乐记一、诗经一（含孔孟之解）、孟子五（含与孔子对比一）、论语四（涉孟子三）、中庸二，其中不涉孟子的条文为四条，可见此中问法以知言为主。除了上述共十九条外，还有十六条，皆是与害言与泹言相关。

　　学者多识前言往行，可以增益己之所不足；宋儒谓'理得于天而藏于心'，殆因问学之得于古贤圣而藏于心，比类以为说欤？宋以来之言理也，其说为'不出于理则出于欲，不出于欲则出于理'，故辨乎理欲之界，以为君子小人于此焉分。今以情之不爽失为理，是理者存乎欲者也，然则无欲亦非欤？乐记言'灭天理而穷人欲'，其言有似于以理欲为邪正之别，何也？自宋以来，谓'理得于天而具于心'，……不过就老庄释氏所谓'真宰''真空'者转之以言夫理,就老庄释氏之言转而为六经孔孟之言。今何以剖别之,使截然不相淆惑与? 宋儒以理为'如有物焉,得于天而具于心',……盖其所谓理,即如释氏所谓'本来面目',而其所谓'存理',亦即如释氏所谓'常惺惺'。岂宋以来儒者,其说尽援儒以入释欤? 程朱虽从事释氏甚久,然终能觉其非矣,而又未合于六经孔孟,则其学何学欤? 今既辨明形乃品物,非气化,然则'太极''两仪',后儒据以论道者,亦必傅合失之矣。自宋以来,学者惑之已久,将何以解其惑欤? 宋儒……见于理气之辨也,求之六经中无其文,故借太极两仪、形而上下之语以饰其说,以取信学者与? 论语言性相近,孟子言性善,自程子、朱子始别之,以为截然各言一性,……反取告子'生之谓性'之说为合于孔子,……程朱之说,不几助告子而议孟子欤? 荀子既知崇礼义,……又闻孟子性善之辨,于孟子言'圣人先得我心之所同然'亦必闻之矣,而犹与之异,何也? 荀子于礼义与性视若阂隔而不可通,其蔽安在? 今何以决彼之非而信孟子之是? 告子言'生之谓性',……朱子以为同于释氏;……其'杞柳''湍水'之喻,又以为同于荀扬;……然则荀扬亦与释氏同欤? 然则程朱之学殆出老释而入荀扬,其所谓性非孔孟之所谓性,其所谓气质之性乃荀扬之所谓性欤? 孟子答公都子……乃舍性而论情,偏举善之端为证。……是荀子证性恶,所举者亦情也,安见孟子之得与荀子之失欤? 周子言性……以不善归才,而分性与才为二本。朱子谓其密于孟子,……犹之讥孟子'论性不论气不备',皆足证宋儒虽尊孟子,而实相与龃龉。然与周子所谓恶者,岂非才之罪与? 孟子辟杨墨,韩退之辟老释,今子于宋以来儒书之言,多辞而辟之,何也?

十六条中,批驳宋儒的条目共十二条,主要是批驳老庄释氏的汩没之言,其中辨析宋儒与六经相似而实别的四条(《易传》《乐记》),辨析宋儒与老庄释氏相混的四条,辨析宋儒与孟子之别的一条,辨析程朱与荀扬的相关性一条,辨析程朱与释氏之别的一条,辨析释氏与荀扬之别的一条。其余四条则为批驳所谓害道之言的,主要是指荀子与告子的言论,其中辨析孟子与荀子的差别的三条,辨析孟子与告子之别的一条。十六条以批驳宋儒为主,可见戴震传述未言的坚决性。

针对这些问题的回答,戴震就能够澄清未言的真实含义,知言的真实传承,以及害言、汩言的荒谬性与灾难性,从而确证自己的正统性。三十五条答目,所涉内容过多,因此笔者以理十四条答语作为分析样本,以揭示疏证的答语方式。

理本目所言,包括理的述言(分理、文理、条理),圣智仁智(天下事情,条分缕析,以仁且智当之,岂或爽失几微哉),分理引证(《中庸》《乐记》),及判断命题"古人所谓理,未有如后儒之所谓理者矣"。问答细目第一问接着判断命题起问,"古人之言天理,何谓也",戴震的回答,没有从分理的角度作答,而是从仁智主体的角度进行回答,主要是通过引用《乐记》的描述,指出有反躬特点的仁者,能够情得其平,依乎天理,此点应当发挥了本目中"仁爱平恕"的说法,因而引出了理是情之不爽失的表现,从而潜藏了理在欲中的人性论前提。第二问接着一问答语"情不爽失"发问,实际也是对本目中天下事情不爽几微的阐述,戴震在回答中引诗经孔孟对于"有物有则"的发挥,将则与懿德看作是分理的秉持与落实,而将物解释成日用饮食的事情,实际上潜藏了理在事中的本体论前提。第三问由二问答语"秉持之则"发问,提出"心之同然"的问题,实际也是对本目中举条理而言的发挥,戴震在回答中将心之同然阐释成不易之则,而将明理义理解成明区分精裁断,对于不能在事情上寻理的行为驳斥为以意见当之。第四问由第三问孟子言后半句"圣人先得我心之同然"及答语中意见当理而发问,提及普通人的得理问题,戴震在答语中指出天下人皆以意见断是非,为祸甚大,是因为将理当作人心中所有,而理实不过是"人之常情",只要能够自求其情,普通人也可得理。第五问由四问答语"意见之祸"与"理在事情"而发问,提及孟子性善说如何自此角度理解的问题,戴震在答语中引孟子言理义为心欲的说法,认为理义是心的自具之能,同味声色是口耳目的自具之能是一样的,人与动物一样皆有精爽,但人能进于神明,因而能悦理义之至是,也就是性善,这里性善被戴震解释成一种悦理、照理的扩充能力。第六问由五问"神明照理之说"而发问,提及孟子为何只以理义讲性善而不及其他,戴震在答语中指出古人讲性而及气是包括理义与感官的,只是后人将理义与感官割裂,反而只知感官之性,不知理义亦为性,孟子特标理义是为了"就其所知以证明其所不知",认为孟子专以理义明性善是后人的误解。第七问由六问答语"咸根诸性"之说而追问,即耳目口鼻之欲不是根源于心吗? 戴震在答语中说,人物受形与天地,而开窍与天地通以受其养,欲根于人之气血,非根于心,心之神明照物不易之则以正欲之可否。第八问就七问答语"养道及神明照物之则"而发问,提及宋儒"理得于天而藏于心"是否为进学之意,戴震答语中说人得外物之养是因为将外物化为我之血气的原因,同理,所谓进学至于神明也是指将前言往行化为我之心知,并非是"心自心而所得者藏于中"。第九问自八问答语"化心之说"并回到第一问答语中的"理在欲中"而发问,提及宋儒无欲之说的合理与否的问题,戴震在答语中引孟子语而主张人皆有遂生之欲,此是仁的基础,宋儒将理欲之别与正邪之别混同,误承老庄释氏无欲无蔽之说,而使人人误信其说,"尊者以理责卑,长者以理责幼,贵者以理责贱,虽失谓之顺;卑者、幼者、贱者以理争之,虽得谓之逆。……人死于法,犹有怜之者;死于理,其谁怜之! ……其祸甚于申韩如是也"。第十问自九问答语中"宋儒混理欲与正邪"而发问,提及乐记"灭天理而穷人欲"似同于理欲混同邪正之说,戴震在答语中谓,《乐记》之意是指欲如水流节而不过即为依乎天理,穷人欲是指欲之泛滥。只要能够反躬,如孟子所言节欲即可。第十一问自十问答语"节其泛滥之意"而发问,提及中庸慎独之说似有存理遏欲之意,戴震在答语中说,中庸戒慎是就敬肆而言,慎独是就邪正而言,因而讲戒慎是为了防止疏失,讲慎独是为防止虚伪,讲理是为了防止偏见,与无欲之说无关。第十二问就十一问"敬肆邪正"而发问,提及宋儒将中庸戒慎之说理解成无欲是因为转老庄释氏真空真宰的无欲之说为理说的缘故,要怎样才能分别老庄释与六经孔孟之言不致混淆? 戴震在答语中称,六经孔孟之言并不难知,只是大家习而不思,故不察宋儒理气之说异于六经孔孟之言,诗经有物有则之意,物指实体实事,实体实事为自然,则指纯粹中正,纯粹中正为必然,由自然而至于必然,即为得理,圣人不过是人伦日用尽乎其必然,自然与必然的关系是统一的,并非如宋儒分为理气二物。第十三问就十二问答语中"转其语为理无不在"而发问,问及理附着于物而完全自足,因为形气所污而复初之说,是否意味着宋儒都是援儒入释,戴震在答语中称,老庄释主张完全自足因而否定学习与仁义的价值,荀子主张性恶论因而崇礼义,程朱主张天理污坏因而学以复初,只是混杂老庄释与荀子之言,陆王主张心即理却是援儒入释,儒家的正统认为人当重问学、贵扩充,程朱之说杂糅傅合,尤为惑人。第十四问就十三问答语中"程朱非援儒入释之语"而发问,提及程朱知释氏之非,而又不合六经孔孟的原因为何,程朱因求衡鉴事物而吸收老释的思维方法,并受老庄释氏将神形分为二本的影响,而将理气视为二本,并与荀子学暗合,有违孔孟一本的思想传统,孔孟性善说主张,"由血气之自然,而审察之以知其必然,是之谓理义;自然之与必然,非二事也。就其自然,明之尽而无几微之失焉,是其必然也。如是而后无憾,如是而后安,是乃自然之极则。若任其自然而流于失,转丧其自然,而非自然也;故归于必然,适完其自然"。因程朱理学的迷惑性非常强,学者莫知其非,而致使六经孔孟之道得以消亡。

通过对理十四条问答细目的梳理,可以发现,其问答细目的发问之端起于本目中理与事情、人情的相关性揭示,但因这个揭示尚不透彻,故而戴震通过引用更多的经言资源,以及针对答语中新引起的疑难之处进行连环发问,从而将本目中潜藏的理在事中、理在欲中的一本论阐发出来,并创造性地以自然释性,以必然释理,以神明释性善,并以此批判宋儒的二本论,从而实际上构成了儒家人性论的新学说。

三、述而有作

戴震自言"述《孟子字义疏证》三卷",但其所述为孔子言前贤之所未言,而事实上程朱也是认为自己是述孔孟心法,戴震认为程氏非述而乱,后之学者对于戴震之述,亦认为是作而非述。这可能揭示了述作的辩证关系,或者说是一个文化的连续与断裂的辩证关系。述的诉求保证了连续性,作的实际保证了断裂性的实现,从而使中国文化既有连续性,也有创造性。所谓连续性依赖于统一的前设的认定,儒家统一前设就是认定孔孟之学的正统性,戴震将孔孟之学视作未言与知言,则实已暗含了对创造性的期许。一般而言,从一个统一前设中推导出新的认知,有两种实现的方式,一是解读出统一前设中包含但未明示的微言大义;一是引入新的信息源参与对前设的解读中,从而得出一个新的认知。戴震在疏证中运用了这两种解读策略。在序言中,戴震说:

周道衰,尧舜禹汤文武周公致治之法,焕乎有文章者,弃为陈迹。孔子既不得位,不能垂诸制度礼乐,是以为之正本溯源,使人于千百世治乱之故,制度礼乐因革之宜,如持权衡以御轻重,如规矩准绳之于方圆平直。言似高远,而不得不言。自孔子言之,实言前圣所未言;微孔子,孰从而闻之?……孟子于是不能已于与辩。……韩退之曰:'……故求观圣人之道,必自孟子始。'呜呼,不可易矣!

戴震的说法,显然设定了孔孟的正统性,及其蕴含创造性的特点。在批驳程朱之学不合于孔孟正统之说的时候,戴震特别强调了孔孟的权威性。

然则易曰'立天之道曰阴与阳',中庸曰'君臣也,父子也,夫妇也,昆弟也,朋友之交也,五者天下之达道也',皆仅及事物而即谓之道,岂圣贤之立言,不若朱子言之辨析欤?易又有之,'立天之道曰阴与阳',直举阴阳,不闻辨别所以阴阳而始可当道之称,岂圣人立言皆辞不备哉?陆子静云:'恶能害心,善亦能害心。'诚见穷人欲而流于恶者适足害生,即慕仁义为善,劳于问学,殚思竭虑,亦于生耗损,于此见定而心不动。其'生之谓性'之说如是也,岂得合于孔子哉!发明孔子之道者,孟子也,无异也。

戴震在阐述孔孟未言的时候,引入了一些新的文化资源,主要是传统儒学中,尤其是宋明儒学中,被忽略或者说被遮蔽的文化资源,这些资源经戴震的重新表彰,而构成戴震新说的学术资源。这些资源包括《乐记》《大戴礼记》、张载气化论及荀子的积学理论等,是儒学传统中不太显明的理论线索。这其中最明显的是对张载气化论与荀子积学论的论述。

独张子之说,可以分别录之,言'由气化有道之名',言'化天道',言'推行有渐为化,合一不测为神',此数语者,圣人复起,无以易也。张子见于必然之为理,故不徒曰神而曰'神而有常'。诚如是言,不以理为别如一物,于六经孔孟近矣。盖荀子之见,归重于学,而不知性之全体。其言出于尊圣人,出于重学崇礼义。道之以劝学篇,有曰:'诵数以贯之,思索以通之,为其人以处之,除其害者以持养之。'又曰:'积善成德,神明自得,圣心循焉。'荀子之善言学如是,且所谓通于神明,参于天地者,又知礼义之极致,圣人与天地合其德在是,圣人复起,岂能易其言哉!

当然,戴震阐述儒学正统的孔孟之学时,对其中的《易传》《中庸》《论语》《孟子》这些宋儒倚重的文化资源,依照朴学方法做了新的解读,详审文义,阐释孔孟本旨,也发掘出了不同于宋儒的解读成果,而更近于理在事中、理在欲中的《乐记》与《大戴礼记》的事实思路。详审文义的方法包括句法分析与文法分析,句法分析是指对某些命题判断句作出新的语法解析,从而作出新的语义解读,如将"成之者性也"解读为"成之者,性也",将"所以行之者一也"解读为"所以行之者,一也";文法分析则是指对某些句子关系之间的内在联系作出新的语法解析,从而对一些命题判断句作出语义解读,如释乐记"人生而静"之意,戴震即强调要与"感与物而动"对看,才能知其意,又如释孟子性善论,则区分人性与物性,而从性的区别意义入手进行解读。此外,戴震基于自然与必然的分别,而喜言"精言之""质言之"之分别。

性者,分于阴阳五行以为血气心知,品物区以别焉,举凡既生以后,所有之事、所具之能、所全之德,咸以是为其本,故易曰'成之者,性也'。其皆曰'所以行之者,一也',言人之才质不齐,而行达道之必以智仁勇,修身之必以'齐明盛服,非礼不动',劝贤之必以'去谗远色,贱货而贵德',则无不同也。程子又云:'人生而静以上不容说,才说性时,便已不是性也。'朱子释之云:'人生而静以上是人物未生时,止可谓之理,未可名为性,所谓在天曰命也。才说性时便是人生以后,此理已堕在形气中,不全是性之本体矣。所谓在人曰性也。'据乐记,'人生而静'与'感于物而动'对言之,谓方其未感,非谓人物未生也。性者,飞潜动植之通名;性善者,论人之性也。如飞潜动植,举凡品物之性,皆就其气类别之。人物分于阴阳五行以成性,舍气类,更无性之名。医家用药,在精辨其气类之殊。不别其性,则能杀人。使曰'此气类之殊者已不是性',良医信之乎? 质言之,曰人伦日用;精言之,曰仁、曰义、曰礼。所谓'明善',明此者也;所谓'诚身',诚此者也。质言之,曰血气心知;精言之,曰智、曰仁、曰勇。所谓'致曲',致此者也;所谓'有诚',有此者也。

引入新的文化资源与详审文义,能够形成一个新的文化方向,使文化传承与文化断裂达到一个平衡,但因为这样的解读策略,也容易形成一定的文化冲突,而陷入意气之争中。因此为了达到"述而有作"的文化目标,就需要避免道德批判,而从学术批判的视角入手,才更有效。如戴震在谈及程朱之学是否是修饰其语以取信学者时说:

舍圣人立言之本指,而以己说为圣人所言,是诬圣;借其语以饰吾之说,以求取信,是欺学者也。诬圣欺学者,程、朱之贤不为也。盖其学借阶于老、庄、释氏,是故失之。凡习于先入之言,往往受其蔽而不自觉。

综上所述,此文似乎是在讨论戴震说出未言的方式,即戴震说出孔孟真言的方式,而孔子之言是说出前贤之未言,孟子之言是说出孔子所说之未言,戴震则是传述孔子所说之未言和孟子所知之未言,并没有说出新的未言。但是,通过上述的分析可知,戴震表明自己仅仅只是述言,但他的这个述言的内容,首先是孔子的未言,而且是一个被遮蔽的儒家传统所传述的未言,而戴震通过引入补充性的新的文化前设与对显性的孔孟未言进行详审,从而以没有说出新的未言的述言方式,实质上说出了一个新的儒家文化形态,从这个意义上讲,这也是戴震的未言方式。

参考文献:

[1]戴震.孟子字义疏证[M].北京:中华书局,1961.

[2]李红英.戴震与《孟子字义疏证》[J].古籍研究,2002(01):91-96.

[3]王娟.戴震《孟子字义疏证》研究[D].湖南:湘潭大学,2011.

[4]段玉裁.戴震集[M].上海:上海古籍出版社,2009.

[5]周光庆.戴震《孟子》解释方法论[J],孔子研究,1998(04):96.

[6]张秉伦.戴震全书[M].合肥:黄山书社,2010.

[7]黄俊杰.中国孟学诠释史论[M].北京:社会科学文献出版社,2004.

(广西大学哲学系)

中华优秀传统家训文化在新时代文化建设中的价值及转化路径探析

段竹英　徐小荣

摘　要：我国是一个历史悠久的文明古国,在四大文明古国中,是唯一没有出现过文明断裂的国家,这也使得中华民族五千年优秀传统文化不断得到继承、发扬和创新,其源远流长、博大精深的优秀传统文化独树一帜,自成体系,成为增强各民族团结友爱、互帮互助的凝聚力和向心力的精神纽带。这些优秀的传统文化在新时代背景下又被重新赋予了新的内核和新的价值,为此,本论文从中华优秀传统家训文化视角进行研究,探析如何在当代语境中推动家训文化与时俱进地创新转化,为家庭建设与和谐社会的构建提供道德文化资源。基于这样的思考,本文尝试性地提出家训文化必须坚持古为今用、推陈出新的文化理念,注重鉴别与扬弃的辩证思维,将中华优秀传统家训文化与新时期倡导培育和践行社会主义核心价值观结合起来,为树立新时代文化自信、文化认同和文化自觉提供新的发展路径。

关键词：传统文化；家训文化；文化自信；价值探析

引　言

中华优秀传统家训文化,是中华优秀传统文化的重要组成部分,对深化优秀传统文化的现代价值内涵,增强全体社会成员的文化自信,培育和践行社会主义核心价值观,具有重要的涵养教化作用。古往今来,许多先贤圣者都推崇良好的家风门风,注重塑造良好的道德情操、精神追求、人生价值和为人处事的诲戒修养之道,例如,儒家文化中"仁、义、礼、智、信",南宋时期王应麟所作儿童启蒙读物《三字经》,清朝李毓秀所作《弟子规》提出的"首孝悌,次谨信,泛爱众,而亲仁,有余力,则学文"的"六德"等都是家训文化的经典范本。历史上形成的忧乐文化、廉耻文化、孝道文化以及历史上有名的《颜氏家训》《嵇康家训》《王阳明家训》《朱子家训》《曾国藩家书》《梁启超家训》等经典优秀的家训文化已经形成了中华优秀传统文化中别具一格的家训文化体系。儒家经典著作《孝经》强调"孝治"更是将孝道文化提升到了顶峰,成为后世传颂的经典,例如汉高祖将其父刘太公尊为"太上皇",使得刘太公成为中国历史上第一位未成为人君却成为太上皇的人。这些优秀的传统家训文化蕴含着丰富的哲理和思想,文字精练,意蕴深长。当今社会正处于社会改革、思想多元的阵痛变革期,许多不良现象如离婚、不孝、留守、空巢等一系列违背家庭伦理的现象屡见不鲜。为此,重塑中华优秀传统家训文化经世致用的精神力量和引领作用,对新时代培育和践行社会主义核心价值观以及构建社会主义和谐社会具有积极意义和现实价值。

一、中华优秀传统家训文化蕴含着丰富的文化智慧

中华优秀传统家训文化贯穿中国各个历史阶段,其丰美的文化智慧成为传统文化中一块靓丽的瑰宝。"家训"一词最早出现于《后汉书·边让传》,蔡邕在向何进推举贤才边让时,说他"髫龀夙孤,不尽家训"。至此,出现了家训文化的雏形。教家立范,"整齐门内,提撕子孙"(《颜氏家训》)为宗旨的家训文化是中国传统文化的重要内容。中国优秀传统家训文化以其强有力的教化魅力、感召力、亲和力成为社会主义核心价值观的重要思想来源,为我国新时代国民素养提供了丰厚的家训滋养,凸显了家庭教育的德性伦理,对新时代树立文化自信、文化自觉和高度的文化认同大有裨益。

从古至今,优秀传统家训文化被历代世家大族、名儒贤绅、耕读之家所继承、传播和认同。一般来讲,"家训"是长辈对后代的垂训之言,主要是指父母对子孙、家长对家人、族长对族人的直接训示、亲自教诲,也包括兄长对弟弟妹妹的劝勉,夫妻之间的告嘱,后辈贤达者对长辈、弟兄的建议与要求。家训文化表现形式多样,"既有长篇专著,又有庭训、家书、格言、诗歌、碑铭等简洁训示;既有道德法令式的家礼、家法、家规,又有苦口婆心的反复规劝"。通过家庭教育环境"润物细无声"地滋养达到教化目的,在不断继承和发展扬中拓展了家训文化的内涵与外延,丰富了其基本内容。一般来讲,家训文化主要包含两个方面的内涵,一是指规范、准则意义上的家规族规;二是指教化训诫或规范活动。家训文化思想内核十分丰富,涉的领域极其广泛,但始终是围绕"人"这个根本进行的,不外乎是以"教子立身、睦亲治家、修身处世、治国安邦"展开,既有祖训子孙、族长诲戒族人、长辈嘱托晚辈,也有夫妻彼此告嘱、兄弟姊妹诫勉、以及邻里友人劝喻等。

在教子立身方面,古代奉行家训教育的家长们都非常重视家庭子女的立志修身,勉励他们要勤俭持家、杜绝恶习、励志勤学、崇德向善、睦邻友善、报国安民等。例如"江南第一家"郑氏家族的家训以"仁义二字铭心镂骨""处事接物,当务诚朴"。明代庞尚鹏的《庞氏家训》提出了针对家庭成员立身的"务本业"十二则、"禁奢靡"五则、"严约束"十六则,比较详细地规范了家庭成员的思想和行为。教子立身方面,对子女应严慈相济,切忌过分宠溺,正如《颜氏家训》指出"父母威严而有慈,则子女畏慎而生孝矣"。这些教子立身准则和规范对启蒙儿童、规范家庭关系提供了基本遵循和价值引领。

在睦亲治家方面,南北朝时期的颜之推《颜氏家训》指出"兄弟不睦,则子侄不爱;子侄不爱,则群从疏薄;群从疏薄,则僮仆为仇敌矣。如此,则行路皆踏其面而蹈其心,谁救之哉"。除了睦亲之外,古人还十分重视勤俭持家,如北宋司马光认为治家之道应"制财用之

节,量入以为出……裁省冗费,禁止奢华"。明末清初的朱柏庐告诫家人"一粥一饭,当思来之不易;半丝半缕,恒念物力维艰"。

在修身处世方面,古人常常通过言传身教来告诫子孙要以忠、孝、礼、义、廉、耻、信等修身之道来约束自己的行为。明末清初理学家张履祥在对子孙进行积善、养贤教育时指出:"处之之道,我有德于人,无大小,不可不忘;人有德于我,虽小,不可忘也。若夫怨出于己,当反己与人平之。其自人施于我,则当权其轻重大小。轻且小者可忘,忘之;重而大者,报之以直,不能报为耻。"清代文学家郑板桥自幼家境贫寒,为官之后体恤民生疾苦,便将部分所得俸银分给生活困难的乡邻和亲友,并嘱咐家人要"敦宗族,睦亲姻,念故交,大数既得;其余邻里乡党,相周相恤,汝自为之,务在金尽而止"。

总之,中华优秀传统家训文化带有浓厚的宗法集体主义文化特征,其内容十分广泛,内涵精炼丰富,这些家训家风反应的亲缘关系成了我国社会国家治理、家庭关系调适、社会秩序维护、社会风尚形成以及人的理想人格塑造的最深沉最持久的精神追求。

二、中华优秀传统家训文化在新时代社会和谐发展中的价值探析

作为中华优秀传统文化的重要组成机理,家训文化已经成为新时代社会发展中不可缺少的"养分",它在潜移默化中影响着每个国民的思想、行为、道德、品性,对家庭、社会、国家都具有较高感染力和号召力,与此同时,它还契合了民众的文化道德心理,有助于增强社会大众对核心价值观的认知和认同,对促进新时代社会和谐发展具有十分重要的意义。

(一)是形成优良家风的重要基础

家训教化是家训文化的核心和精髓,也是家训文化实现其价值的基本表征。例如,周公诫子伯禽"礼贤下士"、孟母教子"重礼"、诸葛亮训诫子侄"静以修身,俭以养德"、包拯告诫子孙后代"有犯赃滥者,不得放归本家"、郑氏子弟撰写的《郑氏规范》叮嘱子孙"和待乡曲,宁我容人,毋使人容我"、岳母刺字"精忠报国"等经典家训教化对后世具有强大的感染力和号召力,也演绎成众多家族和家庭普遍认可的伦理规范和有力"戒尺"。因此,可以说,良好的家训教化是形成优良家风、构建和谐家庭的重要基础和有效途径,通过对家庭教育的教化和规范,不仅有利于引导家庭成员遵守家庭道德规范和积极的伦理纲常,而且有利于形成父慈子孝、兄友弟恭、夫义妇顺、勤俭持家、和睦友善的家庭氛围,能够促进个人、家庭和社会的和谐共生,成为个人立身处世的重要精神力量。

(二)推动社会主义核心价值观的心理认同

家训文化作为中华优秀传统文化的重要组成机理,是新时代培育和践行社会主义核心价值观不可或缺的思想源泉,也是推动社会主义核心价值观大众认同的重要力量,特别是对"爱国、敬业、诚信、友善"的个人层面具有积极的劝勉作用。整体来看,家训文化的存在是以家庭和个人为基本社会单元的,家训文化是社会文化形成的基础和依据,是连接个体

与社会的纽带,家清则风清,家正则国正,其对社会文化风尚和道德理念的形成和普世化发展起到助推作用,可以说,良好的家风家教有助于带动社会风气向积极的方向嬗变,反之亦然,这种风清气正的社会道德生态和普遍风气形态又转化为个体的思想意识行为,唤醒公众心中的道德良知和善良人性,"内化于心、外化于行",形成普适性的文化价值导向,从而获得大众的认同。家训文化在长期的传承和积淀中,形成了一系列行之有效的教育方法,例如有教无类、因材施教、以身示范、情法并用等方法,为现代人的为人处世提供了良好的规范和参照标准,促使家庭教育与学校教育优势互补,为孩子塑造了良好的核心价值导向。挖掘并借助优良的家训文化可为健全孩子的人格、心理、道德提供新鲜教材,以引导他们更好地学习和践行社会主义核心价值观。例如,历史上所倡导的"家天下、孝顺、睦亲、勤勉、仁爱、立志"等家训文化与当今主流道德风尚是一脉相承的,可以为培育和践行社会主义核心价值观提供思想保障。

(三)是树立文化自信自觉的重要引擎

家训文化中的诚信为本、修身勉学、家和邻睦、勤俭持家、廉洁公正等家训要素都是个人处事立身的基本前提。作为中华民族优秀的文化遗产,家训文化在引领国民树立文化自信、形成文化自觉方面提供了深厚的思想渊源和文化根基。树立文化自信和文化自觉不是无源之水、无本之木,它离不开蕴含中华传统美德的优秀传统家训文化。文化要源远流长,必须不断继承和发扬,所谓"求木之长者,必固其根本;欲流之远者,必浚其源泉"。"天下之本在国,国之本在家,家之本在身"(《孟子·离娄上》),只有树立起国民文化的自信自觉,重建符合时代精神的当代家训文化,滋养涵育引起文化共鸣和集体信仰的共同价值观,才能形成强大的国家凝聚力、向心力。相反,如果没有形成国民的文化自信和文化自觉,每个家庭成员精神懈怠、萎靡不振,丧失基本的道德意识、素质,这些消极的社会风向就会在潜移默化中慢慢扭曲社会主流价值观,逐渐腐蚀社会道德底线。总之,树立国民文化自信自觉,引起国民家训文化的教化意识和教化共鸣,对社会主义和谐社会的建设至关重要,正所谓"欲平天下者必先治其国,欲治国者必先齐其家,欲先齐家者必先修其身,欲修身者必先正其心"。

三、中华优秀传统家训文化在当代文化建设中的转化路径

优秀传统家训文化"家国同构"的育人理念、教化思想和人文范式对新时代背景下家庭及社会成员的精神文化都产生了潜移默化的影响,这对弘扬优秀传统文化、树立文化自信和文化自觉具有重要的引领作用。如何实现优秀传统家训文化在新时代创造性地转化、批判性地继承并为文化建设服务,就必须找到可适路径,以崭新的研究视角和清晰的思路进行创造性转化,并结合文化建设需要及时创新。

（一）以批判继承的辩证思维赋予传统家训文化新内涵

家训文化发端于先秦两汉，发展成熟于三国两晋隋唐，鼎盛于宋元明清，这种以宗法血缘关系为纽带的历代文化传播，都是以各阶段的历史背景、经济基础条件和统治需要为依据而不断完善修正形成的，难免有许多不符合新时代文化建设的糟粕部分，例如，男尊女卑、三从四德、愚忠愚孝、女子无才便是德等传统封建思想，我们就要以批判继承的辩证思维重新解读、审视、重组、取舍，主动为社会主义先进文化建设创造条件。我们必须将优秀的传统家训文化与当前我国的文化建设方针、社会主要矛盾和社会发展需求相结合，古为今用，不断吸取传统家训文化中的积极价值，赋予新时代家训文化新内涵，增强人们对传统家训文化中优秀精髓的自觉学习以达到纲举目张效果，形成良好的责任伦理自觉和社会道德生态。

（二）构建传统家训与现代学校思想道德教育的思想纽带

优秀传统家训文化思想道德资源应当与我国现阶段的教育理念建立起内在联系，依托学校教育体系，充分利用德育教化功能，通过教师言传身教、身体力行推进传统家训文化在现代教育中的创造性转化。在转化过程中，必须通过喜闻乐见的方式进行灵活教学，特别是对中小学生群体，必须以讲故事等方式潜移默化地感染、号召，实现家训文化价值观念、道德品质、为人处世等精髓思想的内化吸收，提升学生自我造血功能，这比单纯的理论宣讲高效得多。整体而言，现代学校教育理念倡导"德、智、体、美、劳"全面发展，这与我国优秀传统家训文化是一脉相承的。优秀传统家训文化植根于中国传统教育文化的厚实基因中，它所倡导的教化涵养功能存在于中国传统教育文化共同理念的土壤里，例如现代教育仍然以儒家思想为主导，提倡"仁、义、礼、智、信"等精神文化，这与我国现阶段所倡导的社会主义核心价值观有必然联系。总之，只有通过现代教育体系，构建优秀传统家训与现代学校思想道德教育的思想纽带，寻求家训文化中的道德精髓与社会主义核心价值观的思想链接，以时代发展需要为前提，对优秀传统家训文化内容进行系统革新，并赋予优秀传统家训文化新的表达形式和价值内涵，只有这样，才能使优秀传统家训文化更具存续的生命力。

四、结论与展望

家训文化作为中华优秀传统文化中极具特色的部分，内容十分丰富，具有重要的挖掘价值。家是最小国，国是最大家，家训文化对家庭社会的影响是深刻的，不仅可以促进家庭美德建设和理想人格的养成，而且有助于涵养和践行社会主义核心价值观。家庭成员的个人道德品性和为人操守直接关乎其家庭和谐及良好的伦理道德养成，也是个人走向社会成为国家栋梁的基本价值导向。特别是长辈及父母对小孩的家训教化是不可缺少的，当今社会许多家庭，由于父母忙于追求物质而忽略精神引导，小孩的教育长期被忽略，导致其成长过程中出现人格不健全、道德缺失等令人担忧的现象，为此，必须加强对小孩的家训培育，坚持"蒙以养正""当及婴稚,识人颜色,知人喜怒,便加教诲,使为则为,使止则止"(《颜氏家训》)。除了家庭层面的家训教化和德育建设,社会层面也必须将家训文化与新时代社会主义核心价值观结合起来,吸取传统家训文化积极养分,以批判继承的辩证思维审视家训文化,创造性地转化为文化建设服务。另外,必须将家训文化与现代教育体系结合起来,构建优秀传统家训文化与现代学校思想道德教育的思想纽带,坚持古为今用、推陈出新的文化理念,增强家训文化的生命力,立足新时代的特点和现实要求,利用现代一切先进科技创新家训文化表现形式,赋予家训文化新的时代内涵。

参考文献:

[1] 范晔.后汉书[M].台北:鼎文书局,1979:2646.

[2] 徐少锦,陈延斌.中国家训史[M].西安:陕西人民出版社,2003:1.

[3] 林桂兰.基于家训文化视角的高校社会主义核心价值观教育[J].中国石油大学学报,2015,31(6):101–104.

[4] 颜之推.颜氏家训[M].檀作文,译注.北京:中华书局,2016:7.

[5] 朱熹.四书集注[M].王华宝,点校.南京:凤凰出版社,2016.

(昆明呈贡孔子书院;昆明医科大学马克思主义学院)

《论语》与东方企业管理文化

陈志强

谈到企业文化,其实它是西方社会的产物。自改革开放以来,中国企业在发展的过程中,"企业文化"这个名词逐渐被国人了解,有些企业便开始学习西方建立自己的所谓企业文化,可是中国的企业有几个能有自己真正的企业文化的? 就算是有,又起到多大的作用呢? 一个国家和地区范围内的企业文化,必须建立在自己民族的传统文化基础之上,否则就是无根之草,很难发挥作用。一个民族的传统文化,就是这个民族的精神信仰;同理,一个企业的"企业文化",也就是这个企业员工的"精神信仰"。反过来,也就是一个企业的文化,要达到让员工信仰的程度才能发挥其应有的作用。随着中国经济的崛起和文化的复兴,作为企业界应高度重视企业文化的本土化,并带着一份历史责任感,一起努力共同形成具有中国特色的企业文化。儒家文化作为中华传统文化的代表,其核心文化用于企业管理并化为企业文化,就会发挥本土文化的巨大作用。孔子创立的儒学讲的是"人道",即"人性之道"与"人伦之道"。儒学在发展过程中,逐步形成以"仁、义、礼、智、信"为核心的儒家思想理念,并以这些思想理念规范社会,成为道德准则,使人类社会有序生活、和谐发展。据此,我们可称为儒家思想的五大价值观。

一、"仁以化人"观

子曰:"仁者爱人。""君子无终食之间违仁,造次必于是,颠沛必于是。""志士仁人,无求生以害人,有杀身以成仁。""人而不仁,如礼何? 人而不仁,如乐何?""仁以化人"是孔子的人生理想。生而为"人",对于"仁"字,我们可以理解为两个以上的人的生存形式,是人与人之间相互依存的关系,其中人类互存的重要因素就是相互关爱。所以只有懂得爱人的人才能称得上是真正的"人",即"仁人"。人类生活在社会之中,人类社会区别于动物世界。人类社会中的人们必须相互关爱。

孟子认为:"人之有道也,饱食、暖衣、逸居而无教,则近于禽兽。"意思是说,作为一个人,如果只是吃饱穿暖,而缺少最基本的教化,那么也就和禽兽差别不大。教化的根本就是懂得爱人,所以懂不懂得爱人是人与动物的主要区别,如果只是生而为人,但却不懂得在这个社会大家庭中相互关爱,那么就和动物没有什么区别。爱人就要从自己身边的亲人开始,所以儒家讲对父母要孝敬,对兄弟要友善,对孩子要慈爱,然后推而广之:老吾老以及人之老,幼吾幼以及人之幼;四海之内皆兄弟也。所以孔子要求弟子要做到"仁",每个人都要变成仁者,即"仁以化人",从而克服人性的弱点。孟子曰:"仁也者,人也,合而言之,道也。"曾子曰:"士不可以不弘毅,任重而道远。仁以为己任,不亦重乎?死而后已,不亦远乎?"

二、"义以化利"观

子曰:"君子喻于义,小人喻于利。""放于利而行,多怨。""君子有勇而无义为乱,小人有勇而无义为盗。"儒家很少谈利,因为获取利益是人的本性,根本不需要再去强调,只要是人都有获取利益的要求,所以儒家强调重义轻利、见利思义,反对见利忘义。儒家是用"义以化利"的方法,来克服人性的弱点,让人见到利就行义;对君子而言就要"义利统一",对国家民族的义,就是对人民大众的利。孟子曰:"何必曰利?亦有仁义而已矣。""上下交征利而国危矣……苟为后义而先利,不夺不餍。"

三、"礼以化欲"观

子曰:"不知礼,无以立也。""克己复礼为仁,一日克己复礼,天下归仁焉。"人有很多欲望,这是人类天生就具有的自然本能,比如食欲,性欲等,这些欲望不用加以强调,人们自然都会。可是如果大家都随心所欲,为所欲为的话,社会必然会乱,人与人之间也就没有了基本的安全保障。为了使社会和谐发展,儒家把人的各种欲望,用各种约定俗成的礼来约束,而且让人一有欲望,就想到用礼来约束自己。礼是一个社会文明进步的重要标志。对君子而言,儒家要求要做到"礼以化欲",克己复礼,让欲合乎礼,做到"非礼勿视,非礼勿听,非礼勿言,非礼勿动"。

四、"智以化愚"观

子曰:"知者不惑","学而不厌,诲人不倦","发愤忘食,乐以忘忧","学如不及,犹恐失之"。大多数人天性懒惰,不愿意主动学习,或者得不到学习机会而陷入愚昧状态。而儒家强调,人必须要不断地增长智慧。如何才能增长智慧?子曰:"好学近乎智",就是说爱好学习,就能增长智慧。"知"字下面加了一个"日"字,即天天知道一些,就是"智"了。知"道"的过程必须通过"学"来完成,所以儒家倡导"智以化愚",让大家认识学习的重要性,通过学习达到仁、义、礼、智、信的境界。子曰:"好仁不好学,其蔽也愚;好知不好学,其蔽也荡;好信不好学,其蔽也贼;好直不好学,其蔽也绞;好勇不好学,其蔽也乱;好刚不好学,其蔽也狂。"

五、"信以化言"观

子曰:"自古皆有死,民无信不立。""人而无信,不知其可也。""其言之不怍,则为之也难。""敏于行,而讷于言。"一般人都会说话,除了哑巴。要了解一个人,主要是从他的言语,在社会生活交往中,人与人打交道,就要通过语言,其实说话人人都会,可是说了后能否兑现最为关键。所以儒家主张"言行一致"即为"信",故"言"字左边加了一个"人"字,就代表着是人说话,不是动物叫唤,要言行一致。儒家要求:"敏于行而慎于言""耻其言而过其行""久要不忘平生之言,亦可以为成人矣"。

儒家核心文化可以作为企业文化,而《论语》作为儒家文化的代表,有些内容用于企业管理也恰到好处,举例如下:

子曰:"修己以安人。"

什么是管理? 至今并没有一个统一的定义。归纳起来,可以简单地理解为:管,就是管人;理,就是理财。此外,可以从儒家文化中提炼出"修己安人"来作为我们对管理的定义。

"修己安人"的字面意思是:修身以做表率,建立权威,使人各尽其责、各安其位、各得其所。"修己"是管理的方法,"安人"是管理的目的,这与儒家"修身、齐家、治国、平天下"一脉相承。根据我们对管理的通常理解,管理的对象是别人,而不是自己。可是在这里孔子却一反常人的思维,提出管理不应该是机械地管别人,而是应该从自身下功夫——"修己"。

那么如何才能"修己"呢? 作为一个管理者,应该从哪些方面入手呢? 在此我总结出儒家的"十字修己":自省、正心、克己、慎独、宽人。

自省,就是不管遇到什么问题,都要先从自身找原因,子曰:"君子求诸己,小人求诸人。"意思是说,遇到问题时,君子总会从自身找原因,而小人会从别人身上找借口。

那么,究竟从哪些方面自省呢? 孟子说:"爱人不亲,反其仁;治人不治,反其智;礼人不答,反其敬。行有不得者皆反求诸己,其身正而天下归之。"就是说,如果连自己的亲人都不爱你,你就要反思自己的仁爱是否真心;如果你在管理别人时出现问题,就要反思自己的智慧如何;如果你对别人有礼,别人却对你没有礼,你要反思自己对别人的尊敬是否发自内心;凡是自己的付出,得不到好的结果的,都要从自身反思自省,做到自身端正,这样就会让整个天下的人都来归顺你了。作为一个优秀管理者,我们必须学会自省,并且要经常自省。曾子说:"吾日三省吾身",就是说,我们每天要多次反省才可以! 只有学会自省,才会"苟日新,日日新,又日新"。

正心,就是一个人首先要树立正确的思想,心态要正。正人先正己,正己先正心,因为心正,身就正;身正,左右正;左右正,社会正。实践证明,一个人只有心正了,才能树立正确的人生观,而正确的人生观是指导一个人生活发展的根本。作为管理人员,无论在什么性质的企业工作,都要忘掉自己是"打工者",要和企业站到一起,把企业视为自己事业的平台。树立"己欲立而立人,己欲达而达人"的工作理念,带动企业一起发展,也不要忘记"欲立人先立心,欲达人先达德"的领导观,这里的"立心"就是"正心"。

克己,就是要克制自己。人都是有欲望的,但我们不能为所欲为。我们要用"礼"来约束自己,所以孔子说"克己复礼为仁",又说"一日克己复礼,天下归仁焉"。(《论语·颜渊》),过去所讲的"礼",就是约定俗成的制度和风俗礼仪。每个人最大的敌人,其实就是自己,克己就是要战胜自己。

慎独,就是在一个人独处时,也能像在众目睽睽下一样,做到自律。《中庸》说:"君子慎其独也。"这是君子修己的重要内容。作为一个管理者,要做到:即使是独自一个人时,也不用监督,照样完成任务,不违反公司制度和规定,不损人利己,不假公肥私,这就是慎独。从长远看,在一个企业,只有真正做到慎独的人,才能被企业重视和重用。

宽人,就是宽以待人。孔子倡导"忠恕",子曰:"躬自厚,而薄责于人。""己所不欲,勿施于人。"

在企业管理中,难免会有人犯各种各样的错误,如果我们能够做到换位思考,宽恕别人,严于律己,就会得到下属的拥护。

总之,"修己"是管理的重要方法;"安人"是管理的目的。在这里给出了管理的思想高度,这和传统的管理目的"挣钱盈利",不是一个层次。其实管理的真谛就是安人。首先是安身边的人,其次是安更多的"百姓"。子曰:"四海之内皆兄弟也。"作为一个管理者,就要有"己欲立而立人,己欲达而达人"的经营高度,要做"先之,劳之"的楷模,要有"万方有罪,罪在朕躬"的担当,要有"躬自厚,而薄责于人"的胸怀,才能得到下属的尊敬和爱戴,才能不断带动和激励更多的人一起创业,共同实现"安人"的目的。无论你是老板还是普通管理者,只要能把"修己"作为管理的方法,把"安人"作为管理的目的,不仅能赢得同事的尊敬,也能得到社会的认可,而且还能在工作中获得健康和快乐。

管理就是"修己安人"。我想这是对"管理"的最恰当的诠释,也是管理的最高智慧。

子曰:"先有司,赦小过,举贤才。"

什么叫作"先有司"呢?先有司就是要先明确各职能部门的责任,一个部门不分、责任不明的企业,管理一定混乱。经常会看到这样的管理者,自己是老板,同时又当销售员,又当采购者,还"兼"着财务,而其他员工只是"跑腿",根本就没有明确的部门和职责。这样的后果是老板很累,员工也不知干什么好,公司发展也就非常困难了。如果你公司人多,首先你要划分各个部门,并明确部门职责,进而责任到人,把管理的担子分到大家肩上,实现千金重担人人挑。如果你的公司还处在创业初期人很少,还无法分成部门,那么至少你也可以把各种职责明确到人。所以孔子才非常重视"先有司"的作用,把它作为首要的一条教给仲弓。

什么叫作"赦小过"呢?孔子说的意思:金无足赤,人无完人,选用人才要看大局,如果一个人总体上能够胜任他的工作职位，那么在工作的非关键细节上，就应该宽容一些，千万不要斤斤计较。很多人经常以自己的标准要求别人，久而久之，无论是共同创业者还是员工，就会因为无法"忍受"而不欢而散。其实世上没有哪个人是完美的，"人非圣贤，孰能无过"。所以，管理人就是一门平衡艺术，该严格的地方要严格，该宽容的地方要宽容。

什么是"举贤才"呢？大家都很明白，就是要重用贤人。关于重视人才的道理，我想每个管理者都明白。"先有司"和"赦小过"，即使作为一个最普通管理者，只要愿意去做，都能做得到。可是"举贤才"就有一定的难度了，很多人不清楚什么样的是贤才？才会迷惑贤才到底在哪里？很多管理者感觉自己身边缺少人才，甚至认为自己身边根本就没有什么人才，天天想着如何聘请人才。我想很多管理者因为遇到这种迷惑，所以做出了很多错误的决定。在这里，仲弓也遇到了这个迷惑。于是问孔子："焉知贤才而举之？"意思就是："我都不知道贤才在哪里，谈何举贤才呢！"孔子接着给出了准确的答案："举尔所知。而所不知，人舍弃诸？"意思就是说："先把你知道的举出来，你不知道的别人难道不会举吗？"那么哪些是你知道的呢？其实就是指你身边的人。实际上人才就在自己身边，只是我们没能发现罢了，很多人舍近求远，到处聘请所谓的人才，你请到的除了那些为高薪而不断跳槽的所谓人才外，还有什么呢！我们暂且不谈这些所谓的人才到底有多大本事，仅仅是与你公司"水土不服"，就会大打折扣，现有员工的积极性也会被削弱，因为他们并没有被重视。说不定哪一天这些所谓的人才，又被别人当作人才挖走了。跟随你多年，被你认为不够优秀，或许有这样或那样缺点，甚至默默无闻的人，才是你的人才。人才的首要标准就是有德，就凭他一直跟着你，没有跳槽，保持忠诚，可以说是贤才。说到这里，如果你认同跟随时间长的人是人才，但仍然不知道应该在哪些工作上给予重用的话，可以学习孔子"观过识人"的哲学智慧来辨别身边的人才。子曰："人之过也，各于其党。观过，斯知仁矣。"孔子说："人的过错，各属于一定的类型。观察一个人所犯的错误，便可以知道他是什么样的人了。"孔子给出了一个识别人的智慧，就是通过一个人通常犯的错误判断他是一个什么类型的人，判断之后，不要因为他的过错而辞退他，而是加以分类使用。金无足赤，人无完人，管理者不仅要具备"赦小过"的胸怀，还要有"观过识人"的智慧，这样就做到了孔子讲的"举尔所知"。孔子还说"尔所不知，人其舍诸"，就是说把你身边的人才找出来加以重用，不在你身边的，也就是你不知道的人才，别人难道不会举荐吗？关于这句话的诠释，我们可以从孔子的另一句名言得到启示"近者悦，远者来"，孔子说"先使身边的人快乐，远处的人自然就会来归顺。"加以重用你身边的人，给他们足够的用武之地，发挥他们的创造力，大家就会有丰厚的收入。一个人在公司工作得是否开心，不只是看收入有多少，还要看是否可以给他提供一个事业的发展平台。做到"近者悦"，其他的人才便会纷纷投奔而来，还用费心"举"吗？试想，如果一个人想加入你的公司，他私下打听你现在的员工的情况，你的老员工说："我都想辞职了，你还加入我们干吗！"我想再好的人才也不会加入，所以"员工是公司的活名片"。

总之,"先有司,赦小过,举贤才"。孔子给管理者的三条忠告虽已过去两千多年,但历久弥新,足以供今日的管理者为鉴。如果一个创业者想创业成功,那么最基本的管理智慧莫过于此。

参考文献:

[1]杨晓明.四书五经·现代版[M].成都:巴蜀书社,1996:417.

[2]上海辞书出版社专科辞曲编纂出版中心.孔孟名篇鉴赏辞典[M].上海:上海辞书出版社,2016.

[3]盛庆斌.四书五经名句鉴赏[M].呼和浩特:内蒙古人民出版社,2008.

[4]钟茂森.论语讲记[M].北京:中国华侨出版社,2013.

(世界儒商联合会文化委员会;青岛儒行天下电子商务股份有限公司)

儒家思想过时了吗？

杨国哲

摘　要：全球化作为人类社会发展的现象，已经呈现出不可逆转的态势。全球化目前有诸多定义，通常意义上的全球化是指全球联系不断增强：政治上，国家之间互相制衡，经济贸易上，国家之间互相依存。20世纪90年代后，随着全球化势力对人类社会影响层面的不断扩张，"人类命运共同体"逐渐形成，一张看不见的网将居住在世界各个角落的人联系在一起，全球化、共同体成了当下研究的热点。本文将结合儒家文化，围绕人类命运共同体的三个层次展开来探索儒家思想对人类命运共同体构建的积极意义。

关键词：儒家思想；全球化；人类命运共同体

一、全球化的危机

全球化带来的不仅仅都是机会，相反，全球化是一把"双刃剑"，在推动人类社会发展的同时，也带来了诸多问题和挑战。在很长一段时间内，西方少数发达国家掌控国际规则和全球治理体系的主导权，无论是以新自由主义为理论基础的"华盛顿共识"，还是国际金融危机爆发以来逐渐发酵的"逆全球化"思潮，都只是考虑资本的利益而忽视全球劳动者的正当利益，片面考虑发达国家利益而排斥广大发展中国家对正当权益的吁求。在这种情况下，经济全球化迫切需要新的理念来加以指引。以习近平同志为核心的中国共产党人，创造性地提出了人类命运共同体理念，以人类命运共同体理念推动经济全球化健康发展，可以说，"人类命运共同体"是一个拥有数千年文化创造和丰厚历史经验积累的国度向全人类发出的"中国好声音"。其实"人类命运共同体"的概念早在两千五百年前就已经包含在孔子的思想之中了，而"人类命运共同体"的提出，与中华民族几千年的文化传统、价值观念、智慧一脉相承。同时，作为人类奋斗的共同方向，也只有建立在如此历史经验与文化智慧的基础上，才能行得久远。

二、人类命运共同体的三个层次

(一)共同富裕与儒家的大同世界

"人类命运共同体"可以分为三个层面,第一个层面是要实现发展中国家和发达国家共同发展,这就是儒家思想中的"天下大同"——指人类最终可达到的理想世界。《礼记·礼运》"大同"章中是这样描述的:"大道之行也,天下为公,选贤与能,讲信修睦。故人不独亲其亲,不独子其子,使老有所终,壮有所用,幼有所长,鳏、寡、孤、独、废疾者皆有所养;男有分,女有归,货恶其弃于地也,不必藏于己,力恶其不出于身也不必为己,是故谋闭而不兴,盗窃乱贼而不作,故外户而不闭,是谓大同。""人不独亲其亲,不独子其子"意思是人不仅仅以自己的亲人为亲人,以自己的子女为子女,从国家层面来说,那就是不仅要发展本国的经济也要带动周边国家的经济发展。从小的方面说,家家安居乐业;从大的方面来说,发达国家与发展中国家共同发展,世界和平没有战争,这种状态就被称之为"世界大同"。尽管大同思想出自中国,但西方的乌托邦,以及现代的共产主义、地球村,命运共同体这些思想也与"大同"在许多地方有着极大的相似之处。

(二)公平正义与儒家的信义观

"人类命运共同体"的第二层面是要维护社会公正、讲信义。而"信"在孔子生平的言论中谈及得非常多,其中孔子和子贡的一段对话非常精彩。子曰:"足食,足兵,民信之矣。"子贡曰:"必不得已而去,于斯三者何先?"曰:"去兵。"子贡曰:"必不得已而去,于斯二者何先?"曰:"去食。自古皆有死,民无信不立。"

子贡问怎样治理国家,孔子说:"粮食充足,军备充足,老百姓信任统治者。"子贡说:"如果不得不去掉一项,那么在三项中先去掉哪一项呢?"孔子说:"去掉军备。"子贡又问:"如果不得不再去掉一项,那么这两项中去掉哪一项呢?"孔子说:"去掉粮食。"孔子接着说道:"自古以来人总是要死的,如果老百姓对统治者不信任,那么国家就不能存在了。"除去人民对国君的不信任,"民不信不立"也可以延伸出另一层面的意思——如果人民本身不讲信用,其自身也是无法立足于社会的。一个国家、一个民族,如果它的子民向上不信任政府,向下不信任同伴,自己也不讲诚信,那么国家就将变得岌岌可危。两千多年前的孔子已经看出"信"的重要性,并反复多次强调,然而在今天我们却更多地受到西方法制社会的影响,企图通过立法来约束人们的信用。但是我们忽略了一点,法律是使得社会正常运营的底线,而"信"是来源于人的道德品性,用外部的法律约束内在的道德是非常勉强的。因此不乏越过法律底线、铤而走险之人,他们为了利益而主动放弃了高贵的品质,尔虞我诈、互相欺瞒,之于人,他会因此丧失朋友,从而无法在社会上立足;之于国,如果人民都好逸恶劳、不讲信用,那么国家也会失去别国的信任,从而丧失国际话语权。

"义"这个字的本来含义是"适宜、合理"。《群书治要·荀子》中讲到:"仁者爱人,义者循理。"荀子认为义就是理，一个人的思想言行合情、合理、合法，这称为义；《吕氏春秋》也说道："义也者，万事之纪也，君臣上下亲疏之所由起也，治乱安危之所在也。""义"是万事的准则，君臣、上下、亲疏都是因它而起，它是治乱、安危的关键所在。

夏商周三代，国君以"仁"治理天下。到了春秋战国时期，虽王道不行，但是人们还讲道义，虽然发生了臣弑君的事情，但是大多数人还是讲"义"的。当人们连"义"也失去了，就只能依靠"礼"，如果连"礼"也失去了，就只能依靠"法（法律）"。《群书治要·国语》中记载了这样一个故事：

晋武公攻打翼国，杀死哀侯，劝阻栾共子（不要抵抗），说道："如果你不死战，我把你封为上卿，执掌晋国政务。"栾共子辞谢说："我听说：'人为三个人而活着，侍奉他们始终如一。'父母生育他，老师教诲他，君王给予他爵禄。只要是这几件事，就应以死相报，这是做人的原则。臣岂敢为了私利而抛弃做人的原则呢？您又用什么来教导人呢？如果我跟随君主却有二心，您怎么会任用我呢？"于是战斗至死。

由此可见当时虽然处于乱世，但是仁义之道并没有失去。《论语》中，夫子曾说："志士仁人，无求生以害仁，有杀身以成仁。"志士仁人，不为保全生命而损害仁义，宁肯牺牲生命以成全仁义。实际上，像栾共子这样的义士，春秋时期有很多。在中国历史上，这样的仁人志士，更是层出不穷，如南宋时期的文天祥，就用生命为仁义做了最好的注解。他留下的绝笔写道："孔曰成仁，孟曰取义，惟其义尽，所以仁至。读圣贤书，所学何事？而今而后，庶几无愧。"正是有无数这样的仁人志士，中国文化才能够传承下来，薪火不断，历久弥新。

儒家对于仁义的追求从未中断。比如，"仁乎远哉？我欲仁，斯仁至矣""己所不欲，勿施于人""见利思义""见得思义""不义而富且贵，于我如浮云"等。后来的孟子将"仁"与"义"结合在一起，扩展为"仁义"思想，并确立为儒家道德体系的核心价值，对后世中国文化的发展影响深远。

儒家的"义利观"，与市场经济社会中每个人追求个人利益最大化为驱动力的基本原理之间，看似是矛盾的，其实恰恰是完善的市场经济社会不可或缺的补充和保障。如果没有"义"作为支撑和引导，人们对利的追求就会不择手段，虽获小利，却失大义，这种利益没有德行的根基势必不能走得长远。

（三）天地共生的仁爱观与可持续发展

人类命运共同体的第三个层面是要实现全人类的可持续发展，站在构建人类命运共同体的高度，国际社会要携手同行，共谋全球生态文明建设之路。儒家思想中的"仁爱"不仅局限于人与人之间，更是将仁爱之心推及了天地万物。几千年前儒家就讲究天地共生，万物和谐，这种思想是非常先进的。《论语·述而》载："子钓而不纲，弋不射宿。""弋不射宿"意思是只射飞鸟，不射巢中歇宿的鸟，这体现了孔子爱惜生命、不贪、不乘危的思想；"钓而不纲"意思是只用有一个鱼钩的钓竿钓鱼，不用有许多鱼钩的大绳钓鱼，从长远来看，这也符合我们现在所强调的"可持续发展观",不竭泽而渔,给万物以休养生息的机会。

汉代董仲舒进一步将孔子的"仁者爱人"引申到人们对自然环境的爱护,追求人与自然的和谐。他说:"质于爱民,以下至于鸟兽昆虫莫不爱。不爱,奚足谓仁?"非但爱他人,连鸟兽昆虫都要爱。所以,仁其实就是爱的同义词。又说:"泛爱群生,不以喜怒赏罚,所以为仁也。"这样就把仁爱的道德范畴从人扩展到鸟兽鱼虫,表现了儒家泛爱生灵的博大胸怀。

此后,程朱理学、阳明心学对"天地万物一体之仁"之说加以进一步深化。二程说:"学者须先识仁。仁者,浑然与物同体。""仁者,以天地万物为一体,莫非己也。认得为己,何所不至;若不属己,自与己不相干。如手足之不仁,气已不贯,皆不属己。故博施济众,乃圣人之功用。""仁者,以天地万物为一体"是说有仁德的人能够把天地万物看成是与自己息息相关的有生命力的整体,把天地万物看成是自己生命的一部分,故能爱人爱物,如同爱己。儒家的仁爱思想不仅推己及人,更做到了推己及物,放在当今社会也是非常正确先进的思想。

三、儒家思想在当下的时代意义

人类命运共同体的追求与儒家思想讲究"仁者爱人""和为贵""和实生物""和而不同"的大同思想一脉相承。

在当今社会,许多人对传统文化抱有错误的看法,他们认为传统文化已经过时了,不管用了,是古代政府为了巩固自己阶级统治而施行的文化政策。其实不然,中国的传统文化尤其是儒家学说,讲究的是人与人之间的关系、人与社会的关系,是一门关于人的学问,这种思想无论放在哪个时代、哪个国家、哪个地区,都有着重要的实践意义。孔子之所以被后世,尤其是现在学者误解,是因为传统文化已经断代了几十年,我们没有机会全面地去了解这样一种哲学智慧。比如樊迟问稼,被孔子说成是小人,并不是孔子瞧不起劳动人民,而是孔子的专长不在于种地,而在于问学、在于推行礼乐仁政。如果只是问孔子如何种地,这应该去问农夫才更合适,如今却被曲解为孔子甚至儒家思想轻视农业生产、不注重实践,是落后的思想,在没有运用历史的研究方法的情况下就随便下定义,这确实非常荒谬。

所以中国的儒家思想并没有过时,反而切中时代的弊病,对于当今人类命运共同体的构建有着极为强大的促进作用和指导意义,在万象更新的社会中展现了勃勃生机。

参考文献:

[1]孔子.四书五经[M].北京:中国华桥出版社,2018.

[2]牛青坡.论语类读[M].郑州:河南人民出版社,2016.

[3]董仲舒.春秋繁露[M].上海:上海古籍出版社,1989.

[4]程颢,程颐.二程集:上[M].王孝鱼,点校.北京:中华书局,2004.

（武汉科技大学马克思主义学院）

中国历史上的大同思想研究

左康华

摘　要: 对于大同思想学派归属的争议,反映了研究者们对儒家经典《礼记·礼运》中蕴含的复杂的思想资源的困惑。这种复杂性,表现为大同思想几乎同时体现了先秦儒、墨、道等学派的社会理想与政治理想,这种心理上的共通性与一致性,使大同思想在随后几千年的社会中,始终凝聚着中国人的理想追求与价值信念。历史上,无论是为大同理想所激励而引发的对现实不公的反抗,还是对大同之世的热切向往而带来的理论热情或实践热情,都以失败告终,但大同理想的价值并不止步于此。19世纪至20世纪,大同思潮的再次兴起,勾勒出大同理想在中国现实社会中真正的价值与光辉所在。

关键词: 礼运大同;大同书;理想;文化现代化

一、关于大同思想学派归属的争议

"大同"一词正式见于典籍,始自《礼记·礼运》。按篇中记载,孔子参与蜡祭之后,想到当时鲁国现状,与弟子言偃感慨议论"大道之行"的大同时代与"三代之英"的小康之世的演变,前者"天下为公,选贤与能,讲信修睦""不独亲其亲,不独子其子""谋闭而不兴,盗窃乱贼而不作",后者则"天下为家,各亲其亲,各子其子""大人世及以为礼,城郭沟池以为固,礼义以为纪"。

多有学者据此认为大同思想源自孔子,与小康思想一起,构成了孔子社会理想、政治理想乃至道德理想的不同层次,并最终指向了社会治理状况的最高境界。20世纪30年代,吕思勉先生在《先秦学术概论》一书中指出:"然则何者为孔子之所谓郅治乎?读《礼运》一篇,则知孔子之所慨想者,在于大同。而其行之之序,则欲先恢复小康。"大约同一时期,也有学者认为:"孔子晚年之政治理想,有'大同''小康'二种。大同为孔子理想政治之极则,若大同之治,不可一朝企及,则必先自小康始。礼让为国,小康之极盛,由此可臻于大同之域。故大同与小康,即在'天下为公'与'天下为家'之分别。"在当时的学术环境下,这一观点在传统学者心目中根深蒂固,可视为大同思想性质认定的正统说法,从者甚多。康有为、孙中山、郭沫若等政治家及学术大家的支持,又反过来加深了这一观点的影响。

然而，《礼记》的成书时间与孔子生活的年代相去甚远，大同思想的内涵，乃至"天下为公""选贤与能"等表述，也都与人们印象中的儒家的主张有一定距离，反而是《礼运》着力论述的小康思想更为贴近儒家本意。"孔子是大同思想的创始人"的说法开始遭受质疑。温和如梁漱溟，只是质疑"《礼运》是否为孔子所作，本已可疑"；激进如吴虞，则认为儒家教义以专制为主，孔子没有大同思想，因此不可能说出这样的话。现代学者中，有学者将大同思想与那些可以确证是孔子言论的内容如《论语》等比较，认为"不患寡而患不均""老者安之，朋友信之，少者怀之""四海之内，皆兄弟也""博施济众"等观点各有背景，并不能视为孔子具有大同思想的例证，"到目前为止，没有任何文献资料可以肯定《礼记·礼运》中论大同的一段话确实是孔子本人的言论"。有学者认为，《礼记·礼运》篇中小康之世是被作为相对于大同社会的一种退化形态论及的，表露的是一种历史退化论思想；而孔子本人虽然对尧舜时期十分向往，但并不认为夏商周三代是历史的倒退，因此从历史观角度而言，大同思想不可能出自孔子。无论如何，作者还是将大同思想的发明权归于儒家，认为大同思想是汉初儒者的政治理想和教育思想，只是在当时崇古尊孔的氛围下，假托归附于孔子名下而已。

但在此之外，早有学者开始质疑，大同思想不但不是孔子所创，甚至不是儒家所创，其发明权，应归于墨家。关于此点，伍非百先生认为："今考礼运大同说，与其他儒家言不甚合。而与墨子书不但意义多符，即文句亦无甚远……纵观全文，约百字，大抵摭拾墨子之文而成。其为墨家思想，甚为显著。"至于为何大同思想出自墨家而被记载于儒家经典《礼记》中，伍非百先生认为："盖儒者数传之后，墨家兼爱、尚同之理想已大见重于人世。孔子所谓尧、舜犹病者，而墨子以为实行不难。故当时学者多逃儒而归墨。子游弟子等忧之，乃援儒入墨，谓仲尼亦有此说云耳。"现代学者中，蔡尚思的观点与伍非百如出一辙，李泽厚也认为，"儒家的目标是'小康'""所谓'天下大同，一家一人'的乌托邦社会，基本上是下层群众不满现实的墨家理想和上层士大夫疾俗避世的道家理想，后来被改编成孔子和儒家的学说了"。也有现代学者持同样的观点，认为墨家和谐思想直接推动了历史上大同思想的诞生，又是大同思想的基本内容；《礼运》的作者相当熟悉墨子著作和墨子思想，用雅言概括升华改造墨子，成为不朽的传世新作。

也有学者认为大同思想属于道家所有。前述吴虞著有《儒家大同之义本于老子说》一文，认为"孔氏问礼于老聃，《礼运》'大同'之说，乃窃道家之绪余，不足翘以自异"。在文中，他又提出《礼记》辑自汉，是汉儒鼓舌摇笔之大成，是"窃道家之言以冀贵宠亲媚"。这位被胡适赞扬为"四川省只手打孔家店的老英雄""中国思想界的一个清道夫"的人物，对儒家的批判在当时自然振聋发聩、发人深省，但就具体的大同思想的性质认定而言，如此自相矛盾，似乎难以令人信服。另有学者认为，大同思想受道家思想影响的表现为"道"的概念的使用，认为"道"是道家学说中最基本的一个概念，《礼运》文中将大同社会称为"大道之行",又将小康之世称作"大道既隐",显然是对道家思想和概念的一种借用。

以上关于"大同思想创始自孔子"乃至"大同思想创始于儒家"观点的质疑与批驳,无疑有助于廓清经学时代遗留下来的对于"圣人之言"的迷思,有助于人们辨识大同思想中儒家及其他学派的思想痕迹的内涵,有些见解也是非常深刻的。然而,有的质疑本身显得相当牵强,甚至是为了质疑而质疑,比如"到目前为止,没有任何文献资料可以肯定《礼记·礼运》中论大同的一段话确实是孔子本人的言论"的观点,更是可用于质疑中国哲学、中国历史几乎全部的研究文本,无益于我们认识大同思想本身。

随着对大同思想认识的深入,渐有学者支持大同学说为儒家思想,符合孔子本人的一贯主张(尽管不能确认这一思想是否真正出自孔子),并进而对其中别家思想的掺入进行了新的解读。匡亚明在《孔子评传》一书中,对孔子的"大同"思想充分地加以肯定,并且认为《礼运》这篇文章虽然晚出,但"无论从内容上还是时间上,都可以确定《礼运》篇所载'大同''小康'思想,是可以反映孔子的真实思想的……和孔子思想一脉相通,因此可以看作是孔子思想的重要组成部分"。有学者持类似的观点,认为"尽管它(注:指《礼运》)不是孔子的作品,也不能否认,这种大同小康的理想社会模式是基本上与孔子《论语》中的很多论述相符合,是反映了孔子的基本思想的"。也有学者认为孔子大同思想的出现不是孤立的,并从郭店楚简及《论语》中找到了若干则和《礼运》篇一致或类似的材料,认为《礼运》篇大同思想的出现绝不是偶然的,它完全符合孔子思想的内在逻辑;同时批驳了关于大同思想出自墨家的观点,认为墨子的"尚同",是上同于天帝,而《礼运》篇的"大同",是同于大道、同于"天下为公",二者在价值取向上是有着根本不同的。

而对于大同思想中明显的墨家、道家乃至杂家的思想成分,学者们也有了新的理解。陈赟引用唐君毅的观点,认为《礼运》"其文之全旨盖是言墨道二家所言大同之世之天下为公、大道之行、与超礼义之境界,虽原为儒者之志所涵;然儒者更有进于此者,即是其有此志非只'意之也',而是逐步由礼义以实现此有家之天下,使大者表现于小者之中,使超礼义之境表现礼义之中。循此以观,亦正可见此《礼运》之一文,实乃儒者于墨道之言既盛之后,更说此墨道所言之义,原可摄在儒者之'志'之所涵之内,而更重申儒家言礼义之旨者",并进而认为,《礼运》的"大同"之说,乃是在道家、墨家"大同""大道""选贤"与"公"等说成为流行的"意底牢结"之后,而因势利导,转换其意义,使之由"乌托邦"而就于道理。这正是中国思想传统所特有的智慧。

也有学者独辟蹊径,超越了大同思想的学派归属的争议,从更为宽泛的立场上将"大同"理解、定义为一种思潮,而将《礼运》出现视为大同思想成熟的标志。陈正炎和林其锬二人所写的《中国古代大同思想研究》一书,认为道家的"小国寡民""至德之世",佛家的"净土""极乐世界",道教的"仙境",战国时期农家许行的"君臣并耕",东汉何休、北宋张载等对井田制的规划,魏晋时期鲍敬言"无君无臣"的社会设想,陶渊明的《桃花源记》中的"世外桃园"以及李汝珍《镜花缘》中的"君子国",东汉张鲁举办的"义舍",明代何心隐创立的"聚和堂",唐代黄巢、王仙芝的"均平""天补",宋代方腊、杨幺的"等贵贱,均贫富"等,都体现了大同思想。周桂钿则提出,中国古代有三种大同思想,首先是庄子、惠施所明确表述的宇宙间最广大的统一性也就是"大同一"思想;其次是《礼记·礼运》中所提出的大同社会的思想,比较简单而又没有论证,是中国传统思维的特点;再次是西汉董仲舒提出的大一统论,因为要实现政治统一的"大一统"然后才能逐渐过渡到最美好的理想的"大同"世界。钟祥财认为,"大同"思想并不是凭空产生的,《墨子》主张"尚同",《论语》《孟子》中的社会保障思想,都可以视为"大同"思想的先期资料。

对于大同思想学派归属的争议,反映了研究者们对于儒家经典《礼记·礼运》中蕴含的复杂的思想资源的困惑。这种复杂性,表现为大同思想几乎同时体现了先秦儒、墨、道等学派的社会理想与政治理想;它似乎是人们对于共有的远古美好回忆的追思,又或者是对理想社会图景的共同向往。正是因为这种心理上的共通性与一致性,才使得大同思想在随后几千年的社会中,始终凝聚着中国人的理想追求与价值信念。

二、大同理想的现实批判性与建构性

《礼记·礼运》中关于大同社会的描述只有短短一百多字,内涵却十分丰富。有学者认为大同理想包括了选贤举能思想、以仁爱为中心的伦理文化传统、平等的观念以及公天下的社会理想,也有学者认为大同理想的提出者从基本政治制度、为政方针、人际关系、分工原则、财产观念、劳动态度、社会秩序这七方面描绘了大同之世的美好景象。无论如何,美好的社会图景反衬出的,是远远称不上美好的社会现实。大同理想从一出现,就表现出鲜明的现实批判性。

学者们多从公有制的社会理想与私有制的社会现实的落差这一角度认识大同理想的这一批判性。陈德安认为,大同思想渊源于先民对远古原始共产主义社会的朦胧追忆和怀念,描绘了一个古老民族和平快乐的乌托邦,对私有制基础上产生的剥削制度的罪恶进行了揭露和批判,在一定程度上反映了被压迫人民的愿望和要求。裴传永认为"礼运大同"的政治理想是对以私有制为基础的社会政治制度的一种否定,因而受到了广大人民群众的广泛赞同,成为人们反抗剥削和压迫、争取平等和公正的强大思想武器。他列举了东汉末年的黄巾起义、唐末王仙芝领导的农民起义、宋代钟相领导的农民起义,乃至近代历史上洪秀全发动的太平天国起义,认为无论是张角宣扬的"财物乃天地中和所有,以共养人也"的思想、王仙芝自称的"天补均平大将军",抑或是钟相喊出的"等贵贱,均贫富"的口号,都与大同思想的精神实质血脉相通,更不用说太平天国颁布的《天朝田亩制度》确立的"有田同耕,有饭同食,有衣同穿,有钱同使,无处不均匀,无人不饱暖""鳏寡孤独废疾免役,皆颁国库以养"的政治模式简直就是"大同"之世的翻版。

也有学者指出了大同理想对于现实批判性的负面作用。钟祥财在《"大同"思想的历史维度》一文中，回顾了中国古代六次重要的经济改革，认为其中后面四次——西汉的桑弘羊、唐代的刘晏、北宋的王安石和明代的张居正发起或领导的经济改革可以与"大同"思想联系起来，并认为大同思想否定私有观念、鄙视个人利益的理念隐含了这样的经济学前提：人是具有同样欲望、禀赋和勤奋程度的社会群体，因而拥有同等获得财富分配的权力。个人与群体是可以等同的，只要群体是以公共利益为组织目标的，这个群体中的个人就会像为自己工作一样为群体工作。社会经济就可以按照一个由人们主观设定的机制运行，一般社会成员可以在预先计划好的位置，以人人相同的数量和质量从事生产，私有制就可以取消，只要有公认为品德优秀、智慧高超的管理者就行，这种理念导致了对于政府权威的推崇、对于行政干预效果的迷信，也使得以上经济改革往往落得财富转移、激励消散和弊端加剧的沉重后果。

大同理想对于现实社会的建构性，则主要体现于康有为所著《大同书》。《礼记·礼运》中大同理想对"天下为公"的社会图景的描绘，寥寥数语，尽管有学者认为其系统性、完整性、严密性空前绝后，但整体而言比较简单，它更多的是一种设想、一种境界描述，而难以让人按图索骥。20世纪初，康有为发表《大同书》，将《礼记·礼运》篇中设想的社会图景展开为一整套完整而详尽的制度设计，试图弥补传统的大同思想因为没有提出如何实现这种理想社会而流于"空想"的不足。

《大同书》的理论来源极为复杂。一般而言，学者们认为康有为的《大同书》继承了儒家传统政治思想中的"仁爱"思想、"公羊三世"说和"大同小康"思想，并用西方近代民主思想加以发展和改造，形成了独具特色"博爱"哲学、"三世"进化论和"大同"社会理想。此外，有学者认为佛教神秘主义是《大同书》的逻辑起点，也有学者认为《大同书》中所谓"大同社会"是以典型的欧美资本主义国家为蓝本，经过康有为粉饰加工而成的资产阶级理性王国。儒家传统思想与近代民主思想具有本质的差异，对于二者在《大同书》中的纠结缠绕，有学者评价道："在对待这两种思想来源时，他尽可能用西方近代民主思想附会传统儒家思想，当两者有明显的冲突时，他就抛弃了传统儒家思想，而大力宣传近代民主思想。""但他又看到西方资本主义发展过程中的一些弊端……于是，他回过头从中国传统儒家思想中寻找克服西方资本主义弊端的思想武器。"有学者指出，尽管大同蓝图中到处都有西方文明的痕迹，但实质上却体现着中国文化的精神，包括井田式的社会总体模式、均衡发展的原则、田园式的劳动生活、以"孝"为核心的社会群体关系、变人间为"仙境"的终极归宿等；康有为关于大同社会的模式、发展方向、劳动地位、生产原则及人际关系、最终归宿等方面的思想，基本体现着中国文化的精神和士人的价值追求，使这个理想社会带上了浓重的士大夫情调，这种情调使大同社会不是随着生产力发展逐渐前进，而是达到超人间的仙境；康有为的独特之处在于既吸收了近代西方的大量物质和精神成果，又不离中国文化的精神去思索，并最终认为《大同书》中描绘的大同社会的性质,事实上是带有中国士大夫情调的井田式均平公有制社会。

时过境迁,《大同书》中描绘的大同社会,绝无可能是对几千年前的典籍中描绘的大同理想的简单重复与照搬。有学者总结了《大同书》中对于传统大同说的批判,认为传统儒家的"大同"理想是社会理想和道德理想的统一,所谓"天下为公"往往被解释为对宗法秩序和伦理规范的遵守,而康有为在继承儒家"大同"思想的同时,对其中所包含的"圣人政治"观以及由之演变的君主专制理论进行了激烈的批判,彻底否定了儒家的"圣王政治"观和君主专制理论;儒家强调等级秩序,而康有为的《大同书》则从头至尾体现出强烈的反对封建等级制度和要求人类平等的精神,在他对未来社会的设计中,不仅太平之世的"大同"社会没有等级制度,而且在升平之世的"小康"社会(实际上是欧美式的资本主义社会)也基本消除了等级制度的弊端;《礼运》的大同社会规定"男有分,女有归"强调宗法关系的重要性,康有为则提出"天民"观,认为"人非人能为,人皆天所生也,故人人皆直隶于天",把"去家界"及破除封建宗法制度对家庭关系的束缚视为"破九界",进而实现"大同"社会的逻辑起点。康有为对于儒家传统政治思想的扬弃,与康有为的学术渊源、《大同书》复杂的理论来源,以及康有为对西方近代资本主义发展现实的认识有着密切的联系。

梁启超在《清代学术概论》一书中曾将《大同书》的内容概括为13条。房德邻认为,《大同书》和以《礼运·大同》为代表的古代儒家大同思想是一脉相承的。如果说《礼运·大同》是古代儒家的最高社会理想,那么《大同书》就是近代儒家的最高社会理想。任军认为,康氏的大同思想是中国有史以来最完整、最杰出,同时也是最详尽的乌托邦思想,它不仅是中国近代社会灾难深重的曲折反映,而且在一定程度上代表了千百年来中国人民追求幸福生活、向往美好未来的愿望,可以说康氏大同思想是中国文化传统中追求理想社会的所有思想的集大成。

三、大同理想的价值与光辉

历史上,无论是为大同理想所激励而引发的对现实不公的反抗,还是对大同之世的热切向往而带来的理论热情(如康有为的《大同书》)或实践热情(如毛泽东青年时建立的"新村"),都失败了,这不免使得大同思想被贴上了"空想"的标签。正如有的学者所总结的:封建社会的农民群众企图通过彻底的平均主义实现它,太平天国的英雄们企图通过农业空想社会主义实现它,康有为等资产阶级改良派企图通过"明男女平等各自独立始"和"去人之家始"来实现它,孙中山等资产阶级革命派企图通过人类"互助进化"的途径实现它;这些仁人志士的一切努力和尝试都失败了。但是,大同理想的价值并不止步于此。学者们对于19~20世纪大同思潮的研究,交织勾勒出大同理想在中国现实社会中真正的价值与光辉所在。

吴义熊在《古老的思想与维新的意义——试论 19 世纪后期的大同思想》一文的研究中认为,从鸦片战争开始,中国被迫对外开放,越来越深地卷入西方列强主导的世界,在中国一批主张改革的先觉之士当中,出现了一股宣扬天下大同的思潮,认为中国在西方浪潮冲击下实行变法,重新走向强盛,并推动天下大同之世的来临,"化四海以为兄弟,合天下作为一家",是上天的意志,也是中国的重要历史使命。在另一篇文章中,吴义熊认为,孙中山将对大同世界的追求当作"中华民国"立国的理想和原则之一、强调用中国传统政治道德作为将来大同之世的文化基础,是运用中国政治文化中"王道"的理念,发挥自古以来的"大同"思想,来构筑自己的国际关系思想体系,是对弱肉强食的强权政治的超越、对近代世界几百年来西方列强奉行的大国强权的规则的超越,也是对晚清以来的思想家们倡导大同理想的延续。阮娟分析了当时在表现形态上有相似之处的大同思想和世界主义,认为孙中山信奉大同却明确反对世界主义,正是因为两种价值理想一旦进入现实层面,宣扬以灭亡落后民族、取代弱国文化的世界主义的走向与孙中心目中促进世界和平的大同设想完全背道而驰。

臧世俊则在《大同思想与中国社会主义思潮》一文中,回顾了 19 世纪末 20 世纪初流行于中国的各种社会主义思想,认为大同思想确实成为社会主义在中国传播的开路先锋;李石曾等无政府主义者、江亢虎等社会党人和孙中山为代表的国家社会主义者在宣传社会主义的时候,都把它与大同主义联系起来,原因在于那些有志建立完美社会的思想家一接触到社会主义的时候,都自然因它与大同主义在原则和精神上的相似特征,而很快地联想到大同问题;大同思想为社会主义思想的传播创造了条件,形形色色的社会主义思潮又为科学的社会主义的传播创造了思想基础和宣传氛围。李鹏认为,马克思主义为人们指明的理想社会与中国传统文化中的大同理想社会在某种程度上具有共同之处。而这种共同之处,在客观上为马克思主义在中国的传播奠定了文化基础。周艳姣也认为,各类社会主义思想能在中国落脚,并迅速传播开来,与大同思想做了铺垫有很大的关系;马克思主义在中国不是落根在中国传统的一般文化的躯体上,也不是生长在自己都没有根基的西方传来的各种非马克思主义文化的基点上,而是深深地扎根在中国社会现实和传统文化精华的土壤中。王明生提出,中国传统文化中的儒家大同思想在中国影响深远。近代中国先进的知识分子在接受、理解和解释马克思主义设计的未来社会蓝图时,都自觉或不自觉地携着自己民族的文化传统,不同程度地受到儒家大同思想的影响。可以说,马克思主义在中国的传播过程中既受到古色苍然的中国文化传统的抵制,又受到中国文化传统的包容和扭曲。中国文化传统的这种双向作用,使早期的中国人对马克思主义的理解染上了浓郁的东方色彩。毛泽东在不同时期设计的中国社会模式就深深地受到儒家大同思想的影响。

学者们对于大同思想在不同层面的讨论,继续丰富着大同思想的内涵,为其现代价值的发挥提供着新的思路。

参考文献:

[1] 郑玄,孔颖达.礼记正义:中[M].吕友仁,整理.上海:上海古籍出版社,2008.

[2] 吕思勉.先秦学术概论[M].上海:东方出版中心,1985.

[3] 杨幼炯.中国政治思想史[M].北京:商务印书馆,1937.

[4] 中国文化书院学术委员会.梁漱溟全集:4卷[M].济南:山东人民出版社,1997.

[5] 黄忠晶."大同"是孔子的社会理想吗?[J].成都大学学报:教育科学版,2007,21(4):99-107.

[6] 裴传永."礼运大同"三题[J].东岳论丛,2000,21(5):104-107.

[7] 伍非百.民国丛书:第四编[M].上海:上海书店,1933.

[8] 蔡尚思.中国传统思想总批判[M].长沙:湖南人民出版社,1981.

[9] 李泽厚.论语今读[M].合肥:安徽文艺出版社,1998.

[10] 萧鲁阳.墨家"和"论[J].中州学刊,2009(1):135-140.

[11] 吴虞.吴虞文录[M].合肥:黄山书社,2008.

[12] 匡亚明.孔子评传[M].南京:南京大学出版社,1990.

[13] 王处辉.中国社会思想史:上册[M].天津:南开大学出版社,1989.

[14] 赵士孝.孔子的社会理想[J].孔子研究,2010(4):49-57.

[15] 陈赟.大同、小康与礼乐生活的开启——兼论《礼运》"大同"之说在什么意义上不是乌托邦[J].福建论坛(人文社会科学版),2006(6):58-64.

[16] 陈正炎,林其锬.中国古代大同思想研究[M].上海:上海人民出版社,1986.

[17] 周桂钿.论大同思想的理论价值和实践意义[J].北京师范大学学报(社会科学版),1994(5):34-40.

[18] 钟祥财."大同"思想的历史维度[J].探索与争鸣,2009(4):54-58.

[19] 党明德.孔子的大同思想及其对中国社会的影响[J].东岳论丛,1996(2):83-88.

[20] 陈德安.儒家大同思想的历史影响和现代意义[J].山西师大学报(社会科学版),1993(1):64-70.

[21] 汪建华.《大同书》对儒家政治思想的扬弃[J].船山学刊,2001(2):92-98.

[22] 杨念群.佛教神秘主义:《大同书》的逻辑起点[J].广东社会科学,1989(3):53-61.

[23] 汤志钧.关于康有为的《大同书》[J].文史哲,1957(1):38-43.

[24] 任军.康有为大同思想的东方文化色彩[J].历史研究,1993(6):72-83.

[25] 梁启超.清代学术概论[M].上海:上海古籍出版社,1998.

[26] 房德邻.儒家色彩的乌托邦和孔教的启示录——《大同书》新论[J].孔子研究,

1992(4):79-87.

[27] 吴义雄.古老的思想与维新的意义——试论 19 世纪后斯约大面思想[C]//中山大学孙中山研究所.孙中山与近代中国的改革.广州:中山大学出版社,1999.

[28] 吴义雄."王道"的再发现:传统文化与孙中山的国际观念[J].学术研究,2012(4):89-98.

[29] 阮娟.理想与现实:孙中山的"大同"与"世界主义"观[J].求索,2013(2):65-67.

[30] 臧世俊.大同思想与中国社会主义思潮[J].学术研究,1993(5):12.

[31] 李鹏,陈立立.关于传统文化与马克思主义传播的几点思考[J].江西社会科学,2001(7):107-108.

[32] 王明生.论儒家大同思想对毛泽东设计中国社会模式的影响[J].现代哲学,2007(5):36-41.

(广州大学政治与公民教育学院)

从高本汉、斯睿德的"汉学"成就看儒家文化在全世界的普适性

蔡正发

摘　要：儒家文化植根于华夏，在日本、韩国、越南等亚洲国家传播且行之有效。瑞典人高本汉从儒家文化的主要载体语言文字入手，研究儒家文化取得巨大成就，在欧洲推介儒家文化，使瑞典成为处处呈现大同世界的文明礼仪之邦。美国人斯睿德苦心孤诣深入研究汉字，创建汉字字源网站，为全世界学习中国传统文化者提供了方便。斯睿德及其父母的行为印证了儒家文化同样适用于美国。

关键词：高本汉；斯睿德；儒家文化；普适性

儒家文化在中国传承了近三千年，曾使中国成为世界最先进最强大的国家。辛亥革命，孙中山创立三民主义学说，很多人以为三民主义系从西方引进而会取代儒家学说，但孙中山自己却肯定地说："我辈之三民主义首渊源于孟子，更基于程伊川之说。孟子实为我等民主主义之鼻祖。社会改造本导源于程伊川，乃民生主义之先觉。其说民主、尊民生之议论，见之于二程语丝。仅民族主义，我辈于孟子得一暗示，复鉴于近世之世界情势而提倡之也。"三民主义"不过演绎中华三千年来汉民族所保有之治国、平天下之理想而成之者也"。如今我们倡导以"富强、民主、文明、和谐、自由、平等、公正、法治、爱国、敬业、诚信、友善"这24个字所表述的社会主义核心价值观皆可溯源于以儒家学说为代表中国传统文化的基本理念。

儒家学说影响深广，遍及亚洲。日本则在我国唐朝时期已经按照唐朝的规定称孔子为"文宣王"，其尊孔思想礼仪传承至今。有人认为日本人崇尚武士道精神，应当将日本排除于儒家文化圈外，而笔者则认为武士道精神只不过是儒家倡导"成仁取义""宁为玉碎，不为瓦全"精神的翻版而已，其本质并无不同。在抗日战争滇西反攻战的松山战役中，漏网的日军在后来写了这场战役的回忆录，书名就叫《玉碎》。

20世纪60年代开始，"亚洲四小龙"或称"亚洲四虎"靠推行儒家学说崛起，成为国际社会公认的发达国家和地区，乃举世公认的事实。

这一切证明，儒家学说发源植根于中国，适宜于亚洲。

那么，儒家学说也适用于欧美国家吗？

一、高本汉在瑞典传播儒家文化收到实效

高本汉（Klas Bernhard Johannes Karlgren，1889—1978）是瑞典最有影响的汉学家，先后任哥德堡大学教授、校长，远东考古博物馆馆长。他在古今汉语、儒家经典、文物古籍诸领域的研究均有诸多创见，在瑞典把以儒家学说为精髓的汉学创立为一个专门学科。

从1910年3月开始，高本汉到中国游学。他深知语言文字是表达与交流思想内容的工具，所以在中国游学的两年，他先花了几个月时间，迅速掌握汉语口语和常用汉字，达到可以独立外出考察的程度。随后，他列出详细的调查提纲，开始进行方言资料的收集、考证、整理。1911年，他带着仆人访问北京、太原附近许多地方，收集了丰富的方言资料，不久，他就能在中国使用北京、山西、陕西、河南、吴方言、闽方言、粤方言等24种方言进行考察记录。通过深入调研和不断积累，高本汉成为世界语言学特别是汉学的巨擘，他认为没有一种学术领域比汉学领域更广，他本人对中国古代的语言文字学具有特别浓厚的兴趣，因为汉学比任何别的科学需要语言学的地方都多。为此，高本汉把中国古代语言文字列于汉学研究首位。

1912年1月，高本汉返回欧洲之后，在伦敦学习了几个月，研究了一部分敦煌文物资料；1912年9月至1914年4月，到巴黎学习，师从"整个西方世界公认的汉学大师"——《史记》的译注者沙畹。其间，结识了沙畹的学生伯希和与马伯乐这两位教授，经常与他们探讨，促进了他对古汉语音韵系统的思考。随后，高本汉到莱比锡拜访过汉藏语系的提出者孔好古等著名汉学家。

经过多年的不懈努力，高本汉具有了深厚的汉语言文字口头交流与写作基础，依靠自己实地考察，收集了大量汉学资料，又广交天下汉学大家求教学习，并深入研究，勤奋写作从而取得了无与伦比的巨大成就。1918年，他被任命为哥德堡大学东亚语言学和文化学教授，这是为他特别设立的职位，任职到1939年。1922年3月到12月，高本汉第二次也是最后一次在中国逗留。1931年到1936年，高本汉任哥德堡大学校长。1939年，高本汉任远东文物博物馆馆长兼东亚考古学教授，他任馆长兼教授直到1959年，达20年之久。1945年当洛克菲勒基金会邀请他向斯堪的纳维亚汉学家讲课时，他宣布愿意在斯德哥尔摩大学教授汉学，这项工作一直进行到1965年。此外，他还担任瑞典皇家人文科学院院长、瑞典皇家学院和丹麦皇家学院院士等职。

高本汉平生著作多达百余种，这些著作成了瑞典和其他北欧国家大学汉语专业的教材。其中专门研究儒家经典就有《诗经研究》《〈诗经〉诠注》《〈书经〉诠注》《左传注释汇编》《论左传的真伪和性质》《周代中国的祭礼》等。

因其著作太多，不可能一一陈述其要旨。兹仅举其对儒家五经之首《诗经》的研究注释以略见一斑。孔子说："诗可以兴，可以观，可以群，可以怨。迩之事父，远之事君，多识于鸟

兽草木之名。"《毛诗·关雎序》中说:"故正得失,动天地,感鬼神,莫近于诗。先王以是经夫妇,成孝敬,厚人伦,美教化,移风俗。"

高本汉的《诗经研究》《〈诗经〉诠注》在欧洲尤其是在瑞典传播,无疑收到了兴(引起联想,激发情感)、观(观天察地,鉴物审美)、群(凝聚群众,团结人民)、怨(知政得失,对上讽谏)与"经夫妇,成孝敬,厚人伦,美教化,移风俗"的功效。

1996年,云南孔子学术研究会举办海峡两岸学术研讨会,台湾中华伦理教育学会代表叶任南老先生认为儒家思想特别是其精髓"大同"思想是促进世界大同的动力。叶老先生以其在瑞典工作十几年的经历见证了瑞典贯彻实施大同思想使其成为一个老有所乐、壮有所用、幼有所学、鳏寡孤独废疾者皆有所养,"内无怨妇,外无鳏夫""社会犯罪率近乎零"的富强康乐的文明礼仪之邦。他说他在瑞典曾遇到一对中年夫妇,这两位中年人对他有特殊的好感,多方照顾。他觉得奇怪就问他们为什么对他那么关心?那位中年女士优雅大方而利落地回答说:"你们儒家不是说'老吾老以及人之老'吗?这就是《大同》'故人不独亲其亲'呀!"原来这对瑞典夫妇是将叶老先生当作自己父母孝敬的啊!老先生写道:"当时,我两眼发直,无言以对。心想,一个从北欧来的外国人,对我们的文化宝藏的发掘,有如此深厚的涵养,怎不令人有愧对先民之叹!"叶先生不仅认为瑞典的和谐富强是"大同"思想推动的结果,其实这同样集中体现了《诗经》"迩之事父""成孝敬,厚人伦,美教化,移风俗"的教化功能。

同时,高本汉有许多学生后来成为杰出的汉学专家,分别在挪威、荷兰、丹麦、美国、日本、澳大利亚各大学任教。这一切,为在世界传播中华传统文化或儒家文化起了极其重要的作用。

高本汉全身心投入儒家文化学习研究,努力在瑞典传播儒家文化并收到了突出成就,证明儒家的思想主张虽然产生于中国,但在欧洲同样适用并获得广泛认同。

二、斯睿德的汉字字源网影响遍及全世界

斯睿德的美国姓名叫 Richard Sears,现年70岁,出生于美国西北部俄勒冈州的小城镇。他说:"那里,全部是白种人,全部讲英语,全部是基督徒,全部很无聊!"他为了"看世界",决定除了学科学外,再学一门外国语。他选择了世界上将近20%的人所使用的汉语,觉得汉语很奇妙。

1972年,22岁的 Richard Sears 靠打工攒够了钱,买了一张单程机票,飞往台湾,开始在台湾学汉语,并取中文名斯睿德。斯睿德一直学到40岁,还不会读写汉字。他有很多疑问:汉字为什么有那么多复杂的符号?一个汉字的笔画为什么是这样?为什么要这么写?他认为没有逻辑!学汉字真的很难,很烦!但他对汉字的痴迷程度并未因此衰减丝毫,一直废寝忘食,苦心孤诣地不停研究,他说:"后来我发现,如果你看一个汉字,看它最早的样子,

看它是怎样一步步演变过来的,噢! 我明白了,原来每一个汉字,都是合理的。每一个汉字,都有一个故事。"他获得了初步成功。

甲骨文、金文、大篆、小篆各发展阶段的古汉字,一般的中国人见了,也往往叹气,承认无知,但美国人斯睿德,居然可以自学成功!

孔子说:"知之者不如好之者,好之者不如乐之者。"正是"好之"与"乐之"成为斯睿德研究汉字的巨大动力,他说:"兴趣是第一位的,然后要有自信。如果你有兴趣,99%的问题,你都会解决。""如果没有自己的兴趣,生活很无聊。"研究汉字,是斯睿德这辈子最大的爱好之一。他说:"我不是为了钱,不是为了名,不是为了别人,我是为了我的兴趣而学习汉字的。"他说自己研究汉字是为了弄清现在的汉字是从哪里来的? 而搞清楚一个汉字的真正来源,会感到很满足。他去台湾、香港、北京、上海等地,访问古汉语专家,取得了重大收获,这些专家向他推荐了一些重要的汉字书。

他于是去大大小小的书店,淘汉字典籍。先后购得《说文解字》《古文字诂林》《金文诂林补》《甲骨文字诂林》等书,这些书很厚很贵,有的书一套十几本,要支付上万元人民币才能买到手。一次,他在中国买书,花掉了几千美元,把信用卡刷爆了。他说:"有了这些书,可以自己看、自己研究,就可以变成一个专家。"

早在1990年,他就有把《说文解字》数字化的念头,1994年他正式决定数字化《说文解字》,他还在台湾时,就对朋友说过:"懂电脑的人,对古代汉字完全没有兴趣;学古代汉字的人,都不懂电脑。我说要《说文解字》数字化,他们说这个不可能!""我没有博士学位,大学教授不相信我,我要自己做。"斯睿德本科学计算机,硕士学物理。他计划把《说文解字》《六书通》《金文编》和《甲骨文编》四本工具书里的古汉字,统统扫进电脑里,建立一个古汉字数据库。"我要做这个网站的目的,是让我更了解汉字,让别人更了解汉字。学习汉字,更方便。"

斯睿德靠一位从中国移民到美国的安女士的帮助,把扫好的字存到软盘里,他自己则编写程序,辛劳了整整7年,安女士把《说文解字》《六书通》《金文编》和《甲骨文编》四本工具书里的近10万个汉字字形,全扫进电脑里。斯睿德则拼命地做网站,到2002年,他终于把建成的数据库第一次放到互联网上,供网友免费查询使用,他给网站起名叫"汉字字源网"。每一个字形,有一个编码,每一个汉字,占一个页面,共有6500多页。

汉字字源网创建将近20年,访问量不大。斯睿德一直默默无闻地住在十来平方米的廉租房里,每天与汉字为伴。直到2011年1月的一天,斯睿德像往常一样点开网站,访问量猛然暴增达60多万。斯睿德突然一下子爆红,一个月里,有135个国家的网友,访问了他的网站,其中70%来自中国,他们给斯睿德发了几千封邮件。有人称他为"汉字叔叔",他说:"我喜欢这个称呼。"

中国有一位网友发了一篇博文写道:"这个人叫 Richard Sears。他用20年功夫,手工将甲骨文、金文、小篆等字形进行了数字化处理,上传网络供所有人免费使用。这就是外国人(我猜是美国)的'傻'吧,这种国家工程,怎么能自己一个人弄呢?而且这是以自己五千年传统文化为荣的文明古国文字。国家都没着急,您一外国人操的什么心?"

这篇博文被不断转发,不少网友跟帖、留言:

"作为一个外国人,却能如此醉心于中国的文字,我还是被震撼了!"

"当年学字体设计时,老师推荐的,真的好用……"

"可以很清楚地得知每个汉字的变迁历程,方便而直观,真是造福大众和普通人呵!"

"他让我们感动,也该让我们羞愧!"

斯睿德爆红后,天津电视台为他拍了一部专题纪录片,主持人旁白说:"古汉字数字化工程,对他来说就是资金的无底洞。很快,他20年存下的30万美元的积蓄,全部耗尽。以至于这个数库据每向前推进一步,他都向贫穷的深渊,深陷一步。汉字、疾病和贫困,是他20年里,最忠实的三个朋友。"斯睿德的成功验证了孟子所说老天爷要一个人有所建树,"必先苦其心志,劳其筋骨,饿其体肤,空乏其身,行拂乱其所为,所以动心忍性,曾益其所不能"的道理。斯睿德的网站在短短一个月内就有多达135个国家的网友访问,仅就这一点,足以证明其影响已遍及全世界,他的艰苦付出真值!笔者作为一名从事古代汉语教学的中国人,闻知斯睿德的事迹后,更深感羞愧。

董同龢在高本汉《〈诗经注释〉译序》说:"清儒提出'读经必先识字'!"其实,凡用文字所写成诗文书报,都必须先识字。汉字既是以儒家文化为代表的中国传统文化的主要载体,也是构成中国传统文化的主要内容之一。要读中国书,要学习中国传统文化,当然必须先识汉字!这就是作为美国人的斯睿德痴迷研究汉字的原因和动力,用他自己的话说:"每一个汉字,都有一个故事。"熟悉了每个汉字及其所包含的故事,对中国传统文化的学习即使未登堂入室,至少也入门墙了。

斯睿德红了,2012年登上"知识中国"年度人物榜;2013年登上中央电视台"中国乡土风云人物"榜;2015年入选"传播中国文化"年度人物榜;2016年10月10日,第三届"中国嵩山国际孝文化节孝贤颁奖大会"在登封市隆重举行,斯睿德被评为"十佳孝贤"之一,获"国际孝星"奖。斯睿德成为"知识中国"与"传播中国文化"的名人没有问题,而成为"中国乡土风云人物"尤其是被评为"孝星"似乎不易为人所理解与接受。

斯睿德乃地道的美国人,怎么成了"中国乡土风云人物"啦?其实,就斯睿德研究中国文化的成就而言,堪称比几乎所有中国人更为"乡土"!不信到河南安阳殷墟一带寻访寻访,能否找到一位比斯睿德对甲骨文了解更多更深的人,如果找不到,那么,斯睿德成为"中国乡土风云人物"之惑就可以解除了!

孟懿子问怎样做才算"孝"时,孔子回答说:"无违。"孔子又有"父母在,不远游"为孝之说。当初,斯睿德的父母反对他远游中国学习汉语。临行前,父亲竭力阻拦,父子俩甚至发生了肢体冲突,他用力过猛,把父亲的胳膊扭脱臼而进了医院;他母亲则以"自杀"相威胁,力图阻止他出行。斯睿德违背了父母的意愿,不顾一切远游中国,他遵守"孝"道了吗?

笔者的回答当然是肯定的。

中国有"父慈,子孝"的古训。我们只要对其内涵稍加研究可知,斯睿德与其父母当初的行为虽然过激,但仍然符合"孝"与"慈"的原则。《孝经》说:"立身行道,扬名于后世,以显父母,孝之终也。"司马谈《命子迁》说孝:"终于立身,扬名于后世,以显父母,此孝之大者。"可见立身扬名,为父母增光是所有孝行中最大的孝行。斯睿德当初违背了父母的意愿为舍小孝始,最后扬名天下以显父母,为行大孝终,他被评选为"国际孝星",当之无愧。

其父母呢?当初之所以阻拦他,是因为不了解中国,担心他到中国这个"可怕的地方"而丢了性命。斯睿德到中国后,其父得知他很想有台电视机又没钱买时,虽然得了癌症,但瞒了病情,给儿子寄去买电视机的钱。其母呢?当初虽然以自杀相威胁,但至今95岁仍然活着,经常与斯睿德在网上聊天。斯睿德与其父母的心愿与行为完全符合儒家所主张的孝慈原则,这是儒家思想主张适宜于美国的铁证。

三、结　语

孟子说:"人之有道也,饱食、暖衣、逸居而无教,则近于禽兽。圣人有忧之,使契为司徒,教以人伦:父子有亲,君臣有义,夫妇有别,长幼有叙,朋友有信。"说明人类与禽兽的根本区别在于有道德教育。由孟子所说的此五伦道德教育渐次发展为仁、义、礼、智、信、勇等儒家奉行的道德规范。由云龙先生说:人类的这些道德规范,无论世运如何变迁,社会如何进化,而此诸德者乃亘万古而不可磨灭,通中西而莫或歧异,由先生进一步阐明了儒家思想道德具有"通中西而莫或歧异"的世界普适性。

儒家思想学说何以在全世界具有普适性,笔者略陈固陋,对"儒"字妄作一解。儒字"从人,需声"用训诂学音声求义方法解释,做声旁的"需"在"儒"字中同样起表意作用,那就是,需要、需求、必须的意思,"儒"自然就表示"人之所需"了。这样,不论亚欧美,全部天地间,只要属于人,都需要儒家思想学说就没有疑义了。

参考文献:

[1]孔子.论语[M].上海:上海辞出版社,2008.

[2]白雪,李倩.古文鉴赏大全集:上[M].北京:中国华侨出版社,2012.

[3]李隆基.孝经注疏[M].上海:上海古籍出版社,2014.

[4]孔子,孟子,等.四书五经:上[M].陈戌国,点校.长沙:岳麓书社,2014.

(云南孔子学术研究会)

现代性视域下儒家的"在"与"在者"

杨中启

摘　要:"在"的儒家实质上就是"人"的儒家,人是儒家真正的核心。"在者"的儒家则是儒家与具体时代相结合的产物,是具有明确内容和形式的思想体系及制度生活。囿于表象的"在者"的儒家而不能达到对真正精髓和内核的"在"的儒家的领悟。正因为儒家本质上是人学,这使我们坚信,铺就了它通往现代文明之路,虽然这条路注定充满艰辛。

关键词:儒家;人;现代文明

儒学正处于复兴阶段。海内外学者第一次在儒学上达成主流性共识:对儒学再认识,发掘其合理因素和现代价值,改变对儒家的偏激态度,确认儒学是值得恢复和继承的伟大传统,确立儒学在世界文明中应有的地位。儒学在历经百余年的异化歧视批判之后,终于被重新合理审视,吾等致力于传统文化者欣喜之情自不待言。但此次复兴的重要契机之一乃是中国在经济上的腾飞,学界一改往日对儒学的悲观论调,转而大谈儒学及传统文化的现代功用。但是如果我们对根本性的理论问题没有认清,而只是从实用或功利主义的角度上去看待儒学,那么很可能会误入歧途,儒学的复兴很可能只是昙花一现(即使存在某种形式的复兴,也必然是对儒学的再度异化)。而这一根本性的问题即:儒学与现代文明有无兼容之可能性? 其相容的契合点又何在?

瑞典著名汉学家罗多弼在回答《南方周末》记者关于儒学复兴,有新儒学学者提出以儒教为国教的问题时,他回答:"现在中国人在寻找药方,寻找信仰:儒家、基督教、新马(新马克思主义)。总的来说,我对寻找药方这件事持怀疑态度。可能根本没有这个药。作为现代人,我们要承担的第一个责任应该是自己界定我是谁,自己界定自己的价值观。我们可以参考别人的体系,这和100年前不一样,那时候你一出生,你就成了基督的信徒,爸爸、妈妈、学校告诉你什么是对的,国家像一个大的教会,但现在每个人必须对自己负责。有人面对这个任务有点受不了,就去找一个他们可以寄托于其中的传统,这方面最极端的就是宗教激进主义者。这个在我心目中意味着,你不能为自己负责,你需要一个人或一个学术来托管你。"我们并不同意这段话的全部内容,但这段话准确传达了现代文明的精髓:自己界定自己,自己对自己负责。换言之,就是个体追求自我人格的独立和健全。文明的发展最终是为实现人。现代文明的伟大之处在于它第一次较彻底地把人从各种束缚和压迫中解放出来,第一次使人本身成为明确的目的。在现代文明中,民主、自由、平等、法制等都是手段而非目的,是"用"而非"体",其共同目标和作用在于为人的发展提供广阔空间和必要条件,而人格独立正是它们共同造就的结晶。人格独立的内涵:首先是自我决定,由于人处于一种自由的环境中,没有任何人或任何组织有权强迫个人接受某种规范或教条。因此,人必须自己去定义这个世界,自己决定自我的行为、原则及发展方向,即自己界定自己;其次是自我负责,既然一切都是由自我决定(或自我选择)的,那么人就必须对自我选择的后果负责,而不能推诿给别人,即自己对自己负责。正因为一切由自我决定、自我负责,人必须获得对自身生命和外部世界的真实体认,以作为自我生活、自我决策的依据。因此,人格独立的意义在于使生命第一次成为真实,而只有真实的生命才谈得上生命的追求、价值和意义。

反观当代中国,"人"仍处于被重重遮蔽的状态中,个体仍被各种外在力量所压制、异化和驯服。个人的一切都是由外在力量决定的,由于是非、价值、标准等都是先定的并带有强制性,因此人既无须通过灵魂体贴真实的生命,也无须通过理性重新审定一切,这造成中国人灵魂和理性的双重塌缩,导致"人"的内涵的缩小,并由此引发出中国文化、国民精神和国民素质上的种种问题。孙隆基在《中国文化的深层结构》一书中将中国文化的弊根性和中国人的劣根性归结为"人"的不彰显、个体状态的不发达、自我人格的丧失,可谓是准确而深刻的洞见。

在这里我们可以看出儒家文明现代化的真正挑战。一直以来,儒家都被认为是一套伦理化的社会规范,其本质是一种权威主义和集体主义,功能在于维持一种稳定的社会秩序。个人不但不是儒家造就的目标,相反,儒家的伦理规范对人是外在的强制性和压迫性的力量,因此"儒教杀人说"自古有之,至今不绝。还有观点认为儒家对人的定义方法导致了"人"的丧失。在儒家的价值体系中,人始终处于被投放状态,儒家总是通过人在各种社会关系中扮演的角色来定义人,这种定义方法极易导致自我的丧失。但是将人的灾难和人的遮蔽推卸给儒家谈不上对历史有什么深刻的认识,历史的灾难是由历史本身而非某种理论学说造成的,这在现代文明中只是一个简单的常识。但如果我们不能证明儒家在本质上是造就人而非毁灭人,儒学中存在着丰富的"人学"资源,我们就等于否定了儒家与现代文明结合的可能性。同时,如果我们不了解个人独立性在新儒学中的地位,那么我们构建的新儒学极有可能重蹈覆辙,成为新的枷锁。我们必须反对一种极为错误和有害的观点,即以前的礼教并不符合现代文明的要求,我们的任务是建立适应现代文明的新的规范,只有无自我人格的人才需要种种明确的规范去托管他。新儒学即使在表达社会理想时希望确立某种规范,这种规范也不能过于琐屑和僵死。

那么人与儒家到底是何种关系?人在儒家中到底处于何种地位?要合理地说明这一

问题必须建立在对儒家健全的认识之上。事实上始终存在两种儒家:作为"在"的儒家和作为"在者"的儒家。"在"的儒家是真正意义和本质意义上的儒家,它是一种精神意向,具有明确的指向性,但没有明确的形态,在不断与时代精神相结合的过程中,既改变自身又坚守自身。同时由于儒家从一开始就给出宇宙人生的存在内涵中的本质性内容,因此"在"的儒家既不会为任何时代所穷尽,亦不会为任何压制所消灭。"在"的儒家始终流行不已,生生不息。"在者"的儒家则是儒家与具体时代相结合的产物,是具有明确内容和形式的思想体系及制度生活。一直以来我们所认识、关注和批判的儒家都是"在者"的儒家。海德格尔认为西方哲学数千年来都是探究"在者",而忽视了"在",但恰恰后者是存在的本质,因此海德格尔认为哲学应当转向,由探究"在者"转为揭示在者之"在"。这一观点同样适用于儒家,如果我们始终囿于表象的"在者"的儒家而不能达到对真正精髓和内核的"在"的儒家的领悟,这种误解对东方文化来说是灾难性的。下面本文将就"在"的儒家做出一番探寻,通过这种探寻我们希望揭示真正的儒家与人的本质关联。

一、天　道

学界通常认为儒家的本质是专制主义和君权思想,甚至今日中哲界诸多泰斗和元老级的人物仍持此看法,这无论如何令人悲哀。事实是否如此,这里有必要加以分梳。众所周知,天道观在儒家占重要地位,但极少有人能真正理解天道在儒家的真正意义。只有我们深刻体会天道在儒者心目中的地位,我们才能理解天道对儒者的意味。实际上,对于一个真正的儒者来说,他对话的对象是天而不是君,这种对话是要领悟天地蕴含之大道,他的使命即是在现实领域推行这种大道。相反,君在儒家中从来没有成为目的,而是儒家借以实现自身理想的工具。正因为儒者的本质是天道的体悟、传达和推行者,因此儒者的境界是博大和高尚的,他自觉不仅对于人类同时对于宇宙苍生皆负有责任,其致力的方向是"与天地参",化育万物;同时儒者的人格是丰满和独立的,他依据自身对天道的体悟确立自身的行为和规范,决不苟同于不符合自身原则的外在规范。

儒家的精神目标也绝不是去维护某种秩序,而是实现其在领悟天道基础上所形成的理想社会(大同)。从对于一个儒者的层面上来说,只有实现了大同理想,才完成了自己的使命,才实现了自身的存在价值和意义。因此,儒者对现实的态度不是我们通常认为的那样无原则的加以维护,而是持审视和批判的态度。任何人都无法否认儒家历来对理想社会的强烈渴望和改造现实的强烈愿望。这种超越现实的追求说明儒家始终是推动和改造社会的能动力量(自秦汉以来的历史上,对社会做出深度批判以及对社会发展做出各种设想和尝试的基本上是儒者),而非历史发展的阻力。在另一个层面上,也说明了儒家对人的终极关怀。大同社会即是要在更高的层次上实现和造就人(即儒家领悟天道最终是为了实现人道),因此我们可以将大同理解为儒家的"成人"(使人成为人)方式。

儒者对政治的态度可以佐证上述观点。孔孟都曾为政、去政过,其为政是为推行自己的理想;其去政是因为理想不能以在位的方式实现。这种政治态度为历代儒者所继承,这表明儒者精神的指向不是权力、财富以及对君的责任,而是天道流行的人间大同。基于此,我们可以厘清一个长期引发误解的问题,即儒者与君的关系,如果将儒者仅仅理解为附庸政治的御用学者或维护君权的工具,不仅是对儒者的误解,更是对儒者的侮辱。儒者作为悟道者和行道者,在与君发生关联时,在其内心深处他处理的不是自身与君的关系,而是道与君的关系,而道高于君是儒家的绝对原则。在儒者看来,君的合理性不是因为他是天子,而是其行为合乎天道。而儒者对君的作为在根本上是以道化君,使君成为道化的明君圣主,再通过其实现儒家的理想。那种贬道侍君、无原则的为政治服务恰为真儒所不齿。朱熹为宁宗讲学期间,每讲罢义理,必教导宁宗该如何行事方符合君道,并不断询问前讲所嘱之事是否已做,最终使宁宗不胜其烦,仅四十余天后便将其罢归,即使时人也称其迂腐。只有我们理解儒者道高于君的胸怀和以道化君的强烈愿望,我们才能理解朱熹的行为及朱熹的纯儒之心。至于其理学体系,我们不应怀疑是朱熹真诚思考和毕生感悟的结果,其思想不能脱离纲常名教乃时代之必然限制,绝非朱熹刻意为君权辩护。

上面关于天道的论述似乎更多侧重于为儒家辩护,而非关乎人学。这里有必要阐明一下内在逻辑。第一,非为儒家辩护,只为还儒家之本然。第二,只有将儒家从政治和君权的阴影中解放出来,还儒家之本然,才能识清儒家对人的终极关怀及儒者本身的独立性。实际上,在中国长期"举世混浊""众人皆醉"的社会环境中,儒者恰是人格独立的典范。第三,天道观对儒家和儒者人文造就的根本上的意义和作用,以及天道观在儒家人学中的本体地位。

二、诚

"诚"是儒家体悟天道的重要所得。"诚"在儒家中有本体意义,它既是造物的原则也是宇宙存在的根本法则。"诚"在根本上意指着一种不掺杂质、未发变异、纯然本性的状态。儒家极为看重这种本真的存在状态,认为这是化育万物的前提。天地至诚,方能赋予造物以真实的自性,从而生养化育一个真实的宇宙。儒者要想参赞天地,就必须如天地一般至诚,绝不容许一丝伪假的成分。同时,儒家充分体认到"诚"与"性"的必然关联。宇宙万有充斥,纷繁浩杂,只有万物各守自性,以本然面目示诸天地,才能保证宇宙和而不紊,周行通畅。若造物随意偏离自性,则宇宙秩序荡然无存,世界必陷入灾难之中。但儒家认为后种情形并不会发生,万物从天地而来,创生之始即秉天地至诚之性:"诚者物之终始,不诚无物。"相反,儒家忧虑的是人的不诚:"诚者,天之道也;诚之者,人之道也。"儒家创立之初,正值动乱之世,人的异化成为普遍现象,《中庸》半部论"诚",将"诚"提升至本体论、宇宙论高度,并视"诚"为儒者的必备素养之一,正是对这种状况的反思,希望通过对"诚"的强调恢复人的本然之性。

既然"诚"在人性论上意指人性的本然状态,即"对对己人性的绝对的真实",那么"诚"与自我人格就有必然联系,因为人格独立正是基于本性的真实。个体的卓然自立作为现代文明的精髓,内涵深邃而博大。我们可以从对己、对人和对国家社会三个方面去分析。对己是"尽其性",即挥发自我本真之性。个人的独立即独立在相通相异、真实无妄之自性。对人是"尽人之性"。即了然他人之性与自我之性同样真实无妄。既如此,个人挥发自我真实无妄之自性,亦当容许他人挥发其真实无妄之自性:"能尽其性,则能尽人之性。"因此,"尽人之性"的精神内涵是对他人的尊重和包容,其指导的原则是不干涉他人的内在世界。关于国家社会层面,现代文明理顺了一个重要关系,即社会是为人而存在,而非人为社会而存在;国家的扩充是为发展人,而非人的发展是为扩充国家。国家的现实性或真实性与人性的真实性成为重塑国家与个人关系的根本依据,对此有深切体会的人必然同意如下观点:只有人性的真实觉醒才能破除国家形而上神话。

无论从何种方面去分析,"诚"对于个人的独立都起到根基性的作用。因此具备完整的自我人格,"立诚"占首要地位,"立诚"之后还要持续不断的"守诚","诚"对于人的发展具有永恒的作用。

三、慎　独

在人普遍异化的环境下,一个儒者如何才能"立诚",做到"诚于中,形于外"? 儒家提出了一个根本性的修养方法——"慎独"。"慎独"准确地讲有两层含义:其一是道德约束的纯粹性,即儒者的行为不是为沽名钓誉,不是为了任何外在目的或原则,而是完全发自本心的内在要求;其二是道德约束的独立性,即无论外部环境如何肮脏浊恶,儒者必须坚守自己的道德情操,维护人格的尊严和独立。要做到这两个方面都需要通过艰难而漫长的内心修养,"慎独"在本质上也正是基于心学基础上的修为之道。

心学是儒家的重要传统,并且儒家始终以指向本心的自我修养作为造就和实现人的根本手段,这一方法自近代以来受到诸多质疑和批判。我们承认仅仅强调自我修养确有弊端,但我们不能否认儒家的心学修养原则在"成人"上的极端重要意义和价值。慎独由于同时体现了心学"成人"的两大核心原则即"内省原则"和"超越原则",无论在心学义理还是现实成人上都具有根本性的意义。

根据上述"慎独"的两层含义,我们可以在心学上将"慎独"分为两部分:"发明本心"和"扩充是心"。"发明本心"即通过不断的内视和反省,对内心的不断锤炼和打磨,使心呈现出本然状态,然后听从这种本心的内在召唤,从而使自己的道德行为不假外求,无论处于"众在"还是"独在",都能自然的合于良知。因此,"发明本心"对应的是心学的内省原则。儒家强调内省的根本意图在于通过不断的内在修养达到行为的自制和自律,这一点与现代文明正相契合。早在康德的《实践理性批判》中就已指出："意志自律是一切道德律和与之相符合的义务的唯一原则。反之,任意的一切他律不仅根本不建立任何责任,而且反倒与责任的原则和意志的德性相对立。"《大学》对于小人在君子面前的惺惺作态鄙视厌恶之极,正是对道德他律的否定。

但儒者何以知道他所发明的即是"本心",即使发明了"本心",在人性普遍扭曲的环境中,儒者又何来勇气持守这份本心? 这就需要儒者"扩充是心"。"扩充是心"是在体心的基础上超越于心,去探究心的终极本原,因此"扩充是心"对应心学的超越原则。通过这种超越,使儒者认识到,心发自于性,性源自天。这样,心不再是隐于人的皮囊之中的悬孤物,不再是可随意体贴、任意挥发的无根之物。由于得到性天的根本保证,儒者不仅增强了对本心的自信,亦获得了守心的强大力量和支撑(守心即守道)。非此,不特儒者本心不明,亦不能有在众污中"独"出之勇气与动力。因此,健全的慎独内在地涵有心学中固有之超越性,由此我们也可以更好地理解刘宗周"慎独之学"如是强调体心而上达性天。

超越性对人的重要意义在于通过人对无限的敬仰和向往使人的精神达到特殊的境界,从而将人从世俗的泥潭中提升出来。没有超越性作为内在动力和力量源泉,个人能在世俗之外保持人格的独立是不可想象的。如果说基督教个人灵魂归属上帝,对上帝负责的信念促进了西方人自我意识的觉醒,那么儒家心学中的超越性未必不能开辟出一条人格独立的路径来。

四、君君,臣臣,父父,子子

仅仅通过体悟天道和自身修养能否最终实现儒家的"道"和"人"? 儒家与其他古文明相比,具有强烈的现世性和人间性,儒家从不承认人是可以脱离社会的超然的存在,因为儒家认为,人总是生活于真实的社会即由众多他者构成的网络中,自我的实现与他者的状况构成内在的必然联系,因此,儒家要实现其"道"和"人"就必须面对自我与他人的关系。

儒家处理这一关系的指导原则,我认为可以概括为"君君,臣臣,父父,子子"。这句孔子的名言经常被人引用以证明儒家不离君臣父子,甚至被用来为君父的权威张目,这些观点显然没有领悟这句话的真正意指。正如刘述先所指出的,这句话强调的是一种双边关系,与"三纲"所强调的单边关系有本质区别,这种解释更符合孔子的本意。在当时的语境下,孔子强调的是君臣父子各守其道,才能保持良好的社会秩序,并且守道不是单方的而是双方共同保障的行为,那种赋予单方以绝对性从而打破人际关系的均衡是真正的儒家所决不允许的。儒家中确有尊君重父的传统,但这种尊和重是以君父践履其道为前提的,这一点说明君父与臣子的人格在本质上是平等的,这种人格的本质上的平等是儒家处理一切人际关系的准则(儒家在任何双边关系中都强调双方各守其道,相互保证)。

另外一个层面,我们可以从这句话联想到儒家对他人的态度。在自我与他人构筑的各种关系中,儒家极为强调自我对他人的义务和责任,对他人的付出、奉献甚至牺牲。儒家处处以他人为重,以至给人感觉自我是为他人而活的印象,以及他人过于膨胀而蒙蔽自我的嫌疑。"君君,臣臣,父父,子子"正是从他人定义自我的典型,这是否意味着儒家一个重大的缺陷?恰恰相反,我认为儒家的这一处理极为卓越。儒家的伟大之处在于,在任何与他人相关联的情况下,总是首先赋予他人以生命的真实性。儒家总是从内心去构建这个他者,然后去体会这个他者的真实的生命,并以这种对他人真实生命的体会作为对他人行为的依据。儒家之所以对他人持这样慎重虔诚的态度是基于以下原则。一是,儒家对生命的宗教意义上的体认。儒家认为生命源于天地之化育,秉承天地之性,是真实宇宙的真实不二的组成部分,因此具有不可侮的神圣性。无论是如何渺小低贱的生命,在儒家都只能赞助之、成就之。人是万物之贵,更是儒家成就的对象,因此对他人的生命的体认和尊重不仅是对生命本身的敬畏,也是成就他人的前提。二是,儒家的"成人"(成就他人)之道。无论是体悟天道还是自我修养都是"成己"之道,但"成己"最终要以"成人"为保障,并且儒家"成己"的目的也正是为了"成人"(最终实现大同)。儒家"成人"的具体方式是通过对他人生命真实性的承认去引导他者感受自我和别人的生命。因此儒家对他人的无私态度在本质上是一种"感化"(即儒家所强调的"以德服人"),并希望通过这种感化使他人获得存在的真实性。我们可以把儒家的"成人"之道概括为:"成己"而后"成人",自渡而后渡人。正因为"成人"以"成己"为前提,即他人的真实性是由自我主动给予的,所以自我对他人的投入状态不仅不是对自我生命的否定,相反,是自我与他人的"双成"。

以上我们勾勒了一幅"在"的儒家的图景,这幅图景是极为粗线条的,但足以使我们看出"在"的儒家实质上就是"人"的儒家。人是儒家真正的核心。在此岸世界建立一个人间乐土——用现代语言来说,一个人道主义社会——是儒家全部的理想。儒家几千年来的激情、智慧、情感、境界无不基于这一信念。所有这些共同构成儒家真实的生命,需要再次强调的是这里的人是不分尊卑贵贱、贫富等级的。如果儒家确曾赞同或支持过这种划分,那么这是儒家的方式,而非儒家的目的。换言之,儒家没有能力在这种划分之外去设想一个有秩序的和美社会,历史没有开出这种可能性。再换言之,如果历史开出这种可能性,我们没有理由否认儒家会紧紧抓住这种可能性,康有为在近代的表现就是有力的证据。他的事业没有继续下去就被更为汹涌的浪涛所湮没,但是今天,最杰出的头脑有理由思考这些后来的社会风暴很可能偏离了理性的轨道。正因为儒家本质上是人学,这使我们坚信,儒家的人学本质铺就了它通往现代文明之路,虽然这条路注定充满艰辛。

最后让我们回到罗多弼的观点。我们承认人的独立性在现代文明中的地位,但我们绝不认为我们恢复传统的努力是在"寻找药方",是希望"被托管"。人作为民族的和历史的存在,人的独立也只能在民族和历史中完成。人的独立并不意味着人成为脱离与大陆一切联系的孤礁,文明的发展就是不断地将人必须存在于其中的形而上存在由对人的不自觉的压迫者转变为自觉地促进人发展的积极因素。因此,对于任何地方的人们来说,对历史和传统的正确态度是转化而不是消灭。西方个体的独立并没有消灭上帝,相反,无论现在还是未来,没有上帝的西方都是不可想象的,这一点对儒家文明在东方的未来提供了充分的启示。

参考文献:

[1]石岩,周华蕾."读《左传》不如读《红旗》?"——专访罗多弼[N].南方周末,2007 - 04 - 05(D25).

[2]杜维明.人性与自我修养[M].胡军,于民雄,译.北京:中国和平出版社,1988:92.

[3]杨泽波.牟宗三三系论论衡[M].上海:复旦大学出版社,2006:183.

[4]刘述先.儒家思想开拓的尝试[M].北京:中国社会科学出版社,2001:144.

(集美大学)

作为精神文化内核的"礼"

——以梁漱溟的研究为中心的考察

张荣荣

摘 要:20 世纪初,西学大举进入中国,以孔孟为核心的儒家传统文化遭遇批判与否定,加之后来与其遥相呼应的"文化大革命"致使传统文化几近"丧命"。五四青年于国家积贫积弱、受坚船利炮攻击之际,提出"打倒孔家店"的口号。继"破四旧""文化大革命",中国遭遇物质与精神双重困境,传统文化被生生撕裂,数千年的文化信仰及其精神家园为之折摧。对儒家文化的批判,最为突出的当数魏晋及晚明时期,前者与道教、佛教的冲击相关,后者则离不开城市商品经济的发展及市民文化的进步。近年重提儒家,重新思考,返本开新,是当代伦理道德体系重建的重要一环。本文即是以梁漱溟的研究为中心,试图从作为精神文化内核的礼出发,对儒家传统文化进行制度、文明以及价值观念的讨论,尤其是对中国思想文化的民族精神做以考察,以期为儒家伦理之于现代的更新转换提供参考。

关键词:礼;梁漱溟;精神文化内核

一

梁漱溟先生对"文明"与"文化"作了区分,认为"文化与文明有别。所谓文明是我们在生活中的成绩品——譬如中国所制造的器皿和中国的政治制度等都是中国文明的一部分。生活中呆实的制作品算是文明,生活上抽象的样法是文化。不过文化与文明也可以说是一个东西的两方面,如一种政治制度亦可说是一民族的制作品——文明,亦可以说一民族生活的样法——文化"。塞缪尔·亨廷顿认为,"文明和文化都涉及一个民族全面的生活方式,文明是放大了的文化。它们都包含'价值、规则、体制和在一个既定社会中历代人赋予了头等重要性的思维模式。'"

梁漱溟区分了文明与文化,塞缪尔·亨廷顿指出了文明与文化的共通之处,二者从不同方面共同指出了文化的精神指向,塞缪尔·亨廷顿的价值、规则、体制和思维模式与梁氏的民族生活的抽象样法皆指向精神层面的东西,因此我们在探讨文化的精神内核时可根据其文化精神指向下的器物、制度以及价值来分别进行。一个民族中人们文化生活的样法主要依据伦理精神而定,它不仅规定了人们生活的样式和目标,同时也制约着制度的设计与安排,精神渗透于制作品的文明中,以之体现某一民族的精神偏向。

因此,通过分析一个民族的伦理精神,某种程度上可为一种文化的存在与不为他种文化消解提供法器。伦理精神体现于观念、制度及器物上,对其进行全方位、立体式的剖析,能够激活民族精神密码,进一步适应现代人伦生活的需要。立足现实,观照传统,对传统的伦理精神进行梳理、反思、批判与改造成为我们的现实要求。我们不仅要以传统的记忆恢复现实,而且要激发传统、开启未来。倘若抱持审慎的态度对待传统,愿意花费心力改造传统,那么儒家伦理势必将重返历史舞台,重归长治久安的文明家园。

对传统进行纵横的考察,作为分析伦理精神的方法与路径,是一个不错的选择。纵向上,我们可以梳理伦理文化的变迁;横向上,根据需要分析现成的经济模式、社会政治制度以及主流文化心理。一定的文化基础为经济发展、巩固以及现代化提供了条件,经济发展倘若没有相应的组织形式会直接影响社会的发展。无论是人的行为、思想以及价值观,无不受其所承继的文化支配和制约。梁漱溟正从文化出发,通过对既有文化的梳理、现实情状的分析,找到了实业救国——"以农业引发工业"的经济发展模式。

文化与经济实为一个问题的两面,文化的繁荣需要通过经济的发展达到,经济的发展则需要文化的支撑和推动。马克思主义的唯物史观告诉我们,一个社会的经济形态是生产力发展到一定阶段的产物,而生产力的增强一方面表示人类理性知识的增加,另一方面也意味着人的主体性增强。而人作为自我创造的和合性存在,主体性的实现通过社会关系表现,社会关系的强弱则受生产关系的限定。人们通过社会实践,选择合适的生产模式,得出合理的社会判断,形成一定的社会关系。

中国自列强打开大门,一直处于传统与现代的断裂之中。不仅儒家传统没有体现其应有的变革与转换,中国经济也未得到应有的发展与进步。中国要求自身的现代化,实则儒家传统对自身现代化的要求,进一步来说即是儒家伦理之于现代的更新转换,这一要求本身即体现文化与经济的二元互动。中国的现代化作为独立的个体,非西方的现代化,要保持中国的特色,同时也要追求经济、文化等各方面的现代化,当然最主要的是人的精神现代化。马克思认为劳动实践活动本身应该成为人体现自我生命的活动过程,而追求物质利益、满足生存需要同样构成人的生命,因此人的生产能力及精神品质的提升,皆成为现代化的养分。苑秀丽、何小玲的《儒家思想与中国当代伦理》一书即是立足于儒家文化所出现的断裂与应对的挑战,通过儒家公私观与天人观的双重视角,从当代公共伦理与生态伦理两个方面,考察了儒家思想于中国当代的发展与嬗变问题,试图通过对现实问题的历史文化追溯,穷究儒家思想的现代化可行性及其重建与复兴。叶金宝的《儒家和谐思想的当代价值》一书谈到了近代以后中国文化结构中"泛功利主义"与"泛科学主义"突出,对人们的日常生活产生了重要影响。"泛功利主义"倾向将人视为"经济理性"的动物,于社会生活中忽视人们需求的多样性与全面性,尤其缺乏对个体内在精神的重视;"泛科学主义"则认为一切问题皆可诉诸科学,强调客观法则对于问题解决的重要,忽视作为主体的人在问题处理及历史发展过程中的重要性,坚定科学之于历史的客观性、规律性和单向度性,对其产生了严重的依赖甚至"迷信"。因而提出人文主义的价值取向,在肯定人们物质欲求的前提下,重视人的精神品质的提高。

一个民族全面的现代化不但要求民族文化的自我更新,同时要求对外来文化的兼容并蓄。自我更新方面,中国文化传统历来有之。《盘铭》曰:"苟日新,日日新,又日新。"《诗》曰:"周虽旧邦,其命维新。"《康诰》言:"作新民。"儒家文化的嬗变始终贯穿着自新的要求。孔子称赞周礼,因其对夏商二代作了损益。所谓"郁郁乎文哉",正是对文明的凸显而强调"文"的一面。孔氏之后,儒家文化的每一次转变都力争当时的现代化。

往前追溯,秦汉时期儒家著述诸如《礼记》《孝经》等的问世,体现了儒家文化的系统化、体系化,为其升级为统治阶层的思想作了准备。《大学》"三纲领、八条目"对儒家"内圣外王"的思想作了系统阐述;《中庸》"致中和,天地位焉,万物育焉"的"中和位育"思想,表明了儒家最基本的"天人合一"的宇宙观、秩序观及发展观。佛教传入以后,儒家文化顺应时势之需,融合了佛家相关术语及其部分思维方式,促生了儒式心学及理学。明中叶以后,"厚生利用"之学又一次成功转型,主张理欲一统,反对"重义轻利",强调"经世致用"之学,提出"正其谊以谋其利,明其道而计其功"的主张,成功通过"自新"融入了发展中的社会生活。因此,儒家伦理学说自身葆有自我扬弃的能力,因之兼容并蓄的品格,积极借鉴外来文化发展自身。市场经济后,社会因素的不稳定、社会环境的动荡使得儒家伦理曾一度沉沦。意识形态上其未紧跟马克思主义指导原则,制度层面上没能及时改革社会主义制度,一味抛弃固有传统、吸收现代市场因素使得儒家伦理的精神未能进入现代社会人们的生活。经济复苏、文化发展的失衡导致了传统与现代的断层,体现于社会生活即是个体修养因未跟上物质经济的发展而呈现出心灵的荒原化,一度处于紧张、焦虑之中。此时如何从实践上升为精神,又如何从观念下贯到生活,成为儒家文化尤其是儒家伦理的现实性要求。

文化虽然包括物质、制度及思想三个层次,但一般而言的文化直接指向第三个层次思想,因为一个民族中最为基本且相对恒定不变的乃是深层次的思想。相较于思想深层,物质及制度层面相对薄弱,其于社会生活固然重要,因为物质为人们提供最为基本的饮食条件,而制度则予人以基本的社会保障,然思想对于一个国家而言只要国家存在,思想便不会消失。也即是说,一个国家最为根本的是民族精神,民族精神是持续、稳定、深远而亦悠长地存在于一个国家中的根本要素,而这也正是梁氏文化救国的力倡。然而民族精神的存在又与其国力基础密切相连,政治、经济等横向的切近要素成为文化精神的沃土所在。中国作为礼仪之邦,本身即具文化的意涵:"从先秦到汉唐以至宋明,思想家们往往将中国看作一个政治观念、文化观念,而不仅仅是地理概念。世代相袭、普天认同的中国是'礼仪之邦'的观念,便是其具体反映。"礼义很早便成为文化的划分标志,诸如"中国失礼义则夷狄之,夷狄而能礼义则中国之"便是根据礼义的文化标志将中国与夷狄划分开来。

实然,中国文化代表了中国精神而且是一以贯之的文化精神,这于郭沫若眼中的文化中国也不例外:"我们中国民族和中国文化,五千年中永远保持了它的一贯的进化体系。"伦理精神,化成天下,也即文化精神。"这种精神和价值观,不是某个人或某些人的文化理念,也不是某个社会历史时期流行的价值观念,而是以不同国家民族文化哲学形上本体论为根据,长期发展起来的根本理念与精神。它不仅支配着不同国家民族过去、现在和将来的价值取向,而且贯通其文化历史的始终。因此它表示着一种永恒绝对的精神;它支配着不同的信仰和信念;它从文化上奠定了不同的人性论精神;它维系着一种历史的内在目的论;它内在地规定着不同国家民族历史的存在与发展。

二

马克思于《政治经济学批判导言》中指出,道德以实践精神的方式把握世界,这提醒我们若想实现儒家伦理的现代转型,需要将精神落实到实践。人们根据实践要求及实践感受提炼出应有的价值标准,同时将价值目标转化为具体的实践环节,于社会制度中落实、实践,实践中逐步印证到提升它,甚至将之变为有形的器物加以体现,以此实现对社会的整体性把握。因此对于儒家伦理的现代转换,应从观念、制度及器物层面进行立体式转化,以其内在超越、中和位育、重义轻利的特质深入生活、平衡生活,增强核心竞争力的同时进行整体把握,争取自主增长的砝码,由此真正实现现代转型,立传统于不败之地。

梁漱溟说:"道德礼俗则以人之自喻共喻自信共信为基础。"20 世纪 20 年代始,以梁漱溟为首的文化救亡运动伴随民族意识的觉醒渐趋深入,从伊始的被动与盲目到后来的意识与反思,全方位、多角度进行探讨。从国家政治到国民经济,从国民教育到民族文化,呈现出由显性而隐微、由浅表而深入、由感性而理性、由激情而冷静的逐步加深的递进特征,而且一直延续至今,这种自我反思的民族精神古来有之。梁漱溟的礼法思想正是基于这种文化现象的新反思,以梁漱溟对人的整体性、精神性为起点及落脚点,重新观察人、解读人,关注人的情感需要及整体形塑,将人本身的发展视为目的,从而明了人的发展融历史发展为一的合目的性及统一性,放弃单一追求物质文明、经济理性、单向同一及标准化的愚蠢行径,发扬人能弘道、道与人合的宇宙伦理精神,同时也为健全中国乃至世界人类的建设提供理论参考、价值参照。

然而,梁漱溟的礼法之思又必然不会成功,原因在于礼的实行需要相对稳定的社会结构。叶金宝即在其书中提出了礼的这个问题,他认为,礼的具体性、原始性与直接性、无中介性与中国社会的结构、社会交往的简单性是相适应的。礼要发挥作用,人际关系必须是稳定的,交往范围也必须是有限的。而在近代,当中国之门被迫打开,自然经济结构瓦解,社会交往依靠自觉很难取得实质性成效,人们难以持守固有利益、对自身有所保障,因此礼显得无力而不得不退出历史舞台。取而代之的是商品经济、市场经济社会中的公共交往理论,此时公与私分别较大,忙碌的人群并不太关注专属私人领域的部分而更加关注公共领域,此间便要求交往原则的科学性、严密性与逻辑性。如果说人类社会某种程度上依靠人类认知来判别其进步与否,那么社会的发展会因知识的发展而表现出层层累积的样态,而这就其表现而言则是对社会、心理的物质元素和精神元素的重组,包括对这些元素具体作用的边界界定。就现代社会交往原则来看,礼仍有其适用范围,比如其在像家庭这样小范围内强调自觉的适用,这时礼关注个体、区别对待,就同一事实不同之人可就实际情况做出不同判断。它要求个体的道德自觉,排斥工具理性,其作为一种外在社会规范可视的基础在于"礼并非社会强加给人的外在的规章法则,而是切合人的本质、人的本性的内在的情感满足方式"。

儒学主要作为一种价值学说,其工具理性还不够发达。工具理性与价值理性是两种不同区分中西方文化差异的方法,所谓工具意识即是力图通过或借助某一中介实现某一价值理想或目的,而中介同方法、手段是同一层次的概念,广义上指一切中介。作为一工具理性欠发达的道德学说,儒学伦理学本身难以与市场经济高速发展的现代社会相匹配,但不能因此忽视其可能的伦理意义,其在现代社会生活中对于人的价值与意义的追寻而言具有积极作用。借助其不可多得的内在支撑辅助现代生活的社会发展,只要衔接妥当定会起到意想不到的效果。传统儒学本身包含诸多益于生活的合理因子,只是因其发展的不够全面或缓慢使其跟不上现代生活的节奏而落后,但只要合理制定出其适用的场合并厘清其思想的边界,将之与现代生活重新融合,我们便会发现其现代意义以及其对现代生活伦理困境的价值导航。梁漱溟在《中国文化要义》中曾指出过科学与追求人生意义的区别,林毓生也就此二者作出过说明:"社会科学所关心的是人的社会,是关心人际关系的一种学问,是要了解一群人集合在一起的时候,在什么规律、什么秩序之下大家容易生活在一起。这种学问与追寻人生意义的学问或创造活动是非常不同的。"

礼作为中和之道的化身,本是来自远古的意识形态,属于正常生活领域的文化现象,合乎中华民族的文化特征。礼注重此一人彼一人间的关系,从个体交往上来看具有个别性、具体性,从推类而广之的人格整体上看,则具有整体性、普遍性。就个体而言,礼对精神修养、人格养成具有不可多得的工具作用,同时推开来看,倘若社会中的每个人都得以做到以礼相待、行修一己,则社会整体会因礼的功用而升华其价值层面。

当然,从社会运行的角度出发,礼的使用可能因为实效等现实问题使得社会管理效率降低,因此某个阶段内它会因与社会的不相适应而或隐或显,这要根据社会的需要与发展而定。现代社会之所以提出要以礼治国、以礼相待,是因为社会发展过程中太过注重效率而忽视礼的层面、忽略了道德自觉,而儒家之礼的要求正是基于自我反省的道德前提。中国现行社会规范不够完善也未受到足够的重视,体现了传统礼法思想的影响太过深远。因此,叶金宝认为,现代社会,礼经过改造后只能作为一种修养方法而存在。李锦全教授认为,儒家社会生活与个体修养混为一谈应予以抛弃,如亲亲相隐。"传统儒学的'亲亲'观念,导致某些父母为子女以权谋私。"

而这在张德胜看来,说法稍有不同。他认为,"个人修养并非孔子的终极目标,而是确立社会秩序的手段""孔子的终极关怀是在社会层次的外王,而非个人层次的内圣",而那些"认为孔子学说以道德自我完善为至高鹄的者,大概未有注意到孔子原先的问题"。梁漱溟一生致力于解读孔子真义。在他那里,儒学价值一方面体现为自身的"清明安和",另一方面也试图通过个人问题的解决来达到"社会问题"的最终解决,即儒家所谓的开出新外王。

杨清荣在《儒家传统伦理的现代价值》中谈及了全球化背景下的儒家伦理,认为儒家伦理之于当代社会的定位问题源自中西文化的张力,归结于启蒙与救亡的对立。他认为想要实现现代化,一方面需要进行基于近代西方资本主义思想的现代启蒙,另一方面则勿忘中国本土增强国力、摆脱控制的实践目标和价值导向。而这要求具有全球性视野,必须将儒家传统伦理植入世界民族之林才能发展壮大——发现问题、清晰定位,也才可能走出当代困境。

资本市场下,价值实现与评价呈现物化、交换及竞争特性,资本经济的扩张与文化扩张互为表里、互荣共进,经济强权呈现出文化强权、话语强权之势,导致文化改造呈现为全球资本主义精神导向的文化整合运动。在经济全球化引起的文化全球化的大背景下,经济强国凭借经济实力推行自己的核心价值,过程中一切趋向资本主义化方向发展,儒家伦理于此潮流中成为资本主义强势文化挤压并消解的对象之一,不得不与资本主义文明、体制甚至观念融合,这是儒家伦理面对的基本困境,也是儒家伦理思考自身如何存在、如何冲破困境的根本所在。

三

钱穆说:"'天人合一'论,是中国文化对人类最大的贡献。"中国文化注重整体思维,主客一体,通过把握事物间的联系或关系来认识自己、认识世界。李锦全教授指出:"中国传统文化的形成和发展,可以说是经过多次矛盾与融合的反复过程。"张立文教授认为:"融合是既有结构打散以后的重新凝聚,标志着新结构方式或方式结构的化身。……冲突本身就意蕴着对既有结构方式的否定,因而,它不能直接化育新结构方式。冲突又意味着竞争,于是有催化新生命产生的作用。"季羡林说:"从冲突到融合就是文化融合的普遍规律。"追求秩序,实现和谐,是人们的共同价值理想。然而,当理性的规章制度似乎奴役了人,尤其是社会现实中的道德规章制度把人压得喘不过气来,使人无法自由呼吸,便会摒弃追求的自由、解放。霍夫曼曾经说过这样的话语:"人生的终极追求以及自我实现,乃是各种文化所必然遇到的根本问题。……对不同的文化进行比较,我们可以明显地发现:它们关于理想人格的终极描述的差异,远远小于过程描述的差异。……终极描述之所以具有差异较小,是因为人性具有普遍性和共同性,不同的文化在描述人性发展的最高境界之时,在设想人的最佳状态时容易趋于相同。过程描述之所以相对较大,是因为社会历史环境各不相同,在为人格发展的最高境界提出建议时,必然要考虑到环境的差异和影响。"

儒家学说的精神要义是开拓进取,在与自然之天矛盾的妥协中人们成就着己身,在认识自然的过程中认识自己,在成就自我的过程中同时成就他者,亦即成己以成物。需要注意的是,儒家在成己成物的过程中因其"反求诸己"而将认识归本于己心,开拓中能够跟随环境的变化而游心于物,最大程度实现其内在自由。荀子在社会秩序问题的讨论上与传统儒家相一不二,在天道与人道的不二关系上如出一辙。他将礼义法度共同视作天人之法,其中礼作为"与天地同理,与万世同久"而起到大本的作用,因此其提出"隆礼"的要求,目的就是使得天道与人道相合,达到早期思想形态中的"以德配天"。孟子提出"尽其心者,知其性也。知其性,则知天矣。存其心,养其性,所以事天也。夭寿不贰,修身以俟之,所以立命也",在天人的关系上孟子提倡承认分配尽心知性、存心养性的修身功夫,达至知天事天、安身立命的道德修养目标。这种精神要义源出人间常情、伦理亲情。

汉代以前,传统儒家相较更加重视家庭伦理,注重以家庭整体的利益为重,以家庭为本位将伦理关系投入社会大体,家庭关系的扩大化形成构筑了典型的社会关系。汉代以后,作为家庭与社会衔接的"人"突显了出来,宋明理学的繁荣成为此间很好的明证。王安石说:"道之在我者为德,德可据也。以德爱者为仁,仁譬则左也,义譬则右也。德以仁为主,故君子在仁义之间,所当依者仁而已。……礼,体此者也;信,信此者也。"这里礼同义、信等一样作为体仁、践仁的手段及工具,同时又具有道德本体的意义。人作为道之载体,同时作为仁、义、礼、智、信等践履主体,同样具有本体与内容的双重含义。通过道德修养,人可以具德在身、与道为一,而通过躬行践履又可以强化人的仁义礼智等道德品质进而使之进一步得到升华,二者于个体生活、社会实践为一,融道德修养、道德实践与天道为一。二程说:"道外无物,物外无道,是天地之间无适而非道也。"朱熹说:"仁义礼智信,岂不是天理? 君臣父子兄弟夫妇朋友岂不是天理?"他们的意思无外乎伦理之义纯于天理,伦理关系于父子要有亲,于君臣要居敬,而对于其他的诸如夫妇、长幼、朋友等也势必要遵循既定的道德规范、践行人伦大道。这种将传统伦常天理化作为程朱理学的特色以及对于王学之道的具体化及深化,同时加剧了这一时期人伦关系的进一步僵化与固化。整齐划一、思想集中作为时代特色,凝聚了民族大体,却也为后来社会的没落埋下了伏笔。

起源于家庭,人与人之间因血缘关系发出的社会结构,自然而然形成了伦理本位的社会关系及社会秩序。据此伦理关系中的礼法规范,规顺了社会关系,成就着价值准则。由此,人们的日常生活、社会生活无处不在伦理关系中开展、受其影响。因为天人相一,人们将这种伦理规范的源泉追溯至天,认为天才是这种价值原则、伦理规范的本源。就这样在人与天的相互认识与沟通中,人凭借道德的自觉与自律向天而往,天依仗其绝对的威权与威仪引人向前,进而实现天人合一的价值互动与天人相参的目标逐求。整体上来说,儒家相对欢迎较为温和的道德之治,而不接受强硬的法律之治。在儒家看来,德治与礼治是实行国家治理的基本手段,西方所推崇的威权与律法不合乎人性的基本需要,因而以礼代法成为儒家的特色与根据。孔子曰:"道之以政,齐之以刑,民免而无耻;道之以德,齐之以礼,有耻且格。"《国语》有言"礼以纪政,国之常也"。作为理政之纪、治国之常,礼治、德治成为儒家政治的依据同时也成为儒家政治的理想目标,也因此儒家更为崇尚王道政治而非霸道政治。

孟子在仁政思想的主导下,也极为重视对礼的践行。孟子曰:"君子所以异于人者,以其存心也。君子以仁存心,以礼存心。仁者爱人,有礼者敬人。爱人者,人恒爱之;敬人者,人恒敬之。有人于此,其待我以横逆,则君子必自反也:我必不仁也,必无礼也,此物奚宜至哉? 其自反而仁矣,自反而有礼矣,其横逆由是也。君子必自反也:我必不忠。自反而忠矣,其横道由是也。君子曰:'此亦妄人也已矣。如此,则与禽兽奚择哉? 于禽兽又何难焉?'是故君子有终生之忧,无一朝之患也。"孟子提出"尽心知性知天"以"存心养性事天",皆是通过"心"的作用达到认识自己与认识世界、人格养成与长养万物的目的;而"心之官则思"之思绝非仅仅对知识畛域的思考,更重要的是实践过程中对礼的合规定性反思。由此可见,孟子基于仁爱的前提,通过对礼的躬行践履,达到其所谓爱敬的君子形象、成人的终极鹄的。

君臣关系的加强,表明了伦理关系从血缘亲情进入到政治领域,政治伦理化成为普遍存在的社会形态。"君惠臣忠"成为伦理化政治的内容主体,家庭伦理的性质因政治的伦理化从自觉走向强制,从松散走向规范与义务。家庭伦理与社会伦理于此呈现出双向互动的特点:从内容上来看,二者整体上有机统一,互通共进,互为彼此;辩证地看,二者因关系的互相贯通而容易走向极端,如个体淹没于家庭、社会,社会因注重整体而忽略了个体,社会因激发不了个体的积极性导致社会运转的僵化,个体因社会强调牺牲奉献而身置重压之中,进而不能伸张自我、满足个体需求,以至失去应有的生机与活力,缺乏创造与拓新。伦理与政治的结合使得社会从各个方面构成一有机整体,表现最为典型突出的即为荀子时期的伦理政治。作为伦理关系最为基本的血缘之情使得社会政治颇具温情,同时作为社会治理的政治又使伦理之不足得到补充。于是伦理与政治相互补足、相互作用,二者交融流动,于国呈现出良好的守国、为国的积极态势,于民反躬自省的道德修养及家国一体的伦理情怀足以协和万邦。这对于当代伦理问题的解决亦提供了不可多得的参考:从人出发,以人为本,即使在法律健全的社会礼法也将为人的道德修养提供帮助,而提高人的道德品质这点又正是社会问题得以解决的基础与根本。

整体思维方式是一种注重因素构成的价值存在指向,并非遵循非此即彼的合乎形式逻辑的同一律。在培拉(R. Bella)看来,"整合性价值"(Integrated value)是中国的"中心价值体系"，而中国的社会理想是"一种调适的平衡"。这在张岱年看来，整体思维因容易走偏的特点从而不能进行具体分析："大多数中国人都习惯于笼统思维，对于所研究的问题，往往作出全称肯定或全称否定的判断，而不进行具体分析剖判"，而"文化进步的一个关键是在肯定整体思维的同时致力于分析思维，对于任何问题都应进行分析的研究。"

四

"先秦儒家主张德治与礼治，并不否认法治的作用，只不过认为法治应备而少用。""西方是人性恶的传统占主导地位，从恶导善，必须有中介、工具、方法与手段。因而强调规范的中介作用。""西方政治学说有两大特点为：一是契约论，二是分权说。这两大特点无不以对人性的透彻分析为前提，以功利主义的伦理观为基础。"

叶金宝认为，在社会制度缺失的情况下，社会秩序的维护依靠自觉与修养，因此需要加强思想控制。没有健全的社会制度，人们行动找不到判断的依据，只能根据自己的感觉直观行事，由此学说、思潮的力量会变得强大，它予人以心理暗示，有甚者则有可能造成社会动荡。就历史而言，从思想出发维系社会的稳定与和谐很难达到预期效果，因为思想因素是人类因素中最为活跃的因素之一，思想的整齐划一基本上是不可能实现之事。抛开利益等因素不谈，仅就知识论角度层面来看也不可能，而就统治阶层来说，健全的社会制度也成为其提升安全感、自我保障的措施。孔孟之道，特别是理学，实质可用八个字概括：等级观念、中庸之道。它承认人与人之间的不平等，以此作为前提，承认"君为臣纲、父为子纲、夫为妻纲"，在此伦理道德观念支配下，社会以"上尊下卑""天有十日、人有十等"之类的教条维持封建的正常秩序，日常处事及待人接物中主张中庸和平，反对人与人之间的矛盾。

黑格尔认为："在中国人那里，道德义务的本身就是法律、规律、命令的规定。所以中国人既没有我们所谓的法律，也没有我们所谓的道德。……道德包含有臣对君的义务，子对君、父对子的义务以及兄弟姐妹间的义务。"在黑格尔眼中，中国人没有所谓的道德法律，而孔子那里也不过是一些"善良的、老练的道德教训"。韦伯也注意到儒学不过是上层阶层的政治格言及行为规范而已。孟德斯鸠说，中国人整个青年时代都在学习礼教，他们将一生用于礼教实践，而这也即是伦理与道德的核心与基础，是整个封建统治的逻辑前提和思想出发点。实然，传统中国没有既定的法律道德，礼仪规定作为人们道德实践的准则同时也是共同遵守的约定，某种程度上其充当了法律的作用，人们依靠自觉与自律遵守道德规定、履行道德义务。

任继愈认为，"礼具有两种相反相成的作用，一个是合同，一个是别异。别异是区分上下贵贱的等级制度，合同是使各种不同身份地位的人相亲相爱，和谐融洽"。精于礼学的柳诒徵说"言史一本于礼"，认为"礼者，吾国数千年全史之核心也"。蔡尚思也在此基础上认为，"与其说经学即史学，还不如说经学即礼学"。"礼之用，和为贵"，礼的目的在于和，礼本身作为统治者的工具存在,发挥其分别等级使之各安其位、各司其职以达至和的目的。和是价值,中则是方法。中是和的方法论,礼是和的工具,中是礼的指导原则。执两用中既是人的内在修养方法,也是使主客体关系和谐的认识方法。先秦儒家强调时中、教人于变化中求和谐,具有特殊的价值。对于中的意义转向,则得追溯到春秋战国,当时"礼崩乐坏",旧有价值观念、社会规范遭遇破坏,新的价值观念与社会规范尚未确立,此时则要求以礼为原则的和。所谓"和"实则"和而不同",更加侧重不同元素结合对于"和"的重要。

儒家虽然对"和"极为重视,但此种"和"仍然是建立在等级之分的"和",是一种整体性思维。先秦儒家拥有相对合理的等级观念,强调不平等中的公正、公正中的不平等,反对绝对的思想观念。这种合理的等级观念不仅为古代思想家认同,对于现代社会也同样具有重要意义。礼有上下等级之分,我们可以从社会分工与先贤使能两个方面来看,但此等级之分并非维护尊卑贵贱的等级关系。如孔子论人有三等,从认识能力上加以区分,某种程度上为社会上下等级关系提供了理论依据;孟子指出分工的必要性,认为物有差别,价值大小不一,人也有差别,不同的人应该干不同的事情;荀子更是认为社会分工非常必要,认为"有天地而上下有差,明王始立而处国有制。夫两贵之不能相事,两贱之不能相使,是天数也",人与动物的最大区别在于人因能分而能群,而这也是礼的本质所在。当时情况下这种从社会分工的角度来谈等级观念具有相当的合理性,与后世维护王权的等级制度有较大不同。今人金景芳为儒家等级观念的合理作了辩护,认为"今人一提等级制度,无不奋力反对"。

其实,等级和阶级不是同一的概念。我们反对阶级是因为它有剥削,等级则不然。等级是所有一切有组织的群体,所不能避免的,全景芳举例共产党上下级等级划分的合理性,认为"消灭阶级可也,等级是不能消灭的",同时认为"讲平等并不是要求形式上平等"而是实质上的平等,因为"如果真是那样,反而是不平等了"。这正是儒家的特色所在,讲等级是适合于当时情况的合理等级,讲平等亦是恰逢其时的政治、人格以及生存权利的部分平等。

李泽厚认同谭嗣同对荀子阶级论证思想的说法,说"荀子失去了氏族传统的民主、人道气息,却赢得了对阶级统治的现实论证,实际上是开创了后世以严格等级差别为统治秩序的专制国家的思想基础。而先秦作为习俗的礼仪规定及宗教仪式,则具有氏族社会时期的遗风遗俗和人道精神。所以谭嗣同才要说'二千年来之学,荀学也'",这实际上暗示了后世统治等级的严苛。实然,中国历史上的等级制度大多表现为极端统治,这种等级制度旨在维护君主权威,其多与野蛮、残暴相关联。分封制与宗法制的实施使得等级得以可能,稳定的隶属关系成就了等级的形成,西周时期尚且温和,秦汉以后伴随君主专制的加强而强化,君臣关系发生了巨大的变化,成为严格地服从与被服从,进而发展至极端,成为泯灭人性、戕害生灵的统治制度。

正因为如此,近代学人才对因礼及由之而来的等级制进行了强烈的批评,有甚者如谭嗣同指出，"君以名桎臣，官以名轭民，父以名压子，夫以名困妻"，他认为"历来的独夫民贼，固乐三纲之名，一切刑律制度皆以此为率"。谭嗣同完全否定基于三纲五常的名教政治，认为这不过是统治阶层愚民、治民的手段及方法，"愚黔首之术"而已矣。面对民族危机，近人如此批判极为有力，但不能如此不加区别地一票否决或笼统而论。

梁漱溟"伦理本位"中的"互以对方为重"沿袭了孔氏"不患寡而患不均"的原始思想。我们说礼的功能即在于分、节、均。荀子说："养人之欲，给人之求，使欲必不穷乎物，物必不屈于欲，两者相持而长，是礼之所起也"，"人生不能无群，群而无分则乱"，因而提出分之以使其均。"均贫富""等贵贱"等平均主义倾向一直是历史上民众翻身闹革命的向往，按照儒学的宗旨此亦无不成为最终理想，而这一思想不同程度地存在国人心中并且一直延续下去，近代民主革命中"均平"亦无不成为其理想目标。洪秀全的《天朝田亩制度》、康有为的"大同说"、孙中山的"互助社会主义"、梁漱溟的"互以对方为重"无不暗流着均平的因素，甚至我们的社会主义乃至共产主义无不部分承继着这一传统。然而这一思想实践中是不可能绝对达到的，只能相对地来看。美好社会应该是一种和而不同、不等而等的社会面貌，真正意义上的均平无法实现也不可能实现。

荀子有言，"分均则不偏，势齐则不一，众齐则不使。有天有地而上下有差，明王始立而处国有制。"这是其对"维齐非齐"的解释，也是其礼制思想的等差依据。在荀子眼中，差别是一个社会发展必然存在的现象，只有适度不平等才能促使人们鼓足斗志、奋力拼搏。这是由于人们合理的欲望使然，也因此要制定礼义分而制之，使贫富贵贱各安其位，在有限的范围内、有序地进行自由发挥。孟、荀的观点虽有人性善恶之别，但将人的基本品质归为"人心"这点，二者观点保持基本一致。基于人心的可塑特性，人们拥有了道德修养的可能性。理论上荀子吸收了墨子重智的逻辑思想，但其吸收逻辑之思的目的仍是为了伦理实践的有效性。荀子之道，并非天道，乃是人道，其提出以"心"知"道"的观点："道者，非天之道也，非地之道也，人之所以道也，君子之所以道也。"继而强调"制天命而用之"的认识为实践服务的天道归一人道的原则。

孟子讲内圣、重仁，荀子谈外王、隆礼，但二者就礼的社会功能方面皆持维护态度。孟子主张从人的"良知良能"这一内在出发培养人的伦理道德，荀子提倡从外在环境学习、实践礼仪。二者的根本区别只是取径的不同，二者乃至同出一家的孔氏本身无不重视礼的规约、形塑甚至工具之用。而这所有的原因皆是基于社会稳定得以保证的前提下，推动社会的进步。这点梁漱溟可谓树立了典范，抓住了本质。他认识到先秦儒学的根本，沿习了古代礼法重视地域、习俗的生活面向，将之奉为人生真义、为人根本。对于荀子之用，以其用语表达，即可见荀子发扬的正是中国特有的"理性"精神。

对于"理性"精神的建立，我们可以从司马云杰那里得以参考。他认为若要重建现代伦理道德精神，首先要从灵魂的觉醒开始。因为"治天下必自人道始"，治国家必自人心始。

国家盛衰,天下治乱,民族兴亡,全在乎人心,在乎国家民族之精神:"大丈夫无心于斯世则已,苟有心斯世,须从大根本、大肯綮处下手,则事半而功倍,不劳而易举。夫天下之大根本,莫过于人心;天下之大肯綮,莫过于提醒天下之人心。"其次,现代新外王要有仁德思想。现代王道经济核心以人为本,仁爱天下;现代伦理道德精神也是"仁"的思想。其三昌明学术,重建道德的形而上学。"天下之治乱,由人心之邪正;人心之邪正,由学术之明晦。"因此他认为"欲醒人心,唯在明学术",而"中国文化所谓学术,不是指支离破碎的经验知识,不是指追逐功名富贵的辞章、记诵、考索之学,而是指有关国家民族文化生命和圣门血脉的大学问,指有关天道性命之理的学问。它虽涉及方方面面,但最要紧的,一是哲学本体论问题,一是人心人性问题。""学问不涉及哲学本体论问题,就没有根底,就游谈无根;而舍人心人性,则不足为学,因为其他都是表皮子的事。"其四是"静中养出端倪",加强道德修养。静默中澄心见性,反省中体认天理。最后是发展经济,提高物质生活水平,为道德精神修养提供更多的闲暇时间。而这一切皆要在"完成整个中国文化精神的现代转换"时才得以实现。"这种转换,不仅是知识的或认识的,更是意义的、价值的与智慧的。因为伦理道德不仅是知识论或认识论问题,更是立于人的灵明之心与道德本性所发展出来的人生意义、价值判断与最高智性。"

以一首司马云杰之歌结束本文:

反省歌

立天地间做人有不至诚乎?

万感万应有不立于中正乎?

一事之谋有不出于仁义乎?

临事决断有不至德和平乎?

思虑动静有不万念皆善乎?

事业筹划有不广大精微乎?

行为所止有愧对于祖宗乎?

彝伦大法有违于天理良知乎?

行于天下有不刚健中正乎?

一生所为有不正于性命乎?

参考文献:

[1]梁漱溟.梁漱溟全集:1卷[M].济南:山东人民出版社,1989.

[2]塞缪尔·亨廷顿.文明的冲突与世界秩序的重建[M].周琪,刘绯,张立平,等,译.乌鲁木齐:新疆人民出版社,2003.

[3]苑秀丽,何小玲.儒家思想与中国当代伦理[M].北京:中国社会科学出版社,2015.

[4]叶金宝.儒家和谐思想的当代价值[M].广州:广东人民出版社,2006.

[5]陈泰乾.民族凝聚力的时代意义[J].高校理论战线,1996(7):46-47.

[6]郭沫若.沫若文集:11卷[M].北京:人民文学出版社,1959.

[7]梁漱溟.中国文化要义[M].上海:上海人民出版社,2011.

[8]林毓生.中国传统的创造性转换[M].上海:三联书店,1988.

[9]李锦全.人文精神的承传与重建[M].广州:广东人民出版社,1995.

[10]张德胜.儒家伦理与秩序情结[M].台北:巨流图书公司,1998.

[11]杨清荣.儒家传统伦理的现代价值[M].北京:中国财政经济出版社,2003.

[12]张立文.和合学概论[M].北京:首都师范大学出版社,1996.

[13]爱德华·霍夫曼.洞察未来[M].许金声,译.北京:改革出版社,1998.

[14]孔子.四书全解[M].北京:中国华侨出版社,2014.

[15]王安石.临川先生文集[M].中华书局上海编辑所,编.上海:中华书局,1959.

[16]孟子.孟子[M].北京:北京时代华文书局,2014.

[17]张岱年.张岱年全集:6卷[M].石家庄:河北人民出版社,1996.

[18]司马云杰.大道哲学通书[M].北京:华夏出版社,2012.

（华东师范大学哲学系）

冯友兰先生"理在事先"到"理在事中"的思想转变

刘科迪

摘　要:冯友兰先生在中国哲学史上具有重要的地位,先生创作的"三史""六书"也作为重要的哲学著作流传了下来。"理在事先"原本是冯友兰先生重要的理学思想,但是在既有外在条件,也有主观认识条件等因素的作用下,冯友兰先生后期把"理在事中"的哲学思想纳入自己的理学体系当中,也对自己的理学思想作了进一步的完善与论述。本文旨在厘清冯友兰先生"理在事先"和"理在事中"这两个概念的内涵,分析其前后思想转化的契机,并从冯友兰先生的哲学思考中获得一份启示意义。

关键词:"理在事先";"理在事中";启示意义

"在中国传统哲学中,一类事物之理和其类分子的关系,称之理和事的关系。在中国传统哲学中,对于这种关系有三种说法:理在事上,理在事先,理在事中。"关于这个关系曾在哲学史上展开过重要的讨论。本文写作的目的,重在从分析冯友兰先生前后思想的转变出发进而厘清这一个问题,以更好地理解冯友兰先生哲学的完整性与系统性。

一、冯友兰对"理在事先"的理解

冯友兰先生讲他的哲学是"接着"宋明理学讲而不是"照着"讲的,并围绕着理学构建自己的哲学体系,冯友兰先生的重要突破也在于从理智的角度出发对哲学上的问题进行思辨的探讨。这里的"思"引用程明道的诗即为"道通天地有形外,思入风云变态中",即使实际不存在的事物亦可以进入到我们的思考当中,冯友兰先生"理在事先"的思想主张事物之理不依实际底事物而有,引用冯友兰先生的话:"未有飞机已有飞机之理",这种哲学被冯友兰先生称为"最哲学底"。为了厘清这个问题,我们需要对冯友兰先生哲学体系中的"真际""逻辑在先""形上形下"进行分析。

首先,我们需要对冯友兰先生哲学体系中的重要的词汇"真际"与"实际"有所了解,对冯友兰先生来说:"哲学对于真际,只形式地有所肯定,而不事实地有所肯定"。冯友兰先生认为:"真际是指凡可称为有者,亦可以名为本然;实际是指有事实底存在者,亦可以名为自然";而实际与实际底事物又有所区分,"实际是指所有底事实底存在者。有某一件有事实底存在底事物,必有实际,但有实际不必有某一件有事实底存在底事物"。譬如"这是方的",当我们对于"方"不做实际的肯定而思及"方"类时,我们即是从"真际"的角度思维着,究其言之,这里的"某类"即相当于"某事物之理"。从这一方面讲我们可以明显地看出冯友兰先生重在上升到某物之理上用"真际"的讲法分析问题,而不是重在从分析事物实际底事物着手,这种分析只于思中进行,体现理的逻辑在先性。

其次,冯友兰先生在他的《新理学》中对理的"逻辑先在性"进行了重要的分析。其一,我们从理的角度进行分析,例如属于方的物之类的皆具有方性,我们从类的角度思考则可以离开此类之实际的物而单独思之,对于这个问题有所理解的当属公孙龙的"离坚白"的论述,公孙龙主张"坚"或"白"离开坚白石单独思之,而单独思之的"坚"或"白"即所有蕴含坚的物与白的物的所以然之理,该事物之理不依照实际存在的有无而存在或消失。其二,按照这个思路我们可以思考冯友兰先生理解的"理事关系",凡天下之物莫不有理,冯友兰先生举了飞机的例子,在发明实际的飞机之前,飞机之理已存在。相比时间的在先性冯友兰先生更强调理的逻辑在先性,从思的角度出发达于真际,看到了一个比实际更广阔的理的世界,实际中事物的存在是其理的论证。其三,从形上与形下的角度分析了理,"形而上者谓之道,形而下者谓之气",冯友兰先生从理智的角度分析"形上"与"形下",并指出他的区分是就逻辑的分析而不是就价值进行的分析。朱熹说:"形而上者,无形无影是此理。形而下者,有情有状是此气。"冯友兰先生从真际的角度进行分析"有理可有性,有性可有实际底事物",理是某种事物之所以成为某种事物者,而某种事物则是实现某理者,用程朱的话表示即是"体用一源,显微无间"。

因而,我们也可以基本了解冯友兰先生的"理在事先"的基本思想,某事物之存在必然依照某事物之理。例如方之所以为方必依照方之理,实现方之理的事物我们可以说它具有方性,也正如何柳所认为的:"新理学的形而上学系统中主要的命题和概念虽然没有积极内容,但是它们都是从'某事存在'这一角度推衍出来的,这是唯物主义的一个最基本的前提。"这也是冯友兰先生后期思想转换的一个契机所在。

二、冯友兰先生向"理在事中"思想转变的合理性

冯友兰先生讲道:"一类事物之理实现了,由无存在而成为有存在了。存在于什么地方? 就存在于其类分子之中。这就是所谓'理在事中',也就是一般寓于特殊之中。"促使冯友兰先生思想转变的当属1949年冬冯友兰先生随清华大学的师生参加北京近郊的一次土改活动,这次活动也对冯友兰先生的理学思想产生了深刻的影响,冯友兰先生认识到:"具体的共相,就是共相与具体的结合,也就是一般与个别的结合。了解了这个名词,我开始了解我以前哲学思想的偏差。马列主义注重共相与具体的结合,也就是一般与个别的结合;而我以前的哲学思想,则注重共相与具体的分离,一般与个别的分离。这个启示,对于我有

很大的重要性。"冯友兰先生也重新进行了新的哲学思考。在《中国现代哲学史》一书中也体现了冯友兰先生思想转变的这一痕迹,在此冯友兰先生也从理与气的角度论述了一般与特殊的问题,冯友兰先生讲道:"一类事物的一般,就是一类事物所依照的理;一类事物的特殊,就是一类事物的分子,必须依照某一类的一般,又必须依照具体的材料,才能成为实际的事物。"冯友兰先生把事物构成所依据的材料称为该事物的气质或气禀,根据其所依据的材料和不同事物所带有的气质,我们可以把该事物归于某一类。冯友兰先生也明确地提出:"关于一般和特殊的关系的正确的说法,是一般寓于特殊之中;寓于特殊之中的一般,就是这一类特殊的义理之性。实际上,没有不寓于特殊之中的一般,也没有不在气禀之中的义理之性。"可以说后期冯友兰先生关于一般与特殊的问题又有了新的认识,承认"理在事中"的合理性。

除了冯友兰先生自身哲学思想的反思外,当时整个社会文化环境亦是起着深刻影响作用的。1950年毛泽东发表了哲学著作《实践论》,为哲学界提供了一个正确的方法。毛泽东的这部著作也是对辩证唯物论的认识论作了深刻的分析与论述。毛泽东这部著作的科学性在于其把马列思想与中国的革命实践相结合,通过实践把马列思想与中国的实际情况打成一片,而不是运用逻辑演绎法从马列思想的著作中认识中国革命的情况。在继《实践论》后,毛泽东为克服党内的教条主义的错误倾向,于1975年发表《矛盾论》一文,毛泽东在《矛盾论》中也生动地论述了"一般"与"特殊"的关系问题。毛泽东重在从马克思主义的认识论上来认识这一问题。首先,他指出矛盾的普遍性和特殊性的关系,并指出我们不能否认这种矛盾,否则即是否认一切。其次,他指出共性包含于一切个性之中,而个性又是有条件地暂时存在的,然而要达到对事物的完整的认识必须从认识事物的特殊性。最后,关于一般和特殊的问题,毛泽东归结为"一般寓于特殊之中"。可以说《矛盾论》与《实践论》的发表也对中国哲学中的"理事关系"有了指导作用,即如何看待共相与特殊的问题。

正是在这种内外因素的影响下,冯友兰先生把"理在事中"纳入自己的哲学思考当中,以下对冯友兰先生"理在事中"这一思想展开论述。

三、冯友兰先生对"理在事中"的解释

一般与特殊的关系问题是贯穿中国哲学史的一个重要的问题。先秦诸子哲学中的名实问题,魏晋玄学中的有无问题,宋明道学中的理气问题均是围绕这一关系而进行论述的。

冯友兰先生在他的《中国哲学史新编》中着重对王夫之关于"理"的思想展开论述,冯友兰先生后期可以说是很推崇王夫之的哲学观点的,认为一般与特殊的关系问题直到王夫之才得以正确的解决。引用王夫之的话:"天下惟器而已矣。道者器之道,器者不可谓之道之器也。……未有牢醴璧币、钟磬管弦而无礼乐之道,则未有子而无父道,未有弟而无兄道。道之可有而且无者多矣,故无其器则无其道,诚然之言也。"王夫之认为一般不在特殊之上,

也不在特殊之先，一般不能离开特殊而单独存在，只能依附特殊而存在，这一哲学观点可以用"理在事中"来表达。从这一个观点上我们亦可以发现冯友兰先生思想的转变，以及对"理事关系"的新的认识。

金岳霖先生也是"新理学"的一个重要的代表人物。金岳霖先生在他的《论道》中提出了三个主要的概念："道,式,能。"金岳霖先生指出："共相是个体化的可能,殊相是个体化的可能的个体。"并认为"共相是实在的,未实现的可能没有具体的,个体的表现,不能成为共相。可能成了共相,就表示以那一可能为类,那一类有具体的东西以为表现"。并指出宇宙及其中事物的发展,是一个由"可能"到"现实"的历程。

我们可以把金岳霖先生的看法与早期冯友兰先生关于"理事关系"来一个对比,冯友兰先生早期认为的共相是潜存的,先个体而有,即"未有飞机已有飞机之理",这样的看法与"理在事中"的看法其实是一个问题的两种看法罢了。从认识范畴来讲,冯友兰先生认为共相是先验的,因而认为共相先于个体而存在,在未有飞机之前已有飞机之理。金岳霖先生则更是从存在范畴来讲共相的,认为共相是现实的,现实必然个体化,而共相又不是一个一个的个体,一个一个的个体是殊相,殊相必然在时间空间中占有一定的位置,这种情况就是所谓"一般寓于特殊之中"。

这样看来冯友兰先生早先的"理在事先"的思想中其实就蕴含着向"理在事中"转换的契机。后期在内在的哲学反思与外在社会文化环境的影响下,冯友兰先生在"阐旧邦以辅新命"的思想促进下,接受马克思主义的实践观点,对一般与特殊的关系展开新的探讨,把"理在事中"纳入自己的哲学体系当中,也标志着冯友兰先生关于"理事关系"的问题有了一个完整的论述。当然最让我钦佩的当属冯友兰先生作为一个知识分子的一份担当意识,先生于八十四岁的高龄重新编写《中国哲学史新编》,在写书的过程中正是实现冯友兰先生自己"修辞立其诚""海阔天空我自飞"的决心。冯友兰先生写的"三史""六书"也是为我们留下的宝贵的财富,启示着我们这些青年学子们要坚持一份恒心与对学术的热爱之心,迎着哲思的魅力继续前进。

参考文献：

[1]冯友兰.冯友兰文集:5卷[M].长春:长春出版社,2017.

[2]冯友兰.新理学[M].上海:上海书店出版社,1939.

[3]冯友兰.中国现代哲学史[M].北京:生活·读书·新知三联书店,2009.

[4]毛泽东.实践论[M].北京:人民出版社,1952.

[5]毛泽东.矛盾论[M].北京:人民出版社,1975.

[6]金岳霖.论道[M].北京:商务印书馆,2017.

（许昌学院马克思主义学院）

林安梧的后新儒学及其实践观

金 丽

摘 要:实践是林安梧后新儒学中的一个重要概念。林安梧以实践为中心,以船山气学为宗,围绕其生活世界的特征,提出了后新儒学哲学论纲,揭示了其与马克思主义实践观的相通之处。林安梧做出"传统儒学""新儒学""后新儒学"的儒学三期的划分,在与以往儒学比较基础上发掘后新儒学的实践品格,为现代新儒学的发展提供了一个可资借鉴的路向。

关键词:后新儒学;实践;生活世界

后新儒学是台湾学者林安梧一个新提法。林安梧不赞成传统的先秦儒学、宋明儒学和现代新儒学的"儒学三期"的划分,而提出了"传统儒学""新儒学""后新儒学"的新划分。他将传统儒学对应于先秦儒学、宋明儒学直至清末民初时期的儒学,新儒学对应于近代民国之后一直到牟宗三时期的儒学,后新儒学对应是牟宗三逝世之后的儒学。后新儒学的发展出现了两大发展派别,一派称之为"护教的新儒学",一派称之为"批判的新儒学"。前者是以继承牟宗三哲学道德形而上学体系,以陆王心学为宗,融合康德为主要特征;后者是以批判牟宗三哲学道德形而上学体系,由牟宗三上溯到熊十力体用哲学,再到王船山的哲学,融合西方历史哲学、社会哲学和胡塞尔现象学、解释学为主要特征。林安梧自称其后新儒学属于"批判的新儒学"之列。

重视实践是林安梧后新儒学的一个重要特征。1995 年牟宗三先生的逝世,标志现代新儒学发展告一段落,同时也预示着后牟宗三时代的到来。林安梧以亚里士多德"吾爱吾师,吾更爱真理"的气度做出呼吁,由牟宗三先生的形而上学的理论进入"历史社会总体的生活世界当中",重视理论与实践的结合,提出"理论是实践的理论,实践是理论的实践"。由牟宗三上溯到熊十力体用哲学,再到王船山的哲学资源,重开"儒学的社会实践之门",这一呼吁彰显了林安梧后新儒学重视实践的特征,为此他提出以实践为中心建立后新儒家哲学论纲。这样的实践观是现代新儒学发展的一个全新的向度,值得深入研究。林安梧的实践有三个特征:从船山气学来分析实践的来源,注重生活世界实践的本质,注重与马克思主义哲学的融合。

一、后新儒学实践的溯源：以船山气学为宗

"心""理""气"是儒学道统的三大核心范畴。"心"强调的是主体能动性，"理"强调的是形式性的法则之理，"气"则是强调天人、物我、人己互相感通。到了宋明儒学时期，三条路向差异尤为显著，从而形成了程朱理学、陆王心学、张王气学三大主流学派。后新儒学以王船山气学为宗，重气为其理论来源。

林安梧与大多数现代新儒家的观念不同，提出了以气作为儒学传统中最重要的核心概念。他称，从儒学发展史来看，宋明儒学先是重气，后来发展重理，进而重心。气学在宋初以濂溪、横渠为代表，在明末以船山为代表。理学和心学重在道德层面，程朱以道问学，陆王重在德行。理学重在"天理的超越性"，心学重在"良知的内在性"，气学才凸显"历史的存在性"。但是天理的超越性和良知的内在性忽视了对历史文化的了解，只有重气才能关乎历史文化。

林安梧的后新儒学是接续船山气学为主的实践哲学。王夫之认为，理和气的关系：一是理气相依，两者不分离。他称"理是气之理，气当如此便是理""言气即离理不得""理与气元不可分作两截"。"理者理乎气而为气之理也，是岂于气之外而别有一理以游行气中者乎"，这说明了理存在气中，气之外没有别的理。林安梧称，中国传统文化是以气的感通为原则而开启的，提到理气不二，道器不二。"如此说之'气'不在'理''气'两橛下之'气'，而是贯通'道、器'，'理、气'之'气'。"也就是说，气不仅是形之下者气，而且是贯通形之上的气，道、理、气、器从上指下统一于具体的生活世界之中。

鉴于气的感通原则，林安梧进一步证明船山哲学实质就是人性史的哲学。一方面，人是船山人性史哲学的核心。他认为，船山所强调的气是"两体之气"，既包含精神层面，也包含了物质层面。"两体之气"经过"辩证的综合而开展于人间器物上"，进而在"此器物之上表现其自己"，从而在"人间事物上表现其自己"。也就是说，船山重视人的主体性，但是他并不是将人孤立地放在气化流行的宇宙之中，而是将气化流行的宇宙往人的心上收；他既肯定了宇宙的客观存在，也突出了人是宇宙中最优秀的代表。人是天地的核心，人可以解释、润化和创造宇宙，宇宙只有经过人的改变才是人的宇宙。所以说这一宇宙是历史文化的宇宙，人在历史文化中成长养育了自己，之后才有了参赞这一历史文化的宇宙。这说明船山哲学以人作为诠释的起点，人为天地之心，是人开创了这宽广的历史天地。另一方面，船山人性史是历史，也是政治史。当船山气学将人作为诠释的起点，人是有人性身份的，是活生生的有血有肉的存在于人世间，也是存在于人世间的历史之中。当政治作为诠释历史的起点时，政治就是人性表现在历史上的聚焦，所以说政治史是历史，也是人性史。

林安梧通过船山哲学人性史概念来说明"两端而一致"的辩证思维。

一方面他通过道、人及历史文化三者之间的关系说明"两端而一致"的对比辩证。他

称,人性不只是一个普通的理念,更是在具体的历程中开展的。用道与器的关系来解说,人性是道,具体的历程是道。"器乃是道所凝聚博成之物,道在器上开显。"也就是说,道不再是停留在超越的形而上的状态,经过历程的开展,走入了人间,参与了历史,进入了人类的历史文化之中。这样道、人和历史文化三者之间的关系就紧密联系在了一起。换句话说,"以'道''人'为两端则显示'辩证的历程'——历史文化";"以'历史文化''道'为两端则显示'辩证的核心'——人";"以'人''历史文化'为两端则显示'辩证的依归'——道"。这样,道、人及历史文化三者就构成了"两端而一致"的辩证思维。

另一方面他通过道、人及历史文化三者各自本身的特点说明"两端而一致"的对比辩证。三者分别对应于自然史的"理气合一论"、人性论层面的"理欲合一"论和历史哲学层面的"理势合一"论。理与气是对立并列的两端,互相包含,以气(道)为主轴,通过气是"对比于心、物(理、气)两端而成的一个辩证性概念"的说明,并且将船山哲学中有伦理和价值意味的诚来诠释本体的气,从而将自然和人文合二为一。理和欲是对比辩证的两端,以理为主轴,理成了欲的根据。船山将"气、质、形、性(道、理)、心、情、才、欲等中国儒家传统人性论的诸层面以辩证的历程将他们结合为一",这样具有人性身份的人的参与,通过人的心主宰,上可以通往性理知道,下可达到才情之欲。理与势的两端,从势来说,"势成理"偏重"历史的理解",从理来说,"理成势"偏重"道德的实践",历史的理解为的是道德实践,道德实践为了增加历史的理解。

由此看出,道、人及历史文化这里围绕人为核心,突出了人的存在历史性,也就是说人是真实的存在于世界上,开创了一个由"人文化成"通向"道"的世界。所以,人就隐含了道与历史文化,三者互相交织形成一个系统,构成了"两端而一致"的辩证思维。这种思维模式一方面表现两端的独立存在;另一方面又说明了两端互相包涵,"即此端合彼端,彼端涵此端","而且此两端就其辩证之相涵而言又有一端为主轴"。

二、后新儒学实践的本质:注重生活世界的实践

后新儒学的实践概念内涵是"以其自为主体的对象化活动作为其起点的,是以感性的擘分为始点的,是以整个生活世界为场域的,是以历史社会总体为依归的"。也就是说,后新儒学的实践切入点,应该从生产力、生产关系、生产工具和生产者之间的互动关系来寻找。

后新儒学的主体对象化活动,一方面强调对象化活动的物质世界,另一方面强调把握对象化活动的主体,这说明实践面对的是主体对客体的改造过程,是主客观世界的统一。后新儒学感性的擘分是指实践的主体对象化活动的思维方式,是从感性的实践开始才能进入理性的概念架构的过程,以生活世界为场域,以历史社会总体为依归,作为活动主体的人面对的是一个具体的物质世界,这个人不能作为一个抽象孤立的个体来谈论,而应该将这

个人放在具体的生活世界和历史社会中去考察。

林安梧后新儒学的实践概念是在与以往儒家实践概念的对照中完成的,以往的儒学实践是境界下的实践。他称以往的儒学实践论是缺失的,"这实践是境界的、是宗法的、是亲情的、是血缘的、是咒术的、是专制的",这些都交织结合在一起,分界不清。儒家以往的实践把对象、实在及感性都往内求,统摄在境界性之下,具有主体主义倾向。对象是"境界主体所观照下的",实在是"境界主体所观照下的",感性也是境界下的感性,这种境界强调的是心性修养和心灵境界。中国哲学和儒学本身就具有实践的特性,是关乎生命的学问,"中国人一开端的时候就是关心自己的生命,他根本从头就是从实践上来关心的"。而现代新儒家仍然延续了这样的传统,重内圣而轻外王。后新儒学实践恰恰是克服这一主体主义的弊端,进而落实到生活世界的层面,开辟了一个新的实践路径。

林安梧称以往的儒学实践是宗法的、亲情的、血缘的、咒术的、专制的。他称,宗法、亲情和血缘组成了儒学的社会基础,儒学本来是在以孝悌为核心的"血缘性的自然连结"和以仁义为核心的"人格性的道德连结"下的土壤上生长的,但是由于秦汉以来的帝王专制的统治,儒学被统摄在了以专制为核心的"宰制性政治连结"之下。"'宰制性的政治连结'其最高阶位是'君',宗法社会是此宰制性连结的土壤;'人格性的道德连结'其最高阶位是'圣',此即是一道德理想人格,竟被宰制性的政治连结所异化,而成为其教化的工具。"这样君就成了君父、圣君,林安梧称之为"道的错置"。解开这一"道的错置",现代新儒家强调"人格性道德连结"背景下的良知学,求助于道德理性和良知来解决,而忽略了"血缘性的自然连结"和"宰制性政治连结"的土壤,从而脱离了历史和社会的总体因素。因此林安梧强调,儒学本质上是实践之学,它是和时代所面对的问题紧密相连的。每个时代的儒学理论必须联系实践,否则它就成了一个玄远之学,高深的论辩而已。中国的儒学必须关联生活世界才能解开"道的错置"。生活世界接近于"熊十力所开启的'活生生实存而有的体用哲学'下的实存世界",联系生活世界的概念,才可能全面理解与诠释历史社会总体,深化理解与诠释生活世界之中的人,并且开启历史社会总体的道德实践,从而用这样的社会实践弥补心性之修养的不足。

生活世界是林安梧探讨实践内涵的核心概念。生活世界是人生活构成的世界。"'生'是通贯于天地人我万有一切所成之总体的创造性根源。'活'是以其身体、心灵通而为一展开的实存活动。'世'是绵延不息的时间历程。'界'是广袤有边的空间区隔。"生是世界万物总体创造性根源,是因为"天地之大德曰生",而天地之大德因为人的参与,人与天地是交与参赞的一个整体,交与参赞是主客体交通的一种状态,这来源于"气"是大化流行,是感通的理论。活是身心一体的实存活动,强调了身体与心灵是相通的,身的活动带起心的活动,心的活动又润化身的活动。世和界是时间空间的范畴,指的是人开展实存活动的时空范围。

后新儒学正视宋明儒学明末时期开启的道德主体性,逐渐走向生活世界并且关注历史社会总体这一历程。林安梧从儒学的发展史说起,宋明理学时期,朱熹重在道德的超越形式性,为了奠定这一道统对抗政统;元代以后,这一道统与官方专制统治结合在一起;王阳明打破了这一专制性的形式,"开发了道德主体的实践动力",从而将儒学引入到了百姓日用伦理之中。这时儒学是"面对存在真实的主体能动性而走向活生生的生活世界,使得人为之人,成为一活生生的实存而有的'生活学'"。所以林安梧称阳明学的主体"不只是理上的道德主体,而是落在存在的真实而说的实存主体""不再是主客对立的主体",而是主客融合为一的主体,在往后发展走向刘宗周为代表的意向性哲学,再到以王夫之为代表的历史性哲学。

三、后新儒学实践走向:与马克思主义哲学的融合

林安梧与以往的现代新儒家对待马克思主义哲学的态度不同,他开始强调与马克思主义哲学的会通融合。1983 年,他提出了建构一个"儒家型的马克思主义"的可能。他称,中国儒家传统重于道德省察,"必须接受马克思主义哲学的考验",才能避免"内省式的道德自我锻炼",从而走向"丰富多彩的政治、社会、经济等实际层面";马克思哲学的核心是实践,"哲学家们只是用不同的方式解释世界,问题在于改变世界",也说明了马克思认为,人类行动的目的在于改变自然,更在于改变社会。因为"实践是知识的基础,是真理的判准""人应该在实践中证明自己思想的真理性"。

林梧安在后新儒学实践中提出的"以历史社会总体为依归"与马克思的唯物史观也表现了一定程度上的一致性。他称,马克思的唯物史观中,人是一个劳动的存在,在从事社会的生产中进入了不是人意志左右的关系中,所以马克思说:"人是一社会关系的存在。""物质生活的生产方式决然地决定着社会的、政治的与精神的生命历程。""并不是人群的意识决定其存在,而是其社会存在决定其意识。"林安梧评价马克思把人看作了有血有肉的、具体的、感性的存在,人类经历的是一个物质辩证发展的历史,这一切都是在历史发生学之下。

林梧安称,儒学的诠释和理解应该放在广阔的历史社会背景之下,他在构建后新儒学理论时称,理解儒学"不只从圣贤之教言,直接做理论之诠释与重建",更要"重视其发生学上之关联,检讨宗法社会其于儒学缔建所扮演之分位,并从而分理之"。因此,林梧安将"人格性的道德连结"与"血缘性的自然连结""宰制性政治连结"连起来,称之为历史发生学的关联;并且指出人面对的自己的最重要的起点是"实际生活世界""对历史社会总体""物质性的世界",而要对物质性的、主体对象化的、实存的、主体的把握,后新儒学必须开启"哲学人类学式的崭新理解",那就是了解生产力与生产关系的相互关系,这与马克思的生产力与生产关系矛盾运动理论颇具相似之处。

后新儒学面对传统如何过渡到现代的问题,发生了转向:即是从"心性修养"转向"社会正义"的格局。林梧安指出从"传统儒家""新儒家"到"后新儒学"实践的立足点有着根本的不同,也就是从"血缘的、宗法的、专制的、咒术的社会"过渡到"市民的、契约的、现代的、开放的社会",再到"自由的人类的社会及后现代、社会的人类"。如何在现代化的社会中,重新让儒家的经典的智慧释放出来,参与到整个现代人的生活之中,开启互动交谈,让它有一个新的生长可能。因为后新儒学面对的是公民社会,而公民社会的公民,既要正视其个体性,又要关注他在群体中的公共性和普遍性。在这样新的社会下,公民应该有基本修养,但是这个修养不是从传统社会的君子的心性修养转化而来,而是在"公民社会里好好去陶养,好好去重新开启一个新的公民修养的可能"。

林梧安本人通过两岸哲学对话参与到马克思主义哲学的交流之中,他分别于 2000 年、2005 年和 2010 年,在武汉参与了三次两岸哲学会谈。第一次与郭齐勇、邓晓芒、欧阳康学术交流时,他指出,哲学不应该囿于某个门派之中,中国哲学与马克思主义哲学具有"一种彼此相互参与的新的可能"。第二次对话,他再次指出,"让整个中国哲学能够参与到人类哲学和世界哲学的话语交谈之中",再次表达了中国哲学与人类各种哲学包括马克思主义哲学交谈的立场。第三次对话,他称中国传统文化"不仅仅停留于学术层面,而且落实到制度和器物层面",表达了他本人对中国哲学面向生活世界为中心的实践走向。这三次对话,虽然每次主题不尽相同,却有着相同的立场,中国哲学与马克思主义之间的关系由以往的对立,逐渐走向了融合,并且强调了中国哲学从"道德的形而上学"落入"道德的人间学",走向生活世界的实践。

四、结　语

林安梧后新儒学实践理论是现代新儒学之后的一种新的构思,尤其重视开启以生活世界为核心的实践,代表了儒学重建的一个新向度。儒学的重建与现代性的改造是互相包含的,两者是辩证转化的过程,"站在现代性的观点看儒学缺失什么,也站在儒学的观点看现代性缺失什么"。因此他的后新儒学站在当代生活世界中,发挥互动的参与调节作用:"让儒学来参与、调整现代化,让现代化来调整、参与儒学。"

儒学理论的重建工作体现了对"新儒学"的创造性转化,有批判性的继承,也有创新性的发展,具体表现在:一方面,回归儒学之本,他一改以往现代新儒学重视心学、理学的传统,回溯到气学为主导的船山哲学,从船山哲学对历史文化的重视中,重新开启儒学实践之门;另一方面,开出时代之新,儒学在当今的发展离不开对现实问题的回应,需要通过实践来实现儒学传统和当代生活世界的关联。

参考文献:

[1]王夫之.读四书大全说[M].北京:中华书局,1975.

[2]林安梧.王船山人性史哲学之研究[M].台北:东大图书股份有限公司,1987.

[3]林安梧.当代新儒家哲学史论[M].台北:明文书局,1996.

[4]林安梧.儒学与中国传统社会之哲学省察:以"血缘性纵贯轴"为核心的理解与诠释[M].台北:幼狮出版公司,1996.

[5]林安梧.儒学革命论:后新儒家哲学的问题向度[M].台北:台湾学生书局,1997.

[6]林安梧.儒学革命:从"新儒学"到"后新儒学"[M].北京:商务印书馆,2011.

（合肥学院马克思主义学院）

从旧"轴心时代"到新"轴心时代"看孟子学说的社会意义

卢祥之

一

"轴心时代"的说法由来已久。1883 年,生于德国莱茵省特里尔城的卡尔·马克思去世。但在同一年,德国奥尔登堡迎来了另一位卡尔的诞生,他就是卡尔·西奥多·雅斯贝尔斯(Karl Theodor Jaspers,1883 年 2 月 23 日—1969 年 2 月 26 日)。雅斯贝尔斯提出过一个很著名的命题——"轴心时代",他指出,公元前 800 年至公元前 200 年之间,尤其是公元前 600 年至公元前 300 年间,在北纬 25°至 35°区间,是人类文明的"轴心时代"。

这段时期,确实是人类文明精神取得重大突破的时期,世界各个文明体系都出现了一批伟大的杰出人士,古希腊有苏格拉底、柏拉图、亚里士多德;以色列有犹太教的先知们;古印度有释迦牟尼;中国有孔子、老子,这些杰出的思想家们构建的思想体系,架构了不同的文化传统,2000 多年来,一直影响着我们。

"轴心时代"相当于中国的春秋战国时期,孔子是中国这一时代的代表人物。这一时期是中国历史上动荡和战乱时间最长的一段时期,同时也是中国文化发展最为丰富的时期。百家争鸣,各种思想潮流竞相涌现,丰富的文化思想汇聚成了博大精深、包容又开放的中华文化传统,以至于今天,我们在中华文明体系的各个部分,都能找到其浓重的踪影。

著名学者闻一多先生,是我国最早明确意识到轴心时代现象的学者。他在 1943 年写《文学的历史动向》一文中说:"人类在进化的途程中蹒跚了多少万年,忽然这对近世文明影响最大最深的四个古老民族——中国、印度、以色列、希腊——都在差不多同时猛抬头,迈开了大步。"

中国春秋战国时期的"轴心文明",奠定了以后中国文化发展的基础,决定了中国文化的发展方向。春秋战国以后 2000 多年的中国学术发展道路、特点及各种问题、思想,都可以从"轴心文明"的百家争鸣中溯及源头。中国除却佛学以外,无论哪一方面,在认识和发展规律方面,先秦"轴心文明",都会给人们以重要启示。这些启示,就像雅斯贝尔斯说过的那样:"人类一直靠轴心时代所产生的思考和创造的一切而生存,每一次新的飞跃都回顾这一时期,都被他重新燃起火焰。"

<h1 style="text-align:center">二</h1>

15 世纪末,是西方现代化的开启时期。现代科学和技术的发明、发现美洲大陆、首次绕行世界一周、欧洲文明的扩张和殖民主义,渐渐地影响了全人类,科学、技术、理性以及民主制度使得西方成为世界的典范。几百年来,西方的牛顿、笛卡尔、哥白尼、康德及黑格尔,中国的黄宗羲、顾炎武、章太炎、梁思成、叶企孙、汤非凡、梁漱溟、熊十力、钱穆、徐道觉、裴文中等和日本的大久保利通、西乡隆盛、木户孝允等,都是在科学文化领域举世瞩目的领航人物。

而今天的 21 世纪,各国经济都在飞速发展,跨国企业不断建立,各国的资金、人才、物质方面的种种都在全球市场上进行不断的流动与碰撞,经济上的合作交流势必会带动国与国之间在语言、风俗习惯,以及衣、食、住、行等各方面的交流。经济全球化为世界各国文化的发展搭建了一座坚固的桥梁,也催促着新轴心时代的诞生。另外,政治多极化一定程度上也促进了文化的发展,为新轴心时代的到来奠定了政治基础。

许嘉璐先生曾经指出:"当今时代,从现象看,与产生轴心时代思想的社会状况极其相近:'精神贫乏、人性沦丧,爱与创造力衰退'(雅斯贝斯语)。但是从促成其思想发生的环境及其实质内涵看,则又有着巨大的差异:一是西方所定义的'现代化'以其无限的诱惑力把人类拘禁于眼前利益,拉向物质的享受和追求。而技术的高速发展更加快了为人们提供花样翻新的物质的速度。这和孔子、耶稣基督、释迦牟尼时代物质相当匮乏、生产活动艰难有着显著的不同。二是相对而言,人们对世界、对宇宙的了解,范围更大了,更深入了,这从 20 世纪中叶以来,亦即经济全球化基本实现以来,尤为显著。对于有些宗教,特别是以神启、原罪、救赎、转世为教义的宗教,无疑是又一个巨大的挑战。"

这样的时代背景与 2500 年前一样,人类应该寻找未来的方向,人类将要迎来一个新的轴心时代。四大文明的发源地之一的两河流域,而今到处都是恐怖主义,到处都是战争,当地有的贫民孩子,居然连笔都不认识;埃及,现在甚至连古埃及的人种都找不到了,有人好不容易找到了一个村子,近亲结婚导致他们的智能体能都下降到没法交流的地步;印度,本来非常发达的宗教文化,现在早已失传。就连近代印度重建的一些庙宇,也是因中国唐代僧人玄奘在书里提到过此地才重建的。

作为四大文明的仅存硕果,中华文明在古往今来各种文明的交流与激荡中,始终保持独有的民族特质与精神品格,穿过历史的荆棘,走上了一条重新崛起的康庄大道,让人们认识到,唯有文化才具有穿越千年时光的持久魅力,才能让中华民族无论经历怎样的变故始终作为一个整体存在;唯有世代传承的崇高价值追求,才能使世世代代的中国人,始终葆有难以摧毁的精神根柢,在历史的长河里凝魂聚气,不屈不挠,阔步向前。

中国的四大发明推动了世界的进步,近代化的开端,新航路的开辟,离不开指南针;思想解放,文艺复兴,启蒙运动离不开造纸和印刷;而火药又成为砸碎封建城堡的利器。历史上的隋唐中外交往,中国周边国家大多仿效中国的各项制度,特别是日本,派来大量留学生、留学僧,一大批日本学者回国后在日本发动了大化改新。启蒙运动中,法国伏尔泰便利用了中国儒家思想。陆上和海上丝绸之路的开辟,连接了亚欧,促进了各地的交流。四大发明除火药是元朝军队带去的,其他都是经丝绸之路传过去的。中国的文官制度、科举制度对西方的议院制、考试制产生过实质性的影响,有力地促进了西方现代行政管理格局的形成。对此,孙中山曾做过这样的评说:"现在各国的考试制度,差不多都是学英国的。穷流溯源,英国的考试制度原来还是从我们中国学过去的。"

18世纪前后,在欧洲风起云涌的反对宗教神学、呼唤理性精神的社会思潮中,不少启蒙思想家纷纷从中国文化中寻找思想理论武器。儒家思想所论述的天人合一、以人为本、摆脱神学独断、律己修身、刚健有为、伦理有序、和谐人际关系、注重整体利益、以个人对国家与民族贡献为人生意义的价值观等,深刻地影响了被誉为"欧洲孔子"的法国伏尔泰和魁奈、德国莱布尼兹和沃尔夫、英国坦布尔等人。

从世界思想、世界文化发展的宏观视角来看,中国文化思想主流迥然不同于西方近现代思想主体和价值观念。世界文化的发展,必然是东西方文明的交流和对话、综合创新,从而创造出多元化与一体化并存的世界新型文明。因此,在世界范围内出现的"中国热""东方热"以及具体到"汉学热""敦煌热""藏学热"等,正是中国文化强劲生命力的生动体现,也是中国文化影响世界文化的时代折光。

每一种文明都有它的精神气象,中国的儒家思想和其他民族对人类社会产生的重大影响思想一样,既有能为人类社会发展提供有价值的方面,又有不适应人类社会发展的方面,儒家思想不是治百病的万灵药。儒家思想在和其他各种文化的交往中,要取长补短、吸取营养,尤其是要不断自省和更新,以适应时代和人类社会所面临的和平与发展新形势。人类社会要共同持续发展,不仅要求处理好人与人之间的关系,而且还要处理好民族与民族、国家与国家、地域与地域之间的关系,处理好人与自然之间的关系。而儒家的思想,完全可以提供非常有价值的思想资源。

三

儒家的砥柱,就是张载所说的"孔子,天地也;孟子,泰山之气象也"的孟子。孟子思想博大精深,就像一座宝藏,在不同时代都熠熠生辉。

我们今天学习、阅读《孟子》,除了应逐字逐句的细读外,个人认为,还有两点需要注意:第一个是时间线索,第二个是思想线索。孟学体系不是头脑中的玄想,而是一种实践的主张。孟子不是空谈家,而是充满高昂济世情怀的践行者。我们学习《孟子》,不能脱离历史条件,应当结合孟子言论、主张的历史背景,方可"知人论世",读懂、领略孟学的内在精神实质。

《孟子》当今的社会意义是什么? 今天我们应参考、践行的孟学价值是什么? 笔者通过学习、研究孟学,试将其概归为"三为":

一为民本。民本思想是孟子思想的精华所在。"民为贵,社稷次之,君为轻。""桀、纣之失天下也,失其民也;失其民者,失其心也。"(《孟子·离娄上》)"重民本"在历史上要归功于孟子的思想,民本思想在中国思想里面是有根源的,《尚书》里已经就有民本思想,如"民为邦本"。儒家思想的民本,从"仁"而来。我们分析孟学思想,应肯定孟从儒以"仁"为基点扩大发展,这些社会价值不仅在历史上成为中国社会文化的基本核心价值,今天仍然能够成为涵养社会主义核心价值的源泉。

孟子强调要关注民生。孟子说:"庖有肥肉,厩有肥马;民有饥色,野有饿莩,此率兽而食人也。兽相食,且人恶之;为民父母,行政,不免于率兽而食人,恶在其为民父母也?"厨房有肥肉,马棚有肥马,而老百姓却面带饥色,荒野有饿死的人,这如同放任野兽来吃人。野兽自相残食,人们尚且厌恶,而身为主持政事者,却不能避免野兽吃人,还是父母官吗? 孟子还说:"无恒产而有恒心者,惟士为能。若民,则无恒产,因无恒心。苟无恒心,放辟邪侈,无不为已。……是故明君制民之产,必使仰足以事父母,俯足以畜妻子,乐岁终身饱,凶年免于死亡。"君主不仅要使老百姓能够活下去,而且还要创造条件让老百姓活得更好。要让老百姓有固定的产业,使他们对上足够奉养父母,对下足够养活妻儿,年成好能丰衣足食,年成坏也能免于饿死。这样百姓才能引而善,才会有恒常的心。民本思想与执政为民,都是将人民作为中心来予以考虑的,以满足广大人民群众的愿望与要求作为首要任务。这种博爱大众的理念、为民请命的精神展示了民生关怀,在当前有强大的活力。

二为仁和。习近平总书记曾指出,深入挖掘和阐发中华优秀传统文化讲仁爱、重民本、守诚信、崇正义、尚和合、求大同的时代价值,使中华优秀传统文化成为涵养社会主义核心价值观的重要源泉。要处理好继承和创造性发展的关系,重点做好创造性转化和创新性发展。孟子思想能够涵养社会主义核心价值,有助于回应加强和改善执政党建设,为推进政治文明、保障国家长治久安、促进两岸和平统一的现实需要和战略需要提供最直接、最重要的思想基础。

儒家的孔子也讲仁,在孔子思想里,"仁"基本上是一个道德伦理的价值,重要的是讲人的德行、人的修身、人的道德。孟子讲仁爱,则从个人的道德修身扩大到社会价值,在社会层次上来讲仁爱,就是仁政。如是说,"仁"不仅仅是个人的道德了,还成为治国理政的原则,就升华成崇高的社会价值。仁政思想是孟子政治思想的核心,合理解决土地、衣食、教育等基本问题,使民以时,休养生息;主张薄税轻敛,取民有制,"省刑罚,薄税敛"。这些理念启示我们,在当今强调法治背景下,需要将道德作为重要的辅助性措施。我国当前处于社会转型期,不断加强社会主义道德建设,将有助于推动社会进步。

孟子有"天时不如地利,地利不如人和"的和谐思想理念。强调经济和谐是其社会和谐思想的基础,孟子的和谐思想非常重视物质利益在"仁政"中的基础地位,即物质经济因素是政治统治及社会和谐的基础。认为要实现以人际和谐为实质的仁政,就必须有一个和谐的经济基础,没有一个和谐的经济基础,一个人人友爱的仁政王道的统治秩序就不可能出现。因此,孟子非常重视构建人与人之间在物质利益和经济生活上的和谐关系。孟子和谐思想中还包含着一个独特的和谐观,重视行业和产业协调发展、均衡发展,在他看来这是"天下之通义"。他认为"有大人之事,有小人之事。且一人之身,而百工之所为备。如必自为而后用之,是率天下而路也"。要求充分认识到"通功易事,以羡补不足"的必要性,认识到社会上有"或劳心、或劳力"的分工的合理性,反对那种"尊"一行"轻"一业的思想行为。若能"天下之士,皆悦而愿立于朝""天下之商,皆悦而愿藏于市""天下之旅,皆悦而愿出于其路""天下之农,皆悦而耕于其野""天下之民,皆悦而愿为之氓""则无敌于天下",士、农、工、商"皆悦",各行各业协调发展,才是真正的社会和谐。

强调道德和谐是孟子和谐思想的核心。孟子把物质经济条件视为和谐的王道仁政的基础,并没有把经济因素视为通往和谐社会的唯一道路,认为经济因素对于构建和谐社会只是打下了一个必不可少的物质基础,而和谐社会建设更为重要的是道德建设,道德建设是和谐社会建设的核心。社会方面,"构建和谐社会"的提出,是儒家"仁和"文化在当代的重构和发展,是一次伟大实践,能够有效回应化解中国社会现实矛盾、建设和谐社会的时代需要。

儒学的创新与复兴能够有效回应解决当前文化认同危机、信仰危机,提高中华民族凝聚力、实现民族伟大复兴的时代需要。孟子认为人们只有基于仁义道德,才能形成一种真正友爱和协作的人际关系,才能形成一种真正融洽和谐的社会状态。人人依仁据义,社会必然和谐有序。"未有仁而遗其亲者也,未有义而后其君者也",孟子的社会和谐论本质上是一种仁义和谐论。孟学认为,尽管各个社会成员之间有分工的不同和阶级的差别,但是他们的人性却是同一的,"故凡同类者,举相似也,何独至于人而疑之?圣人与我同类者。"这里,把统治者和被统治者摆在平等的地位,探讨其所具有普遍的人性,这种探讨适应于当时奴隶解放和社会变革的历史潮流,标志着人类认识的深化,对社会伦理思想的发展,无疑是巨大的推进。

三为养浩然之气,"舍生以取义""大丈夫"。富贵不能淫,贫贱不能移,威武不能屈,这是中国历史上志士仁人的必经之路。《周易大传》提出"刚健""自强"人生理想,《孟子》:"鱼,我所欲也,熊掌,亦我所欲也;二者不可得兼,舍鱼而取熊掌者也。生,亦我所欲也,义,亦我所欲也;二者不可得兼,舍生而取义者也",这也是对人生的终极要求。在当前廉政文化建设中,儒家伦理"政即是正""为官要正",《论语》中曾说:"政者,正也;子率以正,孰敢不正?"何为正也? 正则不偏、不斜、正派、正当,合乎法则、规矩。即要有正大光明、公正无私的作风,正直坦荡、刚直不阿,坚持真理、主持正义的品质。

"内举不避亲,外举不避仇",古人称颂"尧有子十人,不与其子而授舜;舜有子九人,不与其子而授禹"的作风。"富贵不能淫,贫贱不能移,威武不能屈",就是要不讨好富贵者,不偏袒富者,不屈从强者,不欺凌弱者。如管子所说"天公平而无私,故美恶莫不履;地公平而无驻,故大小莫不载"。在现实意义上的廉政文化建设中,这种"身正",以身作则、严以律己、不谋私利的主体意识,与儒家的"政即是正"是一脉相承的。

养浩然之气。"集义养气",大丈夫之气需要逐步积累,就像苏东坡讲的,要从微小的事物里积累,而积累达到浩然之气,就像浇花溉木,拨弄琴弦,不能一蹴而就,宜假以时日,需有步骤,过则不及。浩然之气就"至大至刚",充满在天地之间,一种十分浩大、十分刚强的气便会油然而生。其"大",已至无可再大,充塞天地、宇宙之间。"大",博也,宽广也,无边无际也;"刚",坚也,牢固也,始终如一也。联系到今天的道德教育,培养浩然之气的过程也就是加强道德正义的过程。"配义与道"是"浩然之气"的本质性揭示,但用"配"字,说明"浩然之气"还需要性格、气质方面的因素,不完全是由"义""道"所决定的,无疑"浩然之气"需要"集义"而生。所谓浩然之气,就是刚正之气,就是人间正气,是大义大德造就一身正气。

孟学提倡的"浩然之气"还表现为君子不怨天,不尤人,要有足够的自信豪气。《孟子·公孙丑下》:"五百年必有王者兴,其间必有名世者。由周而来,七百有余岁矣。以其数,则过矣;以其时考之,则可矣。夫天未欲平治天下也,如欲平治天下,当今之世,舍我其谁也? 吾何为不豫哉?"这就是民族自信、文化自信、勇于担当、勇于负责和高度的自知之明。

文化是一个民族的灵魂。五千年中华文化体现的中华民族的精神追求,已经成为中华民族区别于其他民族的精神标识,其中的核心观念构成了中国人的精神世界,其基本价值已积淀为中华民族的文化基因,在漫长的历史发展中成为中华民族的精神命脉。传承中华文化就是维系中华民族的精神命脉。

四

中华文化的重要组成部分儒学,自诞生到明清之际,内容丰富,有许多消极方面,也有许多积极方面。中华民族的历史是不断自觉的历史。儒学亦如斯,我们今天学习传统精华,主要是古为今用,我们要在前人的高度上有所超越,吸收传统营养而有所前进。中华文化的精神品格与价值追求,支撑了中华民族几千年来的生生不息和薪火相传,今天仍然是而且未来必将也是我们发展壮大的强大精神力量。儒学的创新与复兴能够有效回应构建和谐世界与国际经济政治新秩序的现实需要,推动人类的和平发展与繁荣永续。自然社会学方面,儒学的创新与复兴能够有效回应中国经济转型、可持续发展和人类改善生存环境、消解人与自然矛盾的现实需要。

我们知道,《论语》的受众主要是民,《孟子》的受众主要是官。一部孟学,都是孟老夫子对官界说的话、做的梦。世人都有梦,圣人也有梦。孔子也常常做梦,《论语》:"子曰:'甚矣吾衰也!久矣吾不复梦见周公。'"孔子常常梦到周公。《论语集解》:"孔子老衰,不复梦见周公,明盛时梦见周公,欲行其道也。"孔子的一生都在做梦。在那个礼崩乐坏的春秋时代,父子相残、兄弟夺位都是很平常的事情,而孔子念念想到的是恢复周礼,希望大道能够行于天下。《论语》:"周监于二代,郁郁乎文哉!吾从周。"

中国人向来崇尚圣治,希望有圣人出世而令天下大治。2000多年前,孔子的梦想是"大道之行也,天下为公。选贤与能,讲信修睦,故人不独亲其亲,不独子其子,使老有所终,壮有所用,幼有所长,鳏、寡、孤、独、废疾者,皆有所养。男有分,女有归。货恶其弃于地也,不必藏于己;力恶其不出于身也,不必为己。是故谋闭而不兴,盗窃乱贼而不作,故外户而不闭,是谓大同"。为了心中的梦,孔子一直不停地奔走、努力着,孟子梦想的是得到理想的国家管理方法和清明的政治生态。孔子和孟子,都是中华民族前行路上的指引者。"天不生仲孟,则万古如长夜",孔孟,就像暗夜的一盏明灯,照亮了每一个中国人的心,照亮了历史的夜空。

而今天的中国梦,是实现中华民族伟大复兴的梦,在实现中华民族伟大复兴进程中,孟学所代表的儒家的理论虽然不能解决社会的全部问题,但它作为一种建立在中国道德崇高要求和调节人与人关系之上的准则,在许多方面,对当代依然具有重要的借鉴价值和社会意义。

佛陀说:"譬如海水,一人斗量,经历劫数,尚可穷底。人有至心求道,精进不止,会当克果,何愿不得。"我们只要有心,梦是会实现的;只要孔孟的精神不死,只要中华民族的精神和魂魄永在,孔子孟子的梦,就一定会实现。

参考文献:

[1]闻一多.神话与诗[M].武汉:武汉大学出版社,2009.

[2]雅斯贝尔.论历史的起源与目标[M].李雪涛,译.上海:华东师范大学出版社,2018.

[3]孟子.孟子[M].北京:中华书局,2010.

(中国科学院)

元代"华夷之辨"的特质、缘由及影响

刘 俊

摘 要:"华夷之辨"问题经过宋代的热议和激辩,至第一个以少数民族身份统一中国的元代则迎来新一轮的争锋与辩论。相较于同为少数民族政权的金代和清代,"华夷之辨"在元代呈现出三大特质,即南北不同、政冷民热和文化为据。而这主要是由元代多元的文化政策、南北学术的不同取向以及差异化的种族制度造就的。它一方面造成元代恪守"华夷大防"与突破"华夷大防"的明显对峙,尤其是从"文化"角度论述"华夷之辨",形塑明清两代的"华夷"观;另一方面也导致元代社会从统治者到士人的分裂、矛盾和纠结,成为加速元代政权灭亡的主要因素之一。

关键词:元代;华夷之辨;文化

"华夷之辨"是传统儒家政治哲学上的重要范畴,它涉及如何辨别和处理"华夏"与"夷狄"的差异及其关系,进而延展至民族关系的处理以及政治秩序的安排。在两千多年的中国历史上,每逢汉族政权遭遇少数民族入侵之时,"华夷之辨"的观念都会成为捍卫华夏正统、保护汉家文化的思想武器。而蒙元作为第一个以少数民族身份入主中原、统一全国的朝代,其"华夷之辨"呈现出异于其他朝代的特质,尤其是相较于同为少数民族政权的金代和清代。然以往的学术史研究对元代的"华夷之辨"或略而不论,或粗略概述,或以偏概全,无法系统而全面、深刻而丰富地展现元代"华夷之辨"的特质。因此,以历史和逻辑相结合的方式,从对比分析的视角出发,探究元代"华夷之辨"的特质,不仅可以从一个侧面透视元代的文化政策、民族关系以及治国方略为我们当下处理民族、政治关系提供借鉴,而且是我们把握和丰富儒家政治哲学的重要进路。

一、南北不同

1234 年成吉思汗率蒙古军灭金,1276 年忽必烈率蒙古军灭南宋,最终实现南北统一。但疆域的统一并没有带来南北观念、学术的统一,其缘由即:一是金与南宋学术差异明显,"程学盛于南,苏学盛于北",也就是说,金代崇尚苏轼辞赋之学,南宋推崇程朱理学;二是元代实行种族差异对待的四等人制度,为种族融合和观念统一设置阻碍;三是思想、观念具有强大惯性，它并不与时代同步，再加上元代国祚不长，缺乏足够的时间来彻底完成南北思想的同化。而南北的这种学术差异在"华夷之辨"上体现得尤为明显。金代作为高度汉化的朝代，属地汉人对夷狄统治早已认同并接受，故在元代入主中原之时，以郝经为代表的北方学者率先在"华夷之辨"问题上为元代统治的合法性、正统性进行辩护，认可蒙元少数民族政权。郝经称"天无必与，唯善是与；民无必从，唯德是从"，又云"圣人有云，夷而进于中国，则中国之，苟有善者，与之可也，从之可也"。在郝经看来，少数民族入主中原，努力吸收儒家礼义文明，统一中原乃至全国，其政权即可视为正统。由此即不难理解为何郝经作为蒙元使臣，被南宋拘禁十六年，屡次拒绝宋方的劝降，刘因称之为"汉北苏武"。元儒中持"夷而进于中国则中国之"观点的学者亦不在少数，如王元杰在解释《春秋·庄公五年》经文"秋，郳犁来朝"时称："《春秋》之列中国附庸之君，未王命者例称字，……郳国小而礼不足，当以名见，以其能修朝礼，特书曰朝，介葛卢则书来，而不与其朝也。其后王命以为小邾子，盖已进于此矣。夷而进于中国则中国之，此《春秋》之大法也"，在王元杰看来，夷狄之邦的郳国因能修朝礼，故《春秋》特书"朝"以示褒奖，并肯定"夷而进于中国则中国之"为《春秋》之大法。当然，承认其正统地位是有前提条件的，那就是行"中国之道"，故郝经进一步阐释了何为"中国之道"，他指出："道统乎形器，形器所以载夫道。即是物而是道存，即是事而是道在，……道不离乎万物，不外乎天地，而总萃于人焉。""天之所与，不在于地而在于天，不在于人而在于道。"郝经认为"道"以客观形器作为载体，落实到社会政治层面，即体现为以"三纲""五常"为核心的政治伦理思想。郝经主张"能行中国之道，则中国之主"，其中"中国之道"，即许衡在呈送忽必烈的奏章中所谓的"汉法"，乃传承几千年的以礼义为核心的儒家典章制度、礼义教化以及伦理纲常。蒙元统治者进入中原，原先游牧民族所遵循的制度已经不再适用于统一天下的政治需要，故是时以郝经为代表的北方汉族士大夫提出以"中国之道"作为"用夏变夷"的内容是很有必要的，并且指出"夫纪纲礼义者，天下之元气也；文物典章者，天下之命脉也。非是则天下之器不能安，小废则小坏，大废则大坏；小为之修完则小康，大为之修完则太平。"由此可知，能否实行纲常礼义、典章制度等"中国之道"对于夷狄统治中国至关重要。总而言之，以郝经为代表的北地学者突破"华夷大防"，但需要指出的是，这种突破并非是毫无底线的，仍然是以承认、推行华夏文化为承认元代统治正统性的前提条件。

而以陈则通为代表的南地学者则坚持南宋以来的严"夷夏大防"，借诠释《春秋》来表达其对蒙元统治的反对。一方面，他反对夷狄干预华夏事务。在陈则通看来，春秋之时，吴楚等国为夷狄之邦，借助武力强盛，往往与华夏诸侯会盟，趁机干涉华夏事务，故《春秋》于称谓上寓褒贬，体现"尊王攘夷""内诸夏而外夷狄"之义旨，称吴、楚为"人"，或直接以州称之，以贬斥夷狄不修礼义，如僖公元年经文"楚人伐郑"、庄公二十三年经文"荆人来聘"，而对华夏诸侯"攘夷"之义举则予以褒奖。对这一点，元儒郑玉在《春秋阙疑》中的阐释更为详实,如其从事件性质出发,根据救者善,则伐者恶;伐者善,则被讨伐者为恶。总结《春秋》书"救"两大原则,即华夏诸侯见侵于夷狄,伯主救之,此举为善,如"庄公二十有八年,荆伐郑,公会齐人、宋人救郑";华夏诸侯从属于夷狄,伯主讨伐,其依附国救之,此举非善。如闵公二十八年经文"楚人救卫",晋伐卫,因讨其从楚之罪,即伐之善,而楚国救卫亦并非救灾抚恤,而是"党其从属之人",故郑玉称之为"非善"。于此,一方面以陈则通为代表的元儒实际上表达了对蒙元政权的态度,即反对夷狄政权对华夏汉族的统治,这与现实层面南宋遗民不承认蒙元政权的正统地位是一以贯之的。另一方面,陈则通指出,由楚人伐郑而知中国之有伯主,于周王室衰微之际,诸侯之间征伐不断,蛮夷侵凌,齐桓公上以尊天王、下以安中国,天下复归于正,孔子亦称颂其功"管仲相齐桓,霸诸侯,一匡天下,民至于今受其赐"。陈则通借分析楚人伐郑之事,从中凸显中国之伯主于夷狄的震慑作用。郑伯,畿内诸侯。楚国兴师伐郑,郑与周王室咫尺距离,楚国为何不越郑而伐周呢?实为忌惮伯主。楚庄王敢问鼎中原但不敢取郑,楚灵王欲求鼎却不敢付诸行动,陈则通将其解释为惧怕由此招致兵祸,在"尊王攘夷"旗帜下,天下诸侯皆与之为敌,故得出结论楚人伐郑而知天下有晋。可以看出,陈则通主要从"尊王攘夷"角度主张"华夷有别",出于对华夏正统的维护,不主张与夷狄亲近,更不用说夷狄入主中原,这就彻底否认元代统治的合法性、正统性。

在元朝内部,由于诸多原因造成南北两地学者对元代入主中原态度的迥异。一种是拒斥夷狄入主中原,防止其对华夏文化的破坏,甚至走向极端;另一种是以接受和推行华夏文化为前提条件。随着时代的进步,虽然南北差异稍有改观,但终元之世,差异始终是最强音。当然必须指出的是,这两种对峙的"华夷观"背后都隐含着对华夏文化的捍卫,差异在于是否承认夷狄可以获取正统的身份和资格。

二、政冷民热

纵观元朝,检遍史料,统治者对"华夷之辨"少有论及,这与同为少数民族的金代以及清代统治者热议"华夷之辨"形成鲜明的对比。金代的统治者如完颜亮就说:"朕每读《鲁语》,至于'夷狄虽有君,不如诸夏之亡也',朕窃恶之!岂非渠以南北之区分,同类之比周,而贵彼贱我也。"清代的统治者如雍正皇帝更是亲自撰写《大义觉迷录》,与臣下曾静进行辩论,乾隆皇帝则诏令将经书中的"夷狄"替换为"外裔"等,而这些举止在元代统治者那是几乎没有的。详究其因,主要在于:一是元代统治者少有精通儒学的,整体汉化程度不高。蒙元前期的世祖、成宗、武宗以及泰定帝皆是在漠北草原成长起来的,语言水平以及对儒学的了解都很浅显,对儒学经典中的"华夷之辨"并不措意,即使到后来的仁宗、英宗等,虽然儒学水平有所提高,汉化程度有所增进,但依然对儒家的制度、概念和范畴深感难解。换而言之,元代统治者似乎根本不在乎"华夷之辨",不在乎被学者称之为"夷狄",当然这种不在乎,很大程度是出于不了解所致。正是因为此,元代学者中严"华夷大防"之音不仅没有销声匿迹反而大行其道。二是元代多元的文化政策和宽松的文化环境。元代版图横跨欧亚，辖区内民族众多。一方面蒙元由于自身文化落后，根本无法以其文化同化辖区各民族；另一方面也无法以蒙元之外的一种文化、思想去同化各民族，虽然元代采取一系列尊儒的策略，但这种策略并不稳定，儒学经常在与蒙元文化的抗衡中处于劣势，即使到元代中后期，统治者伯彦仍然一度废除儒学的各种制度，由此对儒学中"华夷之辨"在理论上漠视亦在情理之中。进一步来说，这种多元的文化政策亦形成宽松的文化环境，这可从元代几乎没有文字狱得到印证，也可从元代文人能够"开口论议，直视千古"得到佐证。当然，我们需要指出的是，元代统治者虽然在思想上失语，但在行动上却部分地接受了郝经、许衡的建议，也就是"效汉法""行中国之道"。忽必烈登基之初，取国号为"元"时就明确指出此乃"法《春秋》之正始，体大《易》之乾元"之意，可见此时儒家经典《春秋》已经对最高统治者产生影响。忽必烈之后，他的继任者元成宗、元武宗继续奉行"以儒治国"的政策，一方面抬升孔子的地位，加封孔子为"大成至圣文宣王"；另一方面在全国各地建立文庙，设置儒学提举，并明确所有经典必须遵循朱子的注解，这就确定程朱理学在学校和儒生中的地位。与元代的前三任皇帝不同，第四任皇帝元仁宗自幼拜儒士李孟为师，研习儒家经典，对理学有着深深的同情和认可。执政之后，他所实施的一系列积极政策推动理学的发展。首先，仁宗祭祀儒学历代圣贤。仁宗除依照祖先旧制祭祀孔子外，于1316年"诏春秋释奠先圣，以颜子、曾子、子思、孟子配享。封孟子父为邾国公，母为邾国宣献夫人"，并于皇庆二年（1313）下诏："宋儒周敦颐、程颢、程颐、张载、邵雍、司马光、朱熹、张栻、吕祖谦及故中书左丞许衡从祀孔子庙廷。"这种对先贤往圣的推崇、抬升，推动理学的进一步发展。其次，仁宗推动理学官学化最为显著之举即在于恢复科举制，《元史》载"倡于草昧，条于至元，议于大德，沮尼百端，而始成于延佑"便是明证。经过儒臣的不断努力以及仁宗的推动，终于在1313年发布诏书，明确恢复科举制度，但元仁宗仍然依据种族设置多项不平等政策来限制汉儒。总而言之，就"华夷之辨"而言，元代统治者在思想上基本处于失语状态，而在行动上则是打折扣地贯彻"行中国之道"的策略，但需要明确的是，蒙元这种行为并非是意识到"华夷之辨"，而是出于统治中原的权宜之计。

与统治者相对淡漠的态度相比，元代士人面对异族入主中原、世道大变之际，借助《春秋》学中的"华夷之辨"来回应时代的激变，形成一股强势的学术思潮。这我们可以从元代在不足百年的历史中，却产生了122部《春秋》学著作可见一斑。

元代《春秋》学95位学者来看，有10位是北方人，9位阙里不详，确定属于南方的学者有76位，其中浙江、江西人数最多，也就是说浙江、江西乃是元代《春秋》学研究的中心，当然也是"华夷之辨"观念最为集中的地方。之所以如此，正如陈荣捷先生分析：

北方之新儒学于南方之新儒学，俱辐辏于朱子，简而言之，亦即辐辏于黄榦所传之朱子之学。浙江金华一线与江西一线俱源自黄榦。

可见浙江、江西之所以兴盛,乃是有扎实的朱子理学底蕴,如江西婺源(古属徽州)本是朱子故里,经过代代师传,形成新安学派,元代《春秋》学的许多学者就属于婺源;浙江除朱子学影响之外,它作为南宋的都城所在地也在一定程度上促进《春秋》学的发展。换而言之,正是蒙元的入侵,激起学者们研究《春秋》学的热情,他们围绕《春秋》中的"华夷"问题展开辨析,或像家铉翁、陈则通等直斥"夷狄"为禽兽、小人,反对接近他们,更遑论入主中原;或像郝经、许衡等为蒙元入主中原的合法性寻求辩护;或像李廉、戴良等,一方面在理论上贬低夷狄,另一方面在现实中以死为元守节。这些学者的"华夷之辨"始终伴随着有元一代,形成一股强势的学术思潮,呈现出元代初期的激烈争辩,元代中期的稍稍减弱,元代末期呈现再度激烈的趋势。

三、文化为据

从学术史的角度来看,早在孔孟之时,区分"华""夷"的标准就已有三:地域、血缘和文化。后继之世,基于不同的历史情境和民族冲突,或主其一,或兼而有之,呈现出明显的差异。元代学者在"华夷之辨"上,主要采取的是"文化意义"上的"华夷之辨"。一方面,元代学者将是否承认"华夏文化"作为辨别"华夷"以及入主中原的条件。许衡说:

中夏夷狄之名,不系其地与其类,惟其道而已矣。故春秋之法,中国而用夷礼则夷之,夷而进于中国则中国之,无容心焉。舜生于东夷,文王生于西夷,公刘古公之俦皆生于戎狄,后世称圣贤焉,岂问其地与其类哉?元之君,虽未可与古圣贤并论,然敬天勤民,用贤图治,盖亦骎骎乎中国之道矣。夷狄之俗,以攻伐杀戮为贤,其为生民之害大矣。苟有可以转移其俗,使生民不至于鱼肉糜烂者,仁人君子尚当尽心焉。

许衡认为"华夏"与"夷狄"的区别不在于地域、种族,而在于"道"。因此,在《春秋》当中,"华夏"若用"夷狄"之礼则为"夷狄",反之,"夷狄"用"华夏"之礼则为"华夏"。古代的圣贤舜、文王等皆生于"夷狄"之地,并不妨碍其成为"圣贤"。蒙元帝王虽不能与古时圣王相提并论,但能够敬天保民,励精图治,推行华夏文化,故仁人君子自当尽心辅佐。如果说许衡的观点还有些许保守的话,那么郝经则将此彻底明确化,他指出"中国而既亡矣,岂必中国之人而后善治哉,……苟有善者,与之可也,从之可也,何有于中国于夷",又言"能行中国之道则为中国之主"。在郝经看来,原来的汉族政权已经灭亡,只要能够做到善治中国,能够推行华夏文化,无论是"华",还是"夷",皆可入主中国,成为中国之主。相对于元代之前,以胡安国为代表的士人从地域、种族以及文化全面贬低和抵制"夷狄"相比,以许衡、郝经为代表的儒士集团则淡化那些无可更改的先天因素地域、种族的差异,只从文化的角度为蒙元统治的合法性辩护,这一方面易为元代统治者所接受,另一方面也解决知识分子仕元所面临的"华夷之辨"的心理阻碍。

另一方面,删除、更改经典当中涉及"种族""夷狄"之言。由于元代统治者儒学水平普遍不高,以及实施多元的文化政策,竟将充满诋毁、谩骂夷狄之语的胡安国《春秋传》(后文简称"胡《传》")不加删减地列为科举程序,成为士子必读经典。士子们在对胡《传》的接受过程中,对其中的不合时宜之论进行修正。众所周知,胡安国将"夷狄"极力贬低,认为其不懂礼乐纲常,实为"小人",乃华夏文化之一大祸害,必须极力攘斥。元代的学者在研习、引证胡《传》时,对其中的激烈之语有意进行更改,如李廉在《春秋诸传会通》中引用胡安国之语时,一是删除胡《传》中的"非我族类,其心必异"等涉及"种族"之语;二是删除胡安国所列举的历代史实,减轻其影射现实的理论色彩。其他学者如程端学、汪克宽等亦通过相近的方式修正胡《传》。除此之外,学者在注疏经典时亦尽量不用或少用极端之语,如郑玉在解读《春秋》"夏公追戎于济"时,不再像他所引用的孙觉、程颐等直接用带有贬低色彩的"戎"字,而是改为"诸蕃";又如在涉及《春秋》当中的"华夷之辨"时,他经常将之改为"中外之辨",他说"愚谓《春秋》之所谨王霸、中外之辨也",以此回避影射蒙元的种族之论;更进一步,他直接用理学中的"天理"来区分"华夷",他说:"人心、天理初起无夷夏之殊,私情曲说乃起是非之辨。"元代的另一著名学者吴澄在诠释《春秋》当中的"二年春,公会戎于潜"以及"秋八月庚辰,公及戎盟于唐"等涉及"华夷"问题的经文时,往往是不置一字,并将引证之语中的贬低夷狄之言一概删除不引。诸如此类,不胜枚举。如果说许衡、郝经等是从正面直接以文化辩识"华夷",那么郑玉、吴澄等则是从反面删除、更改涉及"夷狄"的言论,其实质亦是向"文化意义"上的"华夷之辨"回归。总而言之,元代学者着力从"文化"的角度论述"华夷之辨",不同于之前宋代偏好从"种族"区别"华夷"的论调,它一方面延承孔孟所开启的文化区分"华夷"的模式,更形塑明清两代的"华夷之辨";另一方面也反映出元代学者,尤其是中后期的学者在蒙元入主中原已成定势的情况下,有意淡化种族、地域的界限,强调对华夏文化的认同,从而减少残暴与血腥,拯救黎民于水火,体现出务实而又不失原则的心态。

四、结　语

元代"华夷观"的这三种特质,呈现出异于其他少数民族政权入主中原时的特色,其造成的影响亦是深远的。首先,导致恪守"华夷大防"与突破"华夷大防"在元代并行不悖,虽然这在任何时代都极有可能存在,但在元代"严华夷大防"的华夷观确是没有言论禁区的,甚至指摘批评蒙元亦毫无顾忌,尤在原属南宋的汉人(南人)中更为流行,这在金代和清代是不可思议的,这不可不说是元代"华夷观"的一大特色。这种恪守"华夷大防"的华夷观一直在元代不绝于耳,即使到元末江西人士李廉,仍然认为夷狄天性低劣,不可交往,更没有获得正统的资格,他们的这种坚持实质是对华夏文化的捍卫,也正是这种代不乏人的坚持,使传统华夏文明流传至今。同时,突破"华夷大防"的华夷观在某种程度上解决士人仕元的矛盾心理,甚至影响清代的正统观念的塑造。其次,加速元代政权的灭亡。元代对代表华夏文化的儒学一直采取既打压又利用的政策,"用夏变夷"策略执行的并不彻底,这就造成元代社会从统治者到知识分子始终处在分裂、矛盾与纠结当中,这在知识分子当中表现尤为明显。元末之际,一方面,以郑玉为代表的学者情愿以死为元守节,可见元代已经在部分士子心中获得正统地位,这不能不说是推行华夏文化的结果,故钱穆先生感叹道:"明初诸臣不忘胡元,真属不可思议之尤矣。"另一方面,亦有大批士人积极响应反元起义,最为典型如宋濂,亲自为朱元璋撰写以"驱逐胡虏,恢复中华"为口号的讨元檄文,加速蒙元政权的瓦解。这种截然相反的取向无疑是元代在"华夷观"上独有的特质在现实领域的折射和反映。总而言之,元代的"华夷观"所造成的影响并不局限在思想领域,更进一步延伸至现实政治领域,为我们龟鉴元代政权的早亡以及儒家政治哲学的演进提供一个鲜活的个案和独特的视角。

参考文献:

[1]郝经.陵川集[M].文津阁四库存全书本.北京:商务印书馆,2005.

[2]王元杰.春秋谳义:卷3[M].文津阁四库全书本.台北:台湾商务印书馆,1986.

[3]徐梦莘.三朝北盟会编[M].上海:上海古籍出版社,1987.

[4]陈衍.元诗纪事:卷13[M].李梦生,点校,上海:上海古籍出版社,1987.

[5]许有壬.秋谷文集序[M].台北:台湾商务印书馆,1986.

[6]陈荣捷.朱学论集[M].上海:华东师范大学出版社,2007.

[7]张星久.政治情境中的"华夷之辨"——秦汉以后"华夷之辨"的历史语境与意义生成[J].武汉大学学报(哲学社会科学版),2015(5):5-14.

[8]许衡.郡人何瑭题河内祠堂记[M].文津阁四库全书本.台北:台湾商务印书馆,1986.

[9]郑玉.春秋经传阙疑[M].文津阁四库全书本.台北:台湾商务印务馆,1986.

[10]钱穆.中国学术思想史论丛[M].北京:生活·读书·新知三联书店,2019.

(西安交通大学哲学系)

中庸之道的内涵、哲学思辨与当代意义

王顺兴

在中华民族文明发展的进程中,积淀了深厚的文化传统,形成了富有特色的思想体系,体现着中国人数千年来积累的知识、智慧和理性思辨,不仅延续着中华民族的精神血脉,而且也为世界和平做出了重大贡献。在树立文化自信,实现伟大复兴中国梦的今天,对中华民族优秀传统文化,"既需要薪火相传、代代守护,也需要与时俱进,推陈出新。……使中华民族最基本的文化基因与当代文化相适应、与现代社会相协调,把跨越时空、超越国界、富有永恒魅力、具有当代价值的文化精神弘扬起来。……让中华文明同各国人民创造的多彩文明一道,为人类提供正确精神指引"。(《习近平同志在哲学社会科学工作座谈会上的讲话》)根据习近平总书记的讲话精神,笔者不揣谫陋,就中庸之道的相关问题谈点拙见,以求教于同道。

一、中庸之道的内涵

中庸之道也叫中和之道,简称中道。按照先哲们的解释,"中"就是不偏不倚,无过之无不及,"庸"就是平常、不易,也指运用恒常。按《中庸》一书的说法:"喜怒哀乐之未发,谓之中;发而皆中节,谓之和。""未发,谓之中"就是说没有表现出来的人之自然本性,是不偏不倚,无过无不及的"中";"发而皆中节,谓之和"就是说按人之性情表现出来的就是"中和"以后的现象。所以,儒家把"中"视作"天下之大本","和"视作"天下之达道"。"致中和,天地位焉,万物育焉。"(《中庸》)

中庸之道是儒家在总结前人"中和"思想的基础上发展起来的,从伏羲创八卦的传说看,伏羲时中和思想就已经形成了。《易·系辞传》里讲:"古者包牺氏(即伏羲氏。上古时无轻唇音,声母的 f 与 b 发音一样,'包'与'伏'发音是一样的,'牺'与'羲'同音,故包牺氏就是我们讲的伏羲氏)之王天下也,仰则观象于天,俯则观法于地,观鸟兽之文,与地之宜,近取诸身,远取诸物,于是始作八卦,以通神明之德,以类万物之情。"从这段记载我们可以看出,体现着中和思想的八卦是我们的祖先们在对大自然及人类社会不断观察中所得知识的积累,也是先哲们对大自然及人类社会规律的认识和理解。此后,中和思想不断充实完善,就作为道统传承了下来。

《论语·尧曰》说:"咨! 尔舜! 天之历数在尔躬,允执厥中。"这里的"允"是诚信的意思,"执"是执着,坚守,"厥"是一个虚词,相当于"其""中"就是不偏不倚,无过无不及;用现代话讲就是:"哎,舜啊! 上天的气数已落在你身上了,你要诚心的坚守这不偏不倚无过无不及的中道啊!"舜传位给禹时又将中道思想传给了禹。《尚书·大禹谟》记载,舜告诫禹:"人心惟危,道心惟微,惟精惟一,允执厥中。"朱熹在《中庸章句序》中讲:"尧之一言至矣尽矣,而舜复益之以三言者,则所以明夫尧之一言,必如是而后可庶几也。"就是说尧的一句"允执厥中"已讲到家了,舜传给禹又讲到"人心惟危,道心危微,惟精惟一"的三句,实际上还是强调了尧的那句"允执厥中"。韩愈在《原道》中进一步讲了中道的传承:"斯吾所谓道也……尧以是传之舜,舜以是传之禹,禹以是传之汤,汤以是传之文、武、周公,文、武、周公传之孔子。"中道思想传到孔子时,孔子集上古文化之大成,把中道思想发展成了鲜明完整的中庸之道,使之成为儒家哲学思想的基础、道德修养的终极境界和礼乐行政的理论本质。孔子的孙子思恐其年久失真,就根据孔子对中庸之道的论述整理成《中庸》一书,开始收在《小戴礼记》中,宋代单列成册,与《大学》《论语》《孟子》并列称为"四书",作为儒家精髓传布至今。《中华文化概述》中讲:"孔子以创造文明,开物成务之智,论伏羲以后之道统。"这一评价还是中肯的。

中庸之道的内容非常丰富,用司马光的话讲就是:"夫中和之道,崇深闳远,无所不周,无所不容。"(《温国文正司马公文集·与范景仁书》)而其内涵则涵盖人与自然、人与人、人与国家以及人自身精神的和谐,具体表现大致可归纳为五个方面。

一是天人合一,人与自然和谐。儒家认为自然界是一个和谐的整体,有着自己的运行规律,称作天地之道,也叫天道。孔子曾经讲:"天何言哉? 四时行焉,百物生焉,天何言哉?"大自然虽然不说话,但四季照样有规律的运行,万物照样生长,这就是天道;人类社会也有自己的运动规律和行为准则,称作人道。而人是宇宙的一分子,应与自然和谐相处,"与天地同参"。张载在《正蒙·太和篇》讲"太和之谓道,中涵浮沉、升降、动静、相感之性,是生氤氲、相荡、胜负、屈伸之始",就是讲人道有着天道的自然之性。王充也讲到"天人同道,好恶不殊",二程程颢、程颐进一步由人及天,认为"理即天道",董仲舒干脆直接讲:"道之大原出于天,天不变,道亦不变。"既然天人之道相通,那么在处理人间事物时就要"上律天时,下袭水土",人法地,地法天,天法自然,按自然及人类社会的运行规律办事。孔子赞颂尧时讲:"大哉,尧之为君也! 巍巍乎! 唯天为大,唯尧则之。"(《论语·泰伯》)就是说尧之所以伟大,就是他作为君王,能够效法天道,能使"万物并育而不伤害"(《中庸》),使人类社会与自然生态共生共存、和平相处,所以南宋哲学家叶适在评论《中庸》时讲:"使中和为我用,则天地自位,万物自育。"

二是仁爱忠恕,人与人之间和谐。在处理人与人的关系上,儒家强调仁爱之心与忠恕之道。"仁"是儒家的核心思想,有人统计,在《论语》一书中"仁"字出现百余次,说明孔子对"仁"是特别重视的。"仁"字是一个会意字,由"二"和"人"组字,可引申为团体,人与人。按《说文》的解释"仁,亲也",即人们之间要相亲相爱。孔子对仁的解释更是多角度的,还包括恭、宽、信、敏、惠、智、勇、忠、恕、孝等内容。《论语·颜渊》中说:"樊迟问仁。子曰:'爱人'。"《说苑·政理》中孔子进一步解释说:"爱人者则人爱之,恶人者则人恶之。"人只有关爱别人、尊重别人,才能受到别人的关爱与尊重,与别人为恶,别人也会厌恶你,就不能和睦相处。推而广之,施政也要施仁政。《论语·雍也》中记载,子贡问仁说:"如有博施于民而济众,何如? 可谓仁乎?"孔子说:"何事于仁,必也圣乎! 尧舜其犹病诸。"这样做何止于仁啊,可以称为圣人了,尧舜也不能全做到啊! 怎样做到仁呢? 孔子认为"忠恕违道不远","忠"是立人,指尽己之力,为人谋事;"恕"是容人,按朱熹的说法就是"尽己谓之忠,推己谓之恕"。要践行中庸之道,就是要忠恕,要宽容,要"己所不欲,勿施于人"(《论语·颜渊》),要"己欲立而立人,已欲达而达人"(《论语·雍也》),推己及人,自己不愿意的事不要强加给别人,自己想达到也要让别人达到。孔子还讲:"能行五者于天下,为仁矣。"何为"五者"呢? 孔子进一步解释就是:"恭、宽、信、敏、惠。恭则不悔,宽则得众,信则人任焉,敏则有功,惠则足以使人。"孔子对仁的解释很具体,尽管说法不一,但其根本立场都是爱人、尊重人、宽以待人,要求人以仁爱之心建立人与人之间相亲相爱的和谐关系。

三是为国以礼,社会和谐。社会是由个体的人组成的,儒家认为人本身有着上下尊长之分,"有男女然后夫妇,有夫妇然后有父子,有父子然后有君臣,有君臣然后有上下,有上下然后礼仪有所错"。(《周易》)要维护这种上下尊长的人伦关系,使尊长有序,各安其位,就要"为国以礼",因为"礼"是"定亲疏,决嫌疑,别同异,明是非"(《礼记·曲礼上》)的,也就是说礼是用来区分、确认社会中长幼、亲疏、贵贱等社会关系的规范。《左传·隐公十一年》讲"礼,经国家,定社稷,序民人,利后嗣者也。"《左传·昭公二十六年》讲:"礼,王之大经也。"《礼记·礼运》讲:"治国不以礼,犹无耜而耕也。"《荀子·大略》也讲:"礼者,政之挽也。为政不以礼,政不行矣。""礼"在治理国家中如此重要,所以孔子强调人的一切行为都应该"尊之以礼",做到"非礼勿视,非礼勿听,非礼勿言,非礼勿动"(《论语·颜渊》)。怎么用礼呢? 孔子的学生有子说:"礼之用,和为贵。先王之道,斯为美,小大由之。"(《论语·学而》)就是说礼仪的运用贵在和顺,古帝王治国之法,在这方面是可贵的,大小事情都本着和顺的原则去办,只要国家通过礼治,使人们对礼高度认同,做到"贫而乐道,富而好礼",社会就会和谐、稳定、有序的发展。

四是睦族和众,协和万邦。儒家是主张修身治国平天下的,所以其"中庸之道"也包含着族群和邦国的和谐问题。《尚书·尧典》记述尧帝的政治实践经验时就讲到,他能"克明俊德,以亲九族。九族既睦,平章百姓。百姓昭明,协和万邦"。《易传·系辞》中也讲"乾道变化,各正性命,保合太和,乃利贞。首出庶物,万国咸宁"。中庸之道既是自然与人类社会的根本规律,那么在协调邦国关系中当然也应该遵循,只要坚持"周而不比""和而不同"的包容精神,多元并存,相互学习,相互推动,共同发展,也是能够使"万邦协和""万国咸宁"的。

五是诚信慎独,人们自身和谐。诚信原本是至善的精神世界,是一个道德概念,儒家把其看得很重。在《中庸》第二十章里曾讲:"诚者,天之道也;诚之者,人之道也。诚者,不勉而中,不思而得,从容中道,圣人也。诚之者,择善而固执之者也。"朱熹也讲:"诚者,真实无妄之谓,天理之本然也;诚之者,未能真实无妄,而欲其真实无妄之谓,人事之当然也。圣人之德,浑然天理,真实无妄,不待思勉,而从容中道,则亦天之道也。"他们都把诚信看作天道的本性,所以子思讲:"唯天下至诚,为能尽其性;能尽其性,则能尽人之性;能尽人之性,则能尽物之性,能尽物之性,则可以赞天地之化育,则可与天地参矣。"一个人如果能把诚体现出来,就能与天道合一,成为圣人了。怎样来达到至诚呢?那就要尊德性道学问,"尊德性"就是明白自己的本性,按照天赋的人性去修为。"莫见乎隐,莫显乎微,君子慎其独也。""隐"是暗处,"微"是细小的事,"独"是一个人独处,"慎"是谨慎。用现在的话讲就是时刻以君子为榜样,提升自己内在的修为,没人见,没人知的情况下也不放纵。"道问学"就是,在自身内省的同时做学问,其步骤就是"博学之,审问之,慎思之,明辨之,笃行之"。就是多学习知识,直接考察,慎重的思考,明辨事理,落实在行动上。在日常生活中须臾不离中道,至诚无妄,以至悠远,以求得自身精神和谐。

儒家对中庸之道的论述很多,仅从以上五个方面我们可以看出,中庸之道涵盖了天地万物及人类社会的和谐共进之理。所以孔子把对待中庸之道的态度作为评判君子与小人的标准:"君子中庸,小人反中庸,君子之中庸也,君子而时中,小人之反中庸也,小人而无忌惮也。""君子矜而不争,群而不党""君子贞而不谅""君子惠而不费,劳而不怨,欲而不贪,泰而不骄,威而不猛"等,都是讲君子懂得适中,知道奉行这不偏不倚,无过之无不及的中庸之道。

二、中庸之道的哲学思辨

由于儒家对中庸之道的推崇、倡导与宣扬,中庸思想就对中国人产生了深远的影响,甚至成了中国人的一种思想符号,一些外国人一讲中国,就讲中国人讲中庸。近代以来,中国一度落后了,经常遭受侵略与挨打,人们在反思中认为,中国落后挨打,是由于儒家思想的顽固陈腐造成的,在砸烂"孔家店"的同时,对中庸之道也进行了无情的批判,认为中庸是"和稀泥",是无原则的"折中主义",是缺乏斗争性的"忍让",是软弱的"奴性"。而尊崇中庸之道者则认为中庸之道是美轮美奂的"天下至道",弘扬中华优秀传统文化,就应该遵循中庸之道。那么究竟怎样认识中庸之道呢?中庸之道有没有哲学道理呢?笔者认为还是应该从哲学层面对其进行科学分析,让事实来回答。

首先,从事物的本质看,"中"是客观存在的最佳状态。《现代汉语》对"中"的解释有十多种，作为方位词来讲表示跟四周的距离相等，有中心、中央、居中之意；作为范围来讲，指范围内、内部，如山中、心中等；作为段位来讲，指两端之间的，如中间；作为等级有中层、中等；作为大小来讲，表示不大不小的适中，如中号；作为程度来讲，表示中度，如不紧不慢、不轻不重、不缓不急等；作为空间讲，有前中后、上中下、左中右等，"中"指居中；作为时间段来讲，有过去、现在、未来；我们常讲的中看、中听、中意、中用等，也有着适中之意。小到细胞，有细胞膜、细胞质、细胞核，大到地球，有地壳、地幔、地核，这"细胞核""地心"实际也是中。李翱也讲："夫毫厘分寸之长，必有中焉；咫尺寻常之长，必有中焉；百千万里之长，必有中焉，则天地之大，亦必有中焉。居之中，则长短大小高下虽不一，其为中则一也。"（《李文公集》）这就是说"中"是客观存在的，是事物的组成部分。应用到判断正误上，"中"就是评判事物对立、联系、转化的参照系，我们常讲的既是要防止"左"，也要防止"右"，就是以中正的正道作为参照系的，没有一个参照系是非善恶就无法判定。既然"中"是事物的固有之性，"庸"是中的恒常之理的运用，"中庸"被儒家称作"天下之大本""天下之正道""天下之定理"还是有道理的。

其次，从中国"阴阳之道"观念看，中庸之道被视为"天下之达道"也是有道理的。中国人的思想方法特点是阴阳互补的综合，不仅表现为一种对环境刺激的反应，一种对总揽全局的整合能力，而且表现为在复杂情况下，通过直觉抓事情主要矛盾，这种能力就源于阴阳互补之道，依据阴阳强弱盛衰的转化，使事物合于道。

将阴阳与道紧密结合，最早出自《周易》，叫作"一阴一阳谓之道"。被称为哲学之父的老子，也是以阴阳立论的。此后，邹衍把阴阳与五行相结合，以修合诸侯，阴阳之道就成了中国人认识判定事物的一种方法。"阴阳"与"道"都是形而上的抽象概念，也是中国哲学的哲学命题。阴阳并不是单纯地指构成万物的两大要素，而更是由此引出的整体观念和动态观念。如：天为阳，地为阴；上为阳，下为阴；外为阳，内为阴；功能为阳，物质为阴；轻为阳，重为阴；强为阳，弱为阴等，实际上就是事物对立的两个方面。而阴阳又是能够互相依存互相转化的，"阴中有阳，阳中有阴""孤阴不生，独阳不长"就是讲的阴阳相互依存关系，而"阳胜阴继，阴胜阳继""物极必反"则是讲阴阳互相转化的关系。"道"的原意是道路，后延伸为道理、规律，实际上也是阴阳调和的一种状态，阴阳失调了，往往称作"无道"或"失道"，这就是整体"中和"观的体现。最能直观体现这种依存、转化整体观念的就是道家的太极图，既有黑白象征阴阳的阴阳鱼，又有区分阴阳的中线，其中线上任何一点的移动，就可改变阴阳的比例，从而破坏了整体中和现象的平衡。

郝兰奇先生在《走近老子》一书中，把这条中线理解为道的"载体"，王潜龙先生的"阴中阳"学说把中线理解读为大中庸的"中"，不过这条线应为一个区间，是道德与法律之间的正道。纪由先生《阴阳初探》一书中强调了万物皆是阴阳的"中合体"，他讲"客观存在的一切现实，既无纯阴，也无纯阳"，因为"孤阴不生，孤阳不长"，所以"大至宇宙，小至基本粒子，都是阴阳的中和结构","宇宙中的一切现象都是在阴阳分合中展现的"。也就是说一切事物都是亦阴亦阳的中和体。如果把这种中和现象作为第三态,那么老子《道德经》所讲的"道生一,一生二,二生三,三生万物"就是有道理的,如理解一是混沌,二是阴阳,三是阴阳的中和体,由于阴阳消长变化有殊,也就产生万物,生成万物了。如此而论,事物本身也是含"三"的,那么阴中阳理论也是成立的。《孔子世家》讲"孔子晚而喜《易》,序《彖》《系》《象》《说卦》《文言》"。《史记》中也记载孔子多次向老子问道,孔子学说无疑是会受老子影响的,是吸取了历史文化中的优秀部分的。阴阳实际含中,老子也讲了很多对立统一的中和现象,但没有明确提出"中"的概念,只是以阴阳立论,孔子则结合社会科学中各种相互作用的平衡点,明确提出了中庸的概念,使中和理论更加完善,应该说是对认识论的一个贡献。

其三,从东西方中庸思想的比较看,是有很多共同之处的。古代雅典著名的思想家梭伦认为:"公正就是对立双方都要抑制自己的欲望。"古希腊早期的哲学家、伦理学家毕达各拉斯,也曾提出"美德既和谐"。古希腊唯物主义哲学家、朴素辩证法的创始人赫拉克利特更是发现了"相反的东西结合在一起,不同的音调造成最美的和谐,一切通过斗争而产生"(《西方哲学原著选读》)。这些哲学家们虽没有提出中庸的字眼,但观点中均有中和之意。古希腊幸福伦理学家德谟科利特则提出了"节制""适度"的中庸之道,认为人只有通过节制,淡泊宁静,才能快乐幸福。古希腊著名哲学家、伦理学家亚里士多德进一步提出了"美德以中道为原则"的学说,他指出"因为德性必须处理情感和行为,而情感和行为有过度与不及的可能"。过度和不及"均足以破坏德性",因此,"德性应以中道为目的"。中道就是理性的要求,就是"适度""适中""执中"。他认为畏首畏尾,退缩不前,可使人变成懦夫,而无所畏惧,敢冒一切危险,可使人变成莽汉;纵情享乐,毫无节制,可使人变为放荡,而避忌一切快乐的人,又会变得麻木不仁。所以,过度与不及,都有损于优点,唯有守中道可以成功。他还列举了一系列行为现象中的适中和适度表,如过度,适度,不及;鲁莽,勇敢,怯懦;挥霍,乐施,吝啬,虚荣,自豪,卑贱;暴烈,和谐,优柔等,说明过犹不及不如适度。

孔子的中庸与亚里士多德的中庸非常相似,赵玉芝在《简析孔子中庸与亚里士多德中庸的相同点》一文中将他们中庸的共同点概括为三个方面:一是都把中庸视为一种美德。孔子说:"中庸之为德也,其至矣乎!"他反对"过"和"不及",主张"执两用中"。亚里士多德说:"过度和不足是德性的特性,而中庸是美德的特性。""美德仍是一种中庸之道。"他们都反对走极端,主张适合事物的正确状态的"中"。二是两者都认识到了任何事物的中都要确定"度"。孔子提出过犹不及的命题,实际上就是要求对任何事物都要把握"度",保持事物质的数量界限,做到适度,恰如其分,只有适度才是事物的最佳状态。亚里士多德也强调度与适中,他认为"德性是一种凭选择所得的习性,它的特点在于适度,或遵循适合各人的适度"。过度了是恶,不及同样也是恶,而二恶中间的适度才是美的德性。三是二者提出的出发点相似。孔子所处的时代是春秋末年,是奴隶制向封建制过渡的时期,社会极不安定,为缓和当时的社会矛盾,实现社会安定,孔子提出中庸以调和矛盾,"道之以德,齐之以礼""节用而爱人,使民以时"等中和之道。亚里士多德生活的时代,也是古希腊由奴隶制向中央集权过渡时期,社会矛盾也非常尖锐复杂,他提出中庸,也是反对社会上的"过度"和不及行为,以调节社会矛盾,实现社会的安定。尽管东西方社会制度不同,生活环境各异,但东西方的学者们却异途同归,都认识到了中庸之道才是调节社会诸事物的最佳之道。比孔子晚近200年的亚里士多德所论的中庸之道竟然与孔子的中庸如此惊人的相似,说明中庸之道确实是值得研究的。毛泽东同志讲"孔子的中庸观念是孔子的一大发现,一大功绩,是哲学的重要范畴,值得很好的解释一番",是比较中肯的。

从对立统一的观念看,中庸是体现了斗争性的。中国的传统文化中,尽管有着不同的流派,但在对待中庸这一观念上却是基本一致的,《易经》讲"中正",老子讲"中和",儒家讲"中庸",虽然名称不一,但其实都是强调适度,避免极端的。如过度了就要给以矫正,而矫正的过程就是斗争的过程。老子讲"天之道,其犹张弓与?……损有余而补不足",正道就像张弓,必须适度,拉力过度了弓就会断,不足时弓就拉不开,所以力量过大就要减损,不足时就要加力。谦虚本是一种美德,而对待不讲理的人,就要反击,"无不利,㧖谦"对不讲理的人就要给一耳光。孔子曾"删诗书,定礼乐,赞周易,修春秋",对正反对立的斗争性是非常清楚的。在《论语·先进》中:"子贡问:'师与商也孰贤?'子曰:'师也过,商也不及。'曰:'然则师愈与?'子曰:'过犹不及。'"师是子张,商是子夏,这两个人都是孔子的弟子。子贡问孔子,子张与子夏谁更贤德些呢?孔子讲子张有些过分,子夏有些不及,子贡说,那么子张好点吗?孔子说过和不及一样,都不合乎中庸之道。可见孔子是反对"过"和"不及"两个极端的。《论语·学而》篇中:"有子曰:'礼之用,和为贵。先王之道,斯为美,小大由之。有所不行,知和而和,不以礼节之,亦不可行也。'"先王之道固然很美,但也有不通的,只知道为和而和,不用礼来规范约束,就不行。要规范约束就免不了斗争。就像亚里士多德讲的"在过与不及里不能有适度,在适度里不能有过度与不及"(《西方伦理学选辑》),要适度就要抑恶扬善,对于恶意就要谴责、斗争,因为扫把不到灰尘是不会跑掉的。有些人认为,中庸是折中,做老好人,没有斗争性,其实是对中庸最大的误解。

从以上分析我们可以看出,中庸是有哲学道理的。

三、中庸之道的当代意义

孔子曾讲:"道不远人,人之为道而远人,不可以为道。"就是讲道是贴近人们的生活的,如不能为人们所用就不能称之为道了,具体到传统文化研究来讲是同样的道理,如不能指导社会实践的理论,无论怎样能自圆其说,对人类社会也是没有用的。我们今天继承发展传统文化不是为了复古,而是为了古为今用,使其为现代社会发展服务的。那么,在我国社会主义初级阶段的今天,也是开创新时代的今天,中庸之道有什么现实意义呢? 笔者认为,其现实意义起码有以下几个方面。

一是从个人层面讲,可利于自我人格的完善。"中庸"既是一种为人处世之道,也是一种治学之道。《大学》中讲:"古之欲明明德于天下者,先治其国;欲治其国者,先齐其家;欲齐其家者,先修其身;欲修其身者,先正其心;欲正其心者,先诚其意;欲诚其意者,先致其知,致知在格物。"为什么这样讲呢? 紧接着解释说:"物格而后知至,知至而后意诚,意诚而后心正,心正而后身修,身修而后家齐,家齐而后国治,国治而后天下平。"前一段递进式地讲了要使美德显明于天下,需要治国、齐家、修身、正心、诚意、致知、格物。第二段以倒叙的方法,以因果的形式解释了只有彻底了解事物,才能意念诚实,意念诚实了,才能心正不邪;心正不邪了,才能提高自身的品德修养;自身的品德修养好了才能齐家、治国、使天下太平。所以,《大学》讲:"自天子以至于庶人,壹是皆以修身为本。"也就是说不论哪个阶层的人都要把修身作为道德修养的价值目标和根本目的。

《中庸》是历代公认的心性之学,它不仅给人指出了为人处世的方法,还给人指出了修身的方法,其方法就是尊德性,道问学。"尊德性"就是坚持天赋的道德本性,具体的体现就是"诚"。"诚"原本指完美至善的精神世界,在《中庸》中是一个道德概念,孔子讲"诚者,不勉而中,不思而得,从容中道,圣人也。诚之者,择善而固执之者也"。《孟子·离娄上》讲:"诚者,天之道也;思诚者,人之道也。"《朱子·类语》进一步讲:"诚者,真实无妄之谓,天理之本然也。"儒家认为诚心之德在于明善,诚就是实事求是的诚心向善,不欺人,不欺天,真实无妄,这就是人的本性,人能够时刻思考遵循诚意办事,就是人道。所以,个人品德修养要诚意,用《大学章句》讲就是"诚其意者,自修之首也"。所谓"道学问",就是接受教育,具体步骤就是"博学之,审问之,慎思之,明辨之,笃行之"。博学指的是学习知识要广博,不仅要学习文化知识,而且要学习社会知识,学习为人处世之道,如孔子在教授弟子时就坚持了文、行、忠、信四教。从记载孔子言论的《论语》看,他与弟子们讨论的多是仁、义、礼、智、信等道德智慧。在讲人为什么要博学时,孔子也是从道德观上论述的,他说:"好仁不好学,其蔽也愚;好知不好学,其蔽也荡;好信不好学,其蔽也贼;好直不好学,其蔽也绞;好勇不好学,其蔽也乱;好刚不好学,其蔽也狂。"(《论语·阳货》)很显然,他讲的学习内容就是道德规范,如不学习道德规范,虽有好的愿望与好的自然条件,也往往会适得其反,最好的办法就是"博学于文,约之于礼"。所谓"审问之"就是对所学的东西深究,彻底弄明白,要知之为知之,不知为不知,不要不懂装懂。"慎思之"就是对学习的知识要慎重思考、分析,以便进一步学习。《论语·为政》篇讲:"学而不思则罔,思而不学则殆。"用现在的话讲就是一味读书而不思考,就会因为不能深刻理解书本的意义而不能合理有效的利用,甚至会陷入迷茫;而一味地空想而不去进行实实在在的学习和钻研,就会一无所得。"明辨之"就是对所学的东西进行明确分辨,学问是越辩越明的,由于人们的知识,阅历、观点不同,广博猎取的知识往往鱼龙混杂,所以要分辨正误。"笃行之"就是要忠实地践行所学,依良知而行,循天理而为,做到知行合一。朱熹讲"穷理以致其知,反躬以践事实",也是强调理论联系实际的。

自我修养还包括见贤思齐、克己内省与慎微慎独。孔子讲"见贤思齐焉,见不贤而内自省也"(《论语·里仁》),就是说见到贤德之人,就要想着怎样与他看齐,见到不合道德规范的不贤者,就要从内心进行反省,想想自己有没有犯同样的错误。《中庸》里讲:"君子戒慎乎其所不睹,恐惧乎其所不闻。莫见乎隐,莫显乎微,故君子慎其独也。"意思就是君子在别人看不到的地方,也要谨慎戒惧,不可疏忽大意。在别人听不到的地方,也是一样不妄言妄语。在个人独处时更要谨慎,虽然别人看不见,但自己也要认为别人能发现,那些细微的事情也同样能被人发现,因为人的思想行为无论怎样遮掩,终会被人发现的。所以,真正的体道者独处就更加谨慎小心,更能把持住。

如果我们用中庸所说的道德修养方法严格要求自己,自我修养,自我完善,自我监督,自我教育,恪守中道,慎独守诚,既有戒惧之心,又有践行之志,自我人格无疑会更加完善,那些不道德行为就会减少,社会上的贪污腐败、坑蒙拐骗、抢劫谋杀等犯罪行为也会大大降低。

二是从社会层面上讲,可利于和谐社会的构建。程颐曾在《论语解释》中说:"不偏之谓中,不易之谓庸。中者,天下之正道;庸者,天下之定理。善读者玩索而有得焉,则终身用之,有不能尽者矣"。意思就是中道不偏不倚是天下事物中不变的规律,如能真正理解他,就会终身受用不尽。因为修身的标准是道,修道的标准是仁,仁又是以爱人为标准的。我们前面曾讲过道的原意就是路,我们修身的目的就是走正道,达到人世社会理想的境界。什么是正道呢? 殷旵先生在《老子为道》一书中讲:"我们打个比喻。我们每个人要想走正道的话,这个道必须有两条线,两条线的中间才是正道。什么是线呢? 这边这条线是道德,那么另一条就是法律了。这两条线中间才是你能任意驰骋的道,你只有走这条道才合于理,才能走得通……如果逾越了这两条线,就会翻车,就会危险。"两条纵线中间又有横线,人生中间有许许多多的横线,这就是人生旅途中的阶段。每一个阶段都有个底线,各个时期怎么作为,在非常困难的时候,要守住一个"安贫乐道",在很得意的时候,要守住居上位而不骄;在忧烦时,要守住在下位而不忧。按这种说法正道就是中,就是守中。还有一条处世为人的底线,就是社会责任感,有自尊心和积极向上的主观努力。老百姓以安定为知足,不忽略匹夫之责;正常人以社会公德为准则,不被邪恶诱惑和利用;中国人应该以传统文化为根本,不丧失自身的优势。

以前一个时期,人们在强调对立统一时,往往只重视了斗争性,而忽略统一的中和性,结果人与人之间常常是残酷斗争,无情打击,甚至是父子反目、母女成仇,使人丧失了人性。致使因为害怕祸从口出,人人设防,不敢讲真话,口是心非,曲意逢迎,违背了"诚"这一根本之道。今天如能正确认识中庸之道,坚持守中、适中、时中与和而不同,改变过去对中庸之道的误解,就能怀抱"大同"的愿景和"天下情怀",人人注意坚持内敛自省,奉行"己所不欲,勿施于人""己所欲之,慎施于人"的行事原则,确立或达到"先天下之忧而忧,后天下之乐而乐"的道德境界。和而不同,多元发展,社会就会出现一派和谐的景象。

综上所述,传统文化中的中和思想,中庸之道,具有尚中、时中、中正、中和等意,其内涵是十分丰富的;中是事物的组成部分,中和是事物最佳的存在方式,中庸既是一种态度,一种理性,也是一种平衡,它不是无原则的折中,而是避免从一个极端跃向另一个极端的适中状态。在实现中华民族伟大复兴中国梦的今天,需要最大限度地调动各方面的积极因素,也需要少犯左的或右的错误,少走弯路,所以在当代以中和思想为内涵的中庸之道还是有一定积极意义的,也是值得弘扬的。

参考文献:

[1]曾子,子思.大学中庸[M].长春:吉林文史出版社,2014.

[2]姬昌.周易[M].朱熹,注.上海:上海古籍出版社,1987.

[3]孔子.四书五经[M].北京:中国华侨出版社,2018.

[4]李民,王健.尚书译注[M].上海:上海古籍出版社,2004.

[5]朱熹.四书集注[M].南京:凤凰出版社,2016.

[6]李翱,欧阳詹.李文公集[M].上海:上海古籍出版社,1993.

[7]纪由.阴阳初探[M].北京:中国华侨出版社,1996.

[8]北京大学哲学系,外国哲学史教研室.西方哲学原著选读[M].北京:商务印书馆,2003.

[9]赵玉芝.简析孔子中庸与亚里士多德中庸的相同点[J].石油大学学报,1996(3):61－62.

(河南省孔子学会)

《袁氏世范》与传统治家处世智慧

王文书

《袁氏世范》是中国历史上重要的家训之一,已经流传了近千年之久,其治家处世的原则无不体现着中国人的独特智慧,至今仍有参考和借鉴价值。下面就三个方面做一简要介绍和分析,不当之处,请批评指正。

一、《袁氏世范》的作者简介及其特点

《袁氏世范》作者为南宋袁采。袁采,字君载,衢州信安常山人,生年不详,卒于1195年,主要生活在南宋前期。隆兴元年(1163)袁采中进士,开始步入官场;乾道四年(1168)任江南西路袁州萍乡县(今江西萍乡市)主簿;淳熙五年至十年(1178—1183),任两浙东路温州乐清(今浙江乐清)县令;淳熙十年(1183)调任福建路建宁(今福建松政)府政和县令;绍熙元年(1190),又任江南东路徽州婺源(今江西婺源)县令。

袁采个人官德值得一提。他为官亲民,廉明刚直,恪己奉公,力革弊政,息讼安民,政声颇佳,当地百姓无不称善,社会风气为之一清。《衢州府志》称其"三宰剧邑,以廉明刚直称"。宋代杨万里在《荐举徐木、袁采、朱元之、求扬祖政绩奏状》中称:"奉议郎知徽州婺源县袁采,三衢儒先,州里称贤,励操坚正,砥行清苦,三作壮县,皆胜最声。及来婺源,察见徽之诸邑,其敝之尤者,专以科法为理财之源流,广开告讦之门,每兴罗织之狱,大者诬曾参以杀人,次者谤陈平之帷簿,至其小者,不可弹举。采首摘其敝,白之监司太守,请痛禁止,自是诸邑之民,皆得安堵。"

袁采著作颇丰,曾撰有《政和杂记》《县令小录》《信安志》《阅史三要》《经权中兴策》《千虑鄙说》《经界捷法》等。其在乐清县令任上,纂修《乐清县志》十卷,后被认为是乐清最早的县志,在方志史上留下了浓重一笔。《好古堂书目》载袁采另作《异苑》一书,别处并无记载。考书名可知,这些著作大都是其作为县邑长官的施政经验的总结,或桑梓治邑的地志,可惜这些著作均已经亡佚。

袁采流传甚广的著作是《袁氏世范》。《袁氏世范》写作于袁采乐清县令任上,但其刊定已是在其婺源知县任内。作为一部倡导公序良俗的普及读物,袁采着眼于著作的通俗性,他感慨于子思阐发中庸之道令愚夫愚妇都能通晓实行的事例,希望该书能够在普通大众中

流传,起到"正风俗、移陋习""淳风俗、美教化"的作用,故作书名《训俗》。在该书后记中,作者袁采叙述了选择体例方面的考虑,他认为"近世老师宿儒多以其言集为'语录',传示学者,盖欲以所自得者,与天下共之也。然皆议论精微,学者所造未至,虽勤诵深思犹不开悟,况中人以下乎!至于小说、诗话之流,特贤于己,非有裨于名教。亦有作为家训戒示子孙,或不该详,传焉未广"。因此,在体裁和内容选择上,《世范》不作儒学精深微妙哲学道理的语录体,也不作无补于世的诗词歌赋体,也不作仅局限于教育本家族子孙后代的家训族规体,而作面向民间,"论世俗事",直面世俗之事的小品文;在文风上,力求行文浅显直率,语言质朴通俗,规范操作易行,确保"田夫野老、幽闺妇女,皆晓然于心目间",人人"能知""能行",以获得广泛的参与面和认同感。后来事实也证明,确实收到了袁采预期的效果。书稿刊行之前,"假而录之者颇多,不能遍应",因此"乃锓木以传"。

原书有一改名的经历。据后记载,"初,余目是书为《俗训》,府判同舍刘公更曰《世范》,似过其实。三请易之,不听,遂强从其所云"。成书后袁采请自己的同学、隆兴府通判刘镇作序。刘镇研读之后,大加赞赏,认为"思所以为善,又思所以使人为善者"。他评价书的内容"其言精确而详尽,其意则敦厚而委屈,习而行之,诚可以为孝悌,为忠恕,为善良而有士君子之行矣"。他认为此书"岂唯可以行诸乐清,达诸四海可也岂唯可以行之一时,垂诸后世可也",因此建议袁采将其更名为《世范》。四库馆臣评价说:"其书于立身处世之道,反复详尽。所以砥砺末俗者,极为笃挚。虽家塾训蒙之书,意求通俗,词句不免于鄙浅,然大要明白切要,使览者易知易从,固不失为《颜氏家训》之亚也。"虽认为词语浅陋,但正是袁采的这一做法对今天我们作国学儒学的传播推广有所启示。

二、《袁氏世范》得以成书的原因

(一)袁采本人的素质和家世背景

袁采出生在官宦世家。据蒋黎苿考证,袁采先祖出自宋代太祖太宗时期袁逢吉和真宗时期的袁成务。到北宋末年,袁氏南方始祖袁子诚,扈从高宗南渡至明州,以大宗正寺丞知临安府,卜居鄞之西郊,遂定居于鄞,袁氏居鄞者三族:西门袁氏、南袁氏、鉴桥袁氏。袁子诚之子袁国贤,官居知泉州,后定居衢州;长子袁章,字君轼,迁居明州,奉祖父;次子袁采,字君载,随父落籍衢州。袁采生活在这样一个世代官宦家庭,从小耳濡目染的是如何处理大家族中的各种庞杂的事务,加之良好的家庭教育和个人仕宦的种种见闻经历,使之积累了丰富的人生阅历和理政治家的经验。如袁钧在续修《西袁氏家谱》所言:"自尚书公(即袁章)已上,代为名人。采之言有自来矣。"从《袁氏世范》亦可以体会,有些经验教训是要经过几代人的实践积累才能形成的,从某种程度上讲,袁采能著成"达诸四海""垂诸后世"的家训经典,得益于世代为官的大家族的经验积累和良好的家庭教育。

袁采的个人素质也是一个非常重要的因素。袁采非常谦虚勤奋,在《袁氏世范》后记中称："采朴鄙,好论世俗事,而性多忘,人有能诵其前言而已或不记忆。续以所言私笔之,久而成编。"从上述中我们可以看出,袁采为学十分刻苦,勤于思考,并且习惯记录日常的感悟。袁采本人从政为官,奉公守法,清正廉洁,两袖清风,赢得辖区百姓的广泛称颂。可以说《袁氏世范》就是袁采本人生活实践的总结和自己处世的写照。在乐清从政期间,袁采曾三入雁荡山实地考察,撰写《雁荡山记》一篇,记叙了当时的雁荡名僧、建寺及新辟景观的史料,并将所作之画刊于县志,纠正了雁山图的误差,可见其注重调查研究实事求是的工作作风和为学态度。这些个人的品行素质和严谨的治学态度都是促成袁采著成旷世奇书的重要因素。

(二)宋孝宗时期经济的繁荣发达

袁采大概生活在南宋孝宗时期。孝宗在位期间是南宋政治最清明,经济、文化最繁荣兴盛的时期,宋孝宗慎选官吏,轻徭薄赋,发展生产,灾荒蠲免赋税,兴修水利,预防水旱灾害,发展农业生产。客观上,宋室南渡使得北方人口大量南移,带来了充足的劳动力、先进的生产技术和丰富的生产经验。他们与当地百姓一起,辛勤劳动,极大地推动了南方社会经济的发展。所以,政治的相对清明促进了经济的发展,孝宗时期成为南宋经济最发达时期。

在农业和手工业发展的基础上,南宋的商品经济得到进一步发展,具体表现为城市的繁华、商业和手工业的兴盛、海外贸易的空前活跃。南宋统治的区域是当时中国丝织业、瓷器制造业最发达的地区,制造水平达到了中国古代手工业发展的新高峰。其商税加专卖收益首度超过农业税的收入,改变了以前农业税赋占主要地位的局面,开创了古代中国商品经济发展的新时代。经济的变动导致南宋社会结构的调整,各阶层之间经济地位升降更替加剧,唐朝中期出现的社会等级界限松动在南宋加剧,文化的平民化、世俗化、人文化趋势日益明显,市民文学和反映新兴地主的文化现象层出不穷。新的社会形势,为社会精英阶层提供了研究家庭和社会发展的新课题。仓廪实而知礼节,衣食足而知荣辱,富足的生活也为家族治理提供了可能性。

(三)闽浙地区的区位优势和文化背景

袁采工作生活的闽浙地区是南宋统治的核心区域。南渡以后,为了军事发展和社会稳定的需要,南宋统治者不得不采取措施发展社会经济,如兴修水利、奖励垦荒,加上江浙一带优越的自然条件,河流湖泊星罗棋布,气候适宜,这些都大大促进了农业生产发展。浙江手工业也很发达,汇聚了丝绸、造纸、瓷器、印刷等主要手工业部门,杭嘉湖地区的丝绸,瓯江流域的瓷器,温州、明州的造船业声名远播。杭州、明州、温州是南宋外贸的主要港口,南宋政府在这些地区设市舶司,海外贸易的不断扩大,这些有力地促进了江浙经济的发展。

衢州、温州、徽州、建州是袁采生活仕宦的主要地区。除了建州之外,其他三州均是经济文化发达区域。衢州位于闽、浙、赣、皖交界之处,"居浙右之上游,控鄱阳之肘腋,制闽越之喉吭,通宣歙之声势"。正所谓川陆所会,四省通衢,所以,周边地域文化(吴越文化、徽州文化、八闽文化和客家文化)等文化因素在此汇聚。江浙自古就是文化圣地,南宋的永嘉学派、永康学派、金华学派均出自浙江。"永嘉学派"是南宋时期在浙东永嘉地区形成的、提倡事功之学的一个儒家学派。他们代表数量众多的富商、富工及经营工商业的地主,要求抵御外侮,维持社会安定,并希望能减轻捐税,主张买卖自由,尊重富人,发展商业。钱文忠认为,"永嘉学派"对于其事功学派主要体现在四个方面:一、强调实践;二、提出义理不能脱离功利;三、主张"农商一体";四、主张"富国强兵"。即讲理论不能脱离实际。"永嘉学派"反对重农抑商,他们主张通商惠工,以国家之力扶持商贾,流通货币,认为应大力发展工业与商品经济,并指出雇佣关系和私有制的合理性。从《袁氏世范》来看,袁采受到永嘉学派影响比较大,在这样的学术氛围中产生注重实践、关注现实的著作是可以想象的。

(四)乡约、家训文化的繁荣和发达

宋代乡约、家训文化发展到此,达到了空前的繁荣。宋朝家训文献内容丰富,据封娟考证,仅见于记载的宋代家训著作就有二十余部,分别是刘清之的《戒子通录》,苏洵的《苏氏族谱》,司马光的《温公家范》《涑水家仪》,吕本中的《童蒙训》,吕祖谦的《少仪外传》,赵鼎《家训笔录》,朱熹的《家礼》,郑道玉的《琴堂谕俗编》,陆游的《放翁家训》,陆九韶的《梭山居家正本制用》,叶梦德的《石林家训》等,数量之多前所罕见。

"蓝田四吕"(吕大忠、吕大钧、吕大临、吕大防)于北宋神宗熙宁九年(1076)创制我国历史上最早的乡约。《吕氏乡约》内容丰富,约规包含四大项:德业相劝、过失相规、礼俗相交、患难相恤。其宗旨是邻里乡人能"德业相劝,过失相规,礼俗相交,患难相恤"。南宋后,《吕氏乡约》被朱熹重新发现,据此编写了《增损吕氏乡约》,1215年,朱熹弟子胡泳在家乡江西推行乡约;1243年,朱熹再传弟子阳枋在家乡四川推行乡约。朱熹和袁采是同时代的人,《吕氏乡约》和《袁氏世范》的盛行充分说明南宋前期乡约文化的盛行。

三、《袁氏世范》传统处事治家的智慧举例

(一)宽容忍让

"忍"常常被当作封建糟粕而加以批判。人上一百,形形色色,面对千差万别的人,只有具备宽厚、包容、理解、和谐的心态才能生存。十个指头并不一般齐,彼此需要以一种宽容的心态去面对所处的人群:既要坚持自己的个性,也要理解他人的个性;既要正确坚持自己的观点,也要正确看待别人的看法。"自古人伦,贤否相杂。或父子不能皆贤,或兄弟不能皆令,或夫流荡,或妻悍暴,少有一家之中无此患者,虽圣贤亦无如之何。譬如身有疮痍疣赘,虽甚可恶,不可决去,惟当宽怀处之。能知此理,则胸中泰然矣。"

所以,袁采非常强调忍让,"人能忍事,易以习熟,终至于人以非理相加,不可忍者,亦处之如常"。他认为遇事不忍,所失甚多,甚至会影响自己的身心健康。"不能忍事,亦易以习

熟,终至于睚眦之怨深,不足较者,亦至交詈争讼,期以取胜而后已,不知其所失甚多。""人能有定见,不为客气所使,则身心岂不大安宁!"

袁采还论述了"处忍之道"。他看到现实中因不知处忍之道酿成悲剧的事实,所以他更注重处忍之道。"人言居家久和者,本于能忍。然知忍而不知处忍之道,其失尤多。"他认为,忍让不是一味地压抑自己的情绪,不能一直把郁闷的心情积压在胸中,应当及时的使用心理暗示的方法将不良的心理排遣出来,避免不良的心情积累过多,如洪水猛兽一发而不可收。

盖忍或有藏蓄之意,人之犯我,藏蓄而不发,不过一再而已。积之既多,其发也,如洪流之决,不可遏矣。不若随而解之,不置胸次,曰:"此其不思尔!"曰:"此其无知尔!"曰:"此其失误尔!"曰:"此其所见者小尔!"曰:"此其利害宁几何!"不使之入于吾心,虽日犯我者十数,亦不至形于言而见于色。然后,见忍之功效为甚大,此所谓善处忍者。

宽容的最高境界是严于律己、宽以待人。"忠、信、笃、敬,先存其在己者,然后望其在人。如在己者未尽,而以责人,人亦以此责我矣。今世之人能自省其忠、信、笃、敬者盖寡,能责人以忠、信、笃、敬者皆然也。虽然,在我者既尽,在人者亦不必深责。今有人能尽其在我者固善矣,乃欲责人之似己,一或不满吾意,则疾之已甚,亦非有容德者,只益贻怨于人耳!"

南宋商品经济已经比较发达,面对市场欺诈与不讲诚信的种种不良行为,袁采劝告君子不要过于愤懑,穷于追究,以至于酿成争斗而成诉讼。袁采以为,市场上不忠不信之事"小人朝夕行之,略不之怪,为君子者往往忿懥,直欲深治之,至于殴打论讼。若君子自省其身,不为不忠不信之事,而怜小人之无知,及其间有不得已而为自便之计,至于如此,可以少置之度外也"。诚然,面对市场经济中不诚信的行为,作为君子应当及时制止,但是君子往往面对危害不大的不良行为,为自身计,为他人计,不便穷究猛打,这也体现了另一种生存智慧。

(二)谨言慎语

《论语·里仁》:"君子贵讷于言而敏于行。"人们应该说话谨慎,因为祸从口出。说话不谨慎,伤害自己又伤害他人,招来麻烦甚至招致灾祸。而做事情则应该干练勤奋,告诫人们要少说话多做事。《袁氏世范》继承了孔子的教诲,告诫人们要慎言,"言语简寡,在我,可以少悔;在人,可以少怨"。

"逢人且说三分话",即使亲朋故旧说话也要留有余地。袁采说:"亲戚故旧,人情厚密之时,不可尽以密私之事语之,恐一旦失欢,则前日所言,皆他人所凭以为争讼之资。"袁采自发运用辩证法,告诫道,即使失欢也不要恶语伤人,尤其不能报人之恶。"至有失欢之时,不可尽以切实之语加之,恐忿气既平之后,或与之通好结亲,则前言可愧。大抵忿怒之际,最不可指其隐讳之事,而暴其父祖之恶。吾之一时怒气所激,必欲指其切实而言之,不知彼之怨恨深入骨髓。"

袁采进一步教导道：与人言语必要辞色温婉，语气和缓，即使是劝勉他人，苦口良药更要顺达人情，循循善诱，且不可强加于人。"亲戚故旧，因言语而失欢者，未必其言语之伤人，多是颜色辞气暴厉，能激人之怒。且如谏人之短，语虽切直，而能温颜下气，纵不见听，亦未必怒。若平常言语，无伤人处，而词色俱厉，纵不见怒，亦须怀疑。"所以，如果刚刚有怒气发作，切不要马上与人言语，且须待心情平静之后再与人交谈。"古人谓'怒于室者色于市'，方其有怒，与他人言，必不卑逊。他人不知所自，安得不怪！渴盛怒之际与人言语尤当自警。"

（三）敬畏因果

"心存敬畏，行有所止。"古代有所谓因果报应的理论，人多畏惧因果报应，所以会多行善事。古代笔记小说多记载民间因果故事，现代多知道其荒诞不经，虚妄之极。但不能说因果报应理论一无是处，多行不义必自毙，还是有其一定之规律，必不以人的意志为转移。《左传·隐公元年》："多行不义，必自毙。"袁采对此深信不疑。

袁采列举种种人世恶行：官宦凭借实力武断乡曲，高资之家贿赂公行而凌人，无故侵夺别人财产。"如此之人惟当逊而避之，逮其稔恶之深，天诛之加，则其家之子孙自能为其父祖破坏，以与乡人复仇也"。对于把持短长妄有论讼的讼棍和恃众强夺、群聚凌人的乡棍，"亦不必求以穷治，逮其稔恶之深，天诛之加，则无故而自惟于罹宪网，有计谋所不及救者。大抵作恶而幸免于罪者，必于他时无故而受其报。所谓天网恢恢，疏而不漏也"。

面对恶无恶报、善无善报的现象，人们提出疑问"人有所为不善，身遭刑戮，而其子孙昌盛者，人多怪之，以为天理不误"。袁采给出了自己的解释："殊不知此人之家，其积善多，积恶少，少不胜多，故其为恶之人身受其报，不妨福祚延及后人。"他认为，"若作恶多而享寿富安乐，必其前人之遗泽将竭，天不爱惜，恣其恶深，使之大坏也"。

对于为善事得不到善终的人们因看到做恶事的人称心如意而沮丧，袁采鼓励人们不要怨天尤人，需慢慢等待因果的效验。"凡人为不善事而不成，正不须怨天尤人，此乃天之所爱，终无后患。如见他人为不善事常称意者，不须多羡，此乃天之所弃。待其积恶深厚，从而殄灭之，不在其身，则在其子孙。姑少待之，当自见也。"他还分析了行善作恶不同的人祈祷神灵的不同作用："人为善事而无遂，祷之于神，求其阴助，虽未见效，言之亦无愧。至于为恶而未遂，亦祷之于神，求其阴助，岂非欺罔！如谋为盗贼而祷之于神，争讼无理而祷之于神，使神果从其言而幸中，此乃贻怒于神，开其祸端耳。"

原因和结果是揭示客观世界中普遍联系着的事物具有先后相继、彼此制约的一对范畴。社会中因果律是复杂的，因果报应在某种程度上是存在的，希望"善有善报，恶有恶报"因果律能够发挥作用，让人们不至于信仰崩塌，对社会还有一定信心，相信因果，心存对因果的敬畏，让古老的普遍信仰留存在人们心间。

参考文献:

[1]袁采.袁氏世范[M].李勤璞,校注.上海:上海人民出版社,2017.

[2]吕大忠.吕氏乡约[M].南陵:徐乃昌,1916(民国5年).

[3]左丘明.左传[M].冀昀,主编.北京:线装书局,2007.

（衡水学院董子学院）

儒家礼法羞辱性惩罚思想探析

郭文 李凯

摘 要:羞辱性惩罚思潮是在对近现代法治文明的批判性反思以及尝试重整传统道德的背景下产生的。作为对这一思潮的独特回应,儒家礼法因其对"羞耻心"的重视以及对道德教化的提扬,同样也蕴含着丰富的羞辱性惩罚思想的内容。就礼法羞辱性惩罚思想而言,其主要不是借刑罚而是教化,并借助"耻感"或者说"羞耻心",通过"教民知耻"来实现其对人的言行的规范约束和控制。同时,在社会领域,礼法往往更属意通过造就一种等级差异性的社会秩序,借由"贵贱不同刑"的规范意图来强化人们对这样一套建立在身份、地位等级差异性基础上的社会秩序的认同,以实现其对整个社会秩序以及社会成员的有效约束和控制。

关键词:礼法;羞辱性惩罚;羞耻心;教化;贵贱不同刑

一、研究问题的提出

受近现代以来世俗主义浪潮以及工具理性的影响,传统意义上的法律在维系人们对生命根本目的和意义的集体关切方面的功能大为降低,所谓的"现代国家的法律并不反映生命的终极意义和目的意识;相反,其任务是有限、物化、不带情感色彩——就是把事情解决,让人们依特定方式行事"。所谓的"有限、物化、不带情感色彩",正是近代世俗主义以及工具理性对现代法治文明浸淫的体现。虽然,现代法律在一定程度上满足了人们对于公平、正义、合理等价值的追求和期待,但是在现实实践当中,特别是"在全球道德危机的大背景下,犯罪率居高不下、犯罪社会控制成本不堪重负、监禁刑备受诟病,而作为替代性措施的罚金与社会服务,由于无法满足公众的道德谴责表达亦遭到质疑",现代法律所竭力维护的法治文明和价值观反倒并不能很好地反映人们对于法律的道德期待。因此,某种意义上来说,"羞辱性惩罚"正是在这一对近现代法治文明的批判性反思以及尝试重整传统道德的背景下产生的。

所谓的"羞辱性惩罚",通常来讲,主要指以犯罪人的人格为毁损对象,使犯罪人感受到精神痛苦的刑罚。"羞辱性惩罚"的要点在于使受刑人蒙受羞辱,感受到精神痛苦,并将这种羞辱加以公示广告,借助受刑人内心耻辱痛楚和大众观睹恐惧来达到惩罚和预防犯罪的目的。显然,这样一种刑罚有别于一般刑罚,一般的刑罚均会带来受刑人的肉体损毁与肉体痛苦,但是"羞辱性惩罚"的重点不是肉体,而是人格乃至精神层面的痛苦。或许正因为如此,因现代法治文明对人格尊严的严格保护以及对人权的重视,"在当今世界的一般法律观念中,耻辱刑通常有着伤损人道或人格尊严,体现封建残余等'恶名'",学者们在阐述这一问题时也往往偏重于阐析和批判羞辱刑的消极意义和落后属性。

但是,正如前面所指出的,现代法治文明在实践当中所面临的尴尬遭遇一定程度上反衬出"羞辱性惩罚"在法律文明层面具有的价值合理性。相比较而言,"羞辱性惩罚"由于重视对人的内部行为的调节,同时亦重视社会舆论对人的言行的约束和强制,而逐渐在现代法治框架中显示其积极意义和价值。而其所包含的"报惩和防阻犯罪、宽宥或赦免轻罪、节省司法成本、平民愤、恢复和谐等方面内容同样具有文明价值的特色"。如此,作为对传统道德的重整尝试,"羞辱性惩罚"思潮不仅在现代西方法学界流行开来,最近一二十年也开始对我国的学界产生影响。

作为现代性思潮的积极参与者,一定程度上来说,我国的法律或多或少也存在着如伯尔曼所说的"有限、物化、不带个人情感色彩"的现代法律的一般特征,因此,我们同样有必要从我们自身的传统出发,尝试重整我们自身的道德传统,以此来作为对"羞辱性惩罚"思潮的独特回应。而从目前国内已有的研究成果来看,虽然学界对于我国传统法律文化中所可能蕴含的"羞辱性惩罚"的精神和价值资源已有所探讨,但是由于受到专业以及研究领域的限制,对于一些相关问题的研究和探讨还有进一步阐释的空间。比如我国的传统法律是否存在着羞辱性惩罚的传统?作为羞辱性惩罚之所以可能的前提的"羞耻感"是如何产生的?礼法又是如何借羞耻感来实现对行为人的约束作用的?我国传统社会中是否存在着限制礼法羞辱性惩罚的功能发挥及其效果的因素?这些问题在目前的研究成果当中,要么没有涉及,要么在阐释以及解读方面存在着一定的局限性。正是有鉴于此,本文尝试从思想以及理论的角度对这一系列问题做一番严肃的哲学探讨,以期正本溯源,从源头上来回应有关问题以及关切。

二、儒家礼法羞辱性惩罚何以可能

"羞辱性惩罚"的规范意味主要在于其重视对人的内部行为的调节,通过使受刑人蒙受羞辱,感受到精神痛苦,以实现对人的言行的约束和控制;同时亦重视社会舆论对人的言行的约束和强制。而要实现此一规范效果,如论者所指出的,羞辱性惩罚主要是通过两个方面来发挥其行为约束的作用:一是羞耻心,一是通过道德舆论制裁。前者往往依赖于主体的道德自觉和自愿,后者则更依赖于外部的道德强制——社会舆论的谴责。而就儒家礼法羞辱性惩罚思想而言,同样也包含这样两个方面的维度。

　　首先,我们来看影响礼法羞辱性惩罚功能发挥的道德强制以及社会舆论的制裁。由礼以及礼法在中国传统社会的独特地位和影响可知,在当时,"礼"绝非单纯的约束和控制人的言行的一套外在规范,它实实在在地建构着人的生命存在的意义,关乎人的生活实践的方方面面,更关乎性命的安立、理想社会秩序的建构以及终极意义和价值追求,甚至可以说,"礼"成了人们信仰的一部分。因此,对"礼"的体认和践履是中国传统社会中每一个个体最急切、最紧要的事情。有如《左传·昭公二十五年》中所说:"夫礼,天之经也,地之义也,民之行也。"又如《礼记·礼运》中亦有:"夫礼,先王以承天之道,以治人之情,故失之者死,得之者生。"

　　由这些文献可知"礼"在中国传统社会里的重要性,它是人须臾不可离的道德信念,更攸关人的生死。不仅"不学礼,无以立"(《论语》),甚至可以说人的日常生活的一切方面都与"礼"息息相关。又如《礼记·曲礼》中说:

　　道德仁义,非礼不成;教训正俗,非礼不备;分争辨讼,非礼不决;君臣、上下、父子、兄弟,非礼不定;宦学事师,非礼不亲;班朝治军,莅官行法,非礼威严不行;祷祠祭祀,供给鬼神,非礼不诚不庄。是以君子恭敬、撙节、退让以明礼。

　　可见,由礼在中国传统社会的极端重要性以及特殊意味,决定了其在传统社会所具有的崇高的地位和影响力。"礼"的这种特殊地位和无处不在的影响力也使得作为"礼"的实现形式的"礼法"在中国传统社会中同样获得了崇高的地位和认同,甚至可以说,"礼"主导和支配了传统儒家社会的法律规范的建构。这样的支配地位不仅在社会层面造成道德一元化的局面,更能够形成统一的社会舆论,从而有利于强化礼法规范的影响力。有如学者所指出的:"羞辱性惩罚的效果有赖于社会平均道德水平的提升,在一个道德多元化,从而导致舆论分层化的社会里,羞辱性惩罚的作用将是非常有限的",而这样的情况并不存在于传统社会里。众所周知,"经过战国时代学术竞争的过程,有些学派的势力已逐渐衰退,趋于消沉,朝廷尊重儒术,以为正统,帝王以此取士,儒生以此求售,自汉而后,历朝皆然,于是学归一统,儒家独尊,百家皆在淘汰之列,法家即已失势,也就无力与儒家对抗了"。因此,在中国传统社会里,道德是一元化的,儒家的道德学说笼罩一切,更强势地主导着整个社会的舆论走向,因此在传统社会里,舆论也不存在所谓的分层化现象,社会全体对儒家伦常道德准则有着信仰般的认同。简单来说,这种一元化的道德格局以及统一的社会舆论意味着在中国传统社会里并不存在限制礼法羞辱性惩罚功能发挥的因素。甚至可以说,一元化的道德格局和高度统一的社会舆论强化了礼法对社会成员的约束力以及对社会秩序的维持,彰显了礼法羞辱性惩罚的实际效果。

　　再来看"羞耻心"的作用。作为中国传统社会一套行之有效的规范体系,礼法归根结底是通过自身规范的影响力来控制和约束人的行为。不过,由礼法的特殊意味,其规范的影响力有着与现代意义上的法律明显而重大的差异。由前述,现代法律无关乎人的精神和情感需求,也不反映"生命的终极意义和目的意识",而全然是一套工具理性建构和主导下的标准化、程序化的法律模式。简而言之,法律的功用"就是把事情解决",犯什么罪,就施加相应的刑罚,仅此而已。相比较而言,礼法则不如此。甚至可以说,儒家礼法的意义建构与逻辑开展不是出于简单地对罪行施加严厉的法律制裁,反而是为了对治法家所推崇的严刑峻法具有的残酷性特征。不论是对个人的言行的约束和调控,还是对社会秩序的维持,礼法往往更倾向于通过教化而非刑罚的方式来彰显其约束和调控人的言行的规范意图,而教化的诉求往往又是通过"羞耻心"来实现其对人的言行的约束和调控的。因为通常来说,教化并不能直接地对人的言行施加约束和控制的影响力,教化必须深达人心,通过对人心的转化从而实现对人的言行的约束和调控,这其中的关键就是"羞耻心"。教化借助"耻感"或者说"羞耻心",通过"教民知耻"才可以实现其对人的言行的规范约束和控制。对于羞耻心具有的不可或缺的前提性意义,是后来教化得以施展的前提条件。

从以上的论说可知,不论是社会舆论的制裁,还是"羞耻心"的调控,儒家礼法羞辱性惩罚在这样两个方面似乎都有着独特的优势。不唯如此,为了保证羞辱性惩罚功能得到有效的发挥,在社会层面,礼法往往更属意通过造就一种等级差异性的社会秩序,借由"贵贱不同刑"的规范意图来强化人们对这样一套建立在身份、地位等级差异性基础上的社会秩序的认同,以实现其对整个社会秩序以及社会成员的有效约束和控制,这也是儒家礼法羞辱性惩罚思想一个颇具自身特色的方面。下面我们即从以上所说的几个方面来具体展开对儒家礼法羞辱性惩罚思想的探讨。

三、教民知耻——礼法羞辱性惩罚在个人层面的彰显

首先具体来看"羞耻心"是如何影响或者说作用于礼法的羞辱性惩罚的功能的发挥的。简单来讲就是"教民知耻",也即礼法主要是通过教化以启迪或者说唤醒人所本有的羞耻心,使人自觉地意识到(觉知)羞耻心的本有("我固有之""非由外铄"),以此来实现礼法对人的言行的约束和控制。

"羞耻心"在儒家学说中被认为是极为重要的,所谓"耻之于人大矣"。为什么这样说呢?首先,在儒家学说中,"羞耻心"并非只具有单纯道德上的意味,也不仅仅关乎人的道德品质,而是人之为人,并使人自立于世的根本。孟子所谓"无羞恶之心,非人也",就强烈地指示了这一点。其次,作为"一种重要的行为内部遏制机制",羞耻心更直接地与儒家所宣扬的伦理纲常密切相关。由孟子"羞恶之心,义之端也"之"义"的含义可知,这里的"义"既可以作"道义"讲,也完全可以作伦常纲纪讲。因为孟子说过"义,人路也"这样的话,很明显,孟子所说的"义"更多的是在规范、指导的意义上来使用的,"人路"也即是助人行走的道路,引申为儒家的伦常道德准则。因此,在孟子看来,一个人先有所谓的"羞耻心",然后才可以和他谈论儒家的纲常伦理。更直接地说,"羞耻心"的有无,事关对儒家之"义"的遵守

和践履。某种意义上来说,"羞耻心"意味着道德上的自明与自觉,意味着对自我的言行的一种自觉的道德认知和判断能力,它要求一个人在道德上应当努力保持对本有的"羞耻心"的自知之明,保持对儒家伦理道德准则的自觉践履和遵守,否则将是一件十分丢人和可耻的事情。而儒家又有所谓的"礼以行义",更是指明了羞耻心与儒家伦常道德准则也可以说礼义的密切关系,有如论者所指出的"伦常须礼来维持完成"。因此,依这样的解释,那么,"羞恶之心,义之端也"意义就非常明显了,它强烈地指示了在儒家学说中"羞耻心"常常与伦常礼法有着紧密的关联,是人们遵守儒家伦常礼法的前提。

"羞耻心"与礼法虽有着密切的关联,不过,这种关联是一种有条件的关联,即礼法要通过"羞耻心"来对人的言行发生约束和调控的影响力,它需要通过一定的方式助缘,这就是所谓的教化。就礼法羞辱性惩罚功能的发挥来看,礼法主要是借国家的意志,运用教化以及社会制裁的手段,来达成道德上的目的。具体就礼法本身的含义来看,虽然"礼"和"法"是两套不同的规范系统,但是在传统社会里,这样的两套不同属性的规范系统又可以融而为一,借由以礼入法的方式,"以礼的原则和精神,附以法律的制裁",从而建立起一套既具有道德规范属性同时又具有法律规范属性的所谓的"礼法"。礼法这样一种相为表里的关系意味着任何的惩罚都同时存在两方面的意味,即"法不但意味着国家的暴力(刑),通常还是耻辱的象征,因为它所惩罚的,总是不道德。"这正是礼法深可注意的方面。进一步来说,这里所谓的"意味"最好应从羞耻心所具有的道德上的自明与认知能力来理解。孟子有所谓"人不可以无耻,无耻之耻,无耻矣"的论说,这里的"无耻之耻"实也即对人所本有的"羞耻心"的自知之明(道德自明),也即是对言行是否合乎礼法有着强烈的道德自觉与道德认知能力。反之,真正的"耻辱",就在于对自己本有的"羞耻心"没有"自知之明",而没有对羞耻心的自知之明,意味着对于儒家所提倡的伦理道德准则也即礼义必然会因缺乏道德自觉与道德认知能力而无动于衷,而"不知礼,无以立",也就必然会在道德上遭受谴责并陷入羞辱的境地。

不过,这里的重点恰恰在于,教化以及社会制裁的作用是如何在其中发生影响的。其突出之表现即所谓的"教民知耻",就是通过教化而非刑罚的方式,以使每一位社会成员有着对自我言行高度的道德自觉。"羞耻心"虽然"人皆有之",但是并不是每个人都能有此"自知之明",儒家认为人有上智和下愚,有贤不肖,有先知先觉,也有后知后觉。那些上智与贤人因有对于"我固有之"的羞耻心的"自知之明",所以他们的行为合乎法度,能够自觉地远离耻辱。但是这类的先进毕竟是极少数,大部分的人或因为忙于生计,或因为物欲利诱的遮蔽,而并不能自知有此"羞耻心"。所以在日常生活中,儒家礼法主张"德化",也即道德教化,主张"教民知耻"。孔子早就说过"行己有耻"的话,也有所谓的"道之以德,齐之以礼,有耻且格"的名言。有如前文对孟子"无耻之耻"的理解,孔子这里的"有耻"同样不能从存在论的意义上来说"羞耻心",也即"有耻"并非是在言说"羞耻心"的有无,而是指一种道德的自明与自觉意识,是从修养工夫的维度来阐明必要的道德教化对"有耻"的重要性。

教化的意义就在于培养和造就一个在道德上有强烈的自觉意识和认知能力的人。一个人若能借由教化的启迪，保持对"人皆有之"的"羞耻心"的自觉和道德认知能力，必然会时刻提斯省察，谨慎于"羞恶心"的威慑。反映在人的言行举止上，即个人对自我言行举止的自觉约束和调控，这在儒家也就是所谓的"行己也恭"。比如，儒家常讲所谓的"恭则不侮""恭以远耻"，"恭"即是言行的恭敬、庄重，实际上也就是个人自觉地对自己的言行加以约束和控制，并使之尽力合乎礼法。一个人若能自觉地约束和调控自己的言行，也就会避免遭受社会制裁以及道德上的谴责，在道德乃至社会舆论层面也就可以远离耻辱。而何种言行才算得上是"恭"？也即言行合乎礼法要求的就叫作"恭"，所谓"恭近于礼，远耻辱也"。反之，一个人的言行若有"不恭"的言行，意味着必然会违法礼法的规范要求，那么他就不可避免在道德以及社会舆论上遭受耻辱。"恭"的自觉意识以及对儒家礼法的自觉遵守突出表明了礼法作为规范系统并不专于制裁与惩罚，而是通过教化以培养个人的道德自觉意识和认知能力，这正显示出儒家礼法羞辱性惩罚的真正意图。

也许有人要追问：为何一个人在行为上"不恭"，就必然会在道德层面遭受耻辱呢？如果他（她）不认同这样的一套道德规范系统和价值观呢，是否就不会遭受耻辱？实际上，就"羞耻心"本身来说，"作为一种重要的行为部内遏制机制"，"羞耻心"意味着"对社会规范的认同"，唯有对社会规范的认同，"羞耻心"才可能被激发，进而对人的行为进行调控和约束。同时，由前述可知，在传统社会中，儒家的道德学说和伦常纲纪主导着传统社会的一切领域，这就保证了整个社会都处在儒家道德学说的有效调控之下。就此来说，任何"不恭"的行为必然也是违礼犯法的行为，从而都会受到礼法的道德谴责以及社会舆论上的压力，并会在道德层面遭受耻辱。

四、贵贱不同刑——礼法羞辱性惩罚在社会层面的体现

由前述已知，在个人层面，礼法的羞辱性惩罚功能的发挥主要依赖于个人内在的"羞耻心"以及教化来起作用。礼法借由教化，通过唤起人的羞耻心，以此来实现其羞辱性惩罚功能。实际上，在社会领域，礼法同样需依赖人所内在的羞耻心，与此同时，为了保证羞辱性惩罚功能得到有效的发挥，礼法往往更属意通过造就一种等级差异性的社会秩序，借由"贵贱不同刑"的规范意图，通过强化人们对这样一套建立在身份、地位等级差异性基础上的社会秩序的认同，以实现其对整个社会秩序以及社会成员的有效约束和控制。

在儒家的规范学说中，对于社会秩序的界定不是从整齐划一的角度来进行的，"儒家根本否认社会是整齐平一的，认为人有智愚贤不肖之分，社会应该有分工，应该有贵贱上下的分野"。贾谊在《治安策》一文中也说：

> 故古者圣王制为等列，内有公卿、大夫、士，外有公、侯、伯、子、男，然后有官师小吏，延及庶人，等级分明，而天子加焉。

这突出反映了古代社会等级的分明以及社会秩序的井然,而在儒家看来,这样一种"贵贱上下的分野"实际上是极为自然的事情。所以,对于儒家而言,问题的关键就是如何以及通过什么样的方式来维持这种等级差异性的社会秩序,即"如何使贵贱、尊卑、长幼各有其特殊的行为规范自是最切要的实际问题"。儒家认为,"礼便是维持这种社会差异的工具"。为什么说"礼"是维持这种社会差异的工具?因为"礼"本身就含有"差异性"的意味,而以这样一套具有差异性意味的规范机制来维持等级差异性的社会秩序,在儒家看来是极为合适而且十分重要。由于儒家非常重视所谓的"名分"问题,不论是孔子所谓的"正名"说,还是荀子所谓的"分莫大于礼",都强调社会成员依其固有的身份、地位行事的重要性。反映到儒家礼法规范的意义建构上,就是希冀通过建立一套差异性的规范机制来固化和维持这种差异性的社会秩序,所谓的"礼既是富于差异性的,因人而异的,所以贵有贵之礼,贱有贱之礼,尊有尊之礼,卑有卑之礼——每个人必须按着他自己的社会地位去抉择相当的礼"。同时,礼法规范的等级意味是如此的秩序井然,每一位社会成员不仅要按着自己的社会地位来遵礼、行礼,一旦有违礼犯法的行为时,同样也必须依各自的社会地位的差异接受不同的刑罚处罚,这也就是所谓的"贵贱不同刑"的要义所在。而在儒家的规范学说中,最能体现礼法这一主张的也即所谓的"刑不上大夫,礼不下庶人"。

此语最先见于《礼记·曲礼》中,而最经典的阐释则见于《孔子家语》中孔子对此一问题所发表的言论。所以说"刑不上大夫,礼不下庶人"最直接地体现了儒家礼法"贵贱不同刑"的主张,因为它反映了儒家礼法规范的意义建构意图,就是务使每一位社会成员"按着他自己的社会地位去抉择相当的礼"。而一旦有违礼犯法的行为时,同样也必须依照各自社会地位的差异接受不同的刑罚处罚。正如依孔子的看法,之所以如此,在于相比较庶人,君子乃是受过礼教的熏陶,具有廉耻节义的人,故孔子言:"凡治君子,以礼御其心,所以属之以廉耻之节也。"

孔子此言阐明了礼教与羞耻心对于大夫君子立身行事的重要性。君子所以懂得廉耻节义,就在于他受过礼教的熏陶。在这里,我们同样不能径直地将孔子说的话理解成君子是因为有礼教驾御内心,而后才被赋予了廉耻节操。不论是孔子还是孟子,其所谓的"羞耻心"或者说"廉耻节义"都是从内在固有的一面来说的,唯有如此,教化才会实有其效。孔子同时又说:"以刑不上大夫而大夫亦不失其罪者,教使然也。"

很明显,在孔子看来,大夫君子之所以只适合用礼而不能用刑,全在于其受礼法的教化使然。礼的教化并非让大夫君子因此而有了廉耻节操(也即"羞耻心",而在儒家学说中,羞耻心常常被认为是内在的,"人固有之"的),而在于对人固有的"羞耻心"的唤醒或者说启迪,是大夫君子对自我本有的"羞耻心"的道德上的自明与自觉。唯有大夫君子有对自己本有的"羞耻心"的自觉,才可能"刑不上大夫而大夫亦不失其罪"。所以孔子说,"刑不上大夫"并非指大夫犯罪还能逃脱处罚,而是因为大夫君子乃是有廉耻节操的人,也即有"羞耻心"的人。他们受过礼教的熏陶,对于儒家礼法的规范精神有着深刻的觉知和体认。所以当大夫君子犯罪之后,不施之刑而遇之以礼,从礼法规范的层面来说虽然这是一种隐讳的做法,但对于有深切的廉耻节操感的君子来说,这无异于是一种耻辱,也即所谓"既而为之讳,所以愧耻之"。

因此,虽然"刑不上大夫"从规范的层面来看是对有身份、地位的大夫君子的一种法律上的优待,是对"贵贱不同刑"的司法实践。但如果从礼法羞辱性惩罚的效果来看,大夫因此所遭受的人格贬损与心理损毁的程度一点也不亚于刑罚所带来的痛苦。因为对于有德君子来说,廉耻节义乃是其安身立命之所,一旦有过犯,"帝令废之可也,退之可也,赐之死可也,灭之可也"。但就是不能以羞辱的方式对待,是谓"廉耻节礼以治君子,故有赐死而亡戮辱"。而这正是礼刑分野所意欲要达成的目标。不过,礼刑的分野虽然是基于礼法的等级差异性所做的法律安排,但是不论是礼还是刑,在儒家礼法看来,其作用和功能的发挥都离不开"羞耻心",更离不开教化。贵贱不同刑:大夫用礼,庶人用刑。因为大夫受过礼教,受过礼教的启迪,有着深切的羞耻心,因而即使犯罪也不必用刑,以礼即足以惩戒大夫君子,并使之倍感羞耻;而庶人只适合用刑,在孔子看来主要是"以庶人遽其事而不能充礼,故不责之以备礼也",正由于庶人忙于生计,无暇顾及礼教,不能受礼教的熏陶,也就无坚定的廉耻节操,一旦犯刑,也就不适合用礼的待遇而只能用刑。通过礼刑的分野,礼法事实上已然在社会层面构筑了一套有效的羞辱性惩罚机制:通过彰显社会成员的地位、身份的等级差异性,并将此等级差异性贯彻到礼法的规范始终,来实现对社会成员的有效约束。"刑不上大夫"虽不意味着用刑,而事实上更能够让有深切的廉耻节操感的大夫倍感羞辱;而对于庶人而言,礼刑的分野以及"贵贱不同刑"的礼法主张本身即意味着一种羞辱。因此,"羞耻心"最终借教化成功地转化成一种系统的社会控制手段,礼法的羞辱性惩罚也因此而得以在社会的层面得以实现。

五、结　语

综上所述,对于儒家礼法羞辱性惩罚思想而言,可知对它的叙事往往离不开对"羞耻心"以及教化的阐述。对于"羞耻心"而言,它不仅是调控自我言行的一种内在调节机制,在一定条件下又可以转化为一种系统的社会控制手段,并以法律规范的形式表达出来。而在传统社会那里,这个条件也就是道德教化的施行,传统礼法总是竭力追求"所有的审判都应该具有教育意义,而不只是确定罪行",而其具体形式就是通过教化以启迪或者说唤醒人所本有的羞耻心,在培养人的纯善本心、合乎礼法规范要求的善好言行的过程中,来实现礼法对人的言行以及社会秩序的约束和控制。同时,儒家礼法羞辱性惩罚最具特色的方面更在于其通过造就一种等级差异性的社会秩序,借由"贵贱不同刑"的规范意图来强化人们对这样一套建立在身份、地位等级差异性基础上的社会秩序的认同,以实现其对整个社会秩序以及社会成员的有效约束和控制。这或许是礼法羞辱性惩罚一个较为独特并区别于当今所说的羞辱性惩罚的方面。

对于礼法羞辱性惩罚所具有的以上内容以及思想、理论的特点,若从回应现代法治文明所面临的困境以及尝试重整我们自身的道德传统的立场来加以考虑,我们不得不说,礼法的羞辱性惩罚思想既有其有益的思想和精神,同样亦有其局限和不足。比如其对"羞耻心"的提扬以及对道德教化的依赖,不仅是对传统儒家教化理论的发扬和践行,而且实际上更符合重新整合性羞辱的要义。论者以为,相对于烙印性羞辱所可能带给受刑人肉体上的伤害,以及对犯罪人与社会的联系可能造成的破裂,重新整合性羞辱正是为了避免这样一种不幸的发生而受到人们的关注和重视。因为重新整合性羞辱往往只是谴责犯罪行为而不是犯罪人,它更加注重对犯罪人与社会之间的联系以及对人格的道德教化与重塑,其目的不是将犯罪人推向永劫不复的深渊,而是尽力赋予犯罪人重返社会的改过自新的机会。由前文所述可知,礼法显然是符合重新整合性羞辱的特征的。当然,教化在儒家礼法中的地位和作用虽不免有被无限放大的可能,如论者所指出的:不论是"将然之前",还是"已然之后",礼法的规范和教化义都贯彻始终,而否定法律有救败的功效。同时,受时代以及社会文明程度的高低的影响,礼法羞辱性惩罚对"等级差异性"的提扬无论如何都是应当加以批判性的审视,因为它与现代法律的一条基本原则和精神即"法律面前人人平等"的信念是根本冲突的。但就其在传统社会的地位以及对人们的日常生活以及精神世界的影响来看,礼法绝非只具有单纯的规范意味,更绝非只是"把事情解决,让人们依特定方式行事",礼法真正显示其不可忽视的现代性意义和社会规范价值的方面在于对纯善的人心、良善的法律以及长治久安的社会秩序的维持与塑造。

参考文献:

[1]伯尔曼.信仰与秩序:法律与宗教的复合[M].姚剑波,译.北京:中央编译出版社,2011:5.

[2]李立景.羞辱性惩罚:当代美国刑事司法的新浪潮[J].中国人民公安大学学报(社会科学版),2009(4):64-71.

[3]范依畴.羞辱性惩罚:传统价值及其现代复兴[J].政法论坛,2016(2):137-145.

[4]瞿同祖.中国法律与中国社会[M].北京:中华书局,2003:346.

[5]伯尔曼.法律与宗教[M].梁治平,译.北京:中国政法大学出版社,2003:11.

[6]孔子.孔子家语[M].王国轩,王秀梅,译注.北京:中华书局,2009:240-241.

[7]班固.汉书[M].北京:中华书局,2016.

[8]左丘明.左传[M].郭丹,程小青,李彬源,译注.北京:中华书局,2016.

(上饶师范学院朱子学研究所)

略论马克思主义与儒学的差异与会通

柯远扬　钟兴言

摘　要:自从马克思主义传入中国,与中国传统文化的主干儒学之间的关系一直是学术界研究讨论的焦点问题之一,本文着重从两者的差异与会通,作一简要叙述,以求教于学术界。

关键词:马克思主义;儒学;差异;会通

1917 年俄国十月革命一声炮响,马克思主义开始传入中国,马克思主义与儒学关系问题贯穿了百年来的整个中国现代史,两者的关系不仅是一个单纯的学术问题,而且是我国社会主义建设时期必须面对的重大理论与现实问题。习近平总书记在党的十九大的政治报告指出:我国现已进入了中国特色的社会主义新时代。在这个新时代里,进一步明确了两者的差异与会通,是异常重要的,切不可等闲视之!

马克思主义与儒学的差异与会通,是理论界的迫切问题。现就此问题,略述如下:

一、马克思主义与儒学的差异

1.两者产生的文化背景不同。马克思主义是西方资本主义社会近代工业文明的产物,它适应了社会发展与时代的进步。儒学是中国古代封建社会农耕文明的产物。两者相差两千多年,是两种不同的经济体系、社会经济形态的产物。

2.两者所产生了的"文化路向"不同。新儒学梁漱溟先生在其所著的《东西文化及其哲学》一书中,提出了"文化三路向"说,认为西方文化的路向是向前的,而印度文化却是向后的,中国文化是调和折中的。因此,"西洋的生活是直觉运用于理智的,中国的生活是理智运用于直觉的,印度的生活是理智运用于现量的。"

3.两者所关注与解决的问题不同。马克思主义提供了人们认识与改造社会的方法论,关注人的全面发展与人类的解放,关注近代工业文明产生的问题;儒学关注人的发展与社会和谐的问题,关注如何做人、做事,规划了个体人生的具体途径。人类的美德都出自非理性的直觉(人的内心),亦即孔子的"仁",孟子的"良知良能"。朱熹解释"仁者无私心而合天理",十分确切,值得赞赏。

4.文化性格不同。文化是民族性与时代性的统一体。何谓文化性格呢？每个民族都有自己的民族特性,一个民族的民族特性主要体现在文化特性上,文化特性是民族特性的基本内容,其他的诸如人种、肤色等是次要的。文化性格是文化民族特性的表征,影响着这个民族的思维方式、行为处事的风格等。马克思主义与儒学文化的性格不同,如果用马克思主义的时代性来否定儒学,我们就失去民族复兴的根基与动力,反之,若用儒学的民族性来否定马克思主义,我们就失去指导思想,偏离社会主义的方向。因此,两者必须融合与会通。

5.反映的时代精神不同。时代是思想之母,不同时代的思想家所创立的学说,反映出的时代精神是有差异的。孔子所创立的儒家学说,反映出中国古代的儒家所主张的仁爱精神与君子精神。1848年出版的《共产党宣言》第一次深刻地阐述了科学社会主义的原理与马克思主义的科学的世界观,充满着斗争、批判与革命的精神。马克思主义中国化所产生的毛泽东思想、邓小平理论、"三个代表"重要思想、科学发展观、习近平新时代中国特色社会主义思想,是马克思主义时代精神的升华。

此外,两者的阶级基础、实践主体、奋斗目标、对家庭的认知、学术思想的表达方式及对宗教的态度等均有差别,恕不一一细说了。

二、马克思主义与儒学的会通

从20世纪80年代以来,马克思主义与儒学渐渐进入对话与融合会通的阶段,这有两方面的原因:一方面是经济的全球化促进了世界不同文明的对话与民族认同;另一方面党中央对中国传统文化越来越重视,对儒学的理解不断理性化,认识到应该回到我们历史文化传统中寻找力量。在马克思主义与儒学的关系上,学术界形成了三种主要观点:"对立说""平行说"和"融通说",其中"融通说"是主流,已逐渐形成了共识。两者的融合与会通,具体表现如下:

1.两者都重视实践的意义。我们认为马克思主义哲学与儒学会通的根基,是这种"身体力行""知行合一"的实践观。马克思说:"人的思维是否具有客观的真理性,这不是一个理论问题,而是一个实践问题。"儒家哲学的核心是心性之学,其本质乃是实践性的,儒家尤其强调知行合一之立场。孔子言"性与天道",亦在于对"实践"(即己之修"行")的重视。荀子认为:"不闻不若闻之,闻之不若见之,见之不若知之,知之不若行之。"宋儒朱熹亦指出:"论先后,知为先;论轻重,行为重。"马克思强调的社会实践与儒家强调的以德为本的实践观,既有一致性,其侧重点略有区别。

2.马克思主义的共产主义理想与儒家的大同理想是相通的。马克思对共产主义的描述,可概括为:生产资料为全民所有的公有制,按需分配,人与人之间的关系是平等的。这与《礼记·礼运》篇:"大道之行也,天下为公……是故谋闭而不兴,盗窃乱贼而不作,故外户而不闭,是谓大同。"无论是共产主义,或是大同思想,都有强烈的人文关怀,两者都内涵了人本主义的内容,故能适应现代社会的发展。

3.两者都强调人的主体性,都属于无神论者,都重视此岸世界的意义,不相信彼岸世界,不相信救世主的存在。马克思说,无产阶级只有解放全人类,才能最后解放自己。要实现这个目标,不是靠上帝,也不是靠别人,而是靠自己。这是在天、地、人的关系中,对人主体性的弘扬。儒家也同样的强调人的主体性,这个主体性是"心",是"性""心即理也""性即理也"。吾性自足,不假外求。求之事物者,误也。人的"生""死""困难""痛苦"都是自己的,别人代替不了。

马克思主义哲学是辩证唯物主义,认为世界是物质,物质是运动的,运动是有规律的。宣扬彻底唯物主义是无所畏惧的。神在彻底的唯物主义那里是不存在的,不承认天堂,不承认地狱。儒家哲学的最高范畴是"仁""道""诚""理"等,而不是神,对于"神"采取"敬而远之"的态度。马克思主义所持的立场是无产阶级的立场,人民的立场,而儒家秉持的是道德的立场,这是两者的区别。

4.两者都讲辩证法。马克思主义的辩证法的主要内容乃是建立在"对立统一"(矛盾)之上的量变到质变的规律、否定之否定的规律。《易传》说"立天之道,曰阴与阳",天道的具体体现即阴阳。孔子及其传人又在《易传》中说出"一阴一阳之为道",此语是《易传》最精辟的言论,它回答了什么是道。说"一阴一阳"与"阴阳"不同。"一阴一阳"是阴阳交替运动,事物才能向前发展,事物总是在发展变化之中,而事物的运动发展变化,必定依照一定的规律运行,"一阴一阳"就是规律,这阴阳交替,既含有对立,又含有统一和谐之义,道即表示为方法或规律,这与"对立统一"规律的表述是一致的。英国学者李约瑟甚至认为:"辩证唯物主义源于中国,由耶稣会士介绍到西欧,经过马克思主义者们一番科学化后,又回到了中国。"儒学将辩证法运用社会历史之中,以指导人生,把握历史发展规律,像这样"现世"的运用,与佛、道的辩证思维的"逸世"的运用,有明显的区别,而与马克思主义辩证法的"现世"应用,完全是一致的。

5.在人和自然的关系上,两者都倡导"天人合一"的理念。马克思主义哲学认为,人与自然的关系的本质亦近乎"天人合一"式,就人类的起源而言,人来源于自然,是自然界的一部分。马克思明确指出,人与自然界是统一的。同时,又认为自然界运动的规律是客观存在的,这个规律通过人的实践活动是可以认知的。因此,当人类的实践活动介入自然界之后,自然界再不是纯粹的自然界,而大略可看成"人的无机的身体"甚至"人的身体"。这样从自然界同人类联系来看,可以说人是自然界的一部分,随着人类实践活动日益的加深,影响并融入自然界时,进而完成并达到"天人合一"。儒家同样也倡导"天人合一"的理念,认为人出于自然,应该效法自然,人与自然的终极关系乃是彼此一体的"天人合一"。孔子说:"大哉!尧之为君也,巍巍乎!唯天为大,唯尧则之。"在此,孔子肯定了圣人可效法天(自然），人与自然可以统一，这是天人合一思想的反映。孔子又说："吾十有五而志于学，三十而立，四十而不惑，五十而知天命，六十而耳顺，七十而从心所欲，不逾矩。"这是孔子晚年对自己的人生总结。孔子七十岁时，其思想境界升华，以至整个身心与"天命"融合为一，无内外之分，无天人之分，这无疑是天人合一的最高境界。战国时期的孟子提出了"天时不如地利，地利不如人和"，从天、地、人三者相互联系的比较中看待人的问题，从这个整体中看到人和人类的重要性，并且进一步提出了"尽心、知性、知天"的认识天道的办法，从而初步完成了天道降人道，人道知天道的"天人合一"的理论体系建构。

总之，我们认为马列主义与儒学在学理上的同构性，两者的结合，并不意味着两者可以互相代替，只是构成两者会通之契机；两者的差异，绝不是隔绝二者对话的理由，而是构成互补之机缘。在社会实践上，两者结合共同作用于中国特色的社会主义新时代，两者互相融通，儒学既不能缺位，亦不能越位。如果儒学缺位了，就失去了中国特色，而儒学越位取代马克思主义，中国的社会主义，也就失去了马克思主义的指导思想，社会主义也就迷失了方向。我们深信，两者的关系是"合则两利，离则两伤"。

参考文献：

[1]梁漱溟.东西文化及其哲学[M].北京：商务印书馆，2017.

[2]梦远.图文全解《易经》[M].北京：中国华侨出版社，2014.

（福建师大社会历史学院）

孟子思想在礼法学上的道统意义简论

宋大琦

我们在谈论孟子在儒家礼法学中的道统地位时,谈的乃是一部观念史,即我们关注的不是考据学意义上孟子到底说了什么,没说什么,而是后人认为孟子说了什么、传播了什么观念,这些观念对后人又产生了什么影响。

一、孟子的性善论、仁政主张及民本主义

孟子雄辩、深刻的特点,与孔子的中庸、博大有明显差别。孔孟之间有一个思想上的断档和史料上的空白期。《礼记》和新出土的《郭店楚简》中的一些篇章对此恰有补充,很多学者认为这些篇章是子思所作,孟子据说受教于子思后人,这样断档就补上了。《三字经》说"作中庸,乃孔伋",既然《三字经》都说了,也就是大家把它当作一个常识来接受了。

由子思到孟子这一学派的特点在于重视心性,代表儒学后期主流的宋明理学自称心性之学,以孟子为正统。在人性论方面,孟子发展了性善论,主张仁义礼智非外部条件塑造,乃是自备于人本性之中。从政治治理上,孟子把仁学向要求政治的"仁政"方向发展。孟子还将孔子所提及的"义"和"利"作为一对对立范畴提出来,强调道德原则高于物质利益。尽管如此,孟子所向往的社会常道仍是宗法主导的伦理秩序。

孟子最为显著的思想是他的人性论,他认为"仁也者,人也",仁(善)是人的本质。在与告子的辩论中,告子主张"生谓之性",人性就是人的自然属性,自然属性无善无恶,无有定向,导之东则向东,导之西则向西;孟子则认为人的本质应是道德属性,自然本能"君子不谓之性也",水无不下,性无不善。自此启之后一千余年,人性论一直是儒学的重要话题。孟、告之争有个特点,二人都是用比喻、用经验事实列举方式论证,后来的荀子更是如此,但事实上,经验事实两方面都是可以无穷列举的,而且他们用的善恶标准是后天的道德标准,性却是先天的事实,用后天的是非观念评判其所基于的先天事实对错是不合理的,某种程度上是一种价值与事实的混淆,这样的论证只能说谁更雄辩,却难说谁的对。本文关注的不是人性善恶本身,而是性善论的礼法学意义。孟子人性论的意义在于他看到了仁义礼智是人性的内在要求,而不是外在强加的。"恻隐之心,人皆有之;羞恶之心,人皆有之;恭敬之心,人皆有之;是非之心,人皆有之。恻隐之心,仁也;羞恶之心,义也;恭敬之心,礼也;是非

之心,智也。仁义礼智,非由外铄我也,我固有之也,弗思耳矣。故曰:'求则得之,舍则失之。'"(《孟子·告子上》),每个人都先天具有恻隐羞恶之情感,或曰"良知""良能",这种"情实"或"善根"如果好好培育,则可以发展为善,"乃若其情,则可以为善矣,乃所谓善也"。仁义礼智就是根植于这种"善根"发育起来的,是人自身的"道德情感"和"道德理性",而不是来源于外部的规则。我们看到孟子的性善论在这里首先是把前人归功于天、神等外部因素的礼法还之于人,而且还是还之于每个普通人,而不仅仅是天赋秉异的圣人,这与三代的天秩天罚、汉代的"王道三纲可上求于天"都大有不同;其次它在导人向善、导法向善上起到巨大作用,激励着人们彼此以善意相待、为善法而积极行动。尧舜至于孔子的人本主义传统到孟子这里以心性论的方式明确定下来。道德自备于我,法源不假外求。在整个天人架构中,三代敬天,思、孟重人,三代以德配天,天人毕竟为二;孟子则天人本一,仁义礼智天生自备于人,或"天生德予余",人"由仁义行"即行天道。外在的目标隐去,人的主体性得到空前挺立。

孟子以心性论支持他的政治主张"仁政"。仁政是对孔子之"仁"的实践性推动。孔子讲仁主要是"我欲仁",其"仁"主要是个人实践和个人修养,他也提出礼的内在价值是仁,克己复礼为仁,但主要还是主张回归传统礼制,未主张以仁创制礼。孟子把"仁"发展成为积极的政治主张,以仁行政,推行仁政,以不忍人之心行不忍人之政。孟子推行仁政的方法很可注意,他对君主的好色、好货、好乐、好田猎等欲望并不否定,不但不否定,而且认为这就是能行仁政的潜质,因为"独乐乐不如众乐乐";与民忧乐者会换来更大快乐,因为"乐民之乐者,民亦乐其乐;忧民之忧者,民亦忧其忧"(《孟子·梁惠王下》)。人天性中的享乐之欲导向善还是导向恶,看用何种手段来满足这些欲望,处理得当,就可导之向善,这是诱导君主的欲望向善。孟子又诱导君主培育恻隐之心发展向善,"恻隐之心,仁之端也""人皆有不忍人之心。先王有不忍人之心,斯有不忍人之政矣。以不忍人之心,行不忍人之政,治天下可运之掌上"。(《孟子·公孙丑上》)孟子发现齐宣王不忍见牛之觳觫,"以羊易之",大加赞赏,曰:"是乃仁术也,见牛未见羊也。君子之于禽兽也,见其生,不忍见其死;闻其声,不忍食其肉。"(《孟子·梁惠王上》)认为这就是实行仁政、保民而王的人性基础,只要发扬光大即可。仁义在孟子来看是本体的、非功利的,但不妨碍他在推行仁政的时候采取以功利诱之的方法。"保民而王""仁者无敌""三代之得天下也以仁,其失天下也以不仁。国之所以废兴存亡者亦然。天子不仁,不保四海;诸侯不仁,不保社稷;卿大夫不仁,不保宗庙;士庶人不仁,不保四体"。(《孟子·离娄上》)孟子对如何实行仁政提出了很多建议,如为人们所熟知的"五亩之宅,树之以桑""谨庠序之教,申之以孝悌之义"等。

孟子对君主的政治欲望与享受欲望都给予一定肯定,只要与民同欲而不是只顾一己之私;未将君欲、民欲二分,要求君王"为人民服务",而是强调二者的一致性,只要二者一致,君主就可以理直气壮地去实现自己的意志欲望,也就是"从民所欲"。此站在君主角度的

"己欲立而立人",即是仁在政治领域的推行,是积极进取的道德政治主张。"齐人伐燕,胜之。宣王问曰:'或谓寡人勿取,或谓寡人取之……何如?'孟子对曰:'取之而燕民悦,则取之。古之人有行之者,武王是也。取之而燕民不悦,则勿取。古之人有行之者,文王是也。以万乘之国伐万乘之国,箪食壶浆以迎王师,岂有他哉?避水火也。如水益深,如火益热,亦运而已矣'。"取燕遭到诸侯的反对,孟子鼓励他:"臣闻七十里为政于天下者,汤是也。未闻以千里畏人者也。《书》曰:'汤一征,自葛始。'天下信之,东面而征,西夷怨;南面而征,北狄怨,曰:'奚为后我?'民望之,若大旱之望云霓也。归市者不止,耕者不变。诛其君而吊其民,若时雨降。民大悦。《书》曰:'徯我后,后来其苏。'今燕虐其民,王往而征之,民以为将拯己於水火之中也,箪食壶浆以迎王师。"这里可以看到,欲与仁之间简直就有一种直通关系。

王权在孟子这里没有神圣性,绝对的政治秩序是不存在的。在君臣之间,"君之视臣如手足,则臣视君如腹心;君之视臣如犬马,则臣视君如国人;君之视臣如土芥,则臣视君如寇雠"。"无罪而杀士,则大夫可以去;无罪而戮民,则士可以徙"(《孟子·离娄下》)。在君民之间,"民为贵,社稷次之,君为轻。是故得乎丘民而为天子,得乎天子为诸侯,得乎诸侯为大夫。诸侯危社稷,则变置"(《孟子·尽心下》),这种思想一般被称为"民本主义"。笔者非常不愿用民本这个词,因为它极易与工具主义的"以民为本"相混淆,孟子这里说的不是谁以民为本,而是民就是根本。

孟子更著名的是暴君放伐论:齐宣王问曰:"汤放桀,武王伐纣,有诸?"孟子对曰:"于传有之。"曰:"臣弑其君,可乎?"曰:"贼仁者谓之'贼',贼义者谓之'残'。残贼之人,谓之'一夫'。闻诛一夫纣矣,未闻弑君也。"(《孟子·梁惠王下》)

此激进平等主义与汉后的三纲不可颠覆形成鲜明对比,以致成为敏感理论。孟子的性善论也有缺陷,他对于"恶"的内容采取了回避的策略,"君子不谓之性也",是典型的"隐恶扬善",然而回避的态度固然能扬善隐恶,却难以止恶,孟子自己也说过"徒善不足以为政,徒法不足以自行",当然,他这里强调的是还需要人去推动,去力行。不论怎样,性善论继承孔子从人自身出发的传统,发现仁义礼智是人内在的要求,礼法对人来说,并不仅仅是工具,人对于礼法来说,也不仅仅是治理对象,这是对礼法和人的自身价值的双重肯定。后世以孟子为正统,主要就在于孟子的心性论证和仁义立场。

二、义利之辨

"义"表达的是人与人之间的道德关系,含义复杂丰富。《论语》里义与其他概念对立、并列提出的次数很多,并不专与利对应,与利对应的说法有"君子喻于义,小人喻于利"(《论语·里仁》),"不义且富贵,于我如浮云"(《论语·述而》),义与仁有特别的关系,义以仁为根基,仁而宜之谓之义,这一点直到汉代的儒家学者才给出了完整的论述。在孟子这里,义是实现仁的路径,"仁,人心也;义,人路也。舍其路而弗由,放其心而不知求,哀哉"(《孟子·告子上》)。孟子的义、利是以成对范畴的形式提出来的,突出了它们之间对立的一面。《孟子》中义利之辨最重要的有两处,一是"孟子见梁惠王。王曰:'叟!不远千里而来,亦将有以利吾国乎?'孟子对曰:'王何必曰利?亦有仁义而已矣。王曰:'何以利吾国?'大夫曰:'何以利吾家?'士庶人曰:'何以利吾身,上下交征利而国危矣。万乘之国,弑其君者,必千乘之家;千乘之国,弑其君者,必百乘之家。万取千焉,千取百焉,不为不多矣。苟为后义而先利,不夺不餍。未有仁而遗其亲者也,未有义而后其君者也。王亦曰仁义而已矣,何必曰利?"(《孟子·梁惠王上》)二是《孟子·告子上》中的舍生取义论,孟子曰:"鱼,我所欲也,熊掌,亦我所欲也;二者不可得兼,舍鱼而取熊掌者也。生,亦我所欲也,义,亦我所欲也;二者不可得兼,舍生而取义者也。"生乃人最大之利,舍生取义是义利之辨的极端情景设置。义与利是对立统一的关系,利也是要肯定的,这是春秋战国时的普遍看法,《国语》云:"吾闻事君者,从其义,不阿其惑……民之有君,以治其义也。义以生利,利以丰民。"(《国语·晋语一》)"夫义,利之足也……废义则利不立。"(《国语·晋语二》)《左传》云:"德义,利之本也。"(《左传·僖公二十七年》)《墨子》云:"义者,利也。"(《墨子·贵义》)《礼记》云:"国不以利为利,以义为利也。"(《礼记·大学》)义利一致并沉淀为民族心理,百代商家皆信"君子爱财取之以道"。本文主要关心的是义利之辨的法学意义,义利虽云辩证统一,但利总是要落实到具体的主体身上,而主体之间的利益并不一致,因此只言利、各争其利,必然产生人际的严重冲突。孟子言"上下交征利而国危矣"时,看到了利益冲突对共同体带来的危害,义正是对利的超越和协调,只有各放弃一部分利,才能各遂其利,因此不言利非不谋利也,而是站在国君的角度,即社会整体利益的代表的角度,不能与民争利,而要以义为利,社会正义的实现是国家之大利,《大学》曰"此谓国不以利为利,以义为利也",这是很明确的政治要求,甚有"政府论"味道。孟子讲到舍生取义的时候,就主要是说个人的道德选择,后世义利之辨被进一步放大,董仲舒云"正其义而不谋其利";理学将义利之争纳入理欲之辨的范畴,云"大凡出义则入利,出利则入义。天下之事,唯义利而已"(《二程语录》),这些说法有混淆对政府的正义性、公共性的要求与对士大夫个人的道德修养要求的一面,读者须明辨。

三、辟杨、辟墨与伦理政治

孟子与杨朱、墨子之争是与极端个人主义、极端公共主义之争。墨家主张爱无差等,对所有人进行无差别的"兼爱",这是反伦理、逆人情的,同时又有不切实际的功利色彩,因为他们企图以"兼相爱"换取"交相利"。墨家将自己的理论依据诉诸于天,曰"天志""明鬼""法天",认为兼爱、非攻、爱民都是天的意志,论证方式有迷信猜测的特征,在下层人民中有一定市场,但在掌握礼乐文化传播权力的知识分子中不甚讨好,故其传之不远。杨朱学派是极端个人主义,主张"拔一毛利天下而不为",所留下材料甚少,但在当时影响很大。孟子曾叹息"圣王不作,诸侯放恣,处士横议,杨朱、墨翟之言盈天下。天下之言不归杨,则归墨""杨氏为我,是无君也;墨氏兼爱,是无父也。无父无君,是禽兽也"。(《孟子·滕文公下》)孟子讲究爱有差等,由近及远,这是符合自然人性和社会条件,同时带有理想因素的现实主义。墨、杨是两种极端主义:极端无私和极端自私,前一种不近人情,要求过苛,如果国家推行之则会产生大面积强制性道德虚伪,而一旦崩溃,则整个社会物欲横流,兽性大发,故先归于墨,必后归于杨,历史至今不乏其例。孟子在道德理想主义与利欲个人主义之间执两用中,找到了一个中庸之道,既坚持理想又立足现实,承认私利而超越私利,爱由亲始,由己及人,对个人欲望导之以礼,既不放任,也不禁止。可以说,孟子这种基于亲情伦理、按血缘亲疏确定身份义务关系的礼法思想非常适合宗法社会,后世以《唐律疏议》为代表的律法也非常符合孟子理想。

孟子的伦理政治主张有隐蔽性特点。我们看到孟子到处主张仁政,其直接内容大都是发展生产、与民福利、公平正义,似乎都是在谈一个超越的、公共化的政府代表(君)对人民的义务,谈臣民对国、君时讲双方对等的权利义务,也很具有公共关系意识,但在根本问题上还是小共同体和个人主义占了上风。在暴君放伐论中,他的主张看似激烈,但在暴君放伐之后,还是要从亲族中继承资格的人里选贤继位,没有"有力者居之、外人有德者亦可代之"的想法。在回答桃应"舜为天子,皋陶为士,瞽瞍杀人"的难题时,孟子说舜应"视弃天下犹弃敝蹝也。窃负而逃,遵海滨而处,终身诉然,乐而忘天下"(《孟子·尽心上》)。这些内容透露了孟子不仅不是一个君权至上者,而且不是一个国家主义者,关键时候还是认同人伦亲情大于国法。孟子主张的以宗法为基础的伦理政治社会有从以血缘为纽带的封建邦国向去血缘化的公共政治国家过渡的时代特征,这种时代的纠缠使他在很多现实问题上不能像孔子、荀子那样清爽自洽,而经常在两者之间徘徊。

四、总　结

历史上不乏其人指责两千年来的封建法律是"秦政也",指责两千年来立法之学是"荀学也",从表面看来,确实是荀子及秦法家对后世的法律影响很大,然而在更深的层面上,孟学才是主导。孟子的礼法学或政治法律思想与荀子的礼法学在很大程度上属于两个阶段,孟子处于宗法封建时代向君主集权时代过渡的早期,尽管他已经考虑到了诸侯争霸的现实,但仍属于比较典型的"封建法律思想";而荀子之时,天下统一已成大势,荀子的礼法学尽管对宗法时代有种种留恋,或者不如说荀子尽管仍然受到宗法时代的种种牵绊,但本质上,荀子的礼法学是为君主集权时代所设立的,社会成员个体化、社会关系简单化,因此能够进行较为纯粹的利益分析。秦汉之后两千余年,古代社会虽然在最高权力制度上由诸侯封建制走上了中央集权制的道路,但周代形成的宗法伦理在民族心理深处一直没有被取代,尽管秦朝做过改天换地的极大努力,历史的车轮还是回到了它的惯性轨道上。汉到清的政治法律制度一直以伦理政治为根本特征,法律道德化、道德法律化,法律体系体现为亲亲为大、政治关系模仿人伦关系的伦理法。这些都需要有一套人性伦理学奠基,非利益分析可做到。宋明理学以孟子为道统:性善——仁政——礼法本于天理人情,是有其内在的价值和逻辑延续的。

参考文献:

[1]郭超.四库全书精华[M].北京:中国文史出版社,1998.

[2]孟子.孟子[M].牧语,译注.南昌:江西人民出版社,2017.

[3]杨伯峻.论语译注[M].北京:中华书局,2006.

[4]史墨卿.墨学探微[M].台北:台湾学生书局,1994.

[5]朱熹.二程语录[M].北京:商务印书馆,1937.

（山西省社科院）